핵심 사회복지정책 3판

김학만 지음

SJ 신정

preface

3판을 내며

2013년 사회복지정책을 출간한 이후 4년 뒤에 사회복지제도의 변화에 따라 2017년에 개정하여 2판을 내었다. 그 후 꼭 4년 만에 3판을 출간하게 되었다.

개정의 주안점은 독자들이 본서를 통해 공부하는 데 도움을 주고자 예시적으로 교과서의 내용 요약을 위한 주요 키워드 중심으로 교재에 특별한 표시를 해주었다. 코로나19의 상황에서 고생하는 학생들에게 도움이 되었으면 하는 바람을 실천한 필자의 생각에서이다.

교재 전체를 친절하게 표시해 주려는 마음이 있었지만 본서가 교과서로서의 기능이 있기에 1장만 예시적으로 표시해 두었음을 밝힌다.

아울러 5장, 6장, 7장, 8장, 9장, 10장의 내용을 정책학적 사고의 틀과 관점에서 수정 · 보완하였고 13장의 사회보장론 내용을 대폭 개정하였다.

사회복지사 1급을 대비하기 위한 독자를 위해 기출문제(12회~18회)의 분석과 키워드 중심의 해설을 교재의 해당 부분과 연계하여 정리하였다.

2021년 새봄을 맞이하여 하늘 높이 날아오르는 연을 도와주는 연줄처럼, 학생들에게 본서가 연줄 역할을 하였으면 하는 바람이다.

본서의 내용을 같이 고민해 준 권정만 박사, 양병준 교수, 김종삼 교수 그리고 사회복지학과 교수님들께 감사드린다.

2021년 2월 14일

자양동 연구실에서 김학만

preface

2판을 내며

초판을 쓰고자 고민하고 용기를 내어 출판할 당시에는 가능한 이해하기 쉽게 그리고 사회복지정책분야에서 꼭 다루어야 할 내용을 중심으로 설명하고자 하였다.

이러한 의도를 살려서 개정판에서는 초판의 내용 중 애매하거나 어려운 부분을 좀 더 분명하고 쉽게 서술하고자 노력하였다. 그리고 시대적 환경의 변화에 따라 덜 중요한 내용을 삭제하고 반드시 추가해야 할 것들을 보완하는 선에서 개정작업을 마무리하였다. 특히 개정판에서 1부 사회복지정책이론, 2부 사회복지정책분석틀, 3부 사회보장(제도)정책의 영역으로 구조화하여 이론과 실제를 접목해 보고자 하였다. 아울러 최근 4년간 1급 기출문제의 출제빈도를 분석하여 1급 대비 수험생들에게 도움을 주고자 하였다.

뜨거운 햇살에 과일이 익어가듯이 어렵고 힘든 환경 속에서 공부하는 학생들에게 조금이라도 도움이 되기를 간절히 기원한다. 이 책의 개정작업 과정에 수고를 아끼지 않은 우송대학교 대학원 상담·복지학과 박사과정의 황세현 선생에게도 감사한다.

가족 사랑의 기쁨을 느끼게 해주고 좋은 교수가 되어 주기를 응원하며 울타리가 되어주는 종미와 민하, 아이들 엄마에게도 감사한다.

끝으로, 개정판이 완성될 수 있도록 기다려 주고 배려해 주신 신정출판사 장만동 전무님과 최용구 사장님의 관심과 수고에 감사드린다.

2017년 7월 7일

우송대 캠퍼스에서 저자 김학만

preface

머리말

최근 우리 사회에서 가장 큰 화두로 떠오르는 용어와 관심 분야로 '사회복지'를 빼놓을 수 없을 것이다. 그러한 사회복지는 '인간 존엄성의 충실한 구현'에 이바지할 수 있어야 하는 바, 라스웰(Lasswell) 교수의 정책지향(policy orientation)의 본질에 접근하기 위해 사회복지정책은 사회복지의 구체적 실현에 있어 매우 중요한 학문 분야로 볼 수 있다.

흔히 사회복지정책을 상식적 수준에서 이야기할 때 사회복지를 위한 정책이라고 말할 수 있다. 보편적으로 정책이란 "미래지향적인, 권위적인 공공기관이 내리는 방침"이라고 정의할 수 있으며, 이러한 정책을 연구대상으로 하는 학문이 정책학이다. 그리고 정책학 가운데 사회복지 분야를 연구대상으로 하는 것이 '사회복지정책론'이다.

일반적으로 사회문제는 시간의 흐름에 따라 지속적으로 변화하고, 나아가 국가별로 상당한 차이점을 보이고 있어 실제로 사회복지정책의 개념 또한 통일성이 없으며, 부단히 변화하게 되는 특성을 보이고 있다.

사회복지정책은 그 출발점부터 차이를 보이고 있는 바, 빈곤과 질병문제에 대한 해결방안으로서의 사회복지정책, 일반 사회문제에 대한 해결방안으로서의 사회복지정책, 사회복지정책 개념 정의의 구체성과 보편성 확보를 위한 노력 등 다양한 수준 및 범위에서 여러 시도가 있어 왔다고 할 수 있다.

특히 20세기에 접어들어 행정부의 수비 범위가 확대되는 복지국가 이념에 따라 국가와 사회는 시민들의 복지를 외면할 수 없을 뿐만 아니라 보다 바람직한 사회를 창조하기 위해 노력하고 있다. 이와 같은 사회의 건설을 위한 국가의 제도적 뒷받침의 필요성에서 복지행정이 등장하고, 이의 실천을 위해 사회복지정책이 대두하게 되었다.

또한 삶의 질 향상 등에 대한 욕구의 증대와 각종 사회문제 발생의 해결을 위해서도 실천적이며 처방적인 성격의 사회복지정책이 필요하게 되었다. 이는 정책학의 대두 배경과 맥락을 같이 하는 문제해결과 실천적 성격이 강한 사회복지정책의 목적으로 복잡・다양한 사회복지에 관한 문제해결과 처방적인 역할을 다해야 하는 학문적 특성을 갖고 있다 할 것이다.

이러한 사회복지정책의 연구를 위해 학문적 특성과 소명에 대한 학자적 책임감을 배경으로 사회복지정책학 분야에 강의를 진행해 오면서 모아둔 강의록에 기초하여 용기를 내어 본서를 출간하게 되었다.

본서의 구성체계는 한국사회복지교육협의회에서 발간한 사회복지학 교과목 지침서의 사회복지정책론의 교과목을 내용에 따라 정리하였음을 밝혀둔다. 이는 이 과목을 수강하는 학생들에게 가장 기본적으로 알아야 할 내용을 보다 충실하게 밝혀내고자 하는 필자의 바람이 반영되었기 때문이다.

이 책의 집필을 마치면서 학부와 대학원에서 아이디어를 공유해 준 학생들과 동료 교수님께 깊이 감사드린다. 특히 만학도로 대학에 진학하여 모범적인 대학생활을 하고 대학원에 진학한 황세현 선생의 헌신적인 노력에 고마움을 표하고자 한다.

아무쪼록 본서가 사회복지정책 분야의 실무와 이론에 다소나마 기여하기를 바라며 용기를 내어 세상에 내놓고자 한다.

2013년 1월 10일

우송대학교 자양동 연구실에서 김학만

contents

차례

Part 03 사회보장(제도)정책

Chapter 13 | 사회보장론_ 253

부록

PART 01

사회복지정책이론

CHAPTER 01

사회복지정책의 개념과 성격

1. 사회복지정책의 개념
2. 사회복지정책의 필요성
3. 사회복지정책의 성격
4. 사회복지정책, 사회보장정책, 사회정책, 경제정책과의 관계 및 차이
5. 경제성장과 사회복지정책의 관계

CHAPTER

01

Social Welfare Policy

사회복지정책의 개념과 성격

1. 사회복지정책의 개념

사회복지정책에 대한 개념 정의는 쉽지 않다. 사회복지정책은 각 나라의 정치적·경제적·사회적 여건과 시대적 상황을 반영하는 '역사와 사회적 형성체'이므로 사회복지개념의 정의는 그만큼 어렵다. 따라서 사회복지정책의 개념은 국가와 시대 그리고 학자의 입장에 따라 다양하고 시대의 변화에 따라 '새롭게 변화하는 상황'으로 생각하는 것이 좋다.

어의적인 면에서 본다면, 사회복지정책은 '사회복지'와 '정책'의 합성어이다. 사회복지는 다시 '사회'와 '복지'의 합성어이다. 사회복지는 사람들이 인간다운 생활을 할 수 있도록 기본적인 욕구를 사회적으로 지원하는 제반 사회적 노력의 총화라고 정의할 수 있다(현외성 외, 1993).

그렇다면 정책이란 무엇인가? 칸(Kahn, 1969)은 정책이란 목표의 결정, 대안의 검토, 전략의 수립과 같은 합리적인 과정을 거친 '일정한 계획과 방침'으로 정의하였다. 또한 길버트와 스펙트(Gilbert & Specht, 1974)는 정책이란 공·사의 기관에서 행동의 방향이나 계획의 바탕을 이루는 제반 결정과 선택이라고 하였다.

티트머스(Titmuss)도 정책이란 "정해진 목적을 향한 행동을 결정하는 원리"에 관련된 것으로서 이는 목적과 함께 수단과 연관된 행동을 의미한다고 하였다. 이는 변화하는 상황, 체계, 실천 및 행동을 내포하고 있다고 볼 수 있다(신섭중, 1993: 21 재인용).

결국 정책이란 어떠한 "목표를 향한 일련의 행동지침으로써, 무엇을 향하고 있으며, 왜 그렇게 해야 하는가, 그리고 누가, 어떤 원리와 선택기준으로 행동"하는가 하는 복잡한 질문이 함께 포함된 개념이다. 또한 정책이란 일단 연속적 · 논리적 · 합리적 단계와 과정을 내포하고 있는 집단적 행동의 원리와 원칙이라고 볼 수 있다. 결론적으로 사회복지정책은 이러한 노력(사회복지에 대한 정책적 활동)이라고 볼 수 있다. 그러므로 사회복지정책이란 어의적으로 사회복지에 관한 정책으로 풀이되는데, 이는 '사회복지에 관한 일련의 집단적 행동지침'이라고 간단하게 개념을 정의해 볼 수 있다(현외성, 2011: 33-34).

이를 좀 더 구체적으로 정리해 보면 다음과 같다.

- 사회생활을 영위해 나가는 데 필요한 인간의 기본적 욕구를 충족시키거나 사회문제를 해결하기 위한 목적으로 사회복지제도 및 프로그램을 만들고, 가치를 권위적으로 배분하는 활동을 의미
- 사회문제의 해결 또는 사회적 욕구충족과 같은 주요한 기능들을 수행하는 사회제도로서의 사회복지실현을 위한(프로그램, 서비스, 제도 등의) 원칙, 지침, 일정한 계획, 조직화된 노력
- 국민복지라는 사회적 과제를 달성하기 위한 목적으로 이루어지는 국가의 정책

사회복지정책의 개념은 각 국가의 역사와 사회문화적인 배경에 따라 상이하게 발전하여 서로 다른 개념으로 사용될 수 있고 정의하는 것도 다르며 사용하는 용어에서도 유사용어들이 섞여 쓰이고 있음을 알 수 있다. 이를 주요 국가별로 살펴보면 다음과 같다.

1) 영국

영국은 사회복지정책보다는 사회정책(social policy), 사회행정(social administration) 또는 사회서비스(social service)란 용어를 많이 사용하는데 여기에는 사회보장, 건강, 교육, 대인적 사회서비스, 주택, 고용 및 가족정책 등이 포함되는 것으로, 우리가 일반적으로 쓰는 사회복지정책보다 범위가 넓다.

영국의 마샬(Marshall)은 사회복지정책을 시민에게 서비스를 제공하여 복지를 향상시키기 위한 정부의 정책으로서 사회보험, 공공부조, 보건서비스, 복지서비스, 주택정책 등을 포함한다고 정의했고, 티트머스(Titmuss)는 사회복지정책을 "시혜적이고, 재분배적이며, 경제적 목적뿐만 아니라 비경제적 목적을 가진 정책"이라고 규정했다. 타운젠트(Townsend)는 사회정책이란 공공행정과 관련된 정책이고, 이것은 일반적으로 인정된 특수한 사회문제를 해결하거나 사회목적을 추구하기 위한 국가와 지방 당국의 건강, 교육, 복지 및 사회보장서비스와 같은 서비스 개발과 관리에 관련된 정책이라고 하였다.

영국은 국민의 최저생활보장(national minimum)을 목적으로 다양한 사회복지정책을 발전시켜 왔는데 그중에서 의료서비스를 제공하는 국민보건서비스(National Health Service: NHS)를 가장 먼저 도입하였다.

영국은 빈민법의 개정과 사회적 서비스의 발달, 복지국가의 탄생 등 오랜 역사적 과정을 통해 사회입법과 사회행정이 이루어졌고 이를 기반으로 사회정책이 발달하였기 때문에 사회정책과 사회행정을 동일시하는 경향이 있다.

2) 미국

미국은 사회보장(social security)이라는 개념이 자주 쓰이며, 복지(welfare)란 단어는 종종 공공부조를 지칭하는 단어로도 쓰인다. 미국에서 사회복지정책은 공공부문뿐만 아니라 민간부문의 사회복지 활동까지 포함하는 개념으로 쓰이기도 한다.

대공황을 계기로 1935년 사회보장법을 제정한 미국은 경제적 위험에 대한 보장이라는 성격을 기반으로 사회복지정책을 발전시켜 왔는데, 유럽의 국가들에 비해 공공영역이 다소 미흡하며 민간영역의 역할이 상대적으로 크다.

사회복지정책은 주로 정부 기관, 자발적 비영리 조직, 혹은 영리 추구 조직을 통해 물적 자원과 서비스 자원을 개인과 가족에게 전달해 주는 역할을 한다. 제한된 자원을 무한한 욕구에 맞게 분배하는 사회적 방법으로서의 공공사회복지정책은 분배와 재분배, 사회적 정의와 같은 가장 복잡한 문제를 다룬다.

3) 독일

1880년대에 바그너(Wagner), 슈몰러(Schmoller) 등 강단사회주의자[1]가 중심이 되어 사회복지정책학회를 개설함으로써 사회복지정책이 등장하였다.

독일의 강단사회주의자들은 자본주의 발달로 인해 야기되는 각종 사회문제, 빈곤, 질병, 노동문제에 관심을 가지고, 노동권에서 분화된 권리 개념으로 사회복지정책을 실시했다.

독일에서는 사회정책(Sozialpolitik)이라는 개념을 많이 사용하였는데, 바그너는 '사회정책이란 분배과정에 있어서 여러 가지 폐해를 입법 및 행정 수단으로 극복하려는 국가

---

1) 독일에서는 산업혁명 후 자본주의의 성숙과 함께, 산업 기계화로 인한 실업(失業), 분배의 불균형, 재래식 수공업적 부업의 몰락 등의 사회문제가 격화하였다. 이러한 현실을 눈앞에 두고, 독일의 신역사학파 사람들은 고전학파의 자유방임론(自由放任論)에 반대하고, 국가의 입법적 간섭에 의한 사회개량을 추진하여 사회문제 해결을 시도했으며, 동시에 이렇게 함으로써 노동자계급 사이에 사회주의가 성장하는 것을 방지하려고 하였다. 그들은 슈몰러를 중심으로 사회정책학회를 창설하여(1872) 당시 비스마르크식(式) 사회정책을 위한 윤리적 기초를 제공하였으며, 또한 교단을 통하여 활발하게 사회개량을 위한 계몽을 담당하였다. 이 때문에 그들의 사회정책론은 당시 자유주의자에 의하여 강단사회주의라 불렸다. 그들은 당시 사회문제가 가지는 다양성(多樣性)에 따라서 여러 사회정책을 제창하였다. 예컨대, 몰락해 가는 중산적(中産的) 수공업자의 구제와 육성으로 사회문제를 해결하려고 하는 슈몰러 등의 중앙파(中央派), 조세정책을 통하여 분배의 불균형을 시정하려고 하는 바그너(Wagner)의 국가주의, 노동조합의 보호 육성을 급선무로 보는 브렌타노(Brnentano)의 자유주의 등이 있었으며, 각자의 입장에서 사회정책 발달에 크게 이바지하였다. 그러나 국내시장이 좁아서 자연히 해외시장 획득에 나섰던 독일 독점자본은 영국과의 경쟁에 이기기 위하여 생산가격의 저하와 산업에 따른 사회정책적 부담을 제거하도록 요구하기에 이르렀고, 노동자 사이에 본래의 사회주의가 강력한 세력을 펴게 되자, 강단사회주의자의 사회정책론에 강력히 반대하게 되었다. 이에 따라 강단사회주의는 20세기에 들어서면서부터 영향력을 상실하였다.

의 정책'이라고 정의하고 있고 슈몰러는 사회정책을 사회개량으로 보아 '사회개량의 일반적 목표는 사회계급 간의 우호적인 관계의 회복, 부정의 극복이나 경감 혹은 분배적 정의로 접근하는 것이며, 중하위 계급의 물질적 향상을 보증하기 위한 사회입법적 활동'으로 정의하였다.

독일은 최초로 사회보험 입법, 즉 1883년 질병보험, 1884년 산재보험, 1889년 노령폐질연금 등에 영향을 받은 한편, 1872년 바그너(Wagner), 슈몰러(Schmoller) 등의 강단사회주의자들에 의해 설립된 사회정책학회에 영향을 받은 결과로 이해된다.

독일은 사회복지정책보다는 사회정책 개념을 선호하고 있으며, 영국과 미국에서 볼 수 있는 바와 같이, 공공부조와 사회복지서비스 대상을 위주로 한 것보다는 노동자와 그 가족 중심 그리고 사회보험 중심의 사회정책을 사회복지정책 개념으로 생각하는 경향이 있다. 그러나 20세기 중반 이후 독일은 공공부조와 사회복지서비스 대상자도 포함하는 사회복지정책 개념으로 확대되고 있다(현외성, 2011: 37).

4) 스칸디나비아 반도(북유럽) 국가들

스웨덴 · 노르웨이 · 덴마크 등의 스칸디나비아 국가들은 모든 시민을 대상으로 한 평등한 급여와 서비스를 국가의 일반재정을 사용하여 제공함으로써 보편주의 · 연대주의 사회복지정책을 발전시켜 왔다.

정부의 일반재정을 사용한 프로그램이 많기 때문에 높은 수준의 재분배를 달성할 수 있었으며, 성장과 분배를 성공적으로 조화시켜 온 것으로 평가되고 있다.

5) 일본

일본의 사회복지정책 개념은 제2차 세계대전 이전에는 독일의 영향으로 사회정책 개념을 선호하여 노동정책 중심의 개념이 주류를 이루었다. 그러나 전후에는 사회복지정책 개념이 한층 다양해져 영미에서 사용하는 사회복지정책의 개념으로 변화하고 있다. 소위 욕구와 서비스를 중심으로 하는 사회복지정책 개념이 그것이다.

오하시(Ohasi)는 사회복지정책을 협의와 광의의 개념으로 구분하였다. 협의의 사회복지정책은 자본주의제도의 구조적 필연의 소산인 사회적 문제에 행하여진 합목적적, 보충적 공사의 사회적 예방을 총칭한다고 하였다. 반면에 광의의 개념으로서 사회복지정책은 문화 · 교육정책, 보건 · 위생정책, 노동 · 사회정책, 아동 · 부인(여성)정책이나 행형 범죄정책 등과 그들의 총계로서 파악하였다. 특히 그는 사회정책의 대상을 사회문제에 대처하는 시책으로 부르는 한편, 사회복지정책을 사회문제(사회복지 문제)에 대처하는 시책으로 구분하였다.

미우라(Miura)는 사회복지정책을 사회복지의 추진과 진행에 관한 국가와 지방자치단체 또는 그 밖의 공사의 제 단체와 기관의 방침이라고 하였다. 그는 사회복지정책을 공공시책의 일종으로 복지욕구의 다양화에 대응하는 복지서비스의 정책이라고 하였다(현외성, 2011: 38).

6) 우리나라

우리나라에서 사용하는 사회복지정책 개념은 영미 계통과 유사한 성격으로 볼 수 있다. 그러나 학문적 개념과 관련 실정법 및 제도상 개념은 다소 차이를 보인다. 예컨대, 학문적으로는 사회복지정책 개념은 소득, 의료, 주택, 교육, 고용 및 개인적 서비스 등을 포함하는 광의의 사회복지 개념에 대한 것과 연관되어 있는데, 즉 이들에 대한 일련의 행동지침이나 이들을 통하여 인간다운 생활을 유지할 수 있도록 하는 제반 서비스 및 급여의 배분원칙이나 목표 달성을 위한 행동지침으로 이해할 수 있다. 반면에 실정법상이나 제도상으로는 협의의 사회복지정책 개념이 사용되는 경향이 있는데, 이것은 공공부조와 사회복지서비스 관련 정책을 말하는 것으로서 이들의 배분과 급여를 통하여 일정한 목적을 달성하려는 일련의 행동지침으로 볼 수 있다.

2. 사회복지정책의 필요성

사회복지정책에 국가나 정부가 관심을 기울여 사람들의 삶의 질을 지속적으로 향상시켜야 하는 이유는 다음과 같다.

1) 정치적인 면에서의 필요성

정부는 정권을 유지해야 한다. 국민은 보다 더 살기 좋은 환경을 제공하는 정당에게 투표하기 마련이다. 한번 정권을 잡은 세력은 그것을 유지하기 위하여 국민의 복지증진에 심혈을 기울이지 않을 수 없다.

우리나라 정치지형의 특수한 상황으로 정치집단이 정책 외적인 면으로 평가받는 경우가 많았다. 그러나 점차 국민들의 정치의식이 발달해 가면서 정치집단이 어떤 정책을 준비하느냐가 중요해지고 있다.

- 지역정서
- 보수와 진보의 대립

2) 경제적인 면에서의 필요성

일반적으로 사회복지의 증가는 국가 재정의 악화라고 인식하는 경우가 많다. 이는 가정이든 국가든 지출이 많으면 가난해진다고 생각하는 것과 같은 이치이다.

특히 사회복지는 인적 자본에 대한 개선과 투자이다. 장기적인 면으로 볼 때 인적 자원을 개선하지 않고 방치했을 경우 소모되거나 도태되는 인적 자본이 더욱 많아질 것이며, 이는 경제적인 부담으로 다시 돌아오게 되어 있다. 경제적으로 취약한 계층을 방치할 경우, 구매력을 상실하고, 구매력 상실은 생산량의 감소를 초래하며, 생산량의 감소는 노동자의 수를 줄이게 한다. 결국 경제 시스템 자체에 혼란이 오게 된다.

3) 사회적인 면에서의 필요성

사회정책은 사회통합을 이루는 매개체가 된다. 현대사회는 여러 계층이 서로의 이익과 생존을 위하여 충돌하는 경우가 많다. 이런 충돌을 조정하거나 통합하지 못하면 사회는 극도로 혼란해질 것이다. 계층 간 통합을 이루는 가장 기본적인 정책이 바로 사회복지정책이다.

정치 · 경제 · 사회적인 면에서의 필요성은 서로 분리되어 있는 게 아니다. 사회보험의 시작이라 할 수 있는 독일의 사회정책은 정부가 주도적으로 정치안정, 경제안정, 사회통합을 위하여 실시한 정책이다.

4) 실질적인 면에서의 필요성

(1) 생존권의 보장

사회복지정책이 필요한 첫 번째 이유는 사회복지가 인간의 생존권을 보장해 주기 때문이다. 생존권은 기본적 인권의 하나로서 인간이 인간답게 살아갈 권리이며, 국가에게 인간의 생존을 유지할 수 있는 생활에 필요한 서비스를 요구할 수 있는 권리를 말한다. 생존권 보장이란 국민 전체를 평등하게 만드는 것을 의미하는 것은 아니며, 어떤 사람의 생활수준이 최저한도의 수준에 미달하는 경우 생활비 지급 등을 통하여 인간다운 생활수준으로 끌어올리는 것을 말한다.

(2) 빈곤의 경감

영국 복지국가 형성에 크게 공헌한 베버리지(Beveridge)는 '대 빈곤 전쟁'(War on Poverty)[2)]을 선포하면서 빈곤을 뿌리째 근절시키려고 했다. 우리나라[3)]에서도 노후의 소등을 보장함으로써 빈곤을 예방하려는 국민연금제도를 비롯한 사회보험제도와 빈민들의 소득을 일정수준 유지시키는 것을 목적으로 하는 국민기초생활보장제도를 통해 빈곤을 경감시키려 한다.

(3) 평등의 증진

희소자원에 대한 소유의 불공평은 그것으로부터 발생하는 부나 소득 분배의 극심한 편중을 초래하게 되고 결국 개개인의 소비에 대한 기회에 차이를 가져오게 된다. 이러한 부나 소득의 불평등은 계층 간의 갈등과 사회불안을 야기하는 등 여러 가지 이유로 바람직하지 못하기 때문에 국가가 개입하여 사회복지정책을 통해 사회를 더 평등하게 만들 필요가 있다.

(4) 사회적 배제의 극복을 통한 사회통합의 증진

사회적 배제에 대한 시민들의 각성과 행동, 정치적 · 경제적 · 사회적 · 문화적 생활에 대한 참여의 권리를 스스로 주장하는 것이 배제를 극복하고 시민권을 회복하기 위한 구체적인 방법이라는 데 대한 합의가 사회적 배제를 현 시대 빈곤문제를 포괄하는 원인으로 제시하는 배경이다. 사회적 배제의 반대 개념은 사회통합이다. 통합된 사회란 사회적 배제가 '배제된' 사회라고 할 수 있다. 사회복지의 발달과정을 살펴보면 빈민이나 장애인, 혹은 노인이나 아동과 같이 생산적이지 못한 계층들을 도와줄 가치가 없는 인간으로 낙인찍고 사회에서 제거하려는 노력이 있었다. 그러나 현대사회의 사회복지정책은 보호가 필요(요보호)한 사람들을 사회에서 제거시키려는 것이 아니라, 경제적으로 자립시키거나 신체적으로 재활시켜 생산적인 인간으로 만들어 사회통합을 이루려는 데 목적을 두고 있다.

---

2) 1942년 '사회보험과 관련서비스'라는 보고서에서 당시 영국이 처한 5대 사회악을 ① 빈곤(결핍), ② 질병 ③ 무지, ④ 나태(게으름), ⑤ 불결로 제시했다. 또한 사회복지의 대상으로서 Destitution(빈곤), Disease(질병), Delinquency(비행), Dependency(의존)이라는 4D를 들기도 했다.

3) 사회보장기본법(제3조)에서는 ① 출산, ② 양육, ③ 실업, ④ 노령, ⑤ 장애, ⑥ 질병, ⑦ 빈곤, ⑧ 사망 등 8가지의 사회적 위험을 규정해 놓고 있다.

(5) 사회적 안정 증진

첫째, 사회복지정책을 통한 소득재분배는 노동의 시장의존성을 탈피하려는 탈상품화의 기능을 수행하게 되며, 이러한 기능은 소득과 자원배분의 불평등을 감소시켜 계층 간 갈등을 야기할 수 있는 사회문제를 완화시킴으로써 사회적 안정에 기여한다.

둘째, 사회복지정책은 사회문제가 지닌 사회 분열적 요소를 완화시킴으로써 사회적 안정에 기여한다.

(6) 자립성의 증진

사회복지의 목적은 개인이 의존에서 벗어나 자기 스스로 삶을 영위하도록 하는 데 있다. 자립성 증진을 위해서는 경제적 자립과 더불어 보호가 필요(요보호)한 사람들을 내재해 있는 잠재적 능력을 개발하는 것이 필요한데 이것을 위해서 사회복지정책이 필요하다. 사회복지정책의 목적은 모든 사람들이 각자의 능력에 따라 성장하고 발달할 수 있는 가능성을 개발하도록 돕는 데에 있다.

(7) 개인적 성장과 개발

사회복지는 인간을 합리적이고 이성적인 존재로 간주하는 한편 자신의 문제를 스스로 해결할 수 있다는 자기결정의 원리를 강조한다. 사회복지는 소극적으로 문제해결에 그치는 것이 아니라 한 개인이 가진 잠재력을 개발하여, 개인적으로나 국가적으로 행복한 상태에 도달하고자 하는 노력이다.

3. 사회복지정책의 성격

1) 사회문제 및 사회복지실천과의 관계

① 사회복지정책의 궁극적 기능: 사회문제를 해결함으로써 인간의 존엄성 보장, 사회통합(사회복지정책의 목표) 실천

② 사회문제: 개인의 욕구충족을 위한 사회적 요구, 정책의제, 정책대안, 정책결정

2) 사회문제의 성격

① 사회성: 문제의 발생이 사회적임(태풍, 빈곤 등), 다수의 구성원들이 사회문제로 사회규정을 내림(아동학대), 사회규범이나 가치에 위배됨(미성년자 원조교제, 약물중독 등)

② 보편성: 문제의 영향력이 특정개인이 아닌 사회구성원 다수에 보편적으로 미침(에이즈). 다수의 성원이 그에 대한 개선을 바라며 사회적 차원에서 해결 노력이 요구됨[태풍(하수처리 미비, 건축부실), 가정폭력, 아동학대 등]

3) 사회복지정책의 관점

① 기능주의적 관점: 사회가 계속 변화하면서 구성원들이 성공적으로 적응하지 못할 때 사회문제가 발생

② 갈등주의적 관점: 다양한 집단 간의 경쟁에서 자원의 불평등한 분배가 발생함으로써 사회문제가 생겨남.

③ 상호주의적 관점: 어떤 현상이나 사람들의 행동을 사회가 동의 할 수 없는 것으로 규정하거나 바람직하지 않는 현상으로 낙인찍음으로써 사회문제가 발생

④ 교환주의적 관점: 교환자원의 부족, 가치 저하 등으로 교환자원을 보조 받거나 불균형이 생길 때 사회문제가 발생

위기 극복의 열쇠는 우리 모두의 퀘렌시아에 있다

상호부조란 다수의 개인 또는 집단이 공동의 목표를 달성하기 위해 함께 행동하면서 성립되는 사회적 관계를 말한다. 농경을 중심으로 한 전통적인 촌락 사회의 특성상 소규모로 때로는 천재지변 등 촌락 주민들의 노력만으로는 해결할 수 없는 상황에서는 국가에서 여러 가지 정책이나 제도를 마련해 부조했다.

우리는 이러한 상호부조가 코로나 19사태를 겪고 있는 지금, 국민의 자발적 성금과 도움의 손길은 물론 국가적 규모로 실천되고 있는 모습을 곳곳에서 볼 수 있다.

코로나 19사태의 해결이라는 공동의 과제는 2020년과 함께 시작해 3월 중순이 된 지금까지 진행 중이며 그 끝을 가늠하기가 어려울 정도다. 만들기도 어렵지만 팔 곳이 없다는 제조업계의 비상사태, 폐업하는 자영업, 차라리 실업수당을 받으라며 해고하는 사장님들, 마스크를 사려고 줄 선 사람들, 사상 초유의 4월 개학까지 그 양상은 여러 면에서 다양하게 나타나고 있다.

이러한 위기 속에서 우리 국민은 상호부조를 통해 이번 코로나 19사태를 극복하려는 의지를 볼 수 있다. 많이 가진 사람들은 많이 가진 대로 적게 가진 사람들은 적게 가진 대로 각자 가진 것을 나누고 있는 모습을 쉽게 찾을 수 있기 때문이다.

또한 연령이 적으면 적은대로, 많으면 많은 대로 이에 동참하는 모습도 다양하다. BTS의 팬들을 칭하는 일명 '아미'들은 코로나 19로 인한 콘서트 취소에 티켓 요금을 환불받는 대신 기부를 택했으며, 많은 방송인과 자산가들은 성금과 물품을 기부했다.

여러 기업도 이 위기를 견뎌내기 위해 사투를 벌이고 있고, 건물주들은 임대료를 받지 않거나 줄여주는 등의 노력으로 함께 어려움을 나누고 있다. 특히 정작 당신이 꼭 필요한 것임이 분명함에도 평소에 많은 도움을 받았다며 열심히 모은 성금과 마스크 등을 익명으로 기부하는 분들의 사례는 감동을 주며 귀감이 되고 있다.

방역 및 진단과 치료 현장에서 땀을 흘리고 있는 의료진과 공무원, 격리된 사람들을 위해 생필품 상자를 준비하고 배달하는 자원봉사자들의 모습은 우리를 넘어서 전 세계의 부러움을 사고 있다.

많은 사람이 이를 이겨내기 위해 여러 방면에서 힘쓰고 있지만, 아직은 어려운 것이 현실이다.

이에 코로나 19에 지친 우리 모두는 잠시 숨을 고르고 자신만의 퀘렌시아를 찾는 것이 필요하다.

투우경기장에서는 경기장의 소가 안전한 장소로 느끼는 곳이 있다. 이 장소는 매번 소들의 본능대로 바뀌기 때문에 사람들이 특정할 수 없다. 싸움 도중 지친 소는 자신이 정한 장소로 가서 숨을 고르고 힘을 모은다. 기운을 되찾아 마지막 일전을 위해 다시 싸우기 위해서다. 그곳에 있으면 소는 마음의 안정을 얻고, 다시 회복할 수 있다. 그렇게 안식처 혹은 피난처가 되는 그 장소를 스페인어로 퀘렌시아(Querencia)라고 부르는데, 퀘렌시아는 여러 위험으로 안전하다고

느끼는 곳, 힘들고 지쳤을 때 용기를 얻는 곳으로 그만이다.
투우를 이해하기 위해 수백 번 넘게 투우장을 드나든 헤밍웨이는 "퀘렌시아에 있을 때 소는 이루 말할 수 없이 강해져 쓰러뜨리는 것이 불가능하다"라고 썼다. 이러한 퀘렌시아는 소뿐만 아니라 사람에게도 마찬가지다.
최근 코로나 19의 상황으로 우리 삶은 매우 위협적이고 도전적이어서 우리의 통제 능력을 벗어난 상황들이 펼쳐지고 있다. 자신만의 영역으로 물러나 호흡을 고르고, 마음을 추스르고, 살아갈 힘을 회복하는 것이 필요하다. 숨을 고르는 일은 곧 마음을 고르는 일이다.
알 수 없는 코로나 19를 극복하기 위해 '나는 퀘렌시아는 어디인가?'라는 질문을 던져 가장 자신답고 온전히 진실한 자기 자신에 가장 가까워질 수 있는 곳을 되짚어보면 현재의 상황을 견뎌내는데 보탬이 됐으면 한다. 나만의 퀘렌시아를 갖는 일이 곧 나를 지키고 나의 삶을 사랑하는 길이기 때문이다.

출처: 중도일보(2020. 3. 18). https://www.joongdo.co.kr/web/view.php?key=20200318010007463.

4) 사회복지정책수립의 전제: 사회적 가치, 정치적 과정

① **사회적 가치:** 일반 가치(평등, 자유, 민주주의, 사회적 연대의식, 효율, 생존권)

② **정치적 과정:** 다양한 이해 집단들이 타협, 협상을 통해 잠정적인 합의에 도달한 상태

사회적 연대

- 전근대 사회에서 연대란 주로 혈족 관계나 공통된 이해관계를 기반으로 하는 사람들 간에 형성되는 관계를 의미하였다.
- 연대가 사회적 용어로 재탄생할 수 있었던 것은 근대적 격변기의 사회 해체에 대한 위기감과 함께, 사회가 복잡해지면서 연대는 혈족이나 이익공동체의 상징에서 벗어나 '사회적 연대'라는 의미로 발전하게 되었다.
- 오늘날 연대는 적극적 사회적 인권 개념으로 부상하여 연대할 권리의 보장을 요구한다. 사회적 연대는 사회적 관계의 일종으로 사회나 집단에서 보이는 통합 또는 통합의 종류나 정도를 의미한다.

5) 정책 형성 과정 분석

① 행정의 과정: 계획 → 집행 → 평가라는 3단계로 구분

② 정책 형성 과정에서의 '전문가 역할'에 초점을 둘 경우 문제발견 → 문제분석 → 대중홍보 → 정책목표개발 → 대중의 지지와 정당성 확보 → 프로그램 설계 → 집행 → 평가와 사정과 같은 8단계로 구분

③ 정책 아젠다: 사회적 쟁점이 공공정책 형성을 위한 논의대상이 된 상태에서 무엇을 결정할 것인지를 결정하는 것, 즉 의제들의 목록을 말한다.

④ 프로그램평가에서 가장 많이 사용되는 방법은 효과성 평가와 효율성 평가이다.

- 효과성 평가: 의도했던 정책목표를 얼마나 달성했는가를 확인하는 작업을 말한다. 때로는 의도하지 않았던 부수적 효과도 확인한다. 이를 토대로 정책의 중단이나 확대를 판단한다.
- 효율성 평가: 정책의 효율성(효율성 = 효과 + 비용 = 산출 / 투입)을 평가하는 것이다. 정책의 집행결과를 수량화하는 작업, 즉 정책의 경제성을 따지는 작업이다. 보통 비용-편익분석법이 사용된다.

4. 사회복지정책, 사회보장정책, 사회정책, 경제정책과의 관계 및 차이

사회복지정책은 주로 영미권의 국가들에서 통용되는 용어로서, 정책의 내용이나 대상영역의 선택 등에 있어서 다분히 자유주의적 가치관에 입각하고 있으며 사회복지정책의 범위를 제반 복지문제의 직접적인 해결에 국한하고 있는 반면 복지문제의 발생 원인에 대한 정치적 개입에 대해서는 가급적 자제하려는 경향을 보이고 있다.

사회보장정책은 독일, 프랑스 등 유럽의 대륙권 국가들에서 주로 사용하고 있는 용어로서 사회 개량주의적 가치관을 바탕으로 하고 있으며 사후적 차원에서 개인의 자유로

운 경제행위를 통하여 나타난 복지결과의 재분배뿐만 아니라, 사전적 차원에서 인간의 복지문제에 직접적 또는 간접적으로 영향을 미치게 되는 경제적 · 사회적 질서를 재조정하는 것도 정책의 대상으로 포함하고 있다.

사회정책은 정치 · 경제 · 사회의 모든 분야를 포괄하는 일반사회정책이 된다. 따라서 순수한 의미에서 사회복지정책이나 사회보장정책은 물론 경제정책, 교육정책, 주택정책, 보건정책 등 각종 공공정책 또한 사회정책의 영역에 해당될 수 있다. 이처럼 넓은 시각에서 사회정책을 파악하고자 하는 자세는 인간의 복지문제가 사회의 다양한 영역으로부터 영향을 받을 수 있다는 점에서 바람직한 것으로 판단된다. 오늘날 대다수 선진 복지국가의 경우 국민의 복지문제를 이러한 사회정책의 시각에서 해결하고자 하는 경향이 나타나고 있다. 그러나 사회정책은 대상영역의 포괄성으로 인하여 국민복지와 관련한 국가의 정책과 여타의 공공정책 상호 간 차별성이나 영역 구분이 불분명하게 되는 문제점을 가지고 있다.

경제정책은 효율을 정책 목적으로 추구하고, 사회정책은 분배를 정책 목적으로 추구한다는 식으로 구분할 수 있다고 보며, 또한 경제정책에서는 재정정책을 다루고, 사회정책에서는 주거정책을 다룬다는 식으로 구분할 수 있다고 본다. 그러나 경제정책과 사회정책을 위와 같이 분명하게 구분할 수 있는 것은 아니다. 경제정책은 사회정책 및 사회복지정책과도 밀접하게 관련되어 있다. 예를 들면 다음과 같다.

① 영국에서 제2차 세계대전 이후부터 1970년대 말까지 경제정책과 사회정책은 자주 갈등관계에 놓이기는 하였지만, 경제정책과 사회정책은 서로 일부 관련되고 있었다.

② 제2차 세계대전 이후부터 1970년대 말까지의 경우, 영국 이외의 유럽 국가에서는 경제정책과 사회정책이 영국에서보다 더 밀접하게 관련되어 있었다. 스웨덴에서는 적극적인 노동시장정책을 실시하고 있었으며, 독일에서는 직업훈련정책을 실시하고 있었기 때문이다.

특히 일부 정책 영역은 경제정책과 사회정책 모두와 관련되고 있다. 예를 들어 고용정책은 경제정책뿐만 아니라 사회정책과도 크게 관련되고 있는데 사실, 근래에 들어서 고용정책은 사회복지정책에서 매우 큰 비중을 차지하는 영역이 되고 있다.

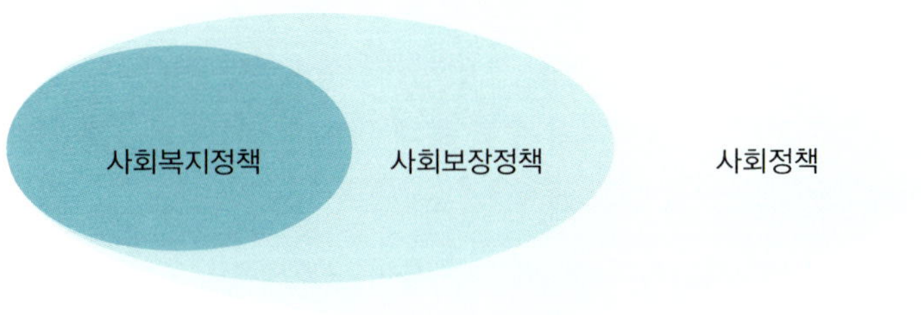

그림 1-1 사회복지정책, 사회보장정책, 사회정책의 개념 범위

5. 경제성장과 사회복지정책의 관계

사회복지정책의 경제적 효과에 대해서는 상반된 주장들이 있다. 일부 경제학자, 신자유주의자들은 사회복지가 재분배를 강조함으로써 전반적으로 경제성장을 저해한다고 주장한다. 하지만 사회복지정책이 항상 경제에 부정적인 영향을 미치는 것은 아니며, 사회적 위험에 대한 자동안정화 기능과 인적자본의 보존 및 개선을 통해 경제성장에 긍정적 영향을 미칠 수 있다는 주장도 있다.

1) 사회복지정책은 경제성장에 방해가 된다는 주장

- 복지의 확충은 결국 세금의 확대로 이어진다. 많은 세금은 노동자로 하여금 일할 의욕을 상실하게 만든다.
- 연금의 발달은 전통적인 가족의 연대기능 및 보호기능을 약화시킨다. 가족해체를

부추기며, 수급대상자를 늘게 하여 노동 생산성을 저해한다. 연금수급자들은 근로의욕이 약화된다.

- 복지제도의 발달은 정부조직을 방대하게 만들어 비경제적이다. 인적 자원의 증가는 결국 재정지출 요인이 된다.
- 국가에 의한 사회복지정책의 한계: 재원을 국민들로부터 거두고, 급여를 제공하는 과정에서 대상자 선정, 전달체계의 수립 등에 많은 운영비용을 사용하게 될 때 드는 비용에 의한 비효율성이 나타난다.
- 빈곤함정/빈곤의 덫: 사회복지급여에 의존하여 근로의욕을 상실하고 빈곤에 머무르는 현상을 말한다. 즉, 최저생계비 이하에 있게 되면 여러 가지 혜택이 있으나 그 선을 넘으면 아무 혜택이 없는 'all or nothing 방식'의 공공부조제도에서 수혜자가 되기 위하여 일을 하지 않는 계층이 존재하는 것을 말한다. 이러한 현상처럼 복지정책이 국민의 자립의지와 노동의지를 약화시키고 의존성을 증대시킨다고 비판한다.
- 실업함정/실업의 덫: 실업급여 수준이 수급권자가 노동시장에서 받을 수 있는 임금보다 높으면 일하지 않고 실업급여를 받는 것이 더 낫다고 생각하여 구직 동기나 노동동기가 약화되는 경우를 말한다.
- 도덕적 해이: 보험이나 국가의 급여를 염두에 두고 각종 위험의 예방에 덜 신경 쓰는 행위 또는 불필요한 서비스를 과도하게 이용하는 행위를 말한다. 예를 들면, 건강보험의 경우 피보험자는 불필요한 진료서비스를 받으려 하거나 고액의 진료를 선호하거나 진료에 의지하려는 도덕적 해이가 나타날 수도 있다. 그러나 도덕적 해이를 줄이기 위해 사회보험을 민영화하는 것은 문제를 더 심각하게 할 수 있고, 건강보험에서의 제3자 지불의 문제는 의료비 지급방식에 따라 달리 나타날 수 있다.

⇒ 경제발전론자들은 "사회복지는 반생산적이고 낭비적이다"라고 주장한다.

2) 사회복지정책은 경제성장에 도움을 준다는 견해

- 경제발전에서 자연스럽게 질병, 산재, 노령 등과 같은 사회적 위험이 발생하게 되는

데, 이에 적절하게 대처함으로써 개인으로서 인간의 존엄성을 잃지 않게 한다.
→ 사회안정 → 경제성장의 밑받침

- 자동안정화 기능(built-in stabilizer): 자본주의 사회는 호황과 불황, 경기상승과 침체 등의 순환을 겪게 된다. 따라서 경기가 상승하면 경기가 과열되지 않도록 막고 경기가 하락하면 지나치게 하락하지 않도록 막아주는 역할이 중요하다. 예를 들어 실업급여 지출은 경기가 호황일 때는 보험료 수입을 늘려 경기가 과열되는 것을 막아주고, 경기가 불황일 때는 급여 지출을 늘려 국민들의 유효수요를 증대시킴으로써 경기에 상관없이 국민들의 유효수요를 일정하게 유지할 수 있는 것이다.
- 자본축적 기능: 사회복지정책의 본래 기능은 아니지만 예를 들어, 우리나라처럼 연금제도를 적립방식으로 운영하는 경우 자본축적 효과가 발생한다. 즉, 가입자의 기여금이 연기금으로 적립되어 이 기금을 재정투융자에 사용할 수 있다. 특히 그 규모가 크기 때문에 국민경제에 미치는 효과가 큰데, 이를 자본축적 기능이라고 한다.
- 경제발전론자들이 소비적이라고 주장하는 부분은 실제로는 생산적이다. 사회복지는 인적 자원을 재정비하는 것으로 결국 노동력 확보에 기여한다. 사회복지정책이 발달하면 관료의 부패가 사라진다. 결국 사회 안전망이 확충됨으로써 더 많은 비용 손실을 막아준다.
- 적극적으로 인적자본의 보존 및 개선을 통해 경제성장에 이바지한다. 국민기초생활보장제도, 건강보험제도, 최저임금제도 직업훈련, 고용보험과 같은 사회복지정책을 통해 경제성장의 필수조건인 인적자본을 보존하고 개선시켜 주며, 교육서비스와 의료서비스의 확대는 근로자들의 인적 자본 향상을 가져와 생산성을 높여 경제성장에 도움을 준다.
- 고용창출 효과가 있다. 경제성장에 필요한 새로운 분야의 산업과 직종을 창출함으로써 고용을 증대시켜 준다.

따라서 사회복지정책은 경제성장에 도움을 준다고 봄

CHAPTER 02

사회복지정책의 이념과 전략

CHAPTER

02

Social Welfare Policy

사회복지정책의 이념과 전략

1. 사회복지정책의 이념

1) 사회복지정책의 이념 개요

- **신자유주의(신우파)**: 신자유주의 경제학자들이 중요하게 여기는 가치는 자유, 경쟁, 책임, 그리고 능률이다.
- **보수주의**: 사회적으로 현재의 것을 유지하려는 경향을 보인다. 사회주의는 그 자체로 경제사회체제의 급격한 변화를 추구하기 때문에 보수주의는 처음부터 사회주의를 반대한다.
- **진보주의**: 양자를 모두 배격하면서 산업화가 야기한 문제들을 사회적 약자 편에서 해결하려는 정치사회적인 견해(Kloppenberg, 1988)이다.
- **다원주의**: 개인의 특정의 목표를 중심으로 여러 집단과 조직을 구성하면서 이익을 표출하는 것을 통해 정책과정에 영향을 미칠 수 있음.
- **자유주의**: "이른 바 '보이지 않는 손'(invisible hand)에 의해 경제가 발전한다."(Adam Smith). 국가는 민간의 경제활동에 개입해서는 안 되며, 오히려 자유롭게 방임하는

게 혼란을 막는 최선의 길이다.

- 조합주의: 노조, 기업, 정부 삼자협동이다. 노동자와 사용자가 자신들을 대표하는 조직체를 구성하여 국가를 매개로 이해관계를 조절하는 특수한 방식이다.
- 사회민주주의: 민주주의를 사회주의의 이상을 실현하기 위한 필수적인 요건으로 보고 있으며, 복지국가를 강력하게 옹호하며, 사회민주주의는 국가의 통제를 지향하고 동시에 경제성장과 공정한 분배를 촉진시키는 자유경제활동의 기능을 받아들이고 있다.
- 마르크스주의: 복지국가를 복지자본주의로 정의한다. 사회복지정책은 근본적으로 자본주의적 사회관계를 유지 · 재생산하는 것에 관심을 갖고 있다. 사회복지정책은 현실에 머물게 함으로써 사회주의로의 변화를 지체시키는 걸림돌이 된다. 국가주도가 아닌 노동자 계급이 투쟁으로 만들어 낸 사회복지정책에 대해서는 적극적으로 지지하기도 한다. 노동자 계급에 의한 평등 실현의 과정으로 보는 것이다.
- 제3의 길
  - 제1의 길: 고복지, 고부담, 저효율 = 사회민주주의
  - 제2의 길: 고효율, 저부담, 불평등 = 신자유주의
  - 제3의 길: 양자 지양, 시민들의 사회경제활동보장 + 시장의 활력

    내용상으로는 신자유주의의 소극적 복지를 극복하고 적극적 복지를 하는 것이라고 하지만, 실질적인 면에서는 대처리즘과 별반 다를 바가 없다하여 신자유주의의 연장선이라는 비판을 면치 못한다.
- 페미니즘(feminism): 사회복지정책에 젠더(gender)라는 새로운 시각을 부여한다. 정책 형성이 남성 위주로 되어 여성들은 소외(여성의 역할을 전통적인 모습으로 가정)되어 여성의 지위가 불안할 수밖에 없다(동일노동 동일임금 원칙 무시).

2) 사회복지정책의 이념 이해

다음과 같은 신자유주의, 보수주의, 다원주의, 조합주의, 사회민주주의, 마르크스주의,

제3의 길, 페미니즘 등의 이념을 이해한다.

(1) 신자유주의

시장에 대한 국가 개입의 최소화, 시장의 자유로운 흐름 중시, 사회보장제도의 축소, 국영기업의 민영화, 미국의 레이건, 영국의 대처, 일본의 나카소네

신자유주의는 경제학의 고전이론을 사회경제정책에 접목시켜 사기업, 자유무역, 개방시장의 유용성을 강조하고 국가 정치 · 경제를 결정하는 데 사기업 부문의 역할을 극대화하는 방안을 모색하였다. 신자유주의는 오스트리아 태생의 영국 경제학자 프리드리히 하이에크(Friedrich A. Hayek)의 주장에 기초하여, 기본적으로 정부주도 경제정책에서 벗어나 개인을 경제주체의 주된 정책적 방향으로 잡고, 정부가 경기부양을 목적으로 공공부문 재정, 빈민계층을 위한 무상보조금을 늘리면 국가부채가 쌓이게 되어 인플레이현상과 생산성 약화를 초래한다고 보았다(Williamon, 1990). 따라서 국가주도의 공공재정 투입을 줄이고, 사기업 및 자유무역 활성화를 위하여 각종 규제를 철폐하고, 국가 간 관세를 줄이는 등 시장경제 부양의 동기를 부여할 수 있는 다양한 정책을 써야 한다고 보았다.

영국의 경우 신자유주의 정책을 주장한 대표적인 인물로 마거릿 대처(Margaret Thatcher) 전 영국 수상을 꼽을 수 있다. 대처 수상은 정부 주도와 개입을 강조하는 케인즈식(Keynesian) 접근방법이 실패하였다고 보았다. 그리하여 당시 영국의 경제 약화를 개선하고자 정부개입 축소, 자유시장경제의 활성화, 기업 활동 강화를 주된 정책으로 삼고 정부재정적자를 최소화하기 위하여 국영기업체 매각, 기업규제철폐, 공공부문 예산감축을 적극적으로 전개하였다. 그 결과로 인플레이션과 부동산대출 비중은 획기적으로 감소하고 경제가 전반적으로 호전되는 효과가 있었지만, 공공부조, 무상교육 예산감축 등 공공예산의 감축에 따라 빈곤계층을 포함한 공공사회복지정책에 따른 사회복지 수준은 유럽연합(EU) 전체에서 가장 낮아지게 되었다.

미국도 공식적으로 신자유주의 정책을 표방하지는 않았으나, 레이건(Ronald Reagan)

정부 이래 시장과 기업중심의 정책을 강화해 왔고 IMF와 IBRD 같은 국제조직의 실질적 영향 국가라는 사실을 감안할 때 신자유주의 정책에 상당부분 영향을 받고 있는 나라라고 할 수 있다. 신자유주의 정책시행에서 비롯된 부정적 결과 중 하나인 빈부격차 심화는 미국에서도 지속적으로 커지는 양상을 보면 미국에서 신자유주의의 영향을 확인할 수 있다. 경제적 빈부격차는 교육, 건강, 사회적 지위 등 사회전반에 불평등 상황을 만드는 데 기여하는 것으로 이해된다.

이처럼 신자유주의는 최소정부, 시민 자율성, 자유시장경제, 자유방임 노동시장, 공급경제 중심, 소극적인 사회안전망 중심 사회보장제도(정경배, 2002: 15)를 추구하는 것이다.

① 영국에서 대처정부 이전에는 케인즈주의적 복지국가를 지향해 왔다.

② 1970년대 초 선진자본주의 경제체제의 위기 → 사회민주주의 동요 → 복지국가의 위기 → 국가재정의 적자 누적, 복지서비스 재원의 감소 → 새로운 주장이 대두함 (곧 석유파동 이후 여러 문제가 발생하자, 국가의 공공부채와 재정적자를 줄이는 방법은 증세가 아닌 공공지출의 축소를 통해 수행돼야 한다는 것이 신자유주의들의 주장이었다).

③ 1980년대 이후 기업 활동에 대한 정부규제 완화, 시장원리의 활성화로 경제를 회복시키자는 신자유주의 주장 대두 → 시장상황과 기술혁신에 기업이 유연하게 적응하여 경쟁력을 발휘하기 위해서는 신속한 의사결정과 유연한 노동력 관리가 필요하다는 주장 → 노동자 보호 입법의 후퇴와 노조활동에 대한 제약을 가져온다.

④ 복지국가의 축소는 국가의 재정지출을 줄여 인플레이를 약화시키고, 공공복지 부문에 과다하게 투자되었던 인력과 자원을 민간경제로 돌리며, 복지국가가 약화시켰던 납세자와 복지수혜자 모두의 노동유인을 강화함으로써 건전한 성장을 유도할 수 있다고 한다.

⑤ 영국은 보수당인 대처정부의 출범과 함께 케인즈주의와 단절하고 신자유주의로 돌아섰으며, 우리나라의 현실에도 많은 영향을 미치고 있다.

⑥ 신자유주의는 "시장의 자유없이 정치적 자유없다."는 구호 아래 시장적 자유와 개인의 사적 소유권을 자연법적 권리이자 절대적 가치로 파악하고 있으며, 이것은 18~19세기 서구 자유주의의 핵심적인 경제논리를 다시 강조한다는 점에서 신자

유주의이다.

(2) 보수주의

> 진보주의에 대립되는 개념으로, 일반적으로는 급격한 개혁을 피하고 현재의 체제를 중시하는 사상

정치 · 경제사상에 영향을 준 이데올로기(ideology)로서의 보수주의라는 용어는 근대 시민계급의 대두와 사회구조의 변화를 전제로 하여 1819년 프랑스혁명 발전 과정에서 처음 사용되었다(Mclean & McMillan, 2009). 프랑스혁명 당시 시민계급이 자유민주주의를 주도하는 세력으로 등장한데 반하여 봉건귀족 계급은 정치적 · 경제적 · 사회적 기반인 토지를 소유하려는 태도를 보임으로써 보수주의의 태도를 취한 데서 비롯되어 왕당주의를 복구하려는 정치적 의미를 가지면서 공식적인 정치적 용어로 등장하였다.

여기서의 보수주의는 당시 봉건귀족 계급이라는 사회구조의 현상 유지를 위하여 쓰인 정치적 용어로, 현 제도가 어떤 것이냐가 문제되지 않고 단지 자신의 이익과 결부된 현 제도를 유지하려는 태도로서 일관된 사상체계가 존재하기 어려운 특징을 가지고 있다. 즉, 이데올로기로서의 보수주의는 '제도 지향적 이데올로기'라 할 수 있다(Huntington, 1957: 460). 시대가 바뀌어 19세기 후반에는 시민계급을 중심으로 한 보수주의와 노동자 계급을 중심으로 한 진보주의(사회주의)의 대립이 나타났는데, 이는 특정 집단의 이익을 반영하는 봉건세력과 시민계층의 싸움이 아니라 현재에 대한 급격한 변화를 부정하고 전통적인 것을 고수하려는 상황적인 특징을 보이고 있다.

미국의 경우 미국 보수주의의 상징으로 여겨지는 레이건 대통령이 보수주의의 심장이요 영혼은 자유민주주의에 있다고 하며 당시 공산주의에 맞서 민주주의를 지키는 용어로 사용한 것으로 볼 때, 전통적으로 미국을 중심으로 한 민주주의, 자유시장경제 체제와 구소련을 중심으로 한 공산주의체제를 대치시킨 상황적 이데올로기라고 할 수 있다. 미국의 또 다른 전통적인 보수주의적 관점은 기독교 중산층을 대변하는 이데올로기로서 도덕적 가치를 존중하는 특징을 가진다. 미국의 기독교 중산층은 근면 · 절약 정신으로

황무지에 미국을 세운 청교도적 가치관을 중요하게 여겨, 자구 노력을 하지 않는 건강한 노숙자에게 공공부조 혜택은 무가치하며 노동 능력이 있는 빈민계층은 자구 노력을 통하여 공공부조 의존에서 벗어나야 한다고 생각한다. 미국의 건강보험제도 역시 보편적 사회보험제도보다는 자유경쟁체제에 의한 사보험제도를 선호하며, 사회보장제도도 개인의 저축에 의한 미래보장을 선택하는 경향이 있다.

보수주의자들은 사회복지정책 면에서 잔여적 관점을 가지고 있어 사회복지제도 마련에 대한 국가의 기여는 최소한에 그쳐야 하며, 개인은 자신의 사회경제적 실패를 책임지고 자구 노력을 해야 하고 그것이 어려울 경우 일차적으로 가족, 교회, 취업을 통하여 불가피하게 국가가 부담하는 공공부조 상태에서 벗어나야 한다는 데 동의한다(Zastro, 2007: 8). 사회복지제도는 임시적인 것이어야 하고, 지속적인 공공부조는 공공부조 대상자의 항구적 의존상태 양산을 부추기는 결과를 가져온다고 믿는 것이다(손병덕, 2012: 38-40).

① 현재에 대한 변화를 부정하는 '보존의 원리'
② 빈곤은 개인의 책임성 결여에 의해서 발생하는 것.
③ 보수주의자들은 '최소한의 정치가 최고의 정치'라고 믿음
④ 사회복지정책에 대한 보수주의적 해석의 두 가지 핵심적인 사상
- 도덕적 책임은 가부장적인 온정주의에 기초하고 있으며 복지란 운이 나쁜 사람들에 대한 자선이라고 봄.
- 자기이익의 개발은 사회복지를 자기이익의 개발을 위해서 필요한 것으로 봄.

(3) 다원주의

사회는 여러 독립적인 이익집단이나 결사체로 이루어져 있으므로 권력 엘리트에 의하여 지배되기보다는 그 집단의 경쟁·갈등·협력 등에 의하여 민주주의적으로 운영된다고 보는 사상

다원주의는 정치, 경제, 사회, 기업운영, 학문 등 다양한 인간 활동 속에서 사용되고

있는 사상이다. 이 이론은 기본적으로 다양한 의견과 이해를 가진 개인 또는 집단으로 사회가 구성되어 있다고 가정한다. 그리고 이러한 다양한 의견과 이해를 가진 집단 또는 개인의 자유로운 의사표현을 통해 전체 사회는 최선의 결과에 도달할 수 있다는 믿음을 가정한다.

사전적 의미에서의 다원주의란 사회는 여러 독립적인 이익집단이나 결사체로 이루어져 있으므로 권력 엘리트에 의하여 지배되기보다는 그 집단의 경쟁·갈등·협력 등에 의하여 민주주의적으로 운영된다고 보는 사상이다.

다원주의자의 주장은 다양하지만 국가지상주의적인 전통적 이론에 반대한다는 점에서는 일치한다. 그들은 전통적 이론이, 국가보다 작으나 더 전문화된 여러 결사체의 권리·이익·성취를 무시하거나 적절하지 못한 것으로 간주하고 있다고 하였다. 다원주의자들의 명제에 따르면 어떤 단일한 제도 또는 제도적 집합체도 지배적인 것은 없다. 사회는 오히려 여러 상충되는 목표를 가진 수많은 이익집단들로 구성되거나 특별한 문제를 중심으로 일시적으로 연합하는 변화무쌍한 연합체로 구성되어 있다는 것이다. 다원주의자들의 견해로는 상충적인 이익집단이 정치적 영역에서 서로 경쟁하거나 협상하는 과정 속에서 권력은 다소 민주주의적으로 운영된다. 그리고 공공정책이라는 것은 경쟁하는 집단들이 내린 타협과 협상의 결과로 나타나는 것이며, 대중은 선거와 조직적인 참여를 통하여 엘리트에 대해 상당한 영향을 미칠 수 있다고 본다.

다원주의자들은 공동체적 의사결정과정과 권력구조를 지향하며, 한정된 영향력과 범위를 가지는 결정과 조직을 분석 대상으로 삼는 경향이 있다. 이러한 다원주의는 대중의 영향을 거의 받지 않는 권력엘리트가 사회의 상층에서 권력을 독점적·지배적으로 행사한다고 보는 엘리트이론(elitism)과 대립된다. 엘리트이론에 의하면 권력은 사회경제적 체제 속에 있는 지위와 역할에서 나오는데, 권력이란 구조 지워지는 것이며, 권력관계는 오래 유지되는 경향이 있다. 또한 엘리트와 대중 사이에는 비교적 뚜렷한 구분이 있으며, 선거나 어떤 다른 형식의 정치활동을 통해서도 엘리트는 대중의 영향을 거의 혹은 전혀 받지 않는다. 권력의 핵심 내부에는 상당한 정도의 이익 일치와 대부분의 중요한 문제에 대한 본질적인 동의가 존재한다고 보는 것이다. 지금 우리가 살고 있는 사회야말로 가치판단의 다양성이 용인되고 존중되는 이른바 다원주의사회라 할 수 있을 것이다.

어떤 특정한 가치관에 기초한 견해 또는 특정 개인이나 특정 집단의 주장이 무조건적인 정당성을 가질 수는 없으며, 여러 견해들이 대두되어 경합하고 조정되는 가운데 상황에 적합한 올바른 문제해결이 추구된다. 그러나 이와 같은 현대 다원주의사회는 가치관의 혼란이라는 문제를 가져오기도 한다.

(4) 조합주의(코포라티즘)

자본-노동-국가 3자가 협력하여 국가와 사회경제정책 결정

조합주의란 1920~1930년대 이탈리아 파시스트 조합주의가 유래이며 제2차 세계대전 후 다시 유럽 각국이 정부주도의 관료적 경제기획체제를 강조하면서 미국과는 다른 자본주의체제를 구축해 왔는데 기업가단체, 노동자단체, 정부대표의 3자연합이 주요 경제정책을 결정하며 정부와 이익집단 간 공식합의를 중시하므로 이익집단의 자율성이 제한된다. 따라서 정부는 이익집단의 활동을 규정하고 억압하는 권위주의적이고 독립적인 실체로 간주되며 다원주의와 대비하여 비교 설명할 수 있다. 코포라티즘은 정책결정 과정에 있어서 국가가 능동적이고 적극적인 주도권을 행사한다는 점을 특징으로 하므로, 정책 형성 과정에서 사회 내 제반 집단을 분석 대상으로 삼고 국가는 수동적인 역할을 하는 다원주의론과 비교될 수 있다.

즉 코포라티즘에서 국가는 국가 전체의 이익확대와 사회질서 유지를 위해 국가가 사회를 일정한 방향으로 유도하기 위하여 의도적으로 사회집단과 개인의 이익 및 가치를 통제 조정하는 수단으로서의 역할을 하는 것이다. 요약하면 협동조합주의 또는 코포라티즘은 자본과 노동에 대한 국가의 통제 방식을 일컫는 말로서 국가기구의 적극적 중재가 이루어지는 가운데 사회집단들의 독점적, 기능적 이해관계 대변 조직들이 이해관계 대변과 국가 정책 집행을 연결하는 고리로서 노사정 3자의 정치적 교환에 참여하는 사회정치적 과정이다. 이때 국가는 방관자적 입장이 아니라 직접적인 참관자로서 정책형성 과정에서 능동적이고 적극적인 주도권을 행사하고 국가 전체의 이익확대와 사회질서 유지를 위해 사회를 일정한 방향으로 유도하며 의도적으로 사회집단과 개인의 이익과

가치를 통제하고 조정하는 기능을 한다. 이러한 코포라티즘은 국가 조합주의와 사회조합주의로 나누어 설명될 수 있다.

① **국가 조합주의:** 정책결정 과정에서 사회적 합의를 유도하기 위해 정부가 이익집단 등 민간 부문에 대해 강력한 주도권을 행사하여 정부와 이익집단 간의 합의형성이 이루어지도록 하는 국가체제로서 다원주의적 이익대표체제에 대한 대안적 체제로 제기되었다. 따라서 정부는 이익집단의 활동을 규정, 통제하는 독립적 실체이며 이익집단들은 강제적 비경쟁적 위계적으로 조직화되고 협력적이다. 즉 국가조합주의는 국가의 권위에 의해 위로부터 조직화가 이루어진 경우로 주로 제3세계에서 발견된다.

② **사회 조합주의:** 이익집단의 성장에 의해 아래로부터 조직이 이루어지는 것을 사회조합주의라고 하며 안정된 의회민주주의적 부르주아 지배체제에서 피억압 계급을 체제에 통합시키는 방식으로서 사회 갈등을 평화적 방법으로 해소하는 것을 의미한다. 이러한 사회조합주의의 특징은 강력하나 전체주의적이지 않은 국가에서 가능하며 대개는 수와 기능이 한정된 구조화된 이해관계집단이 존재해야 하며, 이때 이해관계집단이 국가의 일부가 되는 자유주의적 다원주의에서처럼 완전히 독립적인 것과 구별되는 특징을 가지고 있으며, 대표적으로 1988년 스웨덴의 노사정 협약을 들 수 있다.

(5) 사회민주주의

> 복지국가는 자본과 노동의 계급투쟁에서 노동자 계급이 얻어낸 성과물. 복지국가의 발전을 노동자계급의 정치적 권력이 확대된 결과로 봄. 복지국가의 발전 요인으로 좌파정당, 노동조합의 성장 등 정치적 변수에 주목

사회민주주의는 칼 마르크스(Karl Heinrich Marx)의 이데올로기를 기초로 경제적 개인주의로 볼 수 있는 자본주의를 배격하고 자유평등 민주주의 사회를 실현하는 것을 목적

으로 하되, 마르크스주의자들처럼 폭력 혁명을 수단으로 하지 않고 민주적인 방법을 통하여 실현하려고 시도한 19세기에 시작된 정치적 이데올로기다(Steger, 1997). 사회민주주의는 사회주의와 민주주의가 혼합된 것으로, 일관된 이념체계를 가지기 힘든 배경을 가지고 있어 시대 상황에 따라 사회주의 혹은 민주주의를 보다 강조하는 양상을 띠고 있다.

사회복지정책과 관련하여 고전적 민주주의자들과 달리 현대 사회민주주의자들은 교육, 건강보험, 양육 등 모든 시민을 위한 보편적 무상복지서비스의 실행, 질병 · 재난 · 실직 · 은퇴 · 빈곤을 대비한 사회보장제도의 실현 등 복지국가 실현을 목표로 한다. 정부 소유 공공주택 및 사기업 주택 주도 주거환경 마련이라는 양방향 주택정책을 지지하며, 사회정의 · 인권 · 시민권 등 자유 · 평등과 관련된 정책실현에 관심을 가지며, 이민자유화 및 자유무역 · 환경보호 등 진보적 정책 · 정강 실현을 여전히 목표로 하고 있다. 즉, 자유민주주의를 신봉하는 자본주의자들은 경제적 불평등을 개인적 노력의 부분으로 이해하고 복지서비스도 가진 사람이 누릴 수 있는 선택의 문제로 이해하여 사회적 불평등의 문제에 큰 의미를 두지 않고, 다만 빈곤계층의 복지문제 해결이 국가가 아닌 민간복지기관들이 해야 할 부분이라고 보는 것이다. 반면에 사회민주주의자들은 사회경제적 불평등이 사회구조적 문제이므로 국가는 빈곤으로부터 시민을 보호할 의무를 가지고 있기 때문에 고소득자들에게 많은 세금을 부과하여 그 재원으로 의료 · 복지서비스를 실행하는 것이 타당하다고 보고 그 이념을 복지정책을 통하여 실행하려 한다. 즉, 사회민주주의는 거대정부, 국가 간섭 증대, 혼합경제, 적극적 노동정책, 소득재분배, 적극적 사회보장제도를 추구하는 것이다(정경배, 2002: 15).

이처럼 자본주의를 기반으로 하여 사회주의를 추구하는 까닭에 마르크스주의자들이 볼 때 사회민주주의는 사회주의 실현을 위해 자본주의 체제를 기초로 하므로 이상적 사회주의 국가 실현에는 태생적 한계가 있는 것이다. 마르크스주의자들은 사회민주주의가 자본주의의 산물인 사회보험제도를 도입하고 있으므로 자본주의 기업가들의 투자 동기 감소를 가져와 결국 자본주의 체제 붕괴를 초래할 것이라고 비판한다(손병덕, 2012: 41-43).

① 조합주의와 비슷하나 이데올로기적인 바탕이 다르고 기능적인 필요성보다는 노동계급을 대변하는 정치적 세력이 커질수록 복지국가가 발전한다는 점을 강조한다. 복지국가는 자본과 노동의 계급투쟁에서 노동자 계급이 얻어낸 성과물로 보고 있다.
② 자유시장경제가 아닌 국가가 개입하는 형태인 혼합경제를 지향한다.
③ 정치민주주의와 경제민주주의를 지향한다.
④ 포괄적 복지국가를 지향한다(실업보험제도, 적극적 노동시장정책과 사회복지서비스의 제공을 통해 포괄적 복지국가를 실현하고자 한다).

(6) 마르크스주의(맑스주의)

자본주의 생산양식 비판. 자본주의를 부정하고 사적소유 소멸 주장

마르크스의 사회주의는 19세기 초반 독일인으로서 영국에 거주하면서 정치 · 경제 · 사회 · 철학 활동을 했던 칼 마르크스(Karl Heinrich Marx, 1818~1883)에 의해 주장되었다. 프리드리히 엥겔스(Friedrich Engels, 1820~1895)의 유물론적 역사해석을 기초로 사회주의적 혁명을 통하여 사회를 변화시키고 개선을 꾀하려 했던 사회정치적 세계관을 의미한다.

마르크스에 따르면 사회변화는 서로 다른 계급들의 투쟁에 의하여 이루어지며, 특히 자본주의 체제하에서 경제주도권을 장악하고 있는 권력층 부르주아(bourgeoisie)는 필연적으로 노동자농민 프롤레타리아(proletariat) 계층을 압제하는데, 이에 따라 부르주아와 프롤레타리아 계층 간에 존재하는 불평등 해소는 프롤레타리아 혁명을 통하여 가능해진다. 마르크스는 프롤레타리아 계층이 정부를 장악하여 계급 간 이익을 공평히 나누고 결국 정부도 존재하지 않는 공산주의 사회체제를 사회주의라고 한 것이다. 그는 서구 역사가 원시공산주의, 노예사회, 귀족사회, 자본주의 체제, 사회주의 체제, 공산주의 체제로 진화할 것이라고 믿었다. 이처럼 마르크스는 빈익빈 부익부 현상의 심화에 따라 노동자계급의 수가 증가하고 자본가계급의 수가 감소하고 계급투쟁에 의해 사회주의가 도래함을 예고하였다. 그러나 현실적으로는 마르크스주의에 의해 창건된 구소련은 무너지고, 서구사회에서도 중산층 노동자들의 급격한 증가에 따라 물질에 의한 공산사회주의 체제

로의 전환은 이루어지지 않고 오히려 비폭력에 의한 점진적 변혁이 나타나고 있다.

마르크스주의는 사회복지정책에도 영향을 미쳐 사회적 평등을 성취하고 인간 생존에 필요한 기본적 욕구를 충족시키기 위해 국가가 전면적으로 보편적 복지를 제공해야 한다는 관점의 기초를 마련하였다고 볼 수 있다. 사회에서 발생하는 많은 문제의 원인들은 자본주의 체제 자체에 있으므로, 국가는 사회문제를 해소하기 위하여 평등사회를 구현하도록 직접적으로 개입하여야 하며 다양한 사회복지적 문제를 해결하는 데에도 직접적인 역할을 해야 한다는 것이다(손병덕, 2012: 43-46).

표 2-1 마르크스주의와 사회민주주의 비교 분석

구분	마르크스주의	사회민주주의
경제관	• 사회주의적 경제 건설 • 국영기업의 전반적 육성 • 국가 소유의 물자와 국영기업을 통하여 국가 주도의 투자 및 생산계획에 따라 산업유도	• 시장경제, 국영 · 민영 동반 경영체제, 복지국가 건설 • 국영기업 소유 최소화, 민영기업 육성
사회복지정책관	• 국가가 사회복지적 문제를 해결하는 주체가 되어 사회복지 프로그램을 주도하며, 궁극적으로 자본주의 해체가 이루어지는 평등사회를 구현하는 데 국가의 역할이 있다고 봄	• 조세정책으로 민영기업을 통제하여 복지국가를 위한 재원 마련

신마르크스주의

- **전통적인 마르크스주의 이론:** 자본주의 사회에서 복지국가의 출현, 발전 기대 불가능.
- **신마르크스주의 이론**
  - 자본주의가 발달할수록 복지국가 발달– 자본가의 지속적인 자본축적, 노동력 재생산을 위해 복지 이용.
  - 독점자본주의의 형성과 증대 과정에서 필요에 따라(기업가들의 이익을 위해) 출현.
- **복지국가에 대한 입장**
  - 복지국가는 자본의 지속적 축적을 위해 기능하며, 자본축적 위기해소를 위해 국가가 사회복지를 증대시킴.
  - 국가는 자본가 계급의 이익을 대변하는 도구.
- **사회보장제도에 대한 입장:** 표면적으로 노동자를 위하는 것처럼 보이나 실제로는 자본가들을 위함.

- 사회보장 지출은 노동력의 재생산 보장, 국민경제의 생산유지, 노동계급과 빈곤층의 소비보장으로 총수요를 유지하는 역할.
- 단체교섭제도, 적극적 노동시장 정책 등을 통해 노사관계 안정화와 노동시장 안정을 추구하여 자본가들이 안정적으로 자본을 축적하게 함.

• **복지국가의 모순**

- 자본가의 안정적 자본축적과 정당화(노동자의 문제를 복지제도로 무마)의 두 가지 기능을 동시에 하려고 하는 국가이며, 이 모순된 두 가지를 모두 추구하다 보니 복지국가의 위기 발생.

• **평가**

- 자본주의를 분석하여 누가 이익을 보는가를 명확히 하였고 국가의 적극적 개입 이유를 밝힘.
- 복지국가에 관련 설명을 경제적 관점에 국한시킨 한계.

(7) 제3의 길

사민주의적(사회민주주의) 복지정책과 신자유주의 복지정책의 장점 혼합, 시장의 효율과 복지의 형평을 동시에 추구. 노동시장에 참여할 의무 강조.

제3의 길은 사회민주주의 복지정책과 신자유주의 복지정책의 틀을 벗어나 변증법적으로 새로운 복지패러다임을 형성하고자 하는 시도이다. 제3의 길은 기존의 정(正)으로서 받아들여졌던 사회민주주의라는 제1의 길의 문제점을 지적하고, 이에 대한 대안으로서 제1의 길의 모순을 지적하며 반(反)으로서 내세웠던 제2의 길인 신자유주의를 추종하는 것이 아니라, 양자의 단점을 배제하고 장점만을 받아들여 융화시킨 합(合)으로서 창안된 새로운 복지정책의 기본 틀이다.

사회민주주의의 동요는 복지국가위기론을 대두시켰고, 이러한 사회적 비판에 대처하면서 시장 경제의 효율성과 자유를 강조하는 신자유주의가 대처리즘과 레이건노믹스하에서 채택되어 번영을 누리게 되었다. 그러나 신자유주의는 사회적 부의 절대적 크기를 증가시키는 데는 기여했지만 빈부 간의 격차를 심화시키는 등 새로운 문제점을 노출시키게 되었다. 신자유주의 이념을 택한 국가들이 신자유주의가 발생시킨 이러한 문제들을 해결하기 위해서 과거의 사회민주주의로 회귀하지 않고, 사회민주주의와 신자유주의의 장점을 결합하고 단점을 시정한 제3의 이념을 추구하기 시작하였는데 이것이 제3의 길이다.

① **지향점:** 제3의 길은 '자본주의의 죽이기'가 아닌 '인간의 얼굴을 한 자본주의 만들기'에 나선 유럽좌파의 부활이라고도 한다. 즉 인도주의적 자본주의 내지 인간 중심적 자본주의를 지향하기 때문이다. 제3의 길은 영국의 '블레어리즘 또는 블레어노믹스'와 독일 '슈뢰더의 새로운 중도노선'과 같은 맥락이다.

② **정책:** 정책적 측면에서 살펴보면, 시장의 효율과 사회복지의 형평을 동시에 추구하면서, 경제성장과 사회복지를 동시에 유지 발전시킨다는 것을 기본 정책노선으로 설정하고 추구해 나가고 있다.

③ **복지정책:** 한편으로는 국민들이 단순히 복지의 수급자만이 아니라 노동시장에서 생산적인 활동에 참여할 의무를 진 개체라는 개인주의, 즉 상품화를 추구하면서, 다른 한편에서는 공정한 기회균등과 분배적 정의를 실현함으로써 공동체적 사회연대를 달성하려는 집합주의(collectivism)를, 즉 탈상품화(decommodification)를 자본주의 시장경제체제 내에서 동시에 추구하고 있다. 이러한 측면에서 제3의 길은 '인간의 얼굴을 한 시장경제'를 추구하고 있다. 제3의 길 복지정책은 사회보장과 재분배에 관심을 기울이는 동시에 경제적인 부를 산출하는 주도적인 주체로서의 복지수혜계층의 역할을 강조하고 있다. 즉 베버리지 시대의 소극적 복지수급자(the passive welfare beneficiary)와는 대조적으로 적극적 복지시민의 위상정립에 정책의 초점을 맞추고 있다.

사회투자국가

영국의 노동당 정부가 '제3의 길'의 구체적 실천 전략으로 제시한 국가모형에서 비롯되었다. 제3의 길의 이념적 토대를 제공하기도 했던 앤서니 기든스는 전통적인 사민주의 성과물인 복지국가가 급속한 사회경제적 변화를 제대로 따라가지도 못할 뿐만 아니라 재분배 체계로서의 기능도 제한적이라고 진단하고 사회투자국가를 제시했다.

- **사회적 배경:** 고용구조의 변화로 인한 비경제활동 인구의 증대와 일자리 양극화, 가족구조의 변화와 가족 구성원의 역할 변화(특히 한부모가구의 증가와 빈곤화), 인구 고령화로 인한 재정적 지속가능성의 문제와 노인빈곤의 문제 등이 거론된다.
- 정치적 배경: 노동당에 대한 정치적 지지를 확보하기 위한 것이 있다.

전통적 복지국가와 구분되는 사회투자국가의 특징

- 전통적인 과세와 지출을 강조하기보다는 사회투자를 강조하며, 투자는 수익을 상정하는 것이기 때문에 복지지출도 수익을 위주로 함
- 경제정책을 우위에 둔 경제정책과 사회정책의 통합을 강조
- 사회투자의 핵심은 인적자본 및 사회적 자본의 투자(아동에 대한 투자 강조)
- 사회지출을 소비지출과 투자지출로 구분하고, 소득보장에 사용되는 소비지출을 되도록 억제하고 자산조사를 통한 표적화프로그램을 선호
- 시민권의 권리와 의무의 균형 강조(경제적 기회의 제공, 복지제공이 국가의 의무라면 유급노동을 통한 자활은 시민의 의무라고 봄)
- 결과의 평등보다는 기회의 평등 강조(불평등의 해소보다는 사회적 포섭에 관심을 두고, 기회를 재분배함으로써 결과의 불평등은 받아들일 수 있는 것으로 봄. 사회적 배제에는 반대하지만 일단 사회내로 포섭된 사람들 사이의 불평등에 대해서는 중요하게 다루지 않음)

(8) 페미니즘

여성억압의 원인과 상태를 기술하고 여성해방을 궁극적 목표로 하는 운동 또는 그 이론

19세기 중반에 시작된 여성 참정권 운동에서 비롯되어 그것을 설명하는 이론까지 포함하는 개념이다. 페미니즘의 시초는 자유주의에 근원을 두고 있는데, 자유주의적 페미니즘에 의하면 여성의 사회진출과 성공을 가로막는 관습적, 법적 제한이 여성의 남성에 대한 종속의 원인이다. 따라서 여성에게도 남성과 동등한 교육기회와 시민권이 주어진다면 여성의 종속은 사라진다고 한다.

페미니즘(feminism, 여권주의)은 여성에 대한 사회적 인식이 남성에 비하여 불평등하며 실제 그러한 인식의 결과로 정부, 기업 등 사회조직에 남녀 간 불평등을 초래하게 되었으므로 이를 개선하기 위한 사회적 모델들에 집중한다(Hooks, 2000). 페미니즘은 사회복지정책의 기초가 되는 이데올로기로 보기 어려운 점이 있다. 사회복지정책에 페미니즘적 접근만을 적용하는 것이 불가능하기 때문이다(Lewis, 1998). 그러나 성 불평등을 해소하고 여성의 권익을 신장시키려는 측면에서 페미니즘은 사회복지정책에서도 다양하게 제기될 수 있다.

페미니즘은 사회복지정책 개발에서 여성 중심의 개발을 선호하지만, 사회복지정책의 적용에서 단순히 여성중심적인 접근보다는 사회적 소외계층으로서 실제 경험하고 있는 이슈들을 기초로 접근하는 것이 타당할 것이다(손병덕, 2012: 47, 52).

2. 사회복지정책의 전략

1) 사회복지정책의 전략 핵심

- **시민참여**: 이론적으로 복지혜택의 대상인 시민이 정책결정에 참여한다. 전문가 집단(선의)과 공무원(합리성)에 의한 정책결정은 이해 당사자와 괴리될 수 있다.
  예: 건강보험정책심의위원회는 여러 이익집단의 대표가 모여 건강보험과 관련한 각종 정책을 결정한다.
- **탈상품화**: 자본주의 체제하에서 인간이 시장에 의존하지 않고 생계를 유지할 수 있는 정도를 의미한다. 그 정도에 따라 자유주의, 보수주의, 사민주의로 구분한다. 탈상품화의 정도는 자유주의 체제는 거의 없거나 적고, 보수주의 체제는 중간 정도이고, 사회민주주의 체제가 가장 크다고 볼 수 있다.
- **긍정적 차별**: 평등의 개념을 수량적 평등, 비례적 평등으로 나누어 본다. 결과의 평등을 얻는 방법으로 긍정적 차별이라는 정책을 실행할 필요가 있게 된다. 사회구성원 전체를 대상으로 하는 사회복지정책의 발전에도 방해를 가져올 수도 있다. 결과적 평등에 가까이 가기 위하여 사용되는 방법이다.
- **권한강화(권한부여)**: 복지 수혜자가 복지에 영향을 미치는 결정에 보다 많은 권력을 갖게 함으로써 공급자로부터 일부 권력을 취하게 되는 것을 의미(서비스 공급자와 수혜자가 동등한 협력관계)한다. 낙인이 사라지고 서비스를 받는 것이 하나의 권리로 이해한다.

- **재정의 확충:** 사회복지정책에 있어 정부의 역할이 매우 미약하고, 민간의 인식 역시 후진적이며 일회성에 그치는 경우가 많아, 복지 재정의 확충 방안이 필요하다.

2) 사회복지정책의 전략 이해

시민참여, 탈상품화, 긍정적 차별, 권한 강화, 재정의 확충 등에 관한 정책

오늘날 세계는 과학기술의 발달로 인하여 더욱 좁아졌다. 그래서 현대국가는 다른 국가들로부터 어떤 형태로든 영향을 받고 있으며, 그렇지 않고는 존재하기가 어렵다. 따라서 한 국가의 사회정책 또는 복지정책도 역시 세계 환경의 영향을 더욱 많이 받게 되었다.

이러한 영향들은 현장에서 정책이라는 형태로 구체화되어 실현된다. 이념들을 정책으로 전환하는 과정에는 세계의 모든 국가들이 자기국가를 위한 노력 중 특별한 의식 없이 만들어 낸 산물이 인식하지 못한 세계의 위기가 되고, 그것은 복지국가의 위기의 원인이 되고 있다. 바꾸어 말하자면, 사회복지의 모순은 세계 환경 및 자국중시의 결과로 발생되는 복지국가의 위기를 의미하는 것이다.

이러한 영향은 인류의 복지와 위기를 반영하게 된다. 이번 절에서는 시민참여, 탈상품화, 긍정적 차별, 권한 강화, 재정확충을 중심으로 사회복지정책의 전략에 대해 살펴보고자 한다.

(1) 시민참여

정책 및 행정 과정에 일반 시민이 참여 해 정책결정 등에 영향을 미치는 것이다. 미국 학자들은 '시민참여'라고 부르고 있으나 우리나라 학자들은 대개 '주민참여'라고 부르고 있다. 시민참여는 현대사회에서 참여 민주주의(participatory democracy)의 강조와 더불어 확대되고 있다. 시민참여는 정부의 정책결정과 집행에 일반 시민이 직접 참여해 영향을 미치고 행정의 일탈행동을 감시할 뿐만 아니라 행정에 대한 시민의 지지를 확산하는 데 그 제도적 의의가 있다. 일반적으로 행정 문제에 시민이 직접 참여하게 되는 시민참여의

구체적 방법은 아주 다양하다. 각종 자문위원회에 참여하거나 공청회 · 청문회에 참여하는 활동으로부터 시민운동단체에 참여하고 국민감사를 청구하거나 행정쟁송을 제기하고 시위에 참여하는 것도 시민참여로 볼 수 있다. 또한 특별한 정책 분야의 정책결정을 직접 담당하는 시민위원회도 시민참여의 한 형태로 볼 수 있다.

(2) 탈상품화

근로자가 자신의 노동력을 상품으로 시장에 내다 팔지 않고도 살 수 있는 정도를 말한다. 즉, 자신이 노동시장에서 일을 할 수 없는 여러 가지 상황에 처했을 때 국가가 어느 정도 수준의 급여를 제공해 주는가의 정도를 의미한다. 탈상품화가 높을수록 복지선진국을 의미한다.

(3) 긍정적 차별

소수집단 우대정책, 소수자할당제, 계층할당제, 지역할당제, 차별 조치 등이 모두 유사 개념이다. 사회공동체가 결과적 평등을 구현하기 위해서는 이들 소수자들이 학습, 고용, 공공재의 이용 등에 있어 상대적인 우대 혜택을 제공받을 필요가 있다.

긍정적 차별(positive discrimination)은 평등한 권리를 누리지 못하고 있는 계층들에 대해 일반사회에서 좀 더 근접하기 위한 차원에서, 그리고 그동안의 불이익을 조금이나마 해소해 주는 차원에서 이들을 옹호하는 차별을 가하는 것을 말한다(이태종 외, 2010: 130). 협의로는 불우집단의 고용을 촉진하기 위한 적극적 고용 개선 조치를 의미하며, 광의로는 소수집단에 대한 보상적 기회의 제공을 의미한다. 소수집단 우대정책, 소수자할당제, 계층 할당제, 지역 할당제, 차별 조치 등이 모두 유사 개념이라 할 수 있다. 영국, 프랑스 등 유럽에서는 긍정적 차별, 미국에서는 적극적 우대 조치(affirmative action), 캐나다에서는 고용평등(employment equity)이라는 용어를 사용한다.

일반적으로 사회적 약자 인 여성, 장애인, 소수민족의 일원들은 전통과 관습에 의해 상시적인 결과적 불평등 상황에 놓이게 된다. 그렇게 고착화된 불평등은 상대적 빈곤의 형태로 대물림되어 사회적 약자 집단의 불평등 조건을 더욱 강화시킨다. 이러한 상황에서 사회공동체가 결과적 평등을 구현하기 위해서는 이들 사회적 약자들이 학습, 고용, 공공재의 이용 등에 있어 상대적인 우대 혜택을 제공받을 필요가 있다. 긍정적 차별은 지배계급에 의한 과거의 차별과 박해, 착취 혹은 현존하는 차별에 대한 보상이라는 점에서 정당화될 수 있다.

소극적인 의미의 평등은 모든 이에게 동일한 기회의 평등을 의미하지만, 적극적 평등은 결과의 평등을 실현하기 위해 기회의 평등을 파괴할 수도 있다. 당연히 사회구성원들 중에는 이러한 역차별에 동의하지 않는 집단도 있기 때문에, 긍정적 (역)차별은 일정한 법률의 형식을 취하는 것이 일반적이다. 우리나라에서도 진학, 취업 등에 일정 비율의 빈곤층을 우선 배려하는 계층할당제 도입을 위한 법률 제정을 추진하고 있다. 이미 시행하고 있는 농어촌지역의 학생이나 장애학생에 대한 특례입학의 허용, 장애인 의무고용의 강제, 양성고용 평등제 등은 긍정적 차별의 대표적인 예가 될 수 있다(권기창, 2011: 73).

(4) 권한 강화

다른 사람에 대한 통제력, 권위, 영향력의 소유 그리고 스스로의 삶에 대한 통제력을 갖는 것이다. 사회적 약자들에게 기회를 제공하는 과정, 개인의 자기 확신, 변화 가능성의 향상, 개인 능력의 진전과 같은 심리적 경험을 강조하며 개인 차원, 대인관계 차원, 구조적 차원 등 다양한 수준에 적용되고 있다.

권한 강화(empowerment)는 다양한 의미와 해석과 정의를 갖는다. 일반적으로 권한 강화란 개개인이 물리적인 힘을 포함한 다른 사람에 대한 통제력, 권위, 영향력의 소유 그리고 스스로의 삶에 대한 통제력을 갖는 것을 말한다. 특히 사회적으로 차별을 받는 집단인 주변인들은 장애, 무능력, 인종, 종교, 성별에 의해 사회적 의사결정 과정에서 배제된다. 이들은 기본적 욕구 충족을 위하여 사회복지에 의존할 수밖에 없다. 사회적 약자들은 스스로 욕구를 충족할 수 없기 때문에 위축되고, 이는 심리적·사회적·정신적 건강문제를 초래하기도 한다. 권한 강화는 이러한 사회적 약자들에게 기회를 제공하는 과정이다.

권한 강화는 개인의 자기 확신, 변화 가능성의 향상, 개인 능력의 진전과 같은 심리적 경험을 강조한다. 권한 강화는 권리를 잃은 사람들에게 그들의 권리를 돌려주는 것을 의미한다. 이때 그들은 권한 행사에 방해가 되는 장애물의 영향을 감소시키고 자신감을 증대시키며, 열악한 환경으로부터 개인에게 권한을 돌려줌으로써 개인의 역량을 강화시키는 것이다. 적극적으로 자신들 스스로 비영리조직을 결성토록 하여, 이를 통해 의존성을 없애려는 사회구조 변화의 전략을 목표로 할 수도 있다.

이러한 권한 강화는 개인 차원, 대인관계 차원, 구조적 차원 등 다양한 수준에 적용된다. 개인 차원은 개인의 역량, 지배감, 변화 능력을 포함하며 이성, 인지, 동기에서 자신의 삶에 대한 통제감을 갖는 것이다. 대인관계 차원은 다른 사람에 대한 영향력을 갖는 것으로 서로 간의 균형 관계를 형성하고자 한다. 구조적 차원은 사회구조와의 관계에서 자존성을 확립하려는 것으로 정치적·사회적 상황 등의 사회구조를 개편하려는 노력으로 나타난다.

권한 강화는 개인을 개성과 잠재력을 가진 인격체 및 자원으로 인식하여 그들의 참여를 중시하고 변화 노력의 전체 과정에서 자기결정권을 강조한다. 그런 점에서 지금까지 사회복지의 수혜자, 환자, 도움을 받거나 필요로 하는 사람이라는 낙인으로부터 벗어나 권한의 수요자인 소비자 혹은 고객이라는 관점으로 바뀌게 된다(이태종 외, 2010: 127).

(5) 재정의 확충

정부는 기업의 공익재단 설립, 자체 프로그램 운영 및 사회복지시설에 기부 또는 후원의 방법, 종교단체의 사회복지사업, 민간모금운동, 자원봉사활동 등을 통하여 사회복지 지출에 대한 부담의 상당 부분을 민간 부문에게 전가시켜 왔다. 결국 복지정책에 있어서 정부의 역할이 매우 미약하기 때문에 정부의 사회복지정책 내용이 후진적이고 사회복지 제도 역시 체계적이지 못하다. 따라서 사회복지에 대한 민간의 인식 역시 후진적이며 일회성에 그치는 경우가 많은 상황이다. 그러므로 이상의 문제점들을 개선하기 위한 방안을 다음과 같이 모색해 보았다.

첫째, 경제적 효율성과 형평성을 제고시키면서 사회통합을 활성화하고, 사회적 효율성을 증대시키려는 적극적인 복지 개념인 생산적 복지관을 가지고 국민의 기본적인 생활을 국가의 책임하에 보장하려는 사회적 통합과 적극적 노동시장 정책의 추진 및 사회안전망 등을 확충해 나가야 한다.

둘째, 사회보장 기반이 매우 취약한 우리나라의 경우 무엇보다도 먼저 복지재정의 확충에 노력을 경주해야 한다. 이러한 노력은 단기적으로 복지비용의 부담이 따르겠지만 장기적으로 인력자원 개발과 사회 연대 및 통합에 기여함으로써 사회적 갈등의 비용을 줄일 수 있다.

셋째, 시범사업에서 설치된 종합복지행정 전달체제의 개편을 위한 보건·복지 사무소는 전문성·집중성·효율성의 향상이 이미 밝혀졌지만 주민의 접근 편의성 및 방문보건·복지사업의 필요성이 점차 증대됨으로써 가능한 빠른 시기에 지원체계를 구축하여야 한다.

넷째, 국민들의 복지욕구를 효과적으로 충족시키기 위해서는 1차 사회안전망인 사회보험제도와 2차 사회안전망인 공공부조제도 간의 상호 연계체계를 구축함으로써 전체 국민을 포괄하는 사회보장체계 관리·운용제도를 개선해야 한다.

다섯째, 정부는 복지 분야의 정책 결정자들이 국민의 삶의 질과 밀접히 관련된 정책을 수립·결정해야 하므로 적극적인 복지 마인드가 어느 정도 형성되어 있는 자를 임명하여 효율적인 복지발전의 기반을 마련해야 한다.

여섯째, 정부는 적극적인 공공부문 확대와 개인·가족·기업 등 민간자원과의 균형적인 대안개발을 통하여 민·관 파트너십 체제가 상호 긴밀히 연계되도록 복지공동체를 구축함으로써, 총체적인 복지역량의 극대화와 생산적 복지발전의 기반을 조성해 나가야 한다.

이상과 같은 개선방향을 충실히 이행할 때 우리나라 사회복지정책은 성장과 복지의 조화를 이루게 되며, 국민 개개인의 삶을 풍요롭게 하는 균형적 복지국가의 건설을 앞당기게 될 것이다(이희천, 2000).

공익의 구성요소

공익 혹은 공공의 이익은 일반적으로 사회 일반의 공동 이익, 사회의 공유된 가치라는 의미를 가진다. 그것을 사적인 이익과 구별되는 개념으로 공동선이라고 부르기도 한다. 하지만, 이러한 공익이란 존재하지 않으며 사회란 개인이나 특수한 이익집단들의 집합에 불과하다고 보는 관점도 있다. 그러나 막상 공익이 무엇이냐 하고 물으면 그 내용이 명확하게 잡히지 않는 것이 공익이다. 이에 공익을 이해하는 데 있어서 공익의 요소들을 한데 모아 조립식으로 엮어 보는 것이 종합적이고 바람직할지 모른다. 공익의 구성요소를 보면 다음과 같다(백완기, 2002).

- **보편화된 가치**: 사회생활을 해 나가는 데 있어서 누구에게나 보편적으로 납득될 만한 가치 규범이 있다. 이러한 가치규범은 오랜 생활 경험을 통해서 의식적 · 무의식적으로 구축된다. 이러한 가치규범은 법 이전에 사람들이 서로의 생활을 위해서 지키기로 약속한 규범들이기 때문에 공동생활을 이끄는 안내자의 역할을 한다. 사회가 발전함에 따라 보편화된 민주적 가치는 공익의 내용을 찾는데 크게 기여하고 있는 것이 사실이다. (어른을 공경, 어린이 보호, 약속의 이행 , 도덕적 가치의 존중 등)
- **공동체 자체의 권익**: 국가라는 공동체는 개인에게 생활의 근거를 제공하고 개인의 권익과 안전을 보호하는 역할을 하는데, 국가는 하나의 유기체로서 생존권을 위시해서 여러 가지 권익을 보호하고 있는데, 이러한 권익들이 충실히 보장되어야만 개인들의 권익도 보장될 수 있는 것이다. 여기서 공동체는 자기생존권을 위해서 개인의 권익을 제한하기도 하는 것이다. 여기서 국가의 생존권, 대외위신도, 이미지, 전통, 부강 등은 공익의 내용이 되는 것이다. 그런데 주의할 것은 공동체의 이익을 내세운다고 해서 개인의 이익을 무시하거나 등한시한다는 이야기는 아니다.
- **재화나 용역의 외부경제성**: 같은 재화나 용역이지만 외부경제성(external economy)이 큰 것을 생산하는 것이 공익성을 띤다는 것이다. 외부경제성이란 효용가치가 분할될 수 없고 공동의 사용에서 배제될 수 없는 재화의 성격을 말한다. 일반적으로 외부경제성이 큰 재화나 용역으로서 국방 · 공공질서 · 교육 · 도로 · 보건(방역) · 공원 · 환경 등을 들 수 있다. 일반적으로 이러한 재화들은 정부나 공공기관에 의해서 생산되거나 민간기업에 의해서 생산되는 경우도 있다. 그런데, 여기서 주의할 것은 외부경제성이 높은 재화나 용역을 많이 생산한다고 해서 공익에 부합된다는 것은 아니다. 현실생활에서 교육 · 국방 · 도로 등의 외부경제성이 높은 재화만 있다고 해서 공익이 많이 보장된 사회라고는 할 수 없다.
- **미래의 이익이나 효용성**: 사회 전체의 생존이나 발전에 요구되는 사회적 효용이라고 할 수 있다. 장래의 이윤을 위해서 저축이나 주식에 투자하고 부동산을 사두는 행위를 말하는 것이 아니라, 현재 인기 없는 인문사회계열을 육성시키는 행위나 사라져 가는 전통문화를 보존하는 행위는 공익성을 띠고 있다고 볼 수 있다.
- **다수의 이익**: 일반적으로 공익은 불특정 다수의 이익이라고 한다. 다수결의 원리는 인간생활에서 있어서 불가피한 갈등의 문제를 해결하는 데 있어서 편리한 제도라고 할 수 있다. 다수결의

원리가 받아들여지는 근거는 다수의 의사가 소수의 의사보다 옳을 것이라는 가능성에 두고 있다. 다수의 이익이 공익으로 간주되는 근거는 그 이익이 보다 정당성을 띨 가능성이 있고, 또 그 이익이 보다 많은 사람들에 의해서 공유되고 있다는 것을 전제로 하고 있다. 그런데, 다수의 이익을 조건 없이 공익으로만 받아들이는 데는 문제점이 있다. 예컨대, 사회적 강자가 다수를 이루고 있고, 사회적 약자가 소수를 이르고 있을 때에 다수의 이익이 공익이라고 할 수는 없는 것이다. 다수의 이익이 공익이 될 수 있는 조건은 집단구성원 간의 게임이 넌 제로섬(non zero-sum) 상태이고 자유스러운 토론이 보장되고, 이익 자체가 상대성을 띠고 있어야 한다.

- **사회적 약자의 이익**: 공익은 그 속성으로서 형평성(equity)을 지니고 있기 때문에 사회적 약자의 이익(the interest of the underprivileged)을 흡수하는 경향이 있어 사회적 약자의 이익은 공익의 중요한 내용을 이룬다. 사회복지, 사회보장, 소득재분배 등이 공익으로 간주되는 이유가 바로 여기에 있다. 사회적 약자의 이익이 공익으로 간주 되는 것은 약자를 돕는다는 윤리적 차원도 있지만 사회 전반을 안정시키는 경제적 차원도 크다. 사회적 약자의 이익이 공익으로 등장하게 된 이유는 빈곤이 더 이상 개인의 무능이나 실패로 간주되어서는 안 된다는 논리에서이다. 이러한 빈곤은 개인적 요소보다 사회구조적 모순에서 나타날 가능성이 더욱 크다는 논리이다.

CHAPTER 03

사회복지정책의 목표와 철학적 배경

1. 사회복지정책의 목표
2. 사회복지정책의 철학적 배경

CHAPTER

03

Social Welfare Policy

사회복지정책의 목표와 철학적 배경

1. 사회복지정책의 목표

> 세부적이고 구체적·조작적이어서 직접 측정이 가능한 것

정책목표(Policy Objectives)란 정책을 통해서 달성하려는 미래의 바람직한 방향을 말한다. 정책은 특정한 방향으로 향한 집단적인 일련의 활동이므로, 여기에서 정책 달성을 얻으려고 하는 목표는 결국 미래적이고 현재보다는 더 나은 결과를 내포하고 있다. 따라서 정책목표는 현실에 관한 불만족스런 상태나 조건을 개선하고 문제를 해결하려는 것이다. 그리하여 그 결과 지금보다는 나은 전망을 예측할 수 있다.

사회복지정책의 목적은 사회복지와 관련하여 보다 나은 미래의 방향으로 집단적인 활동을 수행해 나가는 활동과 연관된다. 단적으로 말하자면, 사회복지정책의 목표는 사회복지정책을 통해 달성하려는 것이다. 사회복지정책의 목표들은 수직적 그리고 수평적인 차원에서 상호 관련성을 가지고 있다.

먼저 수직적인 차원에서 사회복지정책의 목표들은 정책적 우선순위(priority rank) 설정에 있어서 차이를 보인다. 사안의 중요성에 따라 목표들은 상위목표와 하위목표로 구분

될 수 있다. 다음으로 수평적 차원에서 사회복지정책의 목표들은 상호 중립적, 보완적 그리고 경쟁적 관계를 가질 수 있다. 여기서 중립적 관계는 개별 목표들이 상호 아무런 영향을 주지 않고 독립성을 유지하게 되는 경우를 의미한다. 그리고 보완적 관계는 특정한 목표를 추구하는 과정에서 다른 목표의 달성이 용이하게 되는 경우를 의미한다. 반면 경쟁적 관계는 특정한 목표의 추구로 인하여 다른 목표의 달성이 제약을 받거나 희생되는 경우를 의미한다.

1) 목적과 목표의 혼란

정책의 목표가 명확하지 못하게 되는 중요한 이유 중 하나는 많은 사람들이 정책의 목적(goal)과 목표(objection)를 혼용해서 사용하는 데 있다. 대개 정책의 목적은 일반적이고 추상적이며 광범위한 반면에, 정책의 목표는 세부적이고 구체적이며 조작적(operational)이어서 직접 측정 가능한 것들이다. 사회복지정책은 일반적으로 전 국민을 직접적인 대상으로 하는 것은 드물고 대개 특정 집단들을 주요한 대상으로 삼는다. 따라서 정책을 분석할 때 그 대상이 누구인가가 중요한 쟁점으로 상정되며 특히 그 정책의 목표에서 구체적인 대상 집단의 명확성이 가장 중요한 것이다. 또한 어떠한 사회복지정책도 특정한 사회문제를 완전하게 해결하지는 못한다. 따라서 정책의 목표를 설정할 때 그 정책이 추구하는 목표를 달성할 수 있는 기간, 그 목표의 질과 양 등을 구체적으로 정의하여야 한다.

2) 정책수단과 목표의 혼란

정책목표라고 하는 것은 그 정책이 추구하고자 하는 궁극적인 '목표'를 말하는 것으로서 이 정책목표를 달성하기 위해서 사용되는 각종 수단 혹은 방법들과는 구별되는 것이다. 그런데 많은 사람들은 이러한 수단과 목표를 혼동하는 경향이 있다. 예를 들면 아동복지를 위한 다양한 프로그램들의 목표는 아동의 복지증진과 관련된 구체적인 목표들로 구성되고 이 목표를 달성하기 위한 상담서비스, 현금, 현물 제공 등은 목표가 아니라 수단이다.

특정 정책의 성공 여부를 판단할 때에는 그 정책의 목표가 얼마나 달성되었는가가 중요한 것이지 이러한 목표달성을 위하여 투여된 자원의 양과 질, 목표달성과정 등은 그다지 중요하지 않다. 물론 정책수단인 자원의 양이 많고 그 질이 우수하면 정책의 목표를 효과적으로 달성할 수 있는 가능성은 커지게 될 것이다. 그러나 아무리 많은 자원을 투여했다 할지라도 정책이 추구하는 목표를 이루지 못했다면 그 정책은 실패한 것으로 판단되는 것이다.

3) 목표의 다양한 형태

목표가 불명확하게 되는 또 하나의 이유는 정책목표의 형태가 다양한 데 있다. 정책의 목표는 우선 단기적인 목표와 장기적인 목표로 구분할 수 있고 대부분의 정책들은 이러한 두 가지 목표를 동시에 가지고 있다. 그런데 문제가 되는 것은 이러한 두 가지 목표가 흔히 혼동됨으로써 정책의 내용에서 이 두 가지 목표가 명확하게 구분되지 못하는 데 있다. 특히 장기적 목표는 일반적으로 정확하게 예측하여 설정하기가 어렵기 때문에 정책 내용의 장기적 효과분석에는 많은 논란이 존재할 수 있다. 실제로 많은 연구들은 이러한 정책의 장기적인 목표는 실패한 것으로 평가하고 있다. 따라서 특정한 정책의 결과는 그 정책의 장기적, 단기적 목표를 명확히 구분하여 적절하게 판단해야만 한다.

(1) 공표된 목표와 숨어 있는 목표

정책의 목표는 명확하게 공표된 목표와 잠재적으로 숨어 있는 목표로 나누어질 수 있다. 정책의 목표를 분석할 때 흔히 공표된 목표만을 분석하는 경향이 있는데 이러한 경우 그 정책의 성격을 명확히 이해하는 데는 상당한 한계를 지닐 수밖에 없다. 미국의 푸드 스탬프(Food Stamp)[4] 프로그램을 예로 들 수 있다.

- **공표된 목표:** 저소득층에게 음식물을 공급함으로써 그들의 영양 상태를 높이는 것.
- **숨어있는 목표:** 대규모 농산물 생산업자들의 이익을 위하여 잉여생산물의 소비를 높이는 것.

(2) 의도한 목표와 의도하지 않은 목표

정책의 목표는 의도한 목표와 의도하지 않은 목표로 구분할 수 있다. 의도한 목표는 특정한 정책의 대상, 효과 등과 관련하여 정책입안 초기에 미리 의도했던 목표를 말하는 것이고, 의도하지 않은 목표는 정책의 목표설정 당시에는 예상하지 못한 것으로 정책의 집행과정에서 나타난 부수적인 결과로서 확인 가능한 것이다. 전술한 숨어 있는 목표와 공표된 목표는 정책결정자의 입장에서 볼 때 의도적인 것이기 때문에 도덕적이고 윤리적인 문제를 내포하게 되지만 의도하지 않은 목표는 이러한 문제점은 없다고 볼 수 있다. 어떤 의미에서 이것은 진정한 '목표'라고 할 수 없다. 그러나 정책분석가의 입장에서는 의도한 정책목표가 가져오는 정책효과를 분석하는 것과 동시에 이러한 의도하지 않은 정책목표가 가져오는 간접적인 부수효과를 분석하여야 할 필요가 존재한다. 많은 사회복지정책들은 이러한 의도하지 않은 효과를 가지고 있다.

4) 사회복지정책의 기본목표

인간의 존엄성 유지, 자립성 유지, 개인의 성장과 개발에 대한 목표가 있다.

(1) 인간의 존엄성 유지

인간의 존엄성이란 한 개인의 인종, 종교, 연령, 성, 교육 수준, 경제·사회적 신분 등의 차이에 관계없이 한 개인으로서 존엄한 가치를 지닌 존재라는 것을 의미한다. 1919

---

4) 미국에서 빈곤층을 위한 사회보장제도의 일종으로, 저소득층 등 취약계층에 식품구입용 바우처(쿠폰)나 전자카드 형태로 식비를 제공하는 지원제도 미국에서는 불황이 극심했던 1939년 처음 선보였고, 1964년 영양 보충보조프로그램의 일환으로 도입했다. 수혜자는 정보가 지정한 소매업체에서 술 등을 제외한 식품을 일정액까지 살 수 있다.

년 바이마르 공화국 헌법규정에 이른바 생존권 규정을 삽입함으로써 인간의 존엄성 확보를 위해 국가가 적극적으로 개입할 수 있는 길을 열어 놓았다. 이러한 생존권 개념을 실현하기 위한 구체적인 제도적 장치가 바로 사회복지정책이다. 인간다운 생활을 통해서 인간의 존엄성이 유지·확보되는 것으로서, 인간의 존엄성은 사회복지의 최고의 목표로 자리 잡고 있다.

(2) 자립성 유지

사회복지의 이상이자 목표는 타인에 의한 의존에서 벗어나 자기 스스로 삶을 영위하는 데 있다. 자립성 혹은 자율성의 목표는 한 개인이 스스로 자신의 생활을 결정하고 영위할 수 있는 데까지 이르도록 사회복지정책 실천의 목표로 정하는 것을 말한다. 특히 사회복지 개입목표에 있어서 문제를 가진 클라이언트의 경우 자신의 문제 원인과 의미를 스스로 인식하여 해결할 수 있는 데까지 개입하고, 전문사회사업가가 주관적이고 권위적으로 해결하지 않아야 된다는 사회사업실천상의 개입원리는 자립성의 유지라는 목표를 극명하게 보여 주는 예가 된다.

(3) 개인의 성장과 개발

사회복지는 인간의 문제를 해결하고 예방하는 것에서 한걸음 더 나아가 한 개인이나 가정 혹은 집단이나 지역사회, 국가 등이 성장하고 발전할 수 있는 잠재력을 가진 것으로 수용한다. 그러므로 개인적으로 사회복지의 정책목표는 모든 사람들이 제각기 능력에 따라 성장하고 발달할 수 있는 잠재력을 발휘할 수 있도록 원조하는 데 목표를 두기로 한다. 사회복지는 인간을 합리적이고 이성적인 존재로 간주하는 한편 자신의 문제를 스스로 해결할 수 있다는 이른바 '자기결정권(self determination)'의 원리를 중시하고 있다.

5) 사회복지정책의 사회기능적 목표

사회통합과 안정, 경제성장과 안정, 정치적 안정, 소득의 재분배 등이다.

(1) 사회통합과 안정

사회적 양심이론은 사회복지란 사회에 존재하는 타인의 어려움을 도우려는 개인적 이타심과 양심의 발로에서 시작하여 거시적인 사회복지정책이나 제도화의 기본 동기가 된다는 주장이고, 음모이론은 사회통제라는 목적에서 사회의 기득권을 유지하기 위한 목적으로 사회복지서비스를 제공하는 것이라는 주장이다. 기능론적인 설명은 사회복지는 사회제도의 하나로 다른 사회제도가 그 기능을 상실하였을 때 그 제도를 일시적으로 보충, 보완하여 사회 전체의 질서와 안정 통합에 기여한다는 입장이다. 위의 세 가지 이론을 바탕으로 사회복지정책의 기능적 목표 중 하나는 사회통합과 안정이 핵심적인 정책목표로 자리 잡게 된다.

(2) 경제성장과 안정

신자유주의자는 국가의 지나친 개입이 경제성장을 저해하므로 선성장 후분배의 논리를 주장하였고, 사회민주주의는 재분배가 성장을 촉진하고 사회적 비효율을 감소시킨다고 주장하였다.

인적자본의 개발과 자동안정화 기능으로써 경제안정과 성장에 기여하는 정책목표로서 활용하는 경향이 크다.

(3) 정치적 안정

각종 사회복지제도를 불평등의 해소와 사회적 갈등을 해소하는 데 초점을 맞추기도 하는데 이는 정치적 또는 행정적 활동에 주민들이 참여함으로써 그들의 복지증진을 도모하는 노력의 일환으로 소위 정당성의 확보를 위해 제반 시도들이 이루어지고 있다. 이처럼 사회복지정책 목표로 정치적 안정은 정치영역과 연관하여 사회기능적 목표의 주요한 요소가 될 수 있다.

(4) 소득의 재분배

시간을 기준으로 장기적 재분배(국민연금) vs 단기적 재분배(공공부조)로 구분되고, 사회계층 구조의 흐름에 따라 수직적 재분배(누진소득세) vs 수평적 재분배(건강보험, 고용보험)로 구분되며, 세대를 기준으로 세대 내 재분배(건강보험) vs 세대 간 재분배(공적 연금)로 나눌 수 있다.

목적과 동기가 어떻든 간에 결과적으로 사회복지는 사회통합에 기여하고 있다. 경제적 효과 측면은 일반적으로 보면 사회복지는 단기적 관점에서는 마이너스 효과를 가져오지만 장기적으로는 인적자본의 질적 수준의 향상으로 플러스 효과를 가져온다. 또한 정책 집행상에 조세나 가처분 소득에 직접 영향을 주므로 경기변동에 영향을 미쳐 경제성장에 간접적 기여를 한다. 정치적 측면에서 사회복지는 시민들의 권리의 신장과 조직적 활동의 결과이며 때로는 사회적 강자와 분파적 이익에 치중하여 사회적 약자들의 불평등을 심화시키기도 하며 정당성 확보를 위한 수단으로 추진되기도 하지만 불평등과 사회적 갈등 해소에 초점을 둠으로써 정치적 안정을 목표로 한다.

6) 사회복지정책의 구체적 정책목표

> 사회복지정책의 목표는 사실 구체적인 정책목표에 따라 매우 다양하다.

(1) 빈곤 문제해결(공공부조정책), 최저생계비 지급제도, 취업알선 및 교육제도

빈곤문제는 사회복지 분야에서 해결하려는 기본문제이다. 빈곤은 최저한의 인간다운 생활을 영위하는 것을 어렵게 하는 요인이기 때문에 사회복지학에서 특별한 관심을 가진다. 물론 빈곤은 개인문제일 경우도 있지만, 현대사회의 속성상 빈곤문제를 사회문제의 하나로 인식하고 수용하기 때문에 사회복지적 개입의 정당성을 가진다.

빈곤해결책은 단순히 경제정책만으로는 해결이 쉽지 않고 빈곤의 원인이 되는 다양한 요인에 대한 대응이 요구된다. 개인의 심리적 · 사회적 요인이라든지, 가족이나 지역사회의 특수성, 그리고 더 나아가 사회 전체의 역사적 · 문화적 · 정치적 환경에다 국제적 관계 등이 복합적으로 어우러진 요소들을 적절하게 분석 대응함이 요청된다.

우리나라의 빈곤정책은 사회복지와 관련하여 보면, 사회보험으로서 연금, 산재 및 고용보험 등이 관련되며, 공공부조제도로서는 국민기초생활보장제도가 있다. 물론 재정복지로서는 각종 사회복지 대상자나 빈곤한 사람에 대한 세금면제나 감면이 있고 조세부담에 있어서 누진세의 부과 등이 빈곤문제 해결을 위한 사회복지정책으로서 소득보장 혹은 빈곤정책과 연관된다.

(2) 국민건강의 증진: 사회보험으로서 국민건강보험제도

국가 사회적으로도 국민건강의 증진은 양질의 노동력을 확보하고 국력을 위한 바탕이므로 사회복지정책, 노동정책 및 보건정책으로서 주요한 관심 영역이다.

건강을 해치는 질병, 보건위생, 장애 및 각종 재해는 이미 개인의 문제를 넘어서 사회적 문제로 인식되어 있다. 특히 질병과 장애는 현대사회의 특성상 하나의 사회적 사고로 수용된 지 오래다. 국민들의 건강권은 이제 기본적 권리의 하나로서 현대사회에서 받아들여지고 있을 만큼 중요하고, 따라서 사회복지의 한 분야로 자리 잡고 있다. 특히 노인들이 급속하게 늘어가고 있는 현대사회에서 노인들의 건강한 노후생활을 위해서는 보건의료제도가 핵심적인 노인복지제도로 위상을 차지해 가고 있다. 이러한 배경에서 질병의 사회화에 대응한 것이 바로 '의료의 사회화'라는 개념이고 이것을 구체적으로 실현하려는 국가정책이 복지정책으로서 보건의료정책인 것이다.

(3) 사회복지서비스의 보장: 삶의 질을 향상시키기 위한 정책

사회복지서비스란 최소한의 인간다운 생활을 하는 데 필요한 비화폐적·심리사회적 서비스를 말하는데, 이는 특히 관련 부분의 전문가에 의한 인적 서비스가 주된 역할을 수행하는 경우가 많다. 사회복지서비스를 받는 주 대상자는 사회적 취약계층이라고 불리는 부양의무자가 없거나 부양능력이 없는 영유아 및 아동, 노인, 장애인, 모자 및 부자 세대 등이다. 이들이 지역사회에서 인간다운 생활을 확보하기 위해서는 소득과 보건의료서비스에 더하여 일상적인 생활에 도움이 될 수 있는 비화폐적·대인적 서비스를 필요로 한다.

(4) 생활수준의 보장: 사회보험

생활수준의 보장은 개인의 경제적 지위가 일생 동안 안정되게 해준다. 소득의 분배가 불평등하게 이루어지고 있는 자본주의사회에서 사회복지정책이 생활수준의 보장을 주된 목표로 하게 될 경우 국민 상호 간 경제적 지위의 편차가 고착화되는 문제가 발생할 수 있다. 따라서 국가는 빈곤문제의 해소와 생활수준의 보장이라는 사회적 당면과제가 적정하게 조화될 수 있도록 사회복지정책을 수립하여야 할 책임이 있다.

(5) 소득 불평등의 해소: 노동정책

자본주의 사회는 이윤추구의 자유라는 경제이념으로 인하여 사회계층 간 소득의 불평등 문제를 초래해 오고 있다. 국가는 이러한 소득의 불평등 문제에 대처하여 다양한 형태의 분배정책을 실시해 오고 있다. 구체적으로 분배정책은 국가의 조세정책을 포함한 각종의 사회복지정책을 통하여 이루어지게 된다.

국가는 모든 국민이 인간으로서 존엄성을 유지하기 위한 최저수준 이상의 소득을 확보할 수 있도록 지원하고, 나아가 소득의 불평등이 사회적으로 용인될 수 있는 수준 이상을 초과할 수 없도록 하는 방향에서 분배정책을 수립하여야 한다.

(6) 사회복지정책에 대한 국민의 신뢰

사회복지정책은 국민 상호 간 연대적 기능을 바탕으로 이루어지고 있다. 이러한 의미에서 사회복지정책에 대한 국민의 신뢰는 관련 정책이 추구하게 되는 제반의 목표를 성공적으로 달성하기 위하여 반드시 요구되는 사안이다. 먼저 중·장기적 차원에서 사회복지정책의 안정성이 보장되어야 한다. 일례로 급여수준이나 비용부담이 정치적 또는 경제적 고려에 따라 수시로 변경될 경우 사회복지정책에 대한 국민의 불신이 증폭되는 문제가 발생할 수 있다. 따라서 국가는 국민에게 약속한 사회복지정책의 내용을 최대한 지키고자 하는 의지를 보여 주어야 한다(셋째 자녀부터 무상교육).

다음으로 사회복지정책의 운영이 가급적 모든 국민에 의해 공정한 것으로 인정을 받을 수 있도록 하여야 한다. 대다수의 사회복지정책은 분배정의의 실현을 일차적 목표로 하고 있다. 따라서 국가는 이러한 분배정책을 통하여 발생하게 되는 혜택과 부담이 공정하게 이루어질 수 있도록 노력해야 하는 과제를 가지고 있다. 마지막으로 국민들이 정치체제에 대해 신뢰할 수 있도록 하여야 한다. 사회복지정책은 정치적 의사결정의 과정을 통하여 수립되는 특성을 가지고 있다. 정치체제가 불안정하게 될 경우 사회복지정책에 대한 국민들의 신뢰 또한 위축될 소지가 높다. 역으로 사회복지정책에 대한 불신이 높아지게 될 경우 정치적 불안이 가중되는 문제도 발생할 수 있다. 즉, 사회복지정책은 이상의 두 가지 요소가 긴밀하게 상호작용을 하게 될 경우에만 비로소 안정적으로 발전할 수 있다.

2. 사회복지정책의 철학적 배경

1) 소득의 재분배

사회복지정책은 소득의 재분배정책으로서의 성격을 지니고 있다. 소득의 재분배는 일어나는 시간을 기준으로 단기적 재분배와 장기적 재분배로 나눌 수 있다.

단기적 재분배는 공공부조가 대표적인 예로, 사회적 욕구의 충족을 위해 자원에 대한 소득 재분배를 하게 된다. 장기적 재분배란 생애에 걸쳐 발생하는 재분배를 말하는데, 예로는 적립방식의 연금을 들 수 있다. 적립방식의 연금이란 개인이 생산능력이 있을 때 소득의 일부를 적립해 놓았다가 정년퇴직 후 적립했던 돈을 연금으로 되돌려 받는 방식을 말하는데, 개인으로 보면 청년기에서 노년기로 소득을 재분배하는 것이 된다(홍봉수 외, 2011: 23).

소득의 재분배를 사회계층구조의 흐름에 따라 수직적 재분배와 수평적 재분배로 구분할 수도 있다. 수직적 재분배란 고소득계층에서 저소득계층에게 재분배하는 것을 주로 의미하며, 수평적 재분배란 동일 소득계층 내에서 비위험집단에서 위험집단에게로 재분배되는 것을 의미한다. 수직적 재분배는 전 국민이 부담하는 조세로 재정을 충당하되 빈민에게만 급여를 제공하는 공공부조에서 잘 나타난다.

수평적 재분배의 예로는 건강보험과 고용보험을 들 수 있는데 동일한 소득계층 내에서 건강한 사람으로부터 병약한 사람(질병자)에게, 고용보험의 경우 취업자의 보험료가 실업자의 급여로 이전된다.

- **소득재분배의 방향**: 고소득자 → 저소득자, 건강한 사람 → 병약한 사람(질병자), 근로자 → 실업자 및 퇴직자

표 3-1 소득재분배의 형태

형태		방향
세대 간 재분배		노령세대 대 근로세대 현세대 대 미래세대
세대 내 재분배	수직적 재분배	소득계층 간
	수평적 재분배	위험발생 집단 대 위험미발생 집단

- **소득재분배 효과**

① 급여지출이 국민소득에서 차지하는 비중이 클수록 소득재분배 효과는 큼.

② 보호하고 있는 사회적 위험의 종류가 많을수록 소득재분배 효과는 증가함.

③ 적용범위(직종, 계층)에 따라 소득재분배 효과는 상이하게 나타남(이인재 외, 1999: 95-120).

2) 자유시장 개입

사회복지정책은 정부의 자유시장 개입이 필요하다는 것이다. 자유시장의 기본전제는 정부의 개입이나 조정이 없이 개인의 소비결정이 개인의 생산결정과 연결될 때 가장 잘 작동한다는 것이다. 이러한 전제는 "경제제도는 정부가 개입하지 않아도 자율적으로 조

절된다."고 주장하는 아담 스미스(Adam Smith)의 자유방임이론의 현대적 해석이다. 미국의 경제 대공황처럼 자유시장에 맡겨 두었을 경우 빈곤이나 노령, 장애 등으로 자기 자신을 유지하지 못하는 경우가 많아 정부는 현재의 시장상황에서 제대로 적응하지 못하는 사람들을 위해 개입하게 된다(박병현, 2008: 38).

① 자유시장의 기본전제는 정부의 개입 없이 개인의 소비결정이 개개인의 생산결정과 연결될 때 가장 잘 작동(Adam Smith의 자유방임경제이론)

② 그러나 시장이 실패했을 경우(market failure)에는 자유시장이 제대로 작동 못함 → 이런 상황에서 정부는 시장상황에 제대로 적응 못하는 사람을 위해 개입

3) 공공재의 증진

공공재(public goods)란 국방, 경찰, 공원, 도로 등과 같은 어떠한 경제 주체에 의해서 생산이 이루어지면 구성원 모두가 소비혜택을 누릴 수 있는 재화 또는 서비스를 말한다. 그 재화를 소비하는 데 있어 비경합적이고 비배제적인 성격을 지니고 있기 때문에 시장에만 맡겨두었을 경우 효율적으로 제공되지 않는 특징이 있다. 어떤 재화에 대한 시장이 형성되려면, 그 재화에 대한 비용을 지불하지 않은 사람들은 그 재화의 사용에서 배제될 수 있어야 한다. 그렇지 않으면 합리적인 개인은 그 재화에 대한 비용을 지불하지 않고 무임승차(free-riding)하려고 할 것이기 때문이다. 그렇지만 일단 어떤 재화나 서비스가 공급되면, 그 공급비용을 부담하지 않은 사람들에 의한 그와 같은 재화와 서비스의 사용을 금지시킬 수 없는 상황도 발생할 수 있다. 이러한 상황을 비배재성(non-excludability)이라고 한다. 어떤 재화나 용역이 비배재성이라는 성격을 띠면 그것들의 시장이 구성될 수 없기 때문에, 그 재화나 용역은 정부에 의해서 공급되거나 아니면 전혀 공급되지 않을 수 있다(전상경, 1997: 9).

비경합성(nonrivalry)이란 어떤 재화나 용역에 대한 한 사람의 소비가 그 재화나 용역에 대한 다른 사람들의 소비를 방해하지 않음을 의미한다. 비경합성을 순수공공재 판단

기준의 하나로 요구하는 것은 효율성 때문이다. 만약 어떤 재화가 비경합적이라면, 그 재화에 대해 조그만 효용이라도 느끼는 사람이면 누구든지 그것을 이용할 수 있도록 허용되어야 한다는 것이 효율성의 논지이다.

사유재는 사용하는 개인만이 그 비용을 지불해야 하며 비용을 지불하지 않는 개인에 대해서는 그 사용을 막을 수 있다.

사회복지서비스는 사유재보다는 공공재에 가깝다. 그 이유는 사회복지서비스의 제공은 다른 사람에게 아무런 영향을 주지 않으면서 모든 사람들에게 혜택을 줄 수 있기 때문이다.

한 나라의 소득이 공평하게 분배되면 사회구성원 모두는 좋은 사회에서 사는 것으로부터 만족을 얻고 어떤 사람도 그러한 만족에서 배제되지 않는다. 또는 어떤 형태의 소득재분배가 이루어진 사회에 사는 것에서 오는 만족감은 다른 사람들의 만족감에 영향을 주지 않기 때문에 비경쟁적 공공재로 여길 수 있다. 윌렌스키(Wilensky)는 공공재의 증진을 제도적 사회복지를 실현하는 것으로 보았다(박병현, 2008: 39).

(1) 재화의 분류

- 사적재(private goods)는 배제성과 경합성을 모두 가지고 있는 재화
- 공공재(public goods)는 배제성과 경합성을 가지고 있지 않은 재화
- 공유재(common resources)은 경합성은 있지만 배제성이 없는 재화
- 어떤 재화가 경합성은 없지만 배제성을 가지고 있다면, 이 재화는 자연독점(natural monopoly)의 속성을 지니고 있다고 말함(예: 전기, 가스, 댐 등).

(2) 공공재와 사적재화로서의 공공재(준공공재)

공공재와 사적재화로서의 공공재란 앞에서 설명한 것과 같이 국방, 사법, 경찰 등의 서비스 또는 도로, 규제, 공원, 하수도 등의 시설과 같은 공공적인 재화와 서비스를 통틀어 부르는 것이고, 그것들은 다음 두 개의 특성을 가짐으로써 사과나 양복과 같은 통상의 사적재화(private goods)와는 다르다고 생각된다.

- 공공재는 비배제성(non-excludability)을 가짐.
- 공공재는 비경합성(non-rivalry)도 가짐.

(3) 사회복지는 공공재인가

- 사회복지서비스의 제공은 다른 사람들에게 아무런 영향을 주지 않으면서 모든 사람들에게 혜택을 준다.
- 아동복지프로그램을 통하여 모든 아동들의 건강과 교육수준을 높이면 그 아동들이 건전한 시민으로 성장, 생산성을 높인다.
- 사회 전체 이익을 준다.
- 국가나 국민 모두 혜택 수혜
- 소득재분배를 추구하는 프로그램으로서 공공재이다.

4) 사회정의의 실현

사회복지정책을 수행함으로써 모든 사람들이 보다 평등하게 살 수 있게 되고, 특히 사회적 약자들의 삶의 질을 향상시킴으로써 사회정의를 실현할 수 있다(박병현, 2008: 40).

- 옳은 일을 한다.
- 모든 사람의 평등을 추구한다.
- 사회적 약자들의 삶의 질을 향상시킨다.

CHAPTER 04

사회복지정책을 둘러싼 가치

1. 평등과 공평, 권리와 의무
2. 사회정의와 선택
3. 효율성, 효과성과 선택
4. 이타주의와 호혜성

CHAPTER

04

Social Welfare Policy

사회복지정책을 둘러싼 가치

1. 평등과 공평, 권리와 의무

1) 평등과 공평

평등과 공평이라는 용어는 자주 비슷한 의미처럼 사용되고 있으나 두 용어는 매우 다른 의미를 가지고 있다. 평등은 똑같이 분배하는 것을 의미하나 공평은 공정(평)하게 분배하는 것을 의미한다. 예를 들어 빵 한 조각을 세 사람에게 나누어 줄 경우 평등정책은 세 사람에게 각각 빵을 1/3조각씩 배분하는 것을 의미하나, 공평정책은 만약 한 사람은 배가 고프고 다른 두 사람은 배가 부른 상태라면 배고픈 사람에게 더 큰 조각의 빵을 주는 것이다.

(1) 평등

- **수량적 평등**: 모든 사람을 똑같이 취급하여 사람들의 욕구나 능력의 차이와 상관없이 사회적 자원을 똑같이 분배하는 것(=결과의 평등, =절대적 평등)

  평등의 개념 가운데 가장 적극적인 것이지만, 산술적 평등의 개념이 의미하는 결과의 완전한 평등은 아직까지 인류 역사상 어떠한 사회에서도 존재하지 않았으며 또한 현실적으로 존재할 수도 없다. 비록 결과의 완전한 평등은 아니더라도 많은 사회복지정책이 이러한 산술적 평등의 가치를 반영함으로써 결과의 평등을 부분적으로나마 목표로서 삼고 있는 것은 사실이다. 그 예로써 많은 사회복지정책들이 소득재분배의 목표를 달성하기 위해서 가난한 사람들에게 그들의 능력과 기여에 상관없이 사회적 자원을 할당해 줌으로써 부자들과의 소득의 격차를 줄이려고 하는 것을 들 수 있다.

- **비례적 평등**: 개인의 욕구, 노력, 능력 및 기여에 따라 사회적 자원을 상이하게 배분하는 것(=공평, 형평성) (예: 사회보험)

  수량적 평등의 비현실성을 고려한다면 자본주의사회에서 실질적으로 가장 널리 사용되는 개념으로 사회복지정책이 수량적 평등의 가치를 강조하지만 비례적 평등의 가치도 강조하고 있다. 그 예로는 사회보험의 경우 보험료를 많이 낸 사람에게 많은 급여를 제공하는 것은 바로 공평의 가치를 반영하는 것이고, 역사적으로 가장 오래된 공적부조정책의 기본원칙인 열등처우의 원칙 역시 이러한 공평의 원칙을 강조한 것으로 공적부조 급여액이 근로를 통하여 얻을 수 있는 가장 낮은 임금액보다 높아서는 안 된다는 것이다.

- **기회의 평등**: 결과가 평등한지 여부에는 전혀 관심을 갖지 않고, 그 대신에 결과를 얻을 수 있는 과정상의 기회를 동등하게 해주는 것. 가장 소극적인 개념

  과정상의 기회만 평등하다면 그로 인한 결과의 불평등은 아무런 상관이 없다는 것이다. 결과적으로 이러한 평등 개념을 취한다면 기회의 평등이라는 이름 아래 수많은 결과의 불평등의 존재를 합법화할 수 있을 것이다. 그 예로는 사회복지정책들 중에서 '기회의 평등'의 가치를 강조하는 것이 많은데 대표적인 것으로 1960년대의 미국에서 이른바 '빈곤과의 전쟁' 시기에 강조되었던 각종 빈곤층 대상 교육, 훈련 프로그램들을 들 수 있다. 그러나 이러한 '기회의 평등' 프로그램은 '결과의 평등'을 달성하는 데는 대부분 실패한 것으로 평가되고 있다.

▌표 4-1▌ 평등의 개념

	수량적 평등(산술적)	비례적 평등	기회의 평등
개념 정의	• 가장 적극적인 개념 • 결과의 평등을 의미 • 모든 사람을 똑같이 취급 • 사회적 자원을 똑같이 분배	• 공평을 의미 • 개인의 욕구, 노력, 능력, 기여에 따라 사회적 자원을 상이하게 배분	• 가장 소극적인 개념 • 결과를 얻을 수 있는 과정상의 동등한 기회
장점 및 한계	• 현실적으로 존재할 수 없는 한계점	• 자본주의 사회에서 널리 사용되는 개념 • 결과적 평등과 비교해 상대적으로 많은 불평등 존재	• 수많은 결과의 불평등의 존재를 합법화할 위험
예	• 사회복지정책에서 소득재분배를 목표로 한 정책으로 능력이나 기여에 상관없이 빈자들에게 사회적 자원 할당 • 공공부조	• 사회보험의 소득비례의 원칙 • 열등처우의 원칙	• 1960년대 미국의 "빈곤과의 전쟁" 프로그램으로 알려진 빈곤층 대상 교육, 훈련 프로그램

마샬(Marshall)의 기회의 평등 세 가지 권리

- **공민권(civil right):** 임의체포로부터의 자유, 언론, 사상, 신앙의 자유, 사유재산제도 및 타당한 계약체결의 권리, 법 앞의 평등권을 의미함. 무엇을 하기 위한 자유(적극적 의미)가 아니라 무엇으로부터의 자유(소극적 의미)의 평등한 권리
  - 중점가치가 '조건의 평등'이나 '결과의 평등'보다 '기회의 평등'으로 해석
  - 사회복지는 제한적이며 잔여적 성격
- **정치권(political right):** 정치에의 참정권. 1932년의 선거법 개혁의 통과 후에도 유권자는 여전히 성인 남자 인구의 5분의 1에 불과했으며 투표권은 집단독재 상태였음.
- **사회권(social right):** 완전한 시민권의 실현, 일명 복지권이라 함. 교육과 사회복지 기회의 평등이라는 이름 아래 수많은 결과의 불평등의 존재를 합법화한 경우. 대표적인 예로는 1960년대 미국의 대빈곤 전쟁(War on Poverty) 시기에 강조되었던 각종의 빈곤층 대상 교육, 훈련 프로그램이다.

(2) 공평

개인의 욕구, 노력, 능력, 기여에 따라 사회적 자원이 다르게 분배되는 것으로 공평은

평등과는 달리 공평한 불평등(equitable inequality)은 항상 존재한다고 보기 때문에 상대적인 불평등을 어느 정도 인정한다.

- 사회복지정책에서의 공평의 개념 적용의 예
  - 사회보험의 경우 보험료를 많이 낸 사람에게 보다 많은 급여의 혜택이 돌아가는 것과 고용된 경력의 차이에 따라 실업급여의 수준이 달라지는 것도 공평한 가치를 반영하는 것이다.
  - 공공부조에 공평의 가치가 처음 적용되었던 1834년 영국의 개정빈민법(빈민에게 제공되는 급여의 수준을 근로를 통하여 얻을 수 있는 가장 낮은 임금보다 낮게 책정하여 빈곤층의 노동의욕을 감퇴시키지 않으려고 했던 열등처우의 원칙)
  - 1960년대와 1970년대 미국에서의 복지급여: 복지급여를 받으면서 어머니들이 집에 머물면서 아동을 양육하는 권리에 대한 논쟁
  - 1996년에 있었던 AFDC 프로그램을 대체한 TANF 프로그램: TANF 프로그램은 복지수급자로 하여금 2년 내에 직장을 가질 것을 요구하였을 뿐만 아니라 일생동안 복지를 받을 수 있는 횟수를 제한
- AFDC(Aid to Families with Dependent Children) 프로그램: 요부양 아동 가족부조
- TANF(Temporary Assistance for Needy Families) 프로그램: 임시 요보호 아동부조

2) 권리와 의무

민주주의 국가에서 복지는 국가가 가난한 사람에게 베푸는 자선이나 선심이 아니며 모든 국민이 향유해야 하는 기본적인 권리이다. 우리 헌법 제34조는 다음과 같이 선언하고 있다. "모든 국민은 인간다운 생활을 해야 할 권리를 갖는다." 그리고 "국가는 사회보장, 사회복지의 증진에 노력할 의무를 가진다." 여기서 복지는 보편적 복지이다. 복지가 모든 국민이 갖는 기본적 권리이므로 국민은 국가의 주인으로서 자신의 권리를 당당히 주장할 권한을 갖는다. 즉, 국가에게 복지를 책임지라고, 자신의 인간다운 생활을 보

장하라고 요구할 권리를 갖는 것이다. 그리고 당연히 국가는 모든 국민들의 인간다운 생활을 보장해 줄 의무가 있는 것이다.

권리는 기회와 조건에 대한 수용능력을 부여하는 것이며, 특히 복지권과 같은 적극적 권리는 단순히 기회에 대한 접근뿐 아니라 조건에 대한 접근을 제공한다.

① **헌법 제10조**: "모든 국민은 인간으로서의 존엄과 가치를 가지며 행복을 추구할 권리를 가진다."

② **마샬(Marshall)의 시민적 권리의 강조점**

첫째, 일정 수준의 평등을 추구해야 된다는 점이 강조(시민적 권리는 평등의 원칙에 의해서 적용되며 신분의 평등과 권리의 평등을 동시에 포용)

둘째, 시민적 권리와 평등의 원칙이 출연하게 된 역사적 배경을 시장경제의 세력에 역행하는 하나의 흐름(평등권을 지향하는 민주주의 정치이념과 자본주의적 시장경제와의 갈등)

③ **플랜트(Plant)**: "시민적 권리라는 개념은 고도로 특수화된 영역에서뿐만 아니라 한 개인이 사회구성원으로서 성취해야 될 어떠한 목적 달성을 위해서 필요한 욕구, 기본권, 자원 및 기회 등 보편적 복지의 개념을 포함시키고 있다."라고 정의

④ **에스핑-엔더슨(Esping-Andersen)**: "사회복지정책과 권리를 연결시키는 데 있어서 시민적 권리는 시장에 대한 개인지위의 탈상품화를 수반한다."고 주장

2. 사회정의와 선택

롤스(John Rawls)는 인간은 그 속성상 타인보다 많은 것을 소유하고 싶은 욕구를 가진다고 보았다. 또한 갈등해결을 위해 누구나 인정할 수 있는 기준이 필요하고 공정한 경쟁이 보장될 경우 사후적인 배분은 공정한 것으로 인정하였다. 사회구성원 각자에게 인

간다운 생활을 보장하는 수준을 유지시키고 공정한 자아실현과 공정한 경쟁을 보장할 경우 그 사회는 다소 간 분배상의 불만이 야기되더라도 사회정의를 유지하고 있는 것이라고 보았다.

롤스는 공리주의의 일반원칙인 '최대다수의 최대행복'이라는 원리는 다수의 행복을 위해 소수의 행복이 희생될 수 있으며 다수의 횡포에 의해 소수자의 인권이 유린되는 경우가 있을 수 있다고 본다. 따라서 롤스는 타인이 갖게 될 보다 큰 이익을 위해서 소수에게 희생을 강요해도 좋다는 정의는 받아들일 수 없게 된다. 또한 기본권을 유린하는 노예제에 대한 해결책을 내놓지 못한다고 지적하면서 욕망과 쾌락의 극대화를 가져오는 제도가 정의롭다는 견해를 비판한다. 그리고 직관주의적 정의론은 특정한 경우에 있어서 상반되는 지침을 주어서 상충하는 제1원칙이 여럿으로 나누어지며 이러한 원칙들의 순위를 가려줄 명확한 방법이나 우선성이 없음을 지적한다. 더불어 홉스, 루소, 로크, 칸트에게서 찾아볼 수 있는 잘 알려진 사회계약론을 보완한 일반화된 정의관을 밝히고자 했으며, 정의의 개념을 문제 삼기보다는 정의를 이끌어 내는 정의관에 주목한다. 이것은 인간에 앞서 객관적으로 존재하는 도덕 원칙의 발견이 아니라, 전통적 사회계약론을 바탕으로 사회에 적용될 적절한 조건과 절차에 따라 합리적 인간들이 합의를 통해 복지사회로 나아가는 것이다.

롤스의 핵심이 되는 생각은 사회의 기본 구조에 대한 정의의 원칙들이 원초적 합의의 대상이라는 점에 있다. 자신의 이익 증진에 관심을 가진 자유롭고 합리적인 사람들이 평등한 최초의 입장에서 공동체의 기본조건을 규정하는 것으로 채택하게 될 원칙들이다. 이러한 원칙들은 그 후 모든 합의를 규제하는 것으로서, 참여하게 될 사회 협동체의 종류와 설립할 정부 형태를 명시해 준다. 이를 '공정으로서의 정의관'이라 한다.

롤스는 가상적 상황으로 '원초적 입장'을 설정하고 구성원들은 사회적 지위, 계층상의 위치, 천부적 재능, 심지어 자신의 가치관, 심리적 상황까지도 모르는 '무지의 베일' 속에서 선택한 합의는 공정한 것이라는 것이다. 또 하나의 특징은 원초적 상황의 당사자들이 합리적이고 상호 무관심한 것으로 생각한다는 것이다. 이러한 원칙들이 합의의 결과인 이상 모두가 타인들도 그러한 원칙을 따르리라는 것을 알고 있는 것이다. 즉, 공정성이라는 조건을 충족시켜야 한다. 이러한 점에서 롤스가 이끌어 낸 새로운 계약을 확인할 수 있다.

원초적 입장은 공정성을 보장하기에 적절한 최초의 모습이었다. 또한 공정성이 보장되기에 '공정으로서의 정의'라 명하고 이것이 제대로 이행됨으로써 '공정으로서의 정당성'을 확보한다. 정당화의 문제는 숙고된 합리적 선택이론에 의해 보증된다. 원초적 입장의 당사자들은 평등하다. 이때 선택될 원칙이 선택될 정의에 대한 숙고된 신념과 일치하는 문제에 봉착하는데 잠정적인 고정점과, 반성적 평형상태로 문제가 해결된다고 보는 것이다.

롤스가 제시한 중요한 두 원리는 직관주의의 문제점을 해결하고 모두에게 이익이 되는 것으로 제시된다. 경제적 불평등, 분배의 문제는 최소 극대화의 원리(maximin principle)를 통해 모두가 받아들일 수 있는 원칙을 확보하려 한다. 즉 사회정의란 공동체의 복지라는 집합적 개념이 적용된 합리적 타산의 원칙이라는 것이다. '옳음'과 '좋음'은 인간사의 주요 개념인데, 공리주의 관점과는 달리 분배의 문제는 '옳음'의 개념에 해당되며 선에 대한 독립적인 정의는 있을 수 없으므로 극대화의 원칙, 불평등의 원칙이 요청된다(이현철, 2008).

3. 효율성, 효과성과 선택

1) 효율성-제한된 자원으로 최대의 효과를 내는 것

효율성의 문제는 무한한 사람들의 욕구를 희소한 사회적 자원으로 "어떻게 하면 적절하게 해결할 수 있을까?"라는 의문에서 나온 것이다. 즉, 가능한 한 최소의 자원으로서 최대의 결과를 만들어 내려는 관심을 말하는 것으로서 비용과 관련된 가치이다.

사회복지정책에서 효율에는 수단으로서의 효율과 파레토 효율(배분적 효율)이 있다. 수단으로서의 효율의 개념이 특정한 목표를 달성하는 데 가능한 적은 자원을 투입(input)

하여 최대한의 산출(output)을 얻는 것을 의미하는 데 비해 파레토 효율의 개념은 더 이상 어떠한 개선이 불가능한 최적의 자원배분 상태로서 사회적 자원의 바람직한 배분이라는 보다 포괄적인 측면에 초점을 두고 있다(김태성, 2003). 파레토 최적(배분적 효율, band off)은 완전경쟁의 시장에서 개인의 효용을 극대화하려는 이기적인 사람들이 충분한 정보를 바탕으로 합리적이고 자발적인 선택에 의한 교환이 이루어질 때 자동적으로 사회적 자원의 바람직한 배분이 달성된다고 보는 것이다.

이러한 효율성은 목표효율성, 운영효율성, 배분적 효율성으로 구분할 수 있다. 목표효율성은 정책이 목표하는 대상자들에게 자원이 얼마나 집중적으로 할당되는가의 여부를 판단하는 기준으로서 대표적인 예는 사회보험과 공공부조를 들 수 있다. 공공부조가 상대적으로 저소득층에게 집중적으로 자원을 할당한다는 측면에서 목표효율성이 높다고 볼 수 있다.

운영효율성은 정책을 집행하고 운영하는 과정에서 투입되는 비용의 여부를 판단하는 기준으로서 대표적인 예는 사회보험에서 통합주의 방식으로 관리 운영되는 경우나 보편주의 방식의 사회보험제도 등을 들 수 있다. 예를 들어 우리나라의 경우 5대 사회보험제도의 통합시스템 구축은 운영효율성을 높이기 위한 경우라고 볼 수 있다(박경일, 2011: 60-61).

① **목표 효율성**: 정책 목표의 대상자에게 자원이 얼마나 집중적으로 할당되었는가를 판단하는 기준−선별주의 선호

② **운영 효율성**: 운영비를 줄여 최소의 비용으로 목표를 달성하는 것−보편주의 선호

③ **배분 효율성**: 더 이상의 개선이 불가능한 최적의 자원배분 상태. 파레토 최적이라고 함.

④ **X−효율성**: 기업이나 정부의 운영 측면에서 제기되는 효율성으로서 노동계약이 불완전하거나 조직의 생산함수 또는 생산기술이 완전하게 파악되거나 알려져 있지 않을 때 발생하게 된다는 눈에 보이지 않는 효율성을 말함(Harvey Leibenstein).

2) 효과성 – 목표의 달성 정도

효과성은 사회복지정책이 목표달성에 적합하였는지를 나타내는 것을 말한다. 사회복지서비스를 필요로 하는 사회적 약자의 욕구에 대하여 다양한 접근방법이 있을 수 있다. 이 욕구해결책으로 효과성을 선택한 사회복지정책이 과연 어느 정도로 적합하게 목표를 달성하였는지에 대한 관심을 말한다(박경일, 2011: 60).

4. 이타주의와 호혜성

1) 이타주의

> 도덕의 기초를 인애(仁愛)와 동정이라 보며 타인의 행복·복리를 행위의 목적으로 삼는 주장. 이기주의에 반대되는 말로 이(애)타주의라고도 하며, 사회적 공리설로 불리기도 함.

이타주의(프랑스어로 altruisme: '타인'이라는 뜻의 라틴어 alter에서 유래) 용어를 최초로 사용한 콩트(Comte)는 인간이 남을 돕는 행동 중에 자기 보존동기가 내재한다고 보고 이를 자기이익, 자기만족 이기주의(self-benefit and self-gratification)라고 명명하였다. 동시에 그는 "남을 위해 살려는 비(非)이기적인 욕구가 남을 돕는 행동으로 표현되기도 한다."고 보았다. 콩트에 의하면 친(親)사회적 동기는 그 궁극적인 목적이 자신의 복지를 증진시키려는 것일 때는 이기주의적인 것이며, 남의 복지를 증진시키기 위한 것일 때는 이타주의가 되는 것이다. 이렇게 보면 인간의 친사회적인 행동(prosocial behavior)은 이기주의적인 동기는 물론 이타주의적인 동기에 의해 유발될 수도 있다는 말이다.

철학자 블룸(Blum, 1980)은 이타주의를 "자신을 희생하고 타인의 행복에 관심을 갖는 것, 혹은 그런 관심에 따라 동기화된 행동"으로 정의했다. 또 깊은 동정과 공감, 관심이 이를 촉발시킨다고 했는데 이는 많은 심리학자들이 동의하는 바이다(Eisenberg, 1986).

2) 호혜성

> 사회적 쟁점을 해결할 때, 쟁점의 당사자 모두에게 이익이 되는 방향으로 문제를 해결하는 것

호혜성(reciprocity)이란 선물이나 급부에 보답하는 것(return of a gift)을 말한다. 호혜성, 곧 상호보답은 교환의 기반이다. 그래서 호혜성은 경제인류학과 친족인류학에서 중심 개념을 이룬다. 사람들 간의 관계로서의 호혜성 또는 사회 단위들 간의 관계로서의 호혜성은 사람들이나 사회단위들을 교환관계로서 묶어주며, 그와 동시에 사람들이나 사회단위들을 교환관계에 놓인 구성요소들로 분리시킨다. 묶어주면서 동시에 분리시키는 이러한 이중적 기능은 호혜성을 사회적 관계와 사회적 정체성을 표현하고 조작할 수 있는 아주 적절한 수단으로 만들어 준다.

CHAPTER 05

사회복지정책 발달, 근거이론, 정책 이슈

1. 사회복지정책의 발달사
2. 사회복지정책의 발달근거이론
3. 사회복지정책의 이슈: 선별주의와 보편주의

CHAPTER

05

Social Welfare Policy

사회복지정책 발달, 근거이론, 정책 이슈

1. 사회복지정책의 발달사

사회복지정책은 경제적으로 결핍되었던 산업화 이전 사회와 복잡하고 상호의존적인 산업화 이후의 사회로 변천해 오면서 제반 욕구에 대한 사회적 개입에 대한 인식이 점차 확대되어 오게 된 배경과 함께 그 발달과정을 설명할 수 있다. 사회복지정책의 발달과정은 3단계로 나눌 수 있는데, 제1단계는 산업화 이전 빈민층을 대상으로 제정된 시기로 본다. 제2단계는 산업화로 인해 발생한 다양한 사회문제의 대안으로 제기된 사회보장제도의 도입시기로 구분한다. 제3단계는 제2차 세계대전 이후 변화된 사회적 상황에서 문제해결의 책임을 국가에 두는 시기라 할 수 있다.

1) 제1단계

사회문제를 국가의 개입으로 해결하고자 하는 사회복지정책의 역사는 1601년 영국의 엘리자베스 구빈법에서부터 시작한다고 볼 수 있다. 당시의 구빈법은 최소한의 생존보장을 목표로 하였기 때문에 빈민과 부랑자가 보호의 대상으로 국가의 일차적인 보호를 받거나 국가의 보호가 미치지 못하는 경우에는 종교기관에서 보호를 하게 하였다. 그러나 산업화 과정에서 농촌 노동인구의 도시유입으로 생활이 곤란한 빈민계층이 새롭게 형성되면서 빈민 구제의 책임이 종교기관이 아닌 국가에 있다는 점을 분명히 하기 위해 제정된 것이 구빈법이라 할 수 있다.

엘리자베스 구빈법은 기존 빈민에 대한 자선 및 구호와 관련한 규정들을 집대성한 것으로 체계적인 것은 물론 빈민구제의 재원을 국가의 조세로 충당하였다. 따라서 엘리자베스 구빈법은 근대적인 의미의 빈곤정책으로 의미가 있는 것이라 할 수 있다. 구빈법은 대상자인 빈민을 노동능력이 있는 빈민, 노동능력이 없는 빈민, 그리고 요보호아동 등 세 가지 유형으로 분류하여 차별적인 서비스를 제공하였다.

① 노동능력이 있는 빈민은 신체적으로는 건강하나 일하지 않는 부랑자를 의미하는 것으로 이들에게는 자선이나 구호가 허락되지 않았고, 교정원 성격의 작업장 등에 강제로 수용하여 노동을 하게 하고, 노동을 거부할 경우 감옥에 투옥시켰다.

② 노동능력이 없는 빈민은 노인, 장애인, 정신질환자, 양육할 자녀가 있는 부녀자 등으로 구분하여 거처할 집이 없는 경우 집단거주 형식으로 구빈원에 수용되어 보호를 받도록 하였고, 주거가 있는 경우에는 의류나 연료 등을 제공하면서 보호를 받게 하였다.

③ 보호가 필요(요보호)한 아동은 부모가 사망하거나 부모의 양육을 받을 수 없는 상황에 처한 아동들로 양육가정에 위탁하여 보호를 받게 하거나, 위탁가정을 찾지 못하게 되는 경우에는 경매 등을 통해 위탁되어 상거래 활동을 배우거나, 가사를 돕는 생활을 하게 하였다.

물론 당시의 시대적 상황을 보면 엘리자베스의 구빈법은 빈민보호가 목적이라기보다는 빈민 통제에 더 초점을 두었다는 지적도 있지만 당시로는 사회적으로 공식화되고 체계화된 법으로 받아들여지고 있다. 이후 유랑걸식하는 빈민층을 본래의 거주지로 강제 송환하는 내용을 담은 정주법(1662)이나 구빈원을 중심으로 한 생산활동으로 산업발전을 꾀한 작업장법(1720)이 제정되었다. 이 법은 작업장에 수용되기를 거부하는 빈민의 경우 보호를 받을 수 없게 하거나 작업장의 비효율적인 운영, 노동력 착취 등의 문제가 나타나기도 하였다.

그러나 18세기 후반의 산업혁명으로 인해 산업사회로 변화되는 과정에서 영국에는 임금노동자들이 새로운 빈민계층을 형성하게 되면서 새로운 구빈제도의 필요성이 대두되었고, 그 결과 길버트법(1782)과 스핀햄랜드법(1795)이 각각 제정되었다. 길버트법은 당시 영국의 하원의원인 길버트 의원이 기초한 것으로 노동력이 있는 빈민이 직업을 얻을 때까지 자신의 집에 거주하게 하면서 보호를 하고, 소득이 있더라도 생활에 부족한 경우 필요한 만큼의 액수를 지원해 주는 내용을 담고 있다. 스핀햄랜드법은 길버트법에서 발전한 것으로 임금보조제도를 주요 내용으로 하고 있다. 즉, 저임금을 받고 있는 노동자에게 기본임금에서 부족한 부분을 보조해 주는 것으로 현대적 의미의 최저생활보장제도라 할 수 있다. 그러나 자본가 계층의 입장에서는 구빈세 부담의 증가를 가져오게 되면서 게으른 노동자들의 구제는 불필요하다는 주장이 나오게 되기도 하였다.

이러한 비판과 함께 결국 기존 구빈법의 개혁은 불가피해졌으며, 이는 신구빈법(1834)을 탄생시키게 된 이유가 되었다. 신구빈법은 다음의 세 가지 내용을 주 내용으로 하여 새롭게 제정되었다.

① 작업장제도의 원칙으로 스핀햄랜드법에 의해 결정된 임금보조제도를 폐지하였고, 일하지 않는 노동능력이 있는 빈민에 대한 구호는 거부하면서 작업장 내에서의 빈민구호만 하기로 하였다.
② 열등처우의 원칙에 따라 구호 받는 노동능력이 있는 빈민의 생활은 자활해서 사는 최하위계층의 독립 노동자보다 열악해야 한다.
③ 전국적 통일의 원칙에 따라 빈민들은 유형과 거주지에 상관없이 동일한 행정서비스를 받도록 하였다.

결과적으로 엘리자베스 구빈법으로부터 시작된 빈민보호정책은 산업사회로 넘어가는 과정에서 그 시대에 따른 적절한 정책변화가 요구되기 시작하면서 그 시대에 적합한 각기 다른 법이 제정되었다. 그리고 19세기 중반에 새롭게 제정된 신구빈법에서 확립된 구빈원칙은 20세기에 들어와 새로운 사회보장제도가 마련될 때까지 영국 공공부조의 기본원리가 되었다.

2) 제2단계

19세기 산업화로 인해 사회적 위험이 높아지고, 자본주의가 발전하면서 임금노동자의 소득불균형 문제가 부각되기 시작하면서 그에 대한 대안으로 사회보장제도인 사회보험이 등장하게 되었다. 사회보험은 1880년대 독일의 비스마르크 재상에 의해 최초로 실시된 것으로 1880년대 독일의 사회경제적 상황을 보면 경제불황으로 인해 노동자들의 생활이 불안정하였고, 그들의 보호가 절대적으로 필요한 시기였으며, 정치적으로는 노동자계급의 보호를 주장하는 사회민주당이 커가기 시작하던 때였다.

따라서 비스마르크는 정치권력을 유지하기 위한 방안으로 노동자의 보호를 내세우면서 의료보험(1883), 산업재해보상보험(1884), 연금보험(1889) 등의 사회보험제도를 도입·실시하였다.

19세기 말에 시작된 독일의 사회보험제도는 20세기 초 영국에 영향을 주었고, 당시의 집권당이었던 자유당에 의해 사회복지제도 전반에 대한 정책적 개혁이 이루어지게 되었다. 자유당은 1905년 기존 구빈법의 개혁안을 의회에 제출하였고, 이를 심의하기 위해 구성된 왕립위원회는 개혁과 폐지의 갈등 속에서 논란을 벌였다. 그러다가 인도주의적인 공공부조 프로그램에 합의하고 사회입법을 마련하게 되면서 사회보험제도를 도입하기에 이르렀다. 결국 영국은 1897년에 제정된 근로자 보상법을 1906년에는 모든 근로자에게 확대·적용하였고, 1908년에 노령연금법을, 1911년에는 의료보험과 실업보험을 내용으로 하는 국민보호법을 제정하였다.

이후 독일과 영국의 영향을 받은 유럽 국가들은 동기와 내용에는 약간의 차이가 있지만 노동자 계층을 보호하려는 사회경제적 원인과 동시에 사회불안을 완화시키고자 하는 정치적 의도를 가지고 사회보험제도를 제정, 실시하게 되었다. 그러나 어떠한 배경에 의해서 이러한 제도가 도입이 되었든 사회보험의 목표는 국민을 질병, 실업, 산업재해, 노령화 등의 사회적 위험으로부터 보호하기 위한 것으로 그 대상은 주로 노동자였으며, 국가적 책임하에 도입, 실시하게 된 것임을 볼 때 복지국가로서의 정책은 점차 발전하는 시기였다고 할 수 있다.

3) 제3단계

산업화와 더불어 야기된 노동자 계급의 실업, 산업재해, 질병 등의 심각한 사회문제에 대한 대안으로 마련되고 실시된 사회보험제도는 사회문제에 대한 국가의 책임과 의무를 의미하는 것으로 복지사회를 향한 중요한 출발점이라는 점에서 그 의의는 크다고 할 수 있다. 특히 제2차 세계대전 이후 피폐해진 영국은 재건을 위해서는 국가와 국민을 총동원하고, 위험을 공동 부담하며, 국민 상호 간의 희생과 상부상조 정신이 필요하다는 의식이 확산되었다. 따라서 전후 국가발전계획의 일환으로 사회보장제도와 그와 관련한 서비스에 관한 위원회를 조직하였고, 그 결과 위원장인 베버리지(Beveridge)에 의해 1942년 보고서가 제출되었다.

베버리지는 다시 사회적 상황에서 빈곤, 질병, 무지, 불결, 나태의 5대 사회악이 개인 및 사회적 복지를 저해한다고 보고, 그에 대한 대안으로 다섯 가지의 사회보장프로그램을 보고서에서 강조하였다.

① 통일적이며 종합적이고 적절한 사회보험 프로그램
② 사회보험급여를 통해 충분히 보호받지 못한 사람을 위한 공공부조 프로그램
③ 아동수당
④ 전 국민에 대한 종합적인 건강 및 재활서비스
⑤ 실업방지를 위해 공공사업을 통한 완전고용 유지

그리고 이상의 다섯 가지 사회보장 프로그램을 실천하는 과정에서 필요한 기본 원리를 다음과 같이 제시하였다.

① 통일행정의 원리로 기존의 복잡하고 산만한 사회보험을 하나의 체계로 통합함으로써 행정운영의 낭비를 최소화한다.
② 포괄적 적용범위의 원리로 노동자 집단뿐만 아니라 자영업자까지 포함하여 적용범위를 포괄적으로 해야 한다.
③ 동일 갹출의 원리로 사회보험에는 누구나 예외 없이 기여 정도가 같아야 하므로 보험료를 균일하게 갹출한다.
④ 동일급여의 원리로 균일한 기여에는 균일한 급여를 지급해야 한다.
⑤ 급여 적절성의 원리로 계층 간의 차별성을 인정하여 급여는 수혜자의 기본적 욕구를 충족시킬 수 있도록 적절하게 지급한다.
⑥ 수혜대상 분류의 원리로 수혜대상은 노인, 아동, 자영업자, 피고용자, 무직자, 주부 등 여섯 가지 범주로 구성한다.

즉, 베버리지 보고서는 국민을 최저생활 이상으로부터 보호하는 것에 그 목표를 두고 대상도 기존의 것과는 달리 임금노동자 등의 특정대상으로 하지 않고 전 국민을 국가의 보호하에 두려는 시도를 한 것으로 볼 수 있다. 즉, 5대 사회악에서 볼 수 있는 바와 같이 국민들을 빈곤은 물론 다른 사회적 해악으로부터 보호하고 개인의 자유와 더불어 책임 등을 보존해 가면서 사회보호가 이루어져야 한다는 것이다. 이는 점차 사회변화와 더불어 국가의 보호가 미치지 못하는 대상이 있게 되면서 시민단체가 함께 적극적인 보호의 주체로 나서게 된 계기가 되기도 하였다.

이러한 목표를 가지고 있는 베버리지 보고서에 기초해서 영국은 1944년에 오랜 기간 실시되었던 구빈법을 폐지하고 새로운 사회입법을 마련하기에 이르렀다. 전후 영국은 노동당이 국민의 지지를 받게 되고 1944년에 사회보장청을 설치하면서 입법단행이 가능했다고 볼 수 있는데, 가족수당법(1945), 산업재해법, 국민보험법, 국민보건서비스법(1946), 아동법, 국민부조법(1948) 등이 차례로 제정되었다. 이들 법은 요람에서 무덤까지 국민의 생활을 보장하고자 하는 영국 복지국가의 새로운 출발로 볼 수 있으며, 이는 전 유럽대륙을 거쳐 현재는 전세계의 국가가 지향하는 복지국가 형성의 기원으로 볼 수 있다(강영실, 2016: 29-34).

2. 사회복지정책의 발달근거이론

1) 산업화 이론

산업화 이론은 경제가 성장하면서 생활수준이 향상됨에 따라 사회복지도 자연스럽게 발전하게 된다는 이론으로 수렴이론이라고도 하며, 대표적인 학자는 윌렌스키(Wilensky)와 르보(Lebeaux)가 있다.

산업화 이론에서 중요하게 다루는 부분은 기술발전이다. 산업화를 근간으로 하는 자본주의 사회에서는 사회적 위험의 증가, 도시화, 가족구조의 변화 등 이전에는 없었던 다양한 사회문제 또는 사회적 욕구가 발생하게 되지만 이를 해결할 가족 및 지역사회의 기능은 반대로 약화된다. 특히 사회소외계층은 이로 인해 다른 계층보다 더 많은 어려움을 경험하게 되기 때문에 이러한 문제를 해결하거나 욕구를 충족시키는 방안으로 국가는 정책을 논의하게 된다. 이때 국가는 문제해결이나 욕구충족에 대한 사회적 책임을 강조하게 된다는 것이다. 즉, 산업화 이론은 산업기술이 발전하면 할수록 발생하는 다양한 사회문제로 인해 사회복지의 필요성을 논하게 된다는 주장은 곧 사회복지정책이 산업화의 산물인 것으로 이해하고 있다고 할 수 있다. 그리고 산업화를 통한 경제성장은 국민들의 실질소득을 증가시키고 조세부담능력이 커지면서 국가는 사회복지에 사용할 수 있는 재원을 보다 더 많이 확보할 수 있다고 본 것이다.

그러나 산업화 이론은 산업화로 인해 발생한 사회문제 해결을 위해 사회복지의 제도 도입, 대상자 확대, 복지비가 증가되었다고는 하지만 사회복지 프로그램 각각의 세부적인 내용에 대해서는 명확한 설명이 부족하다. 더욱이 산업화로 인한 사회문제의 대응책으로 나온 것이 사회복지라면 1970년대 이후의 복지국가에 대한 사회경제적, 사회정치적 비판과 함께 나타난 복지국가의 위기는 설명하기가 더 어렵다. 다시 말하면 산업화 이론만으로는 복지국가의 재정적인 부분과 정치적 지지의 약화현상을 예측할 수 없기 때문에 현재는 사회복지제도가 발달하게 된 배경적 이론으로는 미흡한 부분이 많다는 지적을 받고 있다(이진숙 외, 2009).

2) 사회양심이론

사회양심이론에서는 사회복지정책이 발달하게 된 것은 타인의 고통을 해소하려는 개인의 이타적 양심이나 사회적 의무감 등이 강조되면서 국가의 정책으로 수용·확대 되었다는 이론이다. 사회양심이론은 1950년대 영국 사회정책학에서 받아들여졌던 이론으로 이들이 채택하고 있는 가설은 '사회복지정책이란 타인에 대한 사랑이 국가를 통하여 표현되고, 사회적 의무감의 확대에 의해 변화된다. 그 변화는 누적적이며 관대함을 향해 지속적으로 진전된다'는 것이다. 사회양심이론은 인도주의에 기초하여 사람은 타인에 대한 기본적인 연민과 동정을 가지고 있으며, 국가 역시 이타주의에 기반 하는 사회적 책임을 가지고 있다는 가정에서 출발한다. 그러므로 정부가 사회복지정책을 도입하고 확장하는 이유를 시민들에 대한 인도주의적 가치의 구현으로 본다. 국민들의 열악한 사회생활과 경제적 상태가 알려지면 이를 개선하기 위해 사회복지정책이 개입한다. 이 개입은 마치 보다 높은 단계로 진화해 가는 생물체처럼 보다 좋은 사회복지정책으로 발전해 가는 진화적 성격을 갖고 있다는 것이다.

역사적으로 볼 때, 현재의 사회복지정책이 완전한 것은 아니라 할지라도 사회복지의 주된 문제는 상당 부분 해결되었다고 볼 수 있다. 사회가 안정 기반 위에 구축되어 있기 때문에 지속적 발전을 해왔다는 사실을 사회양심이론자들은 가설 입증에 대한 근거로 제시하고 있다.

사회복지정책을 단순한 개인 및 국가의 자선활동으로 간주하는 사회 양심론은 한계가 있다. 앞에서 살펴본 사회복지정책의 기능에서 보았듯이 사회복지정책은 다양한 의도를 가지고 있다. 현실적으로 사회복지정책의 의도와 결과는 항상 복지 수혜자에게 이익을 주는 순기능만 갖고 있는 것은 아니다. 특히 사회양심이론으로 접근하면 국가의 사회복지에 대한 책임이 소극적이고 그 활동 범위가 제한적일 수 있다는 비판을 받는다. 사회복지를 양심에 맡김으로써 국가가 책임질 사회구조적 문제가 방임될 수 있다는 것이다(권기창, 2011).

3) 시민권이론

시민권이론은 사회복지를 사회구성원이면 누구나 향유할 수 있는 권리로 보는 이론으로 대표적인 학자는 마샬(Marshall)이다. 마샬은 사회적 불평등이 시민권으로 발전하게 된 것에 관심을 가지면서 공민적 · 정치적 · 사회적 요소를 함께 설명하였다. 즉, 자본주의 사회에서 나타난 불평등한 계급구조에 대해 사람들은 법 앞에서 개인적인 자유와 평등을 보장받고자 하는 욕구를 표현하게 되었고, 사회적 불평등을 해소하기 위한 방편으로 시민적 권리를 주장하게 되었다는 것이다.

불평등한 계급구조는 경제적 · 법적 · 정치적 사회 불평등을 심화시키게 되는데 이는 결과적으로 사회 불안정 요소로 작용할 수도 있다는 것이다. 따라서 사회질서를 유지하기 위해서는 사회연대의식과 결부되어야 하며 이는 곧 사회복지실천이고, 시민은 국가의 구성원으로서 국민의 자격과 국민으로서의 권리와 의무가 있는 시민권을 요구하게 되고, 한편으로 시민의 복지에 대한 권리, 즉 복지권으로 일반화하게 된 것이다.

그러나 시민권이론의 주장에 따른 평등한 분배는 자본주의 시장경제 체제하에서는 개인의 능력에 기초하여 자원이 배분되기 때문에 그 가능성이 희박하고, 또한 권리에 따른 법적 요구는 법에 기초한 사회복지만을 의미할 수 있기 때문에 사회복지정책 전체를 설명하기에는 부족한 부분이 있다는 비난을 받고 있다. 한편 복지에 대한 권리가 시민의 권리가 되기 위해서는 정책결정과정에 일반 시민들이 참여할 수 있는 제도가 마련되어야 하는데 사회주의 체제 국가에서는 복지에 대한 시민권적 개념을 일반화시키기는 어렵기 때문에 복지에 대한 시민적 권리를 주장하는 것은 어렵다고 할 수 있다. 그리고 시민권으로서의 복지 개념을 경제적 복지와 생활안정을 보장받을 수 있는 권리, 그리고 사회적 유산을 최대한 나누어 가질 수 있는 권리로 이해한다면 시장경제의 원리가 활성화되어 있는 현대사회에서는 사회구성원들의 평등성을 증진시키기 위한 시민권을 보편적인 권리로 인정하기 어렵다고 설명하고 있다(강영실, 2016).

4) 음모이론

음모이론은 사회복지정책을 지배계층이 자신들의 권력 유지를 위한 수단으로 사용하고 있다고 보는 이론으로 대표적인 학자는 피븐과 클로와드(Piven & Cloward)이다. 이들은 자신들의 주장에 대한 근거로 빈민규제론을 대표적으로 들고 있다. 즉, 사회복지제도가 공공의 복지를 위해 실행되는 것이 아니라 빈민을 규제하기 위해 사용된다고 본다. 이들은 사회경제의 침체기에 대량실업 등의 사회문제가 나타나고 그로 인해 사회적 위험이 커질 때 정부는 공적 사회복지제도를 확대하고, 반대로 경제가 좋아지고 고용이 확대되면서 사회가 안정될 때에는 사회복지제도를 축소한다는 사실에 주목하고 있다. 그의 대표적인 예로 비스마르크시대 때 극심하던 노동계층의 사회운동을 저지시키고 사회질서를 유지하기 위한 수단으로 사회보험 입법을 도입·실시했다고 본다.

이러한 주장은 사회복지정책이 인도주의적 입장에 따라 일반 서민들의 궁핍한 생활에 대한 보장으로 실시되는 것이 아니라 계급 간의 갈등으로 발전할 수 있는 사회질서 파괴를 예방하기 위해서, 그리고 사회지배 계층이 자신들의 이익을 위협할 수 있는 요소를 미리 제거하기 위한 것으로 실시된다는 것이다. 즉, 사회복지는 시민적 무질서를 해결하기 위해 빈민에 대한 억압책으로 실시되고 있으며, 이를 복지의 음모이론이라고 한다.

음모이론에 의하면 사회복지정책과 관련한 의사결정은 지배층의 장기적인 계획 하에 이루어지며, 자신들의 이익에 기초하여 정책을 결정하고 실행하기 때문에 계층 간의 불평등은 사회복지정책에 의해서도 계속 유지된다고 본다. 다시 말하면 지배 계층의 정당성의 확보, 정치권력의 재생산을 위하여 사회복지정책이 도입되거나 확대되는 것으로 복지정책집행의 결과는 분배의 원리와는 거리가 있다는 것이다.

여기서 사회복지가 피지배계층에 대한 사회통제수단으로 사용된다면, 사회보장법이나 특수한 계층(아동, 노인, 장애인, 유족 등)과 관련한 사회복지법들도 사회통제수단으로 사용되었는가에 대한 의문은 남게 된다. 이들을 대상으로 한 사회복지법 및 사회보장제도들은 분명히 인도주의적 동기에서 발전되었다고 볼 수 있기 때문이다. 따라서 음모이론의 주장처럼 지배층의 지배논리에 의해 사회복지가 확대되었다는 것에 대해서는 부분적으로는 인정한다 하더라도 전체 사회복지정책이 발전하게 된 기초 이론으로 받아들이기에는 무리가 있다는 지적이 가능하다(강영실, 2016).

5) 확산이론

확산이론은 사회복지정책의 발전과 국가의 지리적 위치가 밀접한 관계가 있음을 강조한다. 사회복지정책의 발전은 국가 간의 의사소통이나 영향력, 교류에 의하여 이루어진다고 보는 이론이다. 이는 국제관계가 긴밀하게 이루어지는 현대사회에서 국가 간 교류로 사회복지정책의 아이디어와 경험이 한 나라에서 다른 나라로 전파, 확산된다고 주장한다. 이러한 전파는 선구적인 복지국가의 노력을 인접 국가나 다른 국가들, 특히 후진국들이 모방하여 도입하는 현상을 설명해 준다.

한 국가의 사회복지정책은 선진 복지국가의 경험을 바탕으로 시작하게 되며, 이러한 국제적 모방을 통하여 사회복지정책이 확대된다. 이에 의하면 한 국가의 제도적 혁신이 인근 국가로 확산되고, 동시에 선구적인 복지국가로부터 후진국으로의 관념과 기술이 이전됨을 의미한다.

콜리어와 메식(Collier & Messick, 1975)은 확산의 유형을 위계적 확산과 공간적 확산으로 구분하고 이를 사례를 통해 실증적으로 연구하였다. 위계적 확산은 기술혁신이나 새로운 제도가 선진국에서 후진국으로 전파되는 경우를 말한다. 한 나라에서 사회복지정책을 시작한 주된 이유는 선진 복지국가의 경험에 있다는 것이다. 즉, 사회복지정책의 확대는 국제적 모방 과정이라는 것이다. 공간적 확산은 특정 국가에서 만들어진 기술이나 제도가 우선 인접 주변국을 중심으로 하여 점차적으로 전파되는 경우를 말한다(현외성, 2003). 유럽 대륙 국가들이 다른 지역 국가들보다 사회복지 프로그램들을 먼저 구축하였고 더 많은 복지비를 지출하고 있는데, 이는 지리적 근접성에 기인한다는 것이다.

대표적인 예로 1900년대 초 영국의 사회보험제도의 도입은 독일 비스마르크의 사회보험제도를 모방한 것이었으며, 유럽 각국에서 사회복지제도들의 도입 시기를 보면 대체로 이러한 확산의 개연성을 보여 준다. 제2차 세계대전 후에 독립했던 신생국에서의 사회복지제도의 도입과 시행은 국제기구라는 매개 조직을 통하여 유입되는데, 이미 식민제국에서 들여온 선진적 사회복지제도의 존재가 중요한 준거가 되었다.

확산 이론도 몇 가지 점에서 한계를 보인다. 먼저 국가별 사회적 · 문화적 차이를 설명하지 못한다. 사회복지정책의 발전에 있어서 국가의 내부적인 사회 경제적 · 정치적 요인이 더 중요할 수도 있다. 그리고 확산 이론에 의한 확산 효과가 불확실하며 미미할 수 있다는 것이다. 또한 확산 이론에 의하면 선진국에서 후진국으로 확산된다고 보고 있으나 오히려 후진국에서 먼저 제도를 도입하여 선진국으로 역 확산되는 경우도 존재한다는 것을 설명하지 못하고 있다(권기창, 2011).

6) 종속이론

확산이론에 대한 비판으로 세계경제의 중심부 국가(선진 자본주의 국가)의 발전과 주변부 국가(제3세계 저개발 국가, 특히 라틴 아메리카)의 저발전 사이의 관계를 분석하고 저발전의 원인을 설명하려고 시도하였다. 제3세계의 저발전과 빈곤은 국가 내부의 문제라기보다는 중심부 국가들과의 불균등 교환이나 착취관계에 기인한 것으로 보고 종속관계의 단절을 주장한다. 중심부 국가의 속성으로 인해 제3세계의 경제성장과 사회변화는 개선되지 않으며, 특히 사회부문에서 불평등이 심화되는 것은 제3세계의 사회정책이 국민의 욕구에 의해 결정되지 않고 중심부 국가적인 경제구조와 사회형태의 불가피성에 의해 결정되기 때문에 지속적으로 저개발 상태에 머무른다고 보았다.

이와 유사하게 제3세계 국가의 사회정책을 설명한 이론으로 제3세계론이 있는데, 제3세계는 아시아, 아프리카, 라틴아메리카 지역의 개발도상국들로서 이들의 발전 경로는 개발국가의 발전과정과 동일하지 않다는 것을 설명하는 개념이다. 이에 따르면 특히 제3세계 군부 권위주의 국가에서는 민주적인 정책의 시행을 기대하기 어렵다고 보았다.

7) 엘리트이론

엘리트이론은 사회복지정책이 탁월한 능력을 소유한 소수의 지도자 또는 개인에 의해 마련된다고 보는 이론으로 모스카(Mosca)와 파레토(Pareto)가 대표적인 학자이다. 이들은 사회를 엘리트와 대중으로 구분하고, 엘리트들은 특별한 인맥, 학맥 그리고 지식을 기초로 하여 정부를 통제하고 권력을 향유하면서 정책결정에 영향력을 가지고 있다고 본다. 특히 엘리트들은 서로 동류의식을 가지고 서로 간의 은밀한 관계를 유지하면서 자신들의 이익을 위해 노력하는 집단으로 사회복지정책이 결정되는 과정에서도 자신의 선호나 가치를 따르고, 사회적으로 우월한 집단에게 유리하도록 영향을 미친다(이진숙 외, 2009).

표 5-1 사회복지정책의 발달근거이론

이 론	주요내용
산업화 이론	• 경제발전과 산업화에 수반되는 사회문제와 사회적 욕구를 해결하기 위해 사회복지가 발달 • 경제발전 수준과 사회복지 지출 수준 간에 강한 상관관계가 존재한다고 주장 • 복지국가 간 차이점 보다는 유사성
사회양심이론	• 이타심과 사회의무감 → 사회복지제도 • 사회복지정책을 국가의 자선활동으로 간주 • 인도주의에 기초, 진화론적인 입장
시민권이론	• 시민권: 한 사회의 구성원에게 부여되는 지위 • 그 지위를 지니는 모든 이들은 그것이 부여하는 권리와 의무의 측면에서 동등하다고 봄 • 시민권의 발달(마샬): 공민권 → 정치권 → 사회권
음모이론	• 사회 안정 및 사회통제를 위해 사회복지제도 시행
확산이론	• 지리상, 관계상 인접한 국가 간에 정책이 확산되어 간다는 이론 • 서구사회의 발전모형을 기초, 근대화를 사회발전의 가장 중요한 요소로 강조
종속이론	• 주변국가의 사회정책이 국민들의 욕구에 의해 결정되지 않고 중심부 국가적 경제구조, 사회형태 등에 의해 규정된다는 이론 • 제3세계의 사회복지 발전 설명
엘리트이론	• 탁월한 능력의 정책결정자들의 선호, 가치에 따라 제도를 결정

3. 사회복지정책의 이슈: 선별주의와 보편주의

1) 선별주의와 보편주의의 개요

(1) 선별주의(선택주의)

사회복지정책 급여는 자산조사에 의해 결정되는 개인적 욕구와 필요를 토대로 하여 제한적으로 활용될 수 있다는 인식이다. 필요한 사람에게 제한적으로 급여를 하기 때문에 자원 낭비를 줄이고, 비용 절약이 있어서 비용 효율적인 가치가 발생함을 강조하는 경향이 있다. 이 과정에서 급여를 받지 않는 사람들과의 분리와 낙인(stigma)이 발생할 수 있다.

(2) 보편주의

사회복지정책 급여는 일종의 사회권으로서 모든 국민이 보편적으로 누릴 권리라는 관점이다. 모든 복지 급여에 대한 수급자격을 모든 국민에게 평등하게 부여하여 서비스를 제공하는 방법이다. 복지 수혜자격과 기준을 균등화하여 복지서비스 수급자들이 그 어떤 낙인감, 열등감, 굴욕감도 갖지 않게 한다.

2) 선별주의와 보편주의의 비교 및 장단점

선별주의는 복지정책의 기초로 소득수준에 따라 자원을 할당하는 것을 원칙으로 하되 한정된 복지자원을 자산조사를 거쳐 저소득층에 집중하도록 해야 한다는 이념이고, 보편주의는 사회복지 자원을 모든 사람에게 주어지는 권리로 이해하고 일반 국민 모두에게 할당하는 것을 타당하게 여기는 이념이다(Gilbert & Terrell, 2005). 자산조사에 의하여 소위 빈곤선 아래에 해당하는 계층을 위하여 현금성 부조가 전달되는 국민기초생활보장제도가 우리나라의 대표적인 선별주의 기반 사회복지정책이라 할 수 있다. 반면에 모든 국민을 대상으로 하는 국민연금제도, 국민건강보험 등 사회보험은 보편주의 기반 사회복지정책이라 할 수 있다.

▮표 5-2▮ 선별주의와 보편주의 비교

분류	대상	자격심사
보편주의	모든 국민대상	완화된 자격심사
선별주의	일부 계층대상	엄격한 자격심사(자산조사)

선별주의에 기초한 사회복지정책은 빈곤선 이하 소외계층을 주요 대상으로 하기 때문에 낮은 수준이기는 하지만 소득재분배 효과가 있고 이에 따라 사회통합 효과를 기대할 수 있다는 장점이 있다. 또한 주요 사회복지 욕구 소외계층이라고 할 수 있는 빈곤선 이하 소외계층을 주 대상으로 함으로써 제한 지원에 따른 전반적 공공지출을 억제할 수 있다는 긍정적인 측면도 있다. 반면에 경제적 소외대상을 주 수급 대상으로 하기 때문에 사회적 소수에 해당하는 수혜자는 부정적 낙인을 면하기 어렵고, 일정한 자산조사를 반드시 거쳐야 하는 행정적 업무 과중을 초래하며, 자산조사 이후 부가 수입에 의한 경제적 지원 배제 가능성에 의해 근로 의욕이 약화되는 부정적 측면이 있다. 대표적인 선별주의 복지정책으로는 공공부조인 국민기초생활보장제도가 포함된다. 우리나라에서는 공공부조의 이런 단점을 보완하기 위하여 '근로장려세제(EITC)'를 시행하고 있다.

근로장려세제는 주로 소득세 면세점 이하의 근로 빈곤층에게 실질적인 혜택을 제공함으로써 빈곤 탈출을 지원하여 극빈층으로의 추락을 예방하고 근로활동을 유인하는 효과가 있다. 사회안전망의 보호가 취약했던 차상위 근로 빈곤층을 근로장려세제를 통해 지원함으로써 대상자 특성별로 특화된 사회안전망체계를 구축하여 현재 이중의 사회안전망을 삼중의 사회안전망으로 확충한다.

보편주의에 기초한 사회복지정책은 사회보험과 같이 모든 일반 국민을 대상으로 한 급여 제공을 목표로 하기 때문에 모든 국민 참여에 의한 사회통합 효과가 지대하며 수혜대상의 부정적 낙인효과도 없다는 장점이 있다. 반면에 보편주의적 사회복지정책은 모든 일반 국민의 복지 수혜로 복지 의존도가 증가하여 근로 의욕을 저하시키고, 고소득자에 대한 불필요한 복지급여를 가능하게 하고, 결과적으로 국가재정을 악화시킨다는 비판을 받는다.

그러나 윤홍식(2011)은 1980년부터 2009년까지 고용률과 노동생산성을 볼 때 보편주의 복지국가군은 평균 고용률, 노동생산성 증가율이 선택주의 복지정책을 근간으로 하는 자유주의 복지국가군에 비해 오히려 높다는 증거를 제시하며 보편주의의 근로 의욕 저하에 대한 비판을 일축하였다. 나아가 윤홍식(2011)은 보편주의 복지정책 선택에 따른 국가재정 악화 비판에 대하여도 OECD 국가의 사례를 들면서, 복지 확대가 국가재정 악화의 직접적인 원인이 아니라 경제정책 실패가 보다 중요한 원인으로 작용하였다는 사실을 제시하여 보편주의 복지정책의 당위성을 주장하였다.

최근 무상교육과 무상급식에 대한 정치권 논쟁을 중심으로 전개되는 선별주의와 보편주의 논쟁은 우리나라의 복지국가 모형 선택에 중요한 영향을 미칠 가능성이 많다. 주로 경제적 부담의 가중 측면에서 비판을 받는 보편주의 기반 사회복지정책이 탄력을 받기 위해서는 '복지 확대가 수요의 창출, 노동력의 질과 양의 제고 측면에서 경제에 미칠 수 있는 긍정적인 측면' '보편주의 복지국가의 소득재분배 효과 탁월성'(김연명, 2011)에 대한 신뢰할 만한 평가가 선행되어야 할 것이다(손병덕, 2012: 97-100).

표 5-3 선별주의와 보편주의의 장단점

구분	선별주의	보편주의
대상	• 빈곤선 이하 소외계층	• 모든 일반 국민
장점	• 소득재분배에 의한 사회통합 효과 • 주요 사회복지 욕구 소외계층에게 효율적인 지원에 의한 공공지출 억제	• 모든 국민 참여에 의한 사회통합 효과 • 수혜 대상의 낙인효과 없음
단점	• 수혜 대상의 낙인효과 • 자산조사 등 행정 업무 과중 • 자산조사에 의한 근로 의욕 저해	• 복지의존도 증가 • 고소득자에 대한 불필요한 복지급여 지속 제공 • 국가재정 악화
관련 정책	• 국민기초생활보장제도 등 공공부조	• 국민연금보험 • 고용보험 • 국민건강보험 • 장기요양보험 • 산업재해보상보험 • 무상보육 • 무상급식

여타의 사회복지정책의 이슈

- 권한부여(empowerment)와 소비자주의(consumerism)
  - 권한부여(empowerment)는 사회복지정책 대상으로 하여금 상실감에 빠진 자신의 잠재력을 자기결정성, 자기효능감, 효과적 행동을 통하여 회복하도록 돕고 스스로 자신의 삶과 사회환경에 대한 결정권을 가지도록 하여, 결국 개인적으로나 사회적으로 적극적 주체로 발전할 수 있도록 하는 정책 방향을 의미(김기덕 · 장은숙, 2008). 즉, 권한부여(empowerment)는 개인적 · 정치적 함의를 가지는 복잡한 개념으로서 개인적 차원의 권한부여는 주관적인 정신상태, 역량감, 통제력을 말하며, 정치적 차원의 권한부여는 사회구조에서 개개인이 활동할 기회가 객관적으로 존재하며, 사회구조의 변화를 통해 권한의 재분배됨을 말함.
  - 소비자주의(consumerism)는 사회복지정책 대상이 자신의 욕구를 표출하고 획득할 수 있는 권리를 가지므로 스스로 선택할 정책에 대하여 인지하고 선택하는 데 자신의 의사를 충분히 존중받을 수 있는 정책 방향을 촉구하는 것을 의미. 즉, 시장에서 자율적으로 선택하고 결단하는 소비자로서의 권리가 강조되는 것임. 1962년 3월 15일 미국의 케네디 대통령의 특별교서에서 처음 사용(Consumerism)함. 소비자주의 출현은 복지사회의 실현과 인간의 소비생활의 만족을 목적으로 하고 있음.

- 강제가입과 임의가입
  - 강제가입은 법이 보험의 가입을 강제로 하도록 규정한 것을 말한다. 사회보험은 인적보험이므로 일정한 자, 즉 노동자에 대한 강제가입이 원칙. 그러나 현행법은 일정 규모 이상의 사업소에 대해서는 강제가입을 적용하는 방법을 취하나 그 외의 사업소에는 임의가입을 적용하고 있음.
  - 임의가입은 18세 이상에서 60세 미만의 국민 중 소득이 없어서 국민연금 의무가입대상에서는 제외되지만 본인의 희망에 따라 국민연금에 가입할 수 있는 제도를 말함. 18세 이상 60세 미만의 대한민국 국민으로 타 공적연금 가입자의 무소득 배우자, 사업장가입자 및 지역가입자의 무소득 배우자, 노령연금 수급권자의 무소득 배우자, 타 공적연금 수급권자 또는 그의 무소득 배우자, 국민기초생활 보장법에 의한 수급자 등이 임의가입제도의 가입대상자에 해당함.

- 기본권 보장과 근로윤리
  - 기본권 보장은 사회보장기본법 제9조에서는 "모든 국민은 사회보장에 관한 관계법령에서 정하는 바에 따라 사회보장 급여를 받을 권리(이하 "사회보장수급권"이라 한다)를 가진다."라고 규정하고 있음. 사회적 보호를 필요로 하는 개인은 인간의 존엄에 상응한 인간다운 생활을 영위하기 위하여 국가에 일정 내용의 급부 및 보호를 요구할 수 있는 권리를 가짐(민경식, 1992: 48). 이에 따라 모든 국민을 대상으로 하는 국민연금보험과 건강보험, 모든 근로자를 대상으로 하는 산업재해보상보험(산재보험) 및 고용보험, 그리고 일정한 자산 이하의 빈곤층을 대상

으로 하는 공공부조는 모든 국민이 시민으로서 가지는 기본권보장 권리로 이해됨.

- 근로윤리는 신자유주의 입장에서 가족의 전통적인 부양의무를 복지국가가 해이하게 만든다는 비판을 함. 우리나라에서도 이와 같은 비판을 바탕으로 개인의 사회적 의무를 강조하여 모든 국민의 권리로 이해되는 기본적 사회보장은 개인의 근로책임을 요청하고, 공공부조 대상자들에 대한 도덕적 해이를 거론하고 확인하는 단계(2010년 사회복지 통합전산망 행복e음의 기본사업 추진)에 있음. 즉, 복지국가를 추구하여 기본적 사회보장을 입법화한 우리나라도 시민의 사회에 대한 의무와 책임을 조건으로 하는 상황에 있는 것임(손병덕, 2012: 112).

CHAPTER 06

사회복지정책과 복지국가

1. 복지국가의 전개과정 및 특징
2. 복지국가의 유형
3. 최근 복지국가의 재편 경향

CHAPTER 06

사회복지정책과 복지국가

1. 복지국가의 전개과정 및 특징

1) 복지국가의 전개과정

사회복지의 발전과정을 살펴보면 그 과정이 가족과 민간자선단체들이 주로 복지서비스 제공을 담당했던 "잔여적 개념"의 시대로부터, 국민국가가 광범위한 영역에 걸쳐 다양한 사회·경제적 보호를 제공하는 "제도적 개념"의 시대로 발전해 온 것을 볼 수 있다. 이 역사적 과정은 다음과 같다.

(1) 태동기

복지국가는 지금으로부터 한 세기 이전인 산업화와 대대적인 사회·정치적인 격동기에 처음 등장하였다.

1880년대 독일에서 처음 소개된 후 전세계의 다른 부강 국가들로 빠르게 확산된 사회보험제도는 그 당시 국가들이 공통적으로 직면한 일련의 심각한 사회적 문제들, 예를 들면 농경사회가 몰락하고 농민과 농노가 산업사회의 노동자로 바뀌어가고, 경제 불황과 호황의 주기가 반복되면서 점점 더 많은 사람들이 생계의 어려움에 직면하게 되는 등의 문제에 대한 대처 방법으로 등장했다. 어떻게 하면 산업사회의 위험으로부터 사람들을 보호할 것인가라는 질문에 대해서 정부 지도자들은 사회보험제도에서 그 답을 찾게 되었다. 산업사회에서 공통적으로 나타나게 되는 질병, 노령, 죽음, 실업, 사고와 같은 위험들을 사후적으로 대처하기보다는 미연에 방지하기 위한 방안으로 도입된 것이 바로 이 사회보험제도이다. 정치적 측면에서 보면 사회보험은 노동자 계층의 정치적 영향력이 신장되었다는 사실을 반영하며 그 당시의 지배계층에게는 사회화합을 증진시키는 수단으로 사용되었다.

복지국가는 다음과 같은 이유로 등장했다고도 볼 수 있을 것이다.

첫째, 사회보험은 민간이 자선활동과 가족의 지원만으로는 현대사회에서 삶을 영위하기에 충분하지 않다는 인식에서 나온 것이다.

둘째, 사회보험이 현대 복지국가의 필수적인 것이며 최후의 보루이기는 하지만 현대 복지국가가 태동하는 데에는 사회보험 이외에 다른 영역에서의 국가의 적극적인 개입도 중요한 역할을 하였다. 국가 개입이 증가하면서 모든 복지국가는 늘어나는 국가의 책임을 이행하는 데 필요한 물질적 자원의 확보를 위해, 대개 소득에 대한 누진세를 부과함으로써 조세 징수 능력을 크게 증대시켰다는 사실을 그 사례로 볼 수 있을 것이다.

셋째, 복지국가의 등장으로 빈민 구제에 관련된 과거의 제도와 원칙들이 재정의 되기 시작하였다.

(2) 성장기

성장기 이전에 도입되었던 사회보험 프로그램이 정교화되었다. 기본적인 소득보장 프로그램은 적용대상과 제도 규모가 지속적으로 확대되어 점점 더 많은 사람들이 제도에 포함되었으며 이 제도에 투입되는 자원량도 꾸준히 증가하여 보편주의적인 제도로 발전해갔다. 일반적인 생활수준의 보장을 겨냥한 적정 수준으로 급여 수준도 점차 관대해졌다. 이러한 사회보험제도의 확장은 중산층을 복지국가 체제 안에 포함시키는 결과를 가져왔다. 사회보장제도의 혜택이 보편화되면서 모든 임금 노동자들이 정부의 소득지원제도에 점점 의존하게 되었고 모든 시민이 보건, 주택, 교육 프로그램을 누릴 수 있게 됨에 따라 숙련노동자와 전문직 종사자들까지 복지체제 안으로 유입되게 된 것이다. 주택마련을 위한 세제 지원이나 기업복지 프로그램에 의한 의료보험 및 연금보험 등 복지제도라는 표시가 잘 나타나지 않는 프로그램들이 중산층의 편입에 중요한 역할을 하였다.

(3) 성숙기

이 시기는 사회복지 부문에 대한 지출 증가와 취약계층을 위한 새로운 프로그램들이 증가하였다. 이러한 관대한 사회적 태도는 경제성장과 번영의 지속에 힘입어 사회적 불의를 더욱 적극적으로 해소하고 자유권과 경제적 기회를 확대하기 위해 더 적극적으로 노력하려는 새로운 사회적 분위기를 조성하였다. 예를 들면, 미국의 주류 사회로부터 배제되어 왔던 아프리카계 미국인들의 처지를 개선하기 위한 여러 가지 정책들이 시행되게 되었던 것을 볼 수 있다. 또한 자유권과 투표권을 확대하기 위한 여러 조치들이 취해지면서 아프리카계 미국인들에게 정치적 권리가 보장되기 시작하였고 또 인종차별을 금지하는 여러 법률이 제정되었다.

(4) 축소기

"오일쇼크"는 제2차 세계대전 이후 지속되었던 경제 황금기를 마감하고 저성장과 불확실한 사회발전 그리고 사회정책의 유용성과 유지가능성에 대한 문제제기를 특징으로 하는 "현대"의 시작을 알리는 시작이 되었다. 어려워진 경제 상황과 이와 맞물려 나타나는 사회복지에 대한 수용 증가는 빈부격차의 심화, 경제적 불안의 가중 및 계층 간 적대감의 증폭이라는 문제로 이어졌으며, 급기야 서구 선진 복지국가들에서조차도 사회복지 전반에 대해서 엄격한 검토가 이루어지게 되었다. 복지 지출 삭감이 특히 강렬하게 이루어졌던 미국에서는 1970년대 중반부터 현금 형태의 복지급여가 눈에 띄게 감소하기 시작했으며, 사회복지 지출을 전반적으로 축소시키려는 움직임이 나타나게 되었다. 많은 사람들에게 있어서 최근에 일고 있는 복지 부문의 변화는 전통적인 사회복지의 이념적 근거인 복지권이 더 이상은 받아들여지지 않음을 의미하는 것으로 이해되고 있다. 또한 사회복지서비스 제공에 영리 부문과 비영리 부문 등 민간 부문 공급자의 활용을 장려하면서 사회복지서비스 제공기관들의 "역량강화" 역할을 수행할 것을 강조하게 되었다.

표 6-1 복지국가의 전개과정과 특징

구분		태동기 (1880~1930년대)	성장기 (1940~1950년대)	성숙기 (1960~1970년대 중반)	축소기 (1970년대 중반 이후)
정치적 측면		민주주의 발전: 보통선거권 확립, 노동운동의 발전, 사회민주주의, 현대적 자유주의	복지지출 증가에 따른 폭넓은 정치적 합의 형성: 유럽에서의 노동당(유럽)과 민주당(미국) 우세	소수민족, 여성, 장애인, 기타 소수자의 인권과 사회권을 옹호하는 새로운 정치세력 형성	보수주의 부활, 조세저항, 노동조합 약화, 복지국가에 대한 새로운 비판세력 등장
경제적 측면		제약 없는 자본주의 전성기, 산업화에 따른 경제적 혼란	대공황 이후 케인즈경제학의 득세, 제2차 세계대전 이후 경제성장 지속과 낮은 실업률	• 1970년대 중반까지 성장과 생활수준 향상 • 1973년 석유파동으로 서구경제 위축	• 경제성장 둔화, 가계소득 침체, 불평등 증대 • 실업(유럽) 증가, 인구 고령화에 따른 사회보장과 건강에 대한 욕구 증가
주요 사회복지 정책		빈민법을 대체한 사회보장(연금 · 실업보험 · 의료보험) 등장, GDP 5% 수준의 정부공공(복지) 지출 규모 도달	사회보장, 의료보험, 공적부조, 가족수당 등 기초 사회보장 범위 확대	소득보장과 의료보험 및 사회서비스 프로그램의 범위 확대, 정부복지 지출수준은 1970년대 중반까지 GDP 평균 25%(유럽), 20%(미국) 도달	새로운 프로그램 도입 자제, 공적 부조망의 부분적 축소, 사회보장 프로그램의 축소, 정부복지 지출수준 둔화(안정)
정부역할		중앙정부 차원에서 복지정책 시작, 민간단체와 지방정부 역할 축소	중앙정부의 복지재정 및 규제 확대, 복지국가 수혜집단의 '보편화'	소외집단 · 도시빈민 등 소수자의 사회 · 경제적 권리를 강조하는 프로그램 시행, 공공부문에서의 고용 증대	레이건(미국)과 대처(영국)의 복지국가 축소정책 추구, 복지정책에 대한 분권화 및 민영화 시도
주요 사건과 연도	영국 및 유럽	• 1886: 독일의 건강보험 시행 • 1911: 영국의 국민보험법 제정 • 1921: 오스트리아 최초 가족수당 도입	• 1941: 영국 템플주교 '복지국가' 용어 처음 사용 • 1942: 베버리지 보고서, 전후(제2차 세계대전) 영국사회복지에 관한 청사진 제시	• 1966: 영국 사회보장성 신설 및 공적 부조 확대 • 1971: 만성질환자를 위한 새로운 급여제도 도입	• 1979: 마가렛 대처 영국 수상 취임으로 공영주택 민영화 및 연금 급여 축소
	미국	• 1913: 연방소득세	1953: 연방정부 보건 ·	• 1964: 존슨행정부	• 1980: 레이건 대통

		에 누진제도 도입 • 1935: 사회보장법 제정 시행	교육 · 복지후생성 신설	빈곤과의 전쟁 선포 • 1965: 의료보장(노인 대상) 및 의료부조 도입	령 당선 • 1994: 공화당 의회 다수의석 확보 • 1996: AFDC 폐지

2) 복지국가의 특징

복지국가에서는 국가권력이 소득의 재분배 효과가 나타나도록 경제적 제 세력의 자유로운 활동을 수정하는 방향에서 의도적으로 행사되며 모든 서비스가 권리로서 부여된다. 이러한 권리를 보장받기 위한 완전고용, 소득유지, 보건, 주택, 교육 및 이와 관련되는 프로그램이나 서비스의 강조가 그 목표이다. 또한 복지국가는 주로 최저생활 수준의 보장에 초점을 맞추고 완전고용과 기회균등을 목표로 하여 보다 정의롭고 안정된 사회를 이루는 것을 목적으로 삼고 있다. 즉, 복지국가의 특징은 빈곤의 감소와 평등, 소득재분배에 의한 평등화 경향, 완전고용의 실현, 사회보장의 충실, 혼합경제, 기회균등을 추구하는 것으로 볼 수 있다.

한편, 복지국가의 특징 중 소득재분배에 의한 평등화 경향은 그 나라의 소득분배의 불평등도를 살펴보면 잘 알 수 있다. 소득분배의 불평등도를 측정하는 방법으로는 로렌츠 곡선과 지니계수, 소득 십분위분배율 등이 있다(박경일, 2011: 89).

(1) 로렌츠 곡선

미국의 통계학자 로렌츠(Lorenz)가 창안한 것으로 가로축에 소득액 순으로 소득인원수의 누적 백분비를 나타내고, 세로축에 소득금액의 누적 백분비를 나타냄으로써 얻어지는 곡선이다. 소득의 분포가 완전히 균등하면 곡선은 대각선(45도 직선)과 일치한다(균등분포선). 곡선과 대각선 사이의 면적의 크기가 불평등도의 지표가 된다.

(2) 지니계수

이탈리아 통계학자인 지니(Gini)가 만들어 냈다. 지니계수는 0과 1 사이의 값을 갖는데, 값이 0에 가까울수록 소득분배가 평등하다는 것을 의미한다. 보통 0.4가 넘으면 소득분배 불평등 정도가 심하다는 뜻이다.

▌표 6-2▐ 로렌츠 곡선과 지니계수의 상관관계

로렌츠 곡선	특징
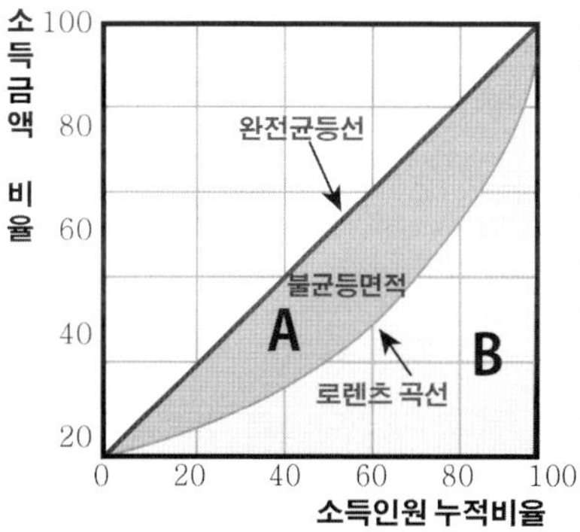 	로렌츠곡선 • 소득 동일성 전제(모든 국민의 소득은 같음) • 어느 사회나 인구가 0일 때는 인구의 소득도 0이고, 인구가 100%이면 소득도 그 사회의 전체 소득 100%가 된다. 그러므로 로렌츠 곡선은 항상 0에서 시작해서 1에서 끝난다. • 타원이 크면 불평등 함. 지니계수(로렌츠 곡선 이용) • 지니계수 공식 G= A/(A+B) • 범위 0~1 • 1에 가까울수록 (클수록) 불평등 • 0.4보다 크면 불평등
5분위 분배율: 전체 소득비율을 5등분함 • 상위 20%를 하위 20%로 나눔 • 무한대에 가까울수록 (클수록) 불평등	• 범위는: 1~무한대
10분위 분배율: 전체 소득비율을 10등분함 • 하위 40%를 상위 20%로 나누어 계산 • 0은 완전불평등, 2는 완전평등 (크면 클수록 평등)	• 범위는: 0~2

(3) 십분위분배율

소득계층을 10등분해 최하위 4등급 소득계층의 소득을 최상위 2등급 소득계층의 소득으로 나눈 것이다. '최하위 40% 소득계층의 소득/최상위 20% 소득계층의 소득'으로 계산한다. 계산한 값이 2에 가까울수록 균등하게 소득이 분배되고 있으며 반대로 0에 가까울수록 소득분배가 불균등하다는 뜻이다.

우리나라는 지니계수를 추정하는 자료의 신빙성 문제나 소득 개념의 차이에 따라 많은 문제점이 있지만, 현재 지니계수만으로 볼 때 소득분배가 양호한 상태에 속한다. 그러나 우리나라 국민들의 다수는 소득분배 상태가 불평등하다고 믿고 있고 따라서 분배 문제에 대해 많은 불만을 가지고 있다. 그 이유는 다음과 같다.

첫째, 경제개발의 초기에는 국민들의 관심이 성장에 쏠리지만 이것이 어느 정도 경과하면 분배에 관심이 높아지고 불평등에 대한 불만도 높아지게 된다. 이것을 허쉬만(Hirschman)은 터널효과(tunnel effect)라고 불렀다. 즉, 터널 안에서 차가 막혀 있을 때도 사람들은 조만간 자기 차례가 올 걸로 생각하고 별 불만이 없다. 그러나 시간이 어느 정도 경과해도 자기 차례가 오지 않으면 사람들의 참을성은 사라지고 기대가 불만으로 바뀌게 된다는 것이다. 이와 같은 심리상태는 경제성장과 소득분배와의 관계에서도 나타난다. 즉, 성장의 초기단계에서는 어느 정도 불평등을 감수한다. 왜냐하면 조만간 자기에게도 성장의 혜택이 올 걸로 기대하기 때문이다. 그러나 일정기간 경과해도 성장의 몫이 자기에게 분배되지 않으면 심한 불만을 나타내게 된다. 우리나라의 상황도 이와 비슷하다고 할 수 있다.

둘째, 우리나라 사람들이 주로 비교대상으로 삼는 국가들, 예를 들면 일본, 대만 그리고 미국 등의 분배상태가 양호하기 때문에 이들 국가와 비교할 때 우리나라의 분배상태가 나쁘다고 생각하는 것이다.

셋째, 우리나라 국민들의 평등의식이 다른 나라보다 강한 면이 있기 때문이다. 이것은 우리나라의 재벌들은 비교적 단기간에 부를 축적한 반면에 외국의 고소득층들은 오랜 역사를 가지고 있는 데 기인한다. 우리나라 일반 사람들은 재벌에 대해서 정당성을 잘 부여하지 않고 그 사람들이 자신보다 능력이 우수하여 재벌이 되었다고 생각하기보다는 다른 요인들에 의해 부자가 되었다고 생각한다.

넷째, 우리나라의 경우 성별, 학력, 직종에 따른 임금격차가 다른 나라에 비해 크다. 이 때문에도 많은 국민들은 우리나라의 소득분배 상태가 불평등하다고 생각하고 있다.

이와 같이 복지국가의 특징 중 하나인 소득재분배에 의한 평등화 경향에 대하여 국민들이 느끼고 있는 소득분배의 불평등에 대한 인식 하나만 보더라도 우리나라를 복지국가라고 부르기에는 한계가 있음을 잘 알 수 있다(박경일 2011: 89-92).

2. 복지국가의 유형

1) 복지국가의 유형 핵심

① 월렌스키와 르보의 모형: 잔여적 모형(선별주의) - 제도적 모형(보편주의)

② 티트머스: 잔여적 모형 - 업적수행모형(산업성취모형) - 제도적 모형

③ 파커: 자유방임 - 자유주의적 - 사회주의적

④ 조지와 윌딩의 모형: 4체계모형 ⇒ 6체계모형 수정 증보

신우파 - 중도노선 - 사회민주주의 - 마르크스 주의 + 페미니즘 + 녹색주의

⑤ 에스핑-엔더슨 모형: 탈상품화, 탈계층

표 6-3 학자별 비교 분석

학자	이념의 연속선			
	극우	중도우	중도좌	극좌
Wilenky와 Lebeaux	보충적 모형	제도적 모형		
Titmuss	보충적 모형	산업성취업적 모형	제도적 재분배 모형	
Parker	자유방임	자유주의	사회주의	
George와 Wilding	반집합주의 모형 (자유방임주의 모형)	소극적집합주의 모형 (수정자유주의 모형)	페비안사회주의 모형 (사회민주주의 모형)	마르크스주의 (사회주의모형)
이념의 연속선상	⇐ 개인주의, 선별주의, 자유, 효율		집합주의, 보편주의, 평등 ⇒	

2) 복지국가의 유형 이해

(1) 윌렌스키와 르보의 2분 모형

윌렌스키(Wilensky)와 르보(Lebeaux)는 초기 유형화의 대표적인 학자로 사회복지의 개념을 잔여적 개념과 제도적 개념의 두 가지로 나눈 2분법을 제시했다. 이 모형은 가장 기본적인 모형으로 사회복지를 포괄하는 상반된 두 가지 입장을 비교하고 있다.

잔여적(보충적·선별적) 모형에서 사회복지는 제1차 집단(가족, 종교단체, 공동체 등)이 제 기능을 발휘하지 못하는 경우에 활동한다고 보고 초기 산업사회와 자유주의 국가에서 나타나며 빈민과 같은 보호가 필요(요보호)한 대상자를 대상으로 하여 사회적으로 최저한의 급부를 제공하는 역할만을 수행한다고 보았다.

제도적(보편적) 모형은 제1차 집단(가족, 종교단체, 공동체 등)이 사회적 위험에 처한 구성원들을 보호하거나, 사회를 재생산하는 데 있어서 담당했던 기능과 역할을 국가의 사회적 개입을 통해서 해결한다고 보았다. 즉 이를 정리해 보면 아래와 같다.

① **잔여적 모형**: 가족 또는 시장이 제 기능을 하지 못할 때 기능하고 빈민과 같은 요보호 대상자를 대상으로 하여 사회적으로 최저한의 급부를 주는 역할을 수행한다.

② **제도적 모형**: 국가의 적극적 개입을 통해 사회복지를 구현한다.

표 6-4 잔여적 모형과 제도적 모형의 비교

구분	잔여적(residual) 모형	제도적(institutional) 모형
사회복지의 목표	가족과 시장체계에서 제 기능을 하지 못하는 사람 또는 탈락한 사람들을 일시적, 한정적, 보완적으로 보호하고 지원함.	사회복지제도는 항시적으로 소득의 재분배기능을 수행하여 전체 국민들이 최적의 삶을 영위하도록 함.
대상	사회적 취약계층	전체 사회구성원
실천주체	민간의 자발적인 활동을 장려	국가의 보다 많은 역할을 강조
빈곤의 책임	개인 책임	사회의 책임
복지욕구 충족기제	가족이나 시장 우선	국가의 사회복지제도
이념	선별주의(자산조사 등에 의거)	보편주의

(2) 티트머스의 3분 모형

티트머스(Titmuss)는 사회복지 모형을 사회정책의 맥락에서 세 가지 유형으로 분류하여 제시하였는데, 윌렌스키와 르보의 두 유형에 산업성취 모형이라는 새로운 유형을 추가하였다. 티트머스는 산업성취 모형에 해당하는 사회보험제도가 시장에서의 지위를 수정하는 것이 아니라 유지시키는 기능을 하고 있기 때문에 재분배 기능이 더 강한 보편적 프로그램과는 그 성격이 다르다는 점을 강조하고 있다.

티트머스의 잔여적 모형은 시장과 가족이 붕괴되었을 때에만 사회복지제도가 활동을 시작하게 되지만 어디까지나 잠정적인 역할에 그친다. 이 모형에서의 사회복지는 단지 사회의 최저한의 경제선상에서 헤매는 빈곤층과 보호가 필요(요보호자)한 자들에게 급부를 주는 역할을 하므로 공공부조 프로그램을 강조한다.

산업성취 모형은 사회복지제도의 중요한 역할을 경제의 종속물로서 통합 · 구체화하고 있다. 시장경제 원리에서의 생산성을 중심으로 한 사회구성(업적, 신분향상, 작업수행 등)을 목표로 하며 동기, 노력, 보수 및 계급의 형성과 집단의 충성 등에 관심을 두는 다양한 경제적 · 심리적 이론 등에서 도출된다. 사회복지를 기능주의의 입장에서 해석하며 즉, 사회보험이 주요 프로그램이다. 사회복지를 경제성장의 수단으로 활용하고자 하기 때문에 시녀적 모형이라고도 한다.

제도적 모형은 주로 보편적 욕구 충족을 기반으로 하여 시장경제 메커니즘 밖에서 보편적 서비스를 제공하는 기본적이고 종합적인 제도로 보편적 프로그램을 강조한다.

- **잔여적 모형:** 윌렌스키와 르보의 잔여적 개념과 동일
- **산업(업적)성취 모형:** 복지를 경제적 종속물로 보고 생산성 중심의 목표를 수행함.
- **제도적 재분배 모형:** 평등과 재분배 정책 강조, 보편적 프로그램 강조

표 6-5 티트머스의 3분 모형

잔여적 모형	산업(업적)성취 모형	제도적 재분배 모형
• 시장을 통한 분배정책에 관심 • 빈민구제 정책은 자립의지를 전제로 최저수준으로만 제공 • 빈곤의 책임은 개인에게 있음 • 국가는 가족과 시장이 사회복지 욕구를 충족하지 못할 때만 개입 • 복지욕구는 일차적으로 가족과 시장을 통해 충족 • 선별주의 • 공공부조 프로그램을 강조함	• 잔여적 모형과 제도적 재분배 모형의 중간 • 개인의 자유를 강조하면서 시장을 통한 분배정책을 강조함 • 국민생활수준과 기회의 평등에 관심을 가짐 • 사회복지급여는 시장에서의 지위를 반영하여 직업별, 계층별로 제공 • 사회보험을 강조함	• 개인의 자유는 인간다운 생활을 할 자유 • 분배정책은 개인의 능력이 아니라 요구에 따라 이루어져야 함 • 평등과 재분배정책을 강조 • 빈곤을 완전히 퇴치할 수 있다고 주장 • 국가는 사회복지의 욕구를 충족시키는 주요 제도로서, 복지급여는 보편적으로 제공 • 보편적 프로그램을 강조함

(3) 퍼니스와 틸튼, 파커의 국가모형

① 퍼니스와 틸튼의 국가모형

퍼니스와 틸튼(Furniss & Tilton, 1977)은 복지국가를 적극적 국가, 사회보장국가와 사회복지국가의 세 가지 유형으로 구분하였으며, 이중 사회보장국가와 사회복지국가가 복지국가의 범주에 해당한다고 보았다.

적극적 국가는 복지국가 유형 중 가장 초보 단계로서, 정부의 일차적인 역할은 경제적 안정과 재산 소유 및 이익을 보장하는 것이다. 정책 방향으로는 지속적인 경제성장을 위한 정부와 기업의 협조를 지향한다. 따라서 적극적 국가에서는 사회복지의 잔여적 개념을 수용한다. 빈곤층에 대한 정부 지원은 대체로 경제성장에 대한 장애요소로 인식되며, 사회복지제도 중에서 사회보험제도가 선호된다.

사회보험제도가 선호되는 이유는 첫째, 수급자가 보험료를 부담하는 보험원칙에 의해 정부지출이 최대한 억제될 수 있으며, 둘째, 사회보험제도에 의한 재분배는 부자와 빈자 간의 수직적 재분배가 아닌 노년층과 청년층, 건강한 사람과 병약한 사람 간의 수평적 재분배여서 정책시행에 정치적인 부담이 없다는 것이다. 셋째, 사회보험 가입조건인 보험료 지불은 근로계층에게 근로 유인을 높일 수 있다. 또한 정부는 사회복지정책에 대한 재정지출을 최소화하면서도 사회보험제도를 시행함으로써 근로자의 복지에 많은 관심을 기울이고 있음을 과시할 수도 있다. 퍼니스와 틸튼은 적극적 국가는 진정한 복지국가가 아니라고 하면서, 미국을 이 범주에 속하는 대표적인 국가로 보았다.

사회보장국가는 사회복지정책을 통해 국민 생활에 대한 최저수준(national minimum)의 복지를 보장하는 국가를 말하며, 대표적인 국가로는 영국을 꼽을 수 있다. 사회보장국가는 앞서 기술한 적극적 복지국가처럼 모든 사람의 사유재산을 보장하고 국가와 기업 간의 협동을 유지하되, 사회보험제도만으로는 국민들에게 최저수준의 복지를 보장해 줄 수 없기 때문에 부족분을 공공부조나 사회서비스를 통해 보충하게 된다. 따라서 누구에게나 생존권을 보장해 준다는 점에서는 적극적 복지국가 모형보다 진보된 형태로 평가받는다. 그러나 여기서 말하는 최저수준보장은 평등주의와는 다르다. 즉, 기회균등과 일정 수준까지의 평등만을 보장하며 그 이상에 대해서는 개별화 원칙에 따라 개인 간의 자유로운 경쟁을 인정한다는 것이다.

사회복지국가는 최저수준의 생활만을 보장하고 그 이상은 경쟁원리에 맡기는 사회보장국가를 비판하면서, 모든 국민들의 평등한 삶의 질을 추구하는 국가이다. 이를 위해 광범위한 사회복지서비스를 제공할 뿐만 아니라 평등과 정치활동 참여를 촉진시킨다. 또한 단순히 최저수준의 보장을 넘어서 소득, 재산 및 권력 불평등을 제거하고 국민화합을 강조한다. 이의 실현을 위해 정부는 노동조합과 긴밀히 협조하여 고용정책이나 임금정책을 실시하고, 사회복지제도는 최하계층의 요구를 우선적으로 수용하도록 고안되어 있다. 경제정책은 사회정책의 구속을 받게 되고, 사회복지서비스는 취약계층에 대한 지원을 넘어서서 시민의 권리이자 국가정책결정 과정에 참여하는 수단으로 인식된다. 스웨덴을 가장 대표적인 사회복지국가로 꼽는다(이진숙 외, 2009: 126-127).

표 6-6 퍼니스와 틸튼의 모형

구분	적극적 국가	사회보장국가	사회복지국가
국가 정책의 목적	자유시장의 불안정성과 재분배의 요구로부터 자본가를 보호	국민 전체의 생활안정	국민 평등과 화합
국가 정책의 방향	• 경제성장을 위한 정부와 기업의 협조 • 완전고용정책의 극소화	• 완전고용정책의 극대화 • 기회균등의 실현 • 모든 국민에게 직접적 혜택	• 정부와 노조 간의 협력에 의한 완전고용정책 • 환경계획

		부여	• 최하계층의 욕구를 우선 고려
사회 정책의 방향	• 경제적 효율성에 기여할 수 있는 복지서비스만 실시 • 수평적 재분배와 수익자 부담의 원칙에 입각한 사회보험 프로그램을 강조 • 잔여적 복지모형 • 복지정책은 사회통제의 수단	• 국민최저수준의 보장(개인의 복지권과 국가의 의무 인정) • 기본 생존수준 이하의 빈곤은 퇴치 가능 • 기본 생존수준은 전체 국민의 생활수준의 향상에 따라 개선 • 사회보험제도 외에 정부의 무상서비스의 필요성 인정	• 국민최저수준 이상의 보장 • 사회보험과 사회부조프로그램의 실시를 위한 정부 지원의 극대화 • 권력의 분산과 시민참여의 확대
해당 국가	미국	영국	스웨덴

- **적극적 국가**: 경제적 효율성에 기여할 수 있는 복지서비스만 실시. 미국에 해당
- **사회보장국가**: 국민 최저수준 보장, 기본 생존 이하의 빈곤은 퇴치 가능, 사회보험제도 외에 정부의 무상서비스 필요성 인정. 영국에 해당
- **사회복지국가**: 정부와 노조 간의 협력에 의한 완전고용, 복지 지원 극대화. 스웨덴 해당

② 파커의 사회복지 모형

파커(Parker)는 정치이데올로기를 기준으로 사회복지모형을 자유방임주의형, 자유주의형, 사회주의형의 세 가지 모형으로 분류하였다.

자유방임주의형은 개인의 자유를 최고의 가치로 인정하는 개인주의에 기초하며, 능력에 따른 배분을 강조하여 국가는 최소한 개입하고 사회복지는 개인적 교환력에 의존하게 된다. 그러므로 사회복지는 개인 및 가족의 능력에 따라 유료의 자원에 의해 해결된다. 모든 종류의 계약과 합의에 있어서 개별적 선택을 강조하고, 국가는 경제성장과 부의 극대화에 큰 가치를 부여한다.

자유주의형은 자유방임주의형과 사회주의형의 중간 형태로 기회의 평등과 개인의 자유를 중시한다. 또한 시장체계를 중시하여 시장을 생활의 기회와 기회구조로서 그 중요성을 인정하나 국가는 자신의 능력으로 생활이 곤란한 자에게 최저의 생활을 보장하고

개인과 가족의 욕구에 따른 서비스를 유료의 자원동원에 의해 해결한다.

사회주의형은 자원의 분배는 능력보다 요구에 기초하여야 한다고 보고 빈곤은 개인의 문제가 아니라 사회적 문제로 보며 정부가 개입해야 한다고 주장한다. 평등과 정치권, 사회권, 경제권을 중시하며 개인적 자유는 중요하나 '무엇으로부터의 자유'라기보다는 '무엇에 대한 자유'라고 본다(홍봉수 외, 2011: 68-69).

- **자유방임주의형**: 경제성장을 중시하며 국가의 최소 개입을 주장하고 개인주의 및 개인 책임, 능력에 따른 분배를 강조
- **자유주의형**: 시장의 경제성을 인정하며 기회의 평등, 개인의 자유를 중시
- **사회주의형**: 평등과 경제, 정치, 권리 등을 강조하며 능력보다는 욕구에 따른 분배를 중시하여 국가가 보다 더 적극적으로 개입할 것을 주장

(4) 에스핑-엔더슨의 복지국가 모형: 탈상품화 · 계층화로 유형을 구분

에스핑-엔더슨(Esping-Andersen)의 복지국가 유형은 최근 복지국가 연구에서 가장 많이 언급되는 유형이다. 에스핑-엔더슨은 그가 개념화한 탈상품화(decommodification)정도, 계층화(stratification) 정도를 기준으로 복지국가를 '자유주의 복지국가'(liberal welfare state), '보수주의 복지국가'(conservative welfare state), 그리고 '사회민주주의 복지국가'(social democratic welfare state) 세 가지로 구분하였다.

'탈상품화'라는 개념은 폴라니(Polanyi, 1994)와 오페(Offe, 1984) 등의 영향을 받아 에스핑-엔더슨이 《The Three Worlds of Welfare Capitalism》(1990)에서 정교화한 것이다. 탈상품화란 근로자가 자신의 노동력을 상품으로 시장에 내다팔지 않고서도 일정 수준의 삶의 질을 유지할 수 있는 정도를 말한다. 즉, 개인이 노동시장에서 이탈되었을 때 공공사회보장제도를 통해 소비능력을 사회적으로 보장하고, 시장에 대한 임금노동자의 의존성을 약화시키는 것이다.

자본주의 국가에서는 인간의 노동력도 구매하거나 구매되는 상품으로 변화되며, 노동자는 생존하기 위해 자신의 노동력을 팔아야만 한다. 그러나 실업보험과 연금제도 및 정

부가 시행하는 여러 사회복지프로그램은 노동력의 탈상품화에 기여하게 되었고, 스웨덴과 같은 높은 수준의 복지가 발달된 국가에서는 사람들이 생존하기 위해 자신의 노동력을 파는 데 상대적으로 덜 의존하게 된다. 그러므로 사회복지의 발전 정도는 국가에 의해 보장되는 사회권을 통해 국민들의 시장에 대한 의존을 어느 정도 줄이느냐를 통해, 즉 탈상품화의 정도가 어느 수준이냐를 통해 판단할 수 있다.

이를 현실분석에 적용하기 위해 에스핑-엔더슨은 연금, 건강보험, 실업보험, 사회보장제도의 발달 정도를 조작화(operationalization)하여 탈상품화 정도를 지수화하였다. 탈상품화 지수는 연금, 건강보장, 실업보장 제도들에 대해 ① 평균임금 대비 최저 급여액의 비율, ② 평균임금 대비 평균급여액의 비율(소득대체율을 의미), ③ 급여 수급자격 요건(요구 가입기간), ④ 전체 재정 중 수급자 부담의 비중, ⑤ 전체 인구 중 실제 수급자 비율 등을 갖고 구성한 것이다(원석조, 2006).

한편, 각국의 사회복지제도와 관련된 계층화 유형 및 정도와 민간 대 공공의 역할 비중을 파악하기 위해서는 주로 연금제도 내용을 기준으로 삼았다. 계층화 유형 및 정도는 공무원연금 등을 포함한 공적연금 등을, 민간 대 공공의 역할 비중은 민간 기업의 GDP 비중, 공적연금 · 공무원연금 · 기업연금 · 개인생명보험에 대한 지출 비중, 65세 이상 세대주 가구의 소득원천 구성비 등을 사용하였다.

자유주의 복지국가는 탈상품화의 효과가 최소화된 국가로서 미국, 영국, 캐나다, 오스트레일리아 등이 여기에 포함된다. 자유주의 복지국가는 고전적인 자본주의 모습에 가장 부합하는데, 시장의 역할이 중심적이고 사회복지서비스는 제한되어 있어 탈상품화와 복지 재분배의 효과가 미약하다. 또한 소득조사에 의한 공공부조 프로그램이 상대적으로 중시되며, 급여의 대상은 주로 저소득층이 된다. 복지혜택을 받기 위한 자격기준은 매우 엄격하며, 복지혜택을 받는 개인에게 낙인(stigma, 스티그마)를 부여하는 사회적 분위기가 지배적이다.

보수주의 복지국가는 가족주의적 요소가 강하여 사회적 연대의 진원지는 가족이고, 국가는 이러한 가족의 특성을 지원하고 보완하는 역할을 한다. 보수주의 복지국가에는 오스트리아, 프랑스, 독일, 이탈리아 등이 속한다.

이러한 복지국가에서는 사회보험을 강조하며, 사회복지의 제공은 사회적 지위의 차이를 유지하는 것을 목표로 하기 때문에 국가복지의 재분배 효과는 거의 없다. 이에 따라 직업별, 계층별로 다른 종류의 복지급여가 제공되며, 사회보험의 형태에 크게 의존한다. 또한 기본적으로 사회계층의 유지를 목표로 하고 있기 때문에 탈상품화 효과는 일정한 한계가 있다.

사회민주주의 복지국가는 보편주의적 원칙과 사회권을 통한 탈상품화 효과가 가장 크고, 복지의 재분배적 기능이 가장 강하다. 때문에 사회복지 프로그램들은 높은 수준으로 제도화되어 있다. 스웨덴이 전형적인 예로 꼽히며, 그 외에 오스트리아, 벨기에, 덴마크, 노르웨이 등이 포함된다.

사회민주주의 복지국가에서는 최소한의 생활수준 보장을 넘어 복지정책을 통해 가능한 한 최대수준의 평등을 추구한다. 조세, 임금격차축소정책(임금 연대성), 각종 복지급여, 적극적인 노동시장정책(직업훈련, 실업자를 내지 않는 기업에 대한 임금 보조 등) 등 적극적인 국가정책을 통해 소득 평등을 확대시키고, 모든 시민들이 평균적인 생활수준을 향유한다(Esping-Andersen, 1990). 복지급여는 보편주의적이고 높은 수준을 유지한다(이진숙 외, 2009: 128-132).

- **탈상품화**: 노동자가 자신의 노동력을 시장에 팔지 않아도 살 수 있는 정도
- **자유주의적 복지국가**: 공공부조 프로그램 강조. 탈상품화 미약. 미국, 캐나다 등
- **보수주의적 복지국가**: 사회보험 강조. 사회복지의 제공이 사회적 지위의 차이를 유지. 탈상품화 효과는 일정한 한계가 있고, 가정의 역할 중시. 독일, 프랑스 등
- **사회민주주의적 복지국가**: 중산층까지 복지확대. 보편적 복지. 스웨덴, 덴마크 등

표 6-7 에스핑-엔더슨의 복지국가 모형

구분	자유주의 복지국가	보수주의 복지국가	사회민주주의 복지국가
주요 사회복지 프로그램	공공부조	사회보험	보편적 프로그램
프로그램 보장 정도	최저생계비 보장	시장 지위에 따라 보장	최대한의 평등 추구
사회복지 지출 비용	낮음	높은 편	가장 높음

사회복지프로그램 도입 시기	늦음	빠른 편	가장 빠름
보편적 프로그램 발달 정도	낮음	중간	높음
주요 복지 주체	민간	국가	국가
사회복지정책의 기능	시장경제 강화 수단	사회적 지위 차이 유지	보편적인 사회권 보장
경제정책 대 복지정책	대립관계	통합적이기 어려움	통합적으로 다루어짐
탈상품화 효과	낮음	중간	높음
복지정책의 사회계층구조에 대한 영향	수급자/비수급자 간의 계급적 이원화 발생	국가의 사회적 지위 차이의 유지와 강조로 인해 사회계층의 유지	보편적 복지
해당 국가	미국, 캐나다 등	독일, 프랑스, 이탈리아 등 유럽 대륙국가	스웨덴을 비롯한 스칸디나비아 국가

(5) 조지와 윌딩

조지(Vic George)와 윌딩(Poul Wilding)은 1973년 제1차 석유파동 이후 1976년 정치적 이념의 차이에 따라 복지국가 유형을 반집합주의, 소극적 집합주의, 페이비언 사회주의, 마르크스주의로 분류하였다.

반집합주의(anti-collectivism)는 정부의 적극적인 개입을 주장하는 집합주의에 반대하여 정부가 최소한 개입해야 한다고 말한다. 시장제도와 현금거래관계에 기초하여 개인의 자유와 능력을 최대한 보장하며 경제성장과 부를 극대화하는 것으로 자본주의 기본 이념에 입각한 것이다. 개인주의와 불평등에 기초한 소극적 자유를 의미한다.

소극적 집합주의(reluctant collectivism)는 수정자유주의모형으로 자본주의가 최선의 경제 체제임을 믿지만 효율적이며 공정하게 기능하기 위해 국가의 적극적 개입을 주장하고 이를 통한 개선은 적절한 규제와 통제를 통해 이루어진다고 본다.

페이비언 사회주의(fabian socialism)는 사회가치로 적극적 자유와 평등을 중시한다. 자유는 국가의 적극적인 개입으로 인하여 이룩되는 경제 영역에서의 자유를, 평등은 단순한 기회평등이 아니라 공인된 결과를 보장하기 위한 조치를 말한다.

마르크스주의(Marxism, 사회주의 이론)는 자본주의에 대해 전면적으로 부정, 거부하며 자본주의 생산양식을 비판하고 적극적 자유와 평등, 우애를 중요시한다. 자본주의 수정·개혁보다 이를 전면 부정하며 균등한 분배는 생산수단의 사적 소유가 소멸된 후에 가능하다고 보아 시장경제를 부정한다(홍봉수 외, 2011: 69-70).

표 6-8 조지와 윌딩의 모형

구분	반집합주의	소극적 집합주의	페이비언 사회주의	마르크스주의
정치 이념	소극적 자유 개인주의 불평등 인정	소극적 자유 실용주의 인본주의	적극적 자유 평등	적극적 자유 평등 우애
시장 경제	시장경제 옹호 불평등 인정 자유계약 강조	시장경제의 보완	시장경제의 대폭 수정	시장경제의 부정
국가 개입	시장경제의 효율성 저해, 근로동기 및 저축과 투자 약화, 전통적 가족 역할 훼손, 개인의 자유 침해를 이유로 개입 반대	공공부분 병행하여 민간부분 사회복지 역할 강조, 자본주의에서 발생되는 특정한 문제만 해결하면 된다고 보아 국가의 개입 인정	공공부분이 절대적으로 강조되며 민간부분의 역할은 극소화된다고 보아 국가의 개입 인정	복지국가는 자본가의 이익을 위해 존재하고, 복지의 실천은 사회주의에서 멀어질 수 있다고 여기고 국가의 개입 적극 인정
복지 국가 관점	복지는 개인적 문제이므로 복지국가 반대	국가에서 최저수준만 보장 찬성	국가에서 제도적 복지국가 실천 찬성	복지국가로는 빈곤제거 불가능하므로 복지국가 반대

- **반집합주의**: 개인의 자유, 시장의 자유를 강조. 소극적 자유. 국가의 간섭 거부
- **소극적 집합주의**: 반집합주의자들과 유사하지만, 자본주의가 효율적이고 공정하게 기능하기 위해서는 일정한 규제가 필요하다는 점을 인정한다는 점에서 차이. 실용주의적 경향
- **페이비언 사회주의**: 의회정치를 활용한 개혁을 통한 점진적 사회주의를 지향
- **마르크스주의**: 자본주의 수정이나 개혁보다는 전면적인 변혁을 강조

3. 최근 복지국가의 재편 경향

1) 복지국가의 위기

복지국가는 19세기 말에서 20세기 초에 실험적으로 시작하였다가 이후 2차 세계대전까지 강화 내지는 정착되었고, 전후에 폭발적으로 확대되는 과정을 거치게 되었다. 이러한 복지국가의 급속한 확대는 1970년대 중반까지 계속되다가 이후부터는 확대의 폭이 줄어들거나 어떤 국가에서는 오히려 축소되는 양상을 나타내는데, 특히 국가의 사회복지비 지출이 GNP에서 차지하는 비율을 보면 알 수 있다. 대부분의 국가에서 사회복지비 지출이 1975년까지는 큰 폭으로 증가, 이후부터는 증가율 둔화 및 축소 현상이 있다 하겠다. 이러한 현상을 포함하여 이른바 '복지국가의 위기'라 하는데 이 시대에 나타나는 구체적인 문제들은 다음과 같다.

첫째, 경제적인 문제로서 1970년대 중반 이후에 복지국가들의 약화된 경제적 상황이다. 즉 실업률이 증가하고 물가가 오르고, 성장률이 대폭 감소되고 또한 생산성 증가율도 떨어지고 있다 하겠다.

둘째, 정부의 문제로서 정부의 과부담(government overload) 현상이다. 복지국가의 팽창시기에 국가는 GNP의 많은 부분을 복지에 투입했고 이에 국가의 책임을 크게 증가시킴으로써 비효율성을 야기시킨다는 측면과 이러한 과대지출로 결국은 정부가 파산하게 된다는 위기감을 낳게 되었다는 것이다.

셋째, 정당성의 문제로서 위의 두 문제가 복합적으로 작용, 그 결과가 정당성의 위기를 야기시키는데, 복지국가의 목표 달성을 못함으로써 결국은 국민의 지지를 잃게 된다는 것이다.

- **경제적 문제**: 1970년대 중반 이후의 악화된 경제상황
- **정부의 문제**: 국가 부문 확대에 따른 비효율과 정부의 파산 가능성
- **재정의 문제**: 복지 수요증가와 지출증가에 비해 조세수입은 한계로 정부재정 적자

발생

- 정당성의 문제: 국민들이 복지국가에 대한 지지를 철회

2) 복지국가 위기론에 대한 관점의 차이

복지국가의 위기에 대해 그것이 왜 발생하게 되었는가, 또한 어떻게 해결이 가능한가에 대한 관점에 대한 논의를 살펴보면 다음과 같다.

(1) 신보수주의적 관점

이 관점은 자유시장 경제체제에 대한 정부의 지나친 개입을 비판하는 사람들로 구성되며 복지국가 위기를 국가의 사회복지 프로그램에 대한 지나친 지출에서 찾고 있다. 이러한 신보수주의적 입장에 따르면 정부의 개입 증대로 인한 정부의 과부담이 결정적인 원인이라고 보고 있다. 이러한 주장에 미쉬라(Mishra)의 세 가지 진단은 다음과 같다.

첫째, 선거의 압력 및 경쟁적인 민주주의 때문으로 경쟁적인 민주주의에서는 정당들이 국민의 지지를 받기 위해 경쟁하여 정부에 대한 과도한 기대를 촉진한다.

둘째, 조직화된 이익집단의 활동으로 이들이 정부활동의 영역을 넓히는 데 기여한다.

셋째, 거대한 국가관료제의 등장이다. 관료제는 국민에 대한 봉사기구가 아니라 그 자신의 권리를 추구하는 하나의 분파적인 이익집단이라는 것이다.

신보수주의적 관점에서의 해결방안은 국가개입이 없는 자유경쟁 시장체제로 돌아가야 한다는 것이다. 또한 사회복지 프로그램들은 잔여적 원칙에 의해 수혜자의 수를 제한하고 가족이나 자발적인 민간기관에 의해서 사회적 욕구가 해결될 수 있다고 본다.

(2) 막시스트(Marxist)의 관점

막시스트들은 복지국가 위기를 고도로 발달된 자본주의 체제가 갖고 있는 기본적인 모순의 필연적인 결과로 본다. 고도로 발달된 자본주의에서 국가가 한편으로는 자본가들의 자본 축적을 유지시켜야 하고, 다른 한편으로 이로 인한 정치적, 사회적 문제를 해

결하기 위하여 정당화의 기능을 해야 하는데 복지국가의 위기는 바로 이러한 두 가지 기능을 수행하면서 국가의 재정 파탄을 가져온다는 데 있다. 자본가들에게 남게 되어 결국 정당화의 문제는 더욱 악화되어 국가는 적자예산으로 정당화의 기능을 수행할 수밖에 없고 결국 국가의 재정은 파산되어 복지국가는 붕괴될 수밖에 없다는 논리이다. 막시스트의 관점은 단순히 정부의 과부담을 넘어 자본주의 체제 자체에 내재된 모순에 근거를 두고 있다.

(3) 실용주의적 관점

이 관점은 복지국가의 위기를 복지국가가 발전하는 과정에서 나타난 시행착오와 상황의 변화로 인한 일시적인 현상으로 보고 기존 복지국가의 정치적, 경제적 체제 내에서 해결될 수 있다고 보는 일련의 중도적인 관점이다. 이러한 관점들은 몇 가지 측면으로 나누어 볼 수 있다.

첫째, 실용주의적인 관점은 복지국가 위기를 기본적으로 1970년대에 악화된 경제상황 때문이라고 본다. 특히 외부적인 경제환경의 변화(1973년의 유가파동, 전반적인 세계경제의 침체 등)로 인해 경제상황이 나빠졌기 때문에 복지국가가 원하는 목표를 이룰 수 없게 되어 위기가 온 것으로 본다(예: 영국, 스웨덴).

둘째, 실용주의적 관점은 복지프로그램의 형태나 그 운영방법에서 잘못되었기 때문에 발생하였다고 본다. 따라서 이 관점에서는 복지국가 프로그램들이 지방분권화나 민영화 등의 방법을 통해서 효율적으로 운영되면 국민들은 복지국가에 대한 신뢰감을 회복하고 결국 복지국가의 위기는 해결된다고 본다.

- **신보수주의 관점**: 복지국가 위기론. 자유경쟁 시장체제를 통해 극복 가능하다는 입장
- **막시스트 관점**: 자본축적의 정당화 괴리로 인한 자본주의의 기본적 모순의 결과
- **실용주의적 관점**: 복지국가 위기는 일시적인 상황. 복지국가 체제 내에서 해결 가능

3) 복지국가의 재편

(1) 1970년대 중반 이후의 변화

1970년 후반 이후 현재까지 OECD 주요 국가들은 기초보장에 대한 사회적 · 국가적 지지가 후퇴되는 뚜렷한 현상을 보인다. 그 유형과 특징을 살펴보면 다음과 같다.

① 수급요건의 강화

장애심사를 엄격히 하거나 기존의 장애인을 재심사하여 장애등급을 낮춤으로써 장애급여를 축소하거나 제한하는 경우, 연금의 완전급여를 받을 수 있는 퇴직연령을 상향조정하거나, 질병수당 또는 실업보험의 대기기간을 연장하는 경우 등 복지의 혜택을 받을 수 있는 자격을 강화하였다.

② 급여수준(소득대체율)의 하향 조정

미국의 AFDC 프로그램의 경우 1996년 달러 가치로 환산한 가구당 AFDC 평균 급여수준이 1970년에는 $734였으나, 1980년에 $533, 1990년에는 $470, 1996년에 $374로 하락하여 26년 사이에 급여수준이 절반 이하로 줄어들었다.

③ 급여기간의 단축

실업자에 대한 실업 급여 기간을 단축하는 것이 가장 전형적인 방법이며, 독일, 이탈리아, 덴마크에서 그 예를 찾아볼 수 있다. 특이한 경우로서 미국 AFDC 프로그램은 연방정부 재원에 의한 수급기간을 평생에 걸쳐 5년 이내로 제한하였다(TANF).

④ 수급조건

공공부조를 받기 위해서는 이행하여야 하는 각종 조건을 부과하였다. 즉, 다양한 형태의 노동을 요구하는 근로연계복지(Workfare), 일정 수준의 학교교육 이수를 요구하는 학습연계(Learnfare), 적극적 구직활동을 요구하는 적극적 노동시장정책(Active Labor Market

Policy) 등의 명칭을 가진 프로그램이 있다. 이들의 내용은 서로 다르지만, 이들의 공통적인 목적은 수급 대상자가 공공부조를 수급할 때 번잡한 과정과 조건이행을 요구함으로써 가능한 한 복지 수급을 기피하도록 유도하는 방법이다.

(2) 복지국가의 재편

위기를 맞은 복지국가는 이전과는 다른 성격으로 재편된다. 복지국가는 스태그플레이션으로 인한 고실업과 물가상승의 문제, 그리고 이로 인한 정치구조의 균열 이외에도 다양한 도전에 직면한다. 우선 인구사회학적으로는 이혼·낮은 출산율 등으로 인한 가족체계의 불안정성이 증가하고 인구노령화가 진행되었다. 이는 사회복지정책의 지속가능성을 위협하는 부담으로 작용하였다. 하지만, 이보다 더욱 근본적인 것은 복지국가의 경제적 기반인 생산체제(축적체제)가 포디즘에서 포스트포디즘으로 변화한 것이다. 위기 이전의 베버리지·케인지언 복지국가의 생산체제는 포디즘(Fordism, 포드주의)이다. 포디즘은 포드 자동차 회사에서 비롯된 용어로서 과학적 관리방법인 테일러주의(Taylorism)에 컨베이어 시스템(conveyor system)을 결합시킨 대량생산체제를 그 특징으로 한다.

보다 거시적으로는 대량생산과 대량소비의 결합에 기초한 자본축적체제를 의미한다. 대량생산체제는 대규모의 저숙련 노동자를 필요로 했으며, 이로 인해 노동계급은 안정적인 일자리를 확보함과 동시에 상당히 동질적인 집단으로 존재하였다. 이처럼 동질적인 노동계급이 복지국가 확대에 의견을 같이 함으로써 성장과 고용 그리고 복지국가는 동시에 발전하게 된다. 베버리지 보고서의 전제조건 중 하나가 바로 완전고용이었으며, 케인즈주의는 국가개입(사회복지정책을 포함하여)의 확대를 지지하는 경제이론이었음을 고려해 볼 때 이는 완벽한 조합이었던 것이다. 그런데 위기 이후 생산체제가 포디즘에서 포스트포디즘(Post-Fordism, 포스트포드주의)으로 변화하게 된다.

포디즘이 대량생산 체제였다면 포스트포디즘은 다품종 소량생산 체제이다. 저숙련 노동력을 대량 투입하여 획일적인 상품을 생산하는 것이 아니라 시장 변화에 적절히 대처할 수 있도록 노동시장을 유연화하고 소수의 숙련 노동자를 필요로 하게 된다. 이로 인해 노동계급은 숙련 정도에 따라 서로 다른 이해관계를 갖게 되면서 상당히 이질적인 집단으로 변모하게 된다. 이러한 경향은 산업구조가 제조업 중심에서 서비스업 중심으로 재편되면서 더욱 심화된다. 서비스업은 제조업과 달리 고숙련·고부가가치산업과 저숙련·저부가가치산업으로 크게 양극화된 부문이기 때문이다. 이러한 포스트포디즘 생산체제는 성장과 고용, 복지를 동시에 추구해 온 기존의 베버리지·케인지언 복지국가의 기반을 동요시켰다. 동시에 신자유주의·보수주의의 영향으로 국가개입과 복지급여의 축소가 강조되고 노동시장에서의 근로를 강조하는 새로운 슘페테리언 경제이론이 힘을 얻으면서 슘페테리언 워크페어 체제가 구축되었다.

- 1970년대 중반 이후의 변화: 수급요건 강화, 급여수준 하향, 급여기간 단축, 조건 강화
- 베버리지·케인지언 복지체제(완전고용과 수요관리정책, 대량생산 대량소비, 기여기반 보험원칙, 시민권에 기초한 소득이전, 집합적 소비형태 강조)에서 슘페테리언 워크페어 체제(혁신과 경쟁, 노동과 복지를 연계, 복지의 생산적 역할 강조, 노동비용 축소)로의 변화
- 베버리지 보고서에서는 사회보험이 질병, 실업, 노령, 사망 등 일반적인 사회적 위험과 대상을 포괄해야 하며, 재정은 피보험자, 고용주, 국가가 공동 부담해야 하며, 급여수준(소득수준과 상관없이 동일한 보험료를 부담하고 동일한 급여를 제공한다는 정액보험료, 정액급여의 원칙 제시)과 기간이 충분해야 한다는 원칙을 제시하였다. 또한 사회보험의 성공을 위한 전제조건으로 완전고용, 포괄적인 보건의료서비스, 가족수당의 필요성을 강조하였다.

CHAPTER 07

사회복지정책의 주체

1. 국가
2. 시장 및 유사 시장
3. 자발적 시민조직
4. 가족
5. 주체들 간의 역할 분담

CHAPTER

07

사회복지정책의 주체

1. 국가

근대적 사회복지가 발달하면서 사회복지에 대한 일차적 책임은 국가에 있지만 사회복지의 구체적인 실시 관점에서 보면 정책주체, 운영 주체 및 실천 주체로 나누어 볼 수 있다. 정책주체는 사회복지정책을 계획하고 책정하여 실행하는 주체로 보통 국가가 정책 주체라고 할 수 있다. 현대국가에 있어 사회복지의 정책주체는 국가 또는 이에 준하는 공적기관이라고 보는 것이 통례이다.

국가가 사회복지를 주도해서 제공해야 하는 당위성 일곱 가지를 살펴보면 다음과 같다.

① 사회복지재화의 공공재 성격

공공재는 그 재화를 소비하는 데 있어 비경합적이고 비배제적인 성격을 지니고 있기 때문에 시장에만 맡겨 두었을 경우 효율적으로 제공되지 않는 특징이 있다. 어떤 재화에 대한 시장이 그 재화에 대한 비용을 지불하지 않은 사람들은 그 재화의 사용으로부터 배제될 수 있어야 한다. 만약 그렇지 않을 경우 합리적 개인이라면 누구라도 그 재화에 대한 비용을 지불하지 않고 무임승차하려고 할 것이기 때문이다.

- **무임승차현상**: 재화를 필요로 하고 있으나 자신들의 선호를 숨긴 채 재화가 공급되기를 기다려 비용을 전혀 지불하지 않고 혜택을 누리려고 하는 것(예: 매연차량에 매연방지장치 부착과 공기의 질).

여기서 비배재성은 어떤 재화나 서비스가 공급되면, 비용을 지불하지 않은 사람일지라도 그 재화나 서비스의 사용을 금지할 수 없는 상황도 발생할 수 있다. 이러한 상황을 비배제성이라고 한다. 비경합성이란 어떤 재화나 서비스에 대한 소비가 다른 사람의 소비를 방해하지 않는 것을 의미한다.

사회복지가 공공재인 이유는 사회복지의 제공이 다른 사람에게 아무런 영향을 주지 않으면서(비경합성) 모든 사람에게 혜택을 줄 수 있기(비배제성) 때문이다. 그 대표적인 것이 국방서비스이다.

② 외부효과

사회복지의 재화가 긍정적인 외부효과를 많이 만들어 낼 수 있기 때문이다. 예를 들어 한 지역의 복지 인프라를 확충한다면 그 지역뿐만 아니라 인접 지역 사람들도 혜택을 누릴 수 있게 된다. 이처럼 주변지역에 미치는 파급효과가 큰 부문은 국가가 주도하는 것이 바람직하다.

- **부정적 외부효과**: 다른 사람에게 의도하지 않은 해를 입히고도 이에 대한 대가를 지불하지 않은 경우(예: 환경오염)
- **긍정적 외부효과(이웃효과)**: 다른 사람에게 의도하지 않은 혜택을 입히면서 이에 대한 보상을 받지 못하는 경우(예: 이웃효과 - 잘 가꾼 이웃의 정원으로 인한 맑은 공기, 불우이웃돕기로 인한 사회통합, 범죄감소 등)

③ 불완전한 정보

시장에서 수요자나 공급자 중 한쪽만이 특정 정보를 가지고 있어 재화가 배분되더라도 비효율적으로 배분될 가능성이 높다. 이러한 상황에서 재화의 소비자들보다 국가가 재화에 대한 정보를 더 많이 갖고 있다면 국가가 주도하여 재화를 제공하는 것이 더 효율적인 배분이 될 수 있다. 불완전한 정보의 현상은 역의 선택과 도덕적 해이를 초래한다.

④ 역의 선택

위험발생 가능성이 높은 사람들이 계약 당시 안 좋은 특성을 숨기고 보험에 집중적으로 가입하게 되어 평균적인 위험확률과 보험료가 높아지는 악순환이 생겨서 위험분산이 되지 않는 문제를 말한다. 역의 선택의 문제로 민간보험회사가 개개인들을 대상으로 보험상품을 팔기 어려운 대표적인 예가 건강보험과 실업보험이다.

⑤ 도덕적 해이

보험가입자가 위험발생을 예방 · 회피하는 행위를 적게 하여 위험발생이 높아지는 현상을 말한다.

⑥ 위험발생의 상호의존

어떤 위험의 발생이 상호의존적일 때, 즉 어떤 사람의 위험발생과 다른 사람의 위험발생이 관련되어 있을 때는 보험회사의 재정안정은 이루어지기 어렵고 결국 민간시장에서는 이러한 위험에 대한 보험 상품이 제공되기 어렵다. 이러한 경우는 국가만이 보장해 줄 수 있다(박경일, 2011: 89).

⑦ 규모의 경제

생산규모의 확대를 통해 생산비를 절약한다는 경제학적 용어로써 대량 구매를 함으로써 단위당 비용이 적게 드는 것을 말한다.

2. 시장 및 유사 시장

현대사회에 있어서 사람들의 물질적 욕구를 충족시키는 가장 보편적이고 성공적인 경제제도가 바로 시장이다. 흔히 자본주의를 연상하게 하는 시장은 수요자 · 공급자 · 생산자들 상호 간의 욕구와 소망에 따라 사회가 생산한 자원을 '보이지 않는 손'을 통해서 만족스럽고 효율적인 거래가 이루어지도록 한다. 산업사회에서 시장의 가장 기본적인 구성요소라고 할 수 있는 기업은 정부 및 비영리단체들과 더불어서 모든 재화와 서비스를 생산하고 분배하는 데 참여한다. 인간욕구의 대부분(의식주 등)은 전형적으로 민간영리기업들과 소비자들 간에 시장에서 교환을 통해서 이루어진다.

3. 자발적 시민조직

자발적 시민조직(voluntary citizen organization)에 대한 개념 규정은 매우 애매하다. 자발적 시민조직은 규모나 형태, 그리고 기능이 매우 다양하므로 이들 모두를 통칭하는 개념적 정의가 어렵다. 자발적 시민조직은 공공조직과 같이 법률로써 규정되어 있는 것도 아니고, 영리조직과 같이 시장기구 내에서 활동하는 조직도 아니다. 자발적 시민조직은 민간조직이면서 활동원리가 상업적 원칙에서 벗어나 있다.

그러나 자발적 시민조직은 하나의 조직적인 형태로 활동하는 점에서 비공식적 전달체계(informal sector)나 지원체계와는 구별된다. 즉, 가족, 친구, 이웃 및 직장동료와 같이 비조직적인 모습으로 상호 원조하는 비공식 지원체계와는 엄연히 구별된다. 따라서 자발적 시민조직은 집단적인 사회복지활동(collective social welfare)의 한 형태라는 점은 분명하다.

빌리스(Billis)는 공공조직인 정부조직, 영리조직, 개인적 세계 및 자발적 시민조직 사이의 관계를 다음과 같은 그림으로 연관시키고 있는데(Alcock, 1996: 78 재인용), 여기서 자발적 시민조직의 위상과 다른 조직과의 관련성을 엿볼 수 있다. 빌리스(Billis)의 구분에 의하면, 자발적 시민조직은 각각 다른 조직과의 연관성을 지니면서 자신의 독특한 영역을 가지고 있는 것으로 표현되고 있다.

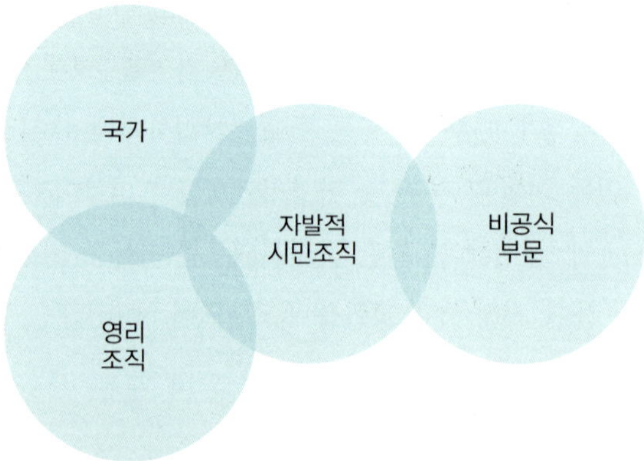

그림 7-1 자발적 시민조직과 다른 조직의 연관성

출처: Alcock, P.(1996). p. 78.

자발적 시민조직은 역사적으로 공적 사회복지 전달체계 이전에 사회복지의 공급체계 혹은 전달체계로서 역할을 수행하여 왔다. 현재에도 전세계적으로 자발적 시민조직은 활발한 역할을 수행하고 있다. 보통 사회민주주의 전통이 강한 유럽국가에서는 자발적 시민조직의 역할 중 많은 부분이 국가 혹은 공공조직으로 역할이 이전된 것이 많은 한편, 미국이나 일본과 같이 자유주의 전통이 잔존하는 국가에서는 자발적 시민조직의 역할이 상대적으로 더욱 활발한 경향을 찾을 수 있다. 아울러 자발적 시민조직의 특성을 정리해 보면 다음과 같다.

첫째, 자발적 시민조직은 자원봉사자에게 의존하는 비중이 높다. 물론 자발적 시민조직은 유급의 전임직원이 있어 그들이 자원봉사자를 관리하고 기관 전체를 운영하는 데 중요한 역할을 하고 있다. 그럼에도 불구하고 자원봉사자의 역할이 자발적 시민조직에는 기본적이고 핵심적으로 자리 잡고 있다. 이러한 특성은 자발적 시민조직의 일반적인 현상이다.

둘째, 자발적 시민조직의 재원이 자선적 기부에 크게 의존하고 있다는 사실이다. 자발적 시민조직은 때로는 정부로부터 재정적 지원을 받기도 하고, 필요시에는 수익사업을 하여 재원을 마련하기는 하지만 기본적으로는 개인이나 집단으로부터의 기부금, 회비 등에 의존하고 있다.

셋째, 자발적 시민조직 중에는 집단 구성원이 스스로의 보호를 위해 재원조달과 활동을 하는 경우가 많다. 소위 공제조합과 같은 조직이 여기에 속하는데, 공제조합은 조합원들 자신들과 가족의 권익과 복지를 위해 스스로 조직되었다. 사실 영국의 사회복지의 역사적 사례에서 보는 바와 같이 공제조합은 나중에 영국의 공적인 사회보장의 기원이 되었다.

유럽의 국가 중에는 이러한 공제조합 형태가 여전히 남아 공공부문과 파트너십을 형성하고 있다든지(네덜란드), 경제시장에서 구매 능력이 없는 사람들을 지원하는 조직으로 기능하고 있다(영국). 영국의 경우 신용조합(credit union) 형태의 자발적 시민조직은 조합원들이 매월 정기적으로 일정한 갹출금을 납부하고 필요시 낮은 이자로 융자받을 수 있게 되어 있다.

국제 제3섹터연구협회(the International Society for Third-Sector Research)에서는 자발적 시민조직을 제3섹터로 부르고, 제1섹터인 국가 혹은 정부, 제2섹터인 시장의 발달 이후에 제3섹터가 발달하였다고 규정하고 있다. 그리고 이 제3섹터는 정부, 시장 및 가족과 같은 체계 사이에, 그리고 공식적-비공식적 조직, 공공-민간, 영리-비영리 사이에 중간적인 역할을 하는 것으로서 앞의 그림과 같이 표현하고 있다. 이 그림에 의하면, 제3섹터는 국가, 시장 및 가족 사이에 존재하면서 공식적, 비영리적, 그리고 사적 기관으로 표시되고 있다.

베푸는 사람이 오래 산다

남을 도와주는 사람이 그렇지 않은 사람들보다 오래 산다는 조사결과가 나왔다고 UPI통신이 14일 보도했다. 이런 결과는 남으로부터 도움을 받는 사람의 수명이 연장된다는 기존의 조사결과와 배치되는 것이다.

미국 미시간 대학 연구소의 심리학자 스테파니 브라운 박사는 심리학 전문지 '심리과학(Psychology Science)' 최신호에 자기만 아끼고 남을 돕지 않는 사람이 남을 돕는 사람보다 일찍 죽을 가능성이 2배 높은 것으로 밝혀졌다고 보고했다.
브라운 박사는 무작위로 선정된 423쌍의 장수한 노인 부부를 대상으로 5년간(이 기간 중 134명 사망) 조사했다. 브라운 박사는 이들에게 친구·이웃·친척들의 가사·육아·심부름을 도와주는지 등을 물었다. 이에 대해 여성 72%, 남성 75%가 아무런 대가없이 남을 도와주었다고 답했다. 반면 남의 도움을 받은 사람은 수명연장이나 단축과 상관관계가 없는 것으로 밝혀졌다. 브라운 박사는 장수의 비결은 도움을 받는 것이 아니라 주는 것이라고 강조했다.

출처: 조선일보(2002. 11. 16).

사회적기업

- **사회적기업의 조직적 개념:** 취약계층에 대한 일자리, 사회서비스 제공 등의 사회적 목적을 추구하면서, 영업활동 등을 통한 수익 창출을 하는 사회적 기업은 비영리 조직과 영리기업의 중간형태의 조직을 말한다.
- **사회적기업의 법적 개념:** 사회복지사업법에 따른 사회복지시설이 아닌 사회적기업육성법에 따른 기업이다. 사회적기업육성법에 따르면 사회적기업이란 취약계층에게 사회서비스 또는 일자리를 제공하거나 지역사회에 공헌함으로써 지역주민의 삶의 질을 높이는 등의 사회적 목적을 추구하면서 재화 및 서비스의 생산·판매 등 영업활동을 하는 기업으로서 인증받는 자를 말한다.
- **사회적기업의 종류:** 일자리제공형(조직의 주된 목적이 취약계층에게 일자리 제공, 취약계층 고용비율 30% 이상), 사회서비스제공형(전체 서비스 수혜자 중 취약계층의 비율이 30% 이상인 기업), 혼합형(일자제공형+사회서비스제공형), 기타형(사회적 목적의 실현여부를 고용비율과 사회서비스 제공비율 등으로 판단하기 곤란한 사회적기업), 지역사회공헌형(지역사회 주민의 삶의 질 향상에 기여)
- **사회적기업의 역할:** 지속가능한 일자리 제공, 지역사회 활성화, 사회적서비스제공, 윤리적 시장 확산을 통해 사회적 기업 육성을 통한 지속가능한 경제, 사회통합 구현을 목표로 한다.

4. 가족

사회에서 가족은 언제나 출생과 사회적 · 경제적 · 정서적 지지를 제공하는 역할을 해왔다. 가족은 사회화의 핵심적인 수단으로서 사회에 대한 지배적인 지식과 가치, 그리고 행동유형에 대하여 세대를 거치면서 이를 전승하는 기능을 한다. 가족은 혈연관계와 상호애착에 기초한 원조관계를 통하여 하나의 사회복지기능을 하기도 한다. 보다 구체적으로 말하면, 가족은 복지영역에서 적어도 네 가지 중요한 역할을 하게 되는데, 그것은 노인 또는 활동이 자유롭지 못한 가족성원에 대한 돌봄이나 수발 제공, 아동에 대한 돌봄, 경제적인 지원, 그리고 자연재해와 같은 위급상황에서 지원을 하는 것들이다.

5. 주체들 간의 역할 분담

국가(공공)와 민간의 복지역할 분담에 있어서 고려해야 할 가장 중요한 요소는 서비스의 실제 전달자가 누구인가라는 점과 서비스 전달에 필요한 비용을 누가 부담하는가라는 두 가지이다.

오늘날 사회복지는 공공 또는 민간 어느 한쪽이 전적으로 비용을 부담한다든가 서비스의 제공에 직접적으로 책임을 지는 형태로 전개되고 있지 않다. 국가나 지자체가 서비스를 직접 제공하기도 하지만 민간기관들도 같은 분야에서 서비스를 제공하는 경우가 많으며, 서비스 제공에 필요한 비용도 공공과 민간이 공동부담하기도 하고 어느 한쪽이 부담하기도 하는 등 다양한 모습을 띠고 있으나 현재 우리나라의 대부분 사회복지 형태의 재원은 국가가 부담하고 운영은 민간이 주도하는 위탁(계약)운영형을 가장 많이 실시하고 있다(박경일, 2011: 163).

- **공공의 역할:** 복지 자원을 연계 · 조정, 기본적 서비스 제공, 민간과 협력 모색

- **중앙정부의 역할:** 복지체계의 전반적인 정책 방향 및 기준을 설정 · 제시, 법 제도 마련
- **민간의 역할:** 다양한 주체들의 자원조사활동, 각종 지원 제공의 일선 역할 수행
- **지방정부 역할:** 지역사회문제 해결을 위한 조사, 기획, 정책결정, 지원, 조정 등 수행

재화의 성격에 따른 사회복지 역할 분담의 원칙

- 공공재 성격이 강하거나 외부효과가 큰 복지재는 국가에 의해 제공
  - 외부효과는 어떤 사람의 경제적 행위가 다른 사람에게 의도하지 않은 혜택이나 불이익을 가져다주면서 이런 혜택이나 불이익에 보상이 이루어지지 않는 것을 말한다.
  - 긍정적 외부효과의 예는 엄마가 음악을 좋아해서 CD를 사면 나는 돈을 내지 않고 엄마가 음악을 들을 때마다 같이 들을 수 있다. 부정적 외부효과는 자동차의 배기가스를 들 수 있다.
- 사유재(개인의 이익과 관련된 것)의 성격이 강하거나 내부효과가 큰 복지재의 분배는 시장행위자들의 참여 필요
- 연대재의 성격이 강하거나 연계효과가 큰 복지재의 분배는 자발적 시민사회 조직의 참여 필요
- 평등이나 공평성의 가치를 추구하는 서비스는 민간보다 국가에서 제공

PART 02

사회복지정책분석틀

CHAPTER 08

사회복지정책의 분석

1. 사회복지정책 분석의 의미
2. 사회복지정책 분석의 방법(3P)
3. 사회복지정책 분석틀: 선택 차원의 요소들

CHAPTER

08

Social Welfare Policy

사회복지정책의 분석

1. 사회복지정책 분석의 의미

> 사회복지문제에 대해 정부에서 시행하는 계획과 과정을 분석함으로써 바람직한 정책대안을 찾기 위한 지적인 활동

정책분석의 개념은 오늘날 매우 다양한 의미로 사용되고 있다. 일반적으로 정책분석은 정책과정이라는 전체적인 맥락과 연관되어 정의되고 있다. 즉 정책분석은 정책을 통해 가져올 사실상 혹은 잠재적인 영향력을 체계적으로 식별, 검토, 평가함으로써 정책의 형성, 결정, 집행, 평가과정에서 야기되는 여러 가지 어려움을 극복하는 데 필요한 객관적이고 합리적인 지식을 제공하는 것이다. 따라서 정책분석은 최선의 정책대안을 창출하기 위하여 수행되는 체계적인 활동을 의미한다.

사회복지정책에 있어 정책분석이란 최선의 사회복지 정책대안을 제시하기 위한 체계적인 활동이다. 다시 말해서 사회복지 정책결정자가 어떤 사회복지문제나 정책문제와 연관하여 기존의 사회복지정책을 변경하거나 폐지 혹은 새로운 정책을 창안할 수 있도록 과학적인 조사연구를 바탕으로 그 대안을 제시하는 활동인 것이다. 사회복지정책 분

석은 일반적으로 정부 관련 부서나 혹은 민간의 사회복지기관에서 사회복지정책전문가에게 특정 프로그램이나 문제를 의뢰함으로써 이루어진다. 그리하여 그 프로그램이나 문제에 관련된 몇 가지 선택 대안들이 정책분석을 통하여 제안되어 관련 정책결정 과정을 통하여 실행된다(이진숙 외, 2009: 167).

이와 같이, 사회복지정책 연구에 있어서 사회복지정책 분석은 중요 영역 중에 하나이며, 사회복지정책 분석을 위한 다양한 분석틀이 있다. 이들 분석틀 중에는 행정학이나 정치학에서 개발될 것도 사회복지학에서 자체 개발된 것도 있다. 사회복지학의 이론화 초기에는 행정학, 정치학 등의 정책분석틀을 그대로 사용하였으나, 차츰 사회복지학 내부에서 자체분석틀을 개발하여 사용하고 있다.

우선, 길(Gil)은 정책문제 파악, 정책 효과 파악, 정책 대안 검토라는 목표로 공공정책을 개괄할 수 있는 개념적 틀을 개발하였는데(Gil, 1973), 공공정책 전반을 분석하기 위한 틀이기 때문에 사회복지정책에 한정하여 활용하기에는 지나치게 광범위하다.

길버트와 스텍트(Gillbert & Specht)는 내용분석을 위한 분석틀을 할당, 급여, 전달, 재정이라는 네차원에서 제시하였는데(Gilbert & Specht, 1974; Gilbert, Specht & Terrell, 1993; Gilbert & Terrell, 1998; Gilbert & Terrell, 2002; Gilbert & Terrell, 2005), 단순하고 구체적이면서도 필요한 분석 요소를 포함하였기에 사회복지정책분석에 있어 실제 가장 많이 활용되고 있다. 한편, 프리그모어와 아세톤(Prigmore & Atherton)은 사회가치의 중요성을 강조하면서 문화적 가치, 영향력과 의사결정, 지식, 비평-편익 등 네 측면에서 사회복지정책 분석틀이 기준을 제안하였는데(Prigmoer & Atherton, 1979), 포괄적으로 질문만을 던지고 구체적인 분석 지표가 없기 때문에 분석틀로서 한계가 있다고 할 수 있다. 챔버스(Chambers)는 정책목표, 급여, 자격기준, 서비스 전달, 재원조달 등의 정책분석 요소를 제시하면서 각 영역에서의 평가척도를 개발하였고(Chambers, 2000), 포플과 라이링거(Popple & Leighninger)는 정책개관, 과거 정책사례, 그리고 사회적 · 경제적 · 정치적 분석 및 정책 평가라는 측면에서 정책분석 요소를 제시하고 각 영역에서 세부 분석 기준을 개발하여 연구자가 분석목적에 맞게 활용하도록 하고 있다(Popple & Leighninger, 1998; Popple & Leighninger, 2004). 챔버스의 분석틀 및 포플과 라이링거의 분석틀 두 개는 기존의 길의 분석틀이나 길버트와 스펙트의 분석틀을 활용하여 다소 수정하고 구체화한 것으로 볼 수 있다.

길버트와 스펙트(Gillbert & Specht)의 분석틀은 우리나라에서 사회복지정책 분석틀에서 가장 널리 사용되는 분석틀이다. 대부분의 사회복지정책 교재에서 그들의 분석틀을 소개하고 있고 최근에는 완역판도 출간되었다. 본 연구는 사회복지정책 관련 교재가 처음 출간된 1982년부터 2008년까지 발간된 30여 권의 사회복지정책 교재에서 길버트와 스펙트의 분석틀이 어떻게 소개되고, 활용되고 있는지를 살펴보는 데 그 연구 목적이 있다. 이러한 연구를 통해 사회복지정책 교재의 방향성에 관한 논의를 가능하게 할 수 있으며, 나아가 우리에게 적실한 사회복지정책 분석틀 개발에 관한 논의의 단초를 제고할 수 있을 것이다.

2. 사회복지정책 분석의 방법(3P)

> 3Ps란 과정(Process) 연구, 산출(Product) 연구, 수행(Performance) 연구 첫 글자 'P' 세 개를 지칭한다. 물론 세 가지 분석적 접근 방법은 상호관련되어 있고 때로는 중복되기도 하며 수행 연구는 실제에 있어 평가와 일치한다.

1) 과정분석: 사회복지정책 형성 과정 분석(process)

과정 연구는 세 가지 분석적 관점 중 시간적으로 가장 먼저 이루어진 부분에 대한 분석이다. 과정 연구는 사회정치적, 기술・방법론적 변인에 따른 사회복지정책 형성과정 역동성에 초점이 있다. 따라서 정책학과 정치학이 과정 분석의 주요 이론적 기반이 된다. 과정분석은 계획과 관련된 자료가 정책형성에 어떻게 형성을 미치는가, 그리고 행정부, 정치권 및 각 이익집단 간의 관계가 정책형성에 어떻게 영향을 미치는가에 관심을 갖고 있다.

따라서 과정 연구는 정책결정과 관련된 정치적 · 기술적 투입을 파악하는 사례연구의 형태로 많이 나타난다. 이 사례연구에 있어서 연구목적에 따라 분석의 깊이가 다양할 수 있고, 또한 분석대상의 기간도 다양할 수 있다. 즉, 과정 연구를 통해 어떤 국가의 사회복지정책의 형성과정 전체를 분석할 수도 있고 특정 사회복지정책을 선택하여 깊이 있게 분석할 수도 있다.

비록 분석하고자 하는 기간에 있어 차이가 나더라도, 과정연구는 일반적으로 정책이 결정되는 사회 · 경제적 환경을 일차적으로 분석하고, 나아가 정책과정의 각 단계에 참여하고 있는 관련자들의 목표, 태도, 동기 등을 분석한다. 즉, 과정연구에 있어서는 초기에 사회문제가 발생되고, 그 문제가 쟁점화되며, 정책문제 채택되어 정책화하는 각 단계에서 거시적 · 미시적 두 차원에서의 분석이 병행되어야 하는 것이다(Gilbert & Specht, 1973: 10-11).

과정 연구가 '과연 과학적인 분석 방법인가?'에 대해 논란이 되고 있다. 왜냐하면 과정 분석은 자칫 잘못하면 연구자의 관점, 가치, 혹은 편견이 개입될 소지가 있기 때문이다. 그러나 과정 분석을 통해 사회복지정책 형성에 영향을 주는 사회적, 정치적, 경제적인 배경 요인 들을 파악할 수 있는 장점이 있다.

요컨대, 정책 발견이 적절하게 이루어졌는가, 정책개발이 정책 발견에서 확인된 문제들을 적절하게 분석한 것을 토대로 이루어졌는가, 다양한 정책 대안들 중 정책 선택이 합리적으로 이루어졌는가, 정책이 계획된 대로 수행되었는가, 그리고 정책보완을 위한 모니터링과 평가가 '민주적 수행 원리(민간 참여, 공개/투명성)'와 '효과적인 관리(정책 일관성, 효율성, 성과)' 측면에서 객관적으로 잘 이루어졌는가를 분석한다.

예) '장애인 차별금지 및 권리구제 등에 관한 법률(2007년)'이 제정되기까지의 장애인 단체, 학계, 정부의 노력이 어떻게 진행되었는지에 대한 분석

2) 산출분석(내용분석): 핵심분석(product)

산출 연구는 정책선택에 관한 것으로 프로그램, 관련 법률, 기획안 등을 분석하는 것

이다. 산출 연구는 '선택'에 그 초점이 있는데, ① 정책을 구성하고 있는 선택의 형태 및 내용은 무엇인가? ② 이러한 선택을 하는데 있어 어떠한 조건을 제외시키는가? ③ 이러한 선택을 지지하는 가치, 이론, 가설은 무엇인가? 등을 분석하는 것이다. 즉, 산출 연구는 정책 과정을 통하여 선택된 정책의 내용을 특정 기준이나 분석틀을 통해 분석하는 것이다(Gilbert & Specht, 1973: 11).

요컨대, 정책의 실행에서 보다 나은 결정이 이루어져 정책 대상자들에게 효과적인 서비스 결과가 도출되도록 지원하는 활동, 즉 '감독, 모니터링, 동기부여, 평가'를 포함하는 '관리기능분석'과 '투입되는 인력과 재정 대비 효율성과 효과성을 분석'하는 활동인 '정책영향분석'을 포함한다.

예) '장애인 차별금지 및 권리구제 등에 관한 법률(2007년)'에서 장애인과 차별의 의미가 무엇인지, 권리주체는 어떻게 할 것인지 등에 대한 분석

3) 성과분석: 사회복지정책 평가 분석(performance)

성과 분석은 정책선택, 즉 '산출'의 평가에 관한 것이다. 성과 분석은 과정 연구나 산출 연구에 비하여 분석 대상이 명확하기 때문에 보다 객관적이고 구조적인 분석이 가능하다. 성과 분석을 일반적으로 '평가'라고 한다. 사회복지정책을 평가하기 위하여 조사방법론을 활용한 양적 · 질적 자료를 수집함으로서 측정이 가능하며 이런 방법론은 사회과학의 여러 분야에 기초하고 있다.

성과 분석을 하는데 있어 두 가지 질문을 던질 수 있다. 첫째, 프로그램이 어떻게 잘 수행되었는가? 둘째, 프로그램의 효과성은 어떠한가? 첫 번째 질문과 관련하여서는 ① 프로그램이 무엇으로 구성되어 있는가? ② 대상 집단에 제대로 전달되었는가? ③ 비용은 얼마나 들었는가? 등을 분석하는 것이다. 둘째 질문인 효과성과 관련하여서는 프로그램 실시 전 · 후의 측정치를 비교하여 개입의 효과를 측정하는 것이다(Gilbert & Specht, 1973: 11-12).

요컨대, 정책 개발 시 설정된 목표들의 성취 여부를 분석하는 것으로 해당 정책의 성

과분석 목표에 따라 성과분석의 내용이 달라질 수 있다(손병덕, 2012: 183).

예) '장애인 차별금지 및 권리구제 등에 관한 법률(2007년)'의 실시로 인해 각 영역에서 장애인에 대한 차별이 얼마나 줄었는지 등에 관한 분석

3. 사회복지정책 분석틀: 과정 차원의 절차들

사회복지정책은 복잡하고 동태적인 과정을 거쳐 이루어지며 또한 몇 단계의 연속적인 과정으로 이루어진다. 이런 복잡한 사회복지정책의 과정들을 정리하면 다음 각각의 여러 단계로 분류할 수 있다. 칸(Kahn)은 사회복지정책 과정을 기획이 선동, 탐색, 기획과제의 정의 정책형성, 프로그램화, 평가 및 환류의 6단계로 구분하였다. 디니토(DiNitto)는 정책문제의 확인, 정책대안의 형성, 정책의 정당화, 정책의 집행, 정책의 평가라는 5단계로 구분하였다. 프리만과 셔우드(Freeman & Shewood)는 기획, 프로그램 개발과 집행, 평가는 3단계로 구분하였다. 이미 살펴본 길버트, 스펙트, 테럴(Gilbert, Specht, & Terrell, 1993: 23-24)은 문제확인, 문제분석, 대중홍보, 정책목표의 개발, 공중지지의 형성과 정당화, 프로그램 설계, 집행, 평가와 사정이라는 8단계로 구분하였다.

이상에서 살펴본 바와 같이 학자마다 정책과정의 단계를 각기 다르게 분류하고 있지만 그 내용을 살펴보면 어느 정도 공통점이 있으며, 이런 공통점을 토대로 하여 본 장에서는 사회복지정책의 과정을 사회복지정책의 형성, 사회복지정책 분석, 사회복지정책 결정, 사회복지정책 집행, 사회복지정책 평가로 분류하여 살펴보고자 한다.

표 8-1 제학자별 사회복지정책 과정 차원의 절차들

학자	명칭	단계
칸(Kahn)	기획과정	1. 기획의 선동, 2. 탐색, 3. 기획과정의 정의, 4. 정책형성, 5. 프로그램화, 6. 평가 및 환류
디니토(DiNitto)	정책형성과정	1. 정책문제의 확인, 2. 정책대안의 형성, 3. 정책의 정당화, 4. 정책의 집행, 5. 정책의 평가
길버트(Gilbert) 외 2인	정책형성과정	1. 문제확인, 2. 문제분석, 3. 대중홍보, 4. 정책목표의 개발, 5. 공중지지형성과 정당화, 6. 프로그램설계, 7. 집행, 8. 평가와 사정

출처: 남기민(2009). 사회복지정책론.

1) 사회복지정책 형성

사회문제는 사회복지정책을 형성하도록 하는 가장 중요한 요소이자 사회복지정책의 주원료이다. 사회문제 해결을 위한 방안 중 하나가 사회복지정책이기 때문이다(송근원 · 김태성, 2003). 사회복지정책 중에서 사회문제가 이슈화되어 그 문제를 정부가 해결해야 할 공식적인 정책문제로 채택되는 과정을 정책의제형성이라고 한다.

2) 사회복지정책 분석

정책대안 중 여러 가지 기준에서 분석되고 대안의 시행 시 나타날 결과를 예측하며 다른 대안들과 비교 · 평가된다. 그러나 대안 분석의 여러 가지 이유로 제시된 모든 정책대안을 다 분석하는 경우는 드물다. 예컨대, 예측능력의 한계, 계량화의 한계, 시간의 제약, 분석에 드는 비용의 한계의 문제점 등의 이유 때문에 제시된 정책대안들을 모두를 분석할 수는 없다.

3) 사회복지정책 결정

사회복지정책 결정이란 일반적으로 볼 때 권위 있는 정책결정권자가 문제해결을 위해 제시된 여러 가지 대안들 가운데 하나를 선택하는 행위 또는 과정을 말한다(송근원, 1994: 1960). 이런 정책대안들이 모두 정부의 정책결정권자에 의해 채택되는 것이 아니다. 사회복지정책의 대안 중에서 어떤 것들은 채택되고 어떤 것들은 채택되지 않는다.

4) 사회복지정책 집행

사회복지정책이 결정되면 그 정책을 구체화하는 과정이 있어야 한다. 일반적으로 정책집행이란 정책에 포함된 목표나 내용을 구체화시키고 달성해 나가는 활동을 의미한다. 이런 관점에서 보면 사회복지정책의 집행은 집행권자인 관료들의 클라이언트와 직접적 상호작용을 통하여 사회복지정책의 목표를 구체화시키고 달성해 나가는 과정이다. 그러나 정책의 집행과정에서 해결하려는 사회문제와 관련된 여러 이해집단들 역시 관여하게 된다. 따라서 정책집행의 과정은 사회복지정책의 목표를 달성하기 위한 기술적 과정인 동시에 정치적 과정이다.

5) 사회복지정책 평가

사회복지정책 평가는 본래의 정책목표를 달성했는지 여부를 평가하는 것이고 평가된 내용은 다시 정책과정에 영향을 미치므로 매우 중요하다. 사회복지정책 평가란 어떤 정책활동에 관한 정보를 수집하고 분석하여 해석함으로써 그 가치를 판단하는 것이다. 즉, 특정 정책과 프로그램이 그것의 목표를 달성했는지 알아보기 위해서 정보를 수집, 분석, 해석하는 활동이다.

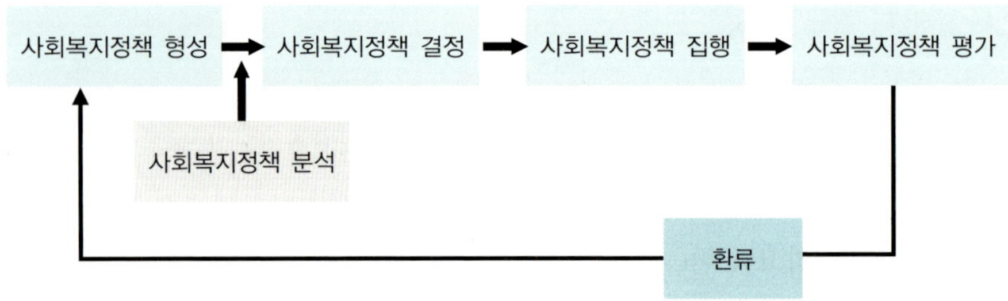

그림 8-1 사회복지정책 과정의 이해 도식

4. 사회복지정책 분석틀: 선택 차원의 요소들

길버트와 스펙트(Gilbert & Specht)는 일종의 산출분석에 관한 사회복지정책의 분석틀을 제시하였다. 그들은 사회복지정책은 시장 외부에서 기능하는 급여와 할당의 메커니즘이라는 맥락에서 분석틀을 구상하였다. 다만 이 경제적 시장의 외부에서 일어나는 급여와 할당의 메커니즘이 경제시장에서 이루어지는 교환관계와는 다르지만, 그 나름대로의 원리와 내용을 가지고서 급여와 할당이 이루어진다는 점에 동의하고 있다. 즉, 경제시장과는 다르게 사회복지의 급여와 할당은 직접적이기보다는 간접적이고, 구체적이기보다는 추상적이며, 경쟁적이고 선택이기보다는 비경쟁적이고 선택의 여지가 없다는 측면을 강조하고 있다.

사회복지정책 분석은 이러한 독특한 특징을 지닌 급여와 할당의 메커니즘인 사회복지정책 현상을 어떻게 분석할 것이냐에 관심을 가진다. 이러한 맥락에서 사회복지정책은 급여와 할당의 틀 내에서 어떤 급여를 누구에게 제공할 것이며, 이들 급여는 어떻게 전달될 것인가를 결정하는 원칙 혹은 지침들 사이의 선택으로 간주된다. 그리하여 사회복지정책의 분석틀은 이러한 선택의 차원들에 대한 분석으로 구성된다. 이러한 네 가지의 분석은 다음과 같은 네 가지의 질문 형태로 표현되고 있다(현외성, 2011: 371-372).

- 할당체계: 누가 급여를 받는가?
- 급여체계: 무엇을 받는가?
- 전달체계: 어떻게 급여를 받는가?
- 재정체계: 누가 급여를 지불하는가?

이러한 질문에 대한 대답을 통해 사회복지정책을 분석하는 기준으로 급여대상, 급여형태, 전달체계, 재원으로 구분하여 형태를 제시하고 있다. 이 네 가지 분석틀은 사회복지정책이 누구에게(급여의 대상), 무엇을(급여의 내용), 어떻게(재원과 전달체계) 제공하는가라는 질문에 대한 응답이라고 할 수 있다. 이 네 가지 분석 대상을 각각 할당체계(급여의 대상), 급여체계(급여의 내용), 전달체계, 재정체계라고도 한다.

표 8-2 사회복지정책에 대한 네 가지 분석틀

선택의 차원	의미	선택의 대안
할당 (allocation)	수급자격	• 귀속적 욕구 • 사회적 공헌/사회적으로 부당하게 당한 손실에 대한 보상 • 전문가 판단에 의한 진단적 차별 • 개인 또는 가족의 자산상태에 따른 욕구
급여 (benefits)	급여종류	현금, 사회서비스, 현물, 신용(변제), 물품교환권(증서), 기회, 권력 등
전달 (delivery)	전달방법	중앙집권 또는 지방분권, 복수서비스 또는 단독서비스, 동일 건물 내 위치 또는 다른 건물에 위치, 협력관계 또는 대화단절, 전문가 의존 또는 소비자 및 준전문가 의존, 공공행정가 또는 민간행정가
재정 (finance)	재정마련 방법	공공재원(사회보험, 과세), 민간재원(사용자 부담, 민간모금 등), 공공과 민간재원의 혼합

이러한 네 가지 차원은 사회복지정책의 기본적인 내용을 분석하는 데 유용한 틀로 사용되고 있다.

1) 할당

할당은 '누가 급여를 받는가?'의 문제이다. 즉 할당은 복지급여를 누구에게 제공할 것인가라는 급여대상자(수급자)의 선정과 관련되어 있다. 급여 대상자를 선정하기 위해 일반적으로 소득 및 자산 상태, 연령, 자녀 유무, 직업, 가족 규모, 성별 등의 기준들이 사용되고 있다. 그러나 할당에 있어 중요한 점은 단지 선택의 기준을 나열하는 것이 아니라 '급여 자격을 결정하는 기준의 원칙이 무엇인가?'이다. 할당과 관련된 여러 원칙(예를 들어, 선별주의와 보편주의) 중에서 특정한 원칙을 선택하는 것의 이론적 근거를 밝히는 것이 중요하다(Gilbert & Specht, 1973: 30-31).

2) 급여

급여는 '급여 대상자에게 무엇을 제공할 것인가?'의 문제이다. 전통적인 급여 형태는 현금과 현물이었는데, 권력, 기회, 증서 등 다른 형태의 급여도 존재한다. 따라서 급여에 관한 분석은 급여의 형태와 그 본질에 관한 것이다(Gilbert & Specht, 1973: 30-31). 그런데 급여에서 급여수준이 매우 중요한 쟁점인데, 급여형태만 다루고 있는 한계가 있다.

3) 전달

전달은 급여의 전달방법에 관한 것이다. '누구에게', '무엇을'의 문제를 결정한 후에는 '어떻게' 전달할 것인가의 문제에 다다르게 된다(Gilbert & Specht, 1973: 31-32). '어떻게 전달할 것인가?'라는 전달체계의 문제는 할당 및 급여에도 영향을 미친다. 왜냐하면 합리적으로 할당(급여대상)과 급여형태를 결정하기 위해서는 공정하고 전문적인 인력이 필요하기 때문이다. 예컨대 할당의 기준이 되는 자산조사를 실시하는 인력이 전문성과 공정성이 부족한 경우, 부정 수급자가 생길 수 있고, 나아가 '제도' 자체가 부패할 수도 있다.

4) 재정

재정은 재원의 양식과 소득이전의 양식으로 나누어 볼 수 있다. 재원의 양식은 '돈을 어디서, 어떻게 조달할 것인가?'하는 문제로 재원조달의 형태와 원천에 대한 선택과 관련이 있다. 사회복지재원은 크게 공공부문의 재원과 민간부문의 재원이 있고 다양한 수준의 혼합형이 존대한다. 소득이전의 양식은 보조금, 지급공식, 목적의 구체화 정도, 보조금 지급시기 등과 같이 재정 지원 구조에 영향을 미치는 행정 조건과도 관련된다 (Gilbert & Specht, 1973: 31-32).

코로나 19와 사회복지제도의 뉴노멀: 긴급재난지원금의 의의

■ 코로나 19 사태와 정부의 대응

코로나 19 사태로 우리는 정치, 경제, 사회, 문화 전반에 끼친 단기적 충격외에 중장기적으로 다가올 충격에 대비해야 하는 상황이다.

정부에서는 코로나 19의 확산을 억제하기 위한 방역과 치료에 집중하는 한편, 지역사회 감염 및 N차 확산에 대비해 공공의료 및 보건체계를 정비하고, 다른 한편으로는 재난적 수준에서 받게 될 경제 충격을 완화하기 위해 공급과 수요 측면에서 새로운 사회복지대책을 마련하는 노력을 하고 있다. 특히 위기에 내몰린 소상공인과 자영업자, 실업자 지원 대책은 신속하고 파견적인 규모로 집행되어야 하는 상황이다.

코로나 19 사태를 해결하기 위해 재난기본소득에 대한 논의가 4월 총선과 맞물려 시작되어, 긴급재난지원금의 전 국민 지급이 실현되었고, 더 나아가 2차 긴급재난소득과 기본소득 등에 대한 논의가 진행되고 있다.

코로나 19 사태를 극복하고 우리가 처한 경제위기를 돌파하기 위해서는 기존의 사회복지정책의 틀을 넘어 전 국민을 보호할 새로운 정책적 발상과 과감한 실천이 필요하다. 즉, 우리 주변의 사회취약계층에 그간 적절한 보호와 복지가 이루어졌는지 꼼꼼히 들여다보고, 여러 수준과 영역의 단위들이 연대하고 협력하여 살펴보아야 한다.

우리는 코로나 19 사태를 겪으면서 수많은 복지 공백을 목격했다. 감염병의 일상화 시대 복지 역할을 조망하고 복지 현장에 따른 맞춤형 대응 계획을 수립해야 한다. 복지 부문 대응을 위해서는 개인과 개별 차원의 실천을 넘어 재난 속에 벌어진 복지 공백의 실상을 자세히 알고 복지환경실태와 복지정책 및 사회안전망에 대한 근본적인 점검에서부터 새로운 방안 도출에 이르기까지 진지한 논의가 필요한 계기라고 본다.

■ 사회복지정책의 뉴노멀(New Normal)(1): 사회복지정책의 체계 재편 논의 - 보편적 소득보장제도 구축과 한국형 재난 수당

본 논의는 코로나 19로 사회복지정책의 역할 기대를 충족시키기 위한 기존의 사회복지체계를 통폐합하거나, 복지제도를 없애자는 게 아니다. 중복된 제도를 조정하고 저소득층이나 중산층 또는 갑작스런 위기에 빠진 사람을 보다 실질적으로 보호해 주자는 것이다.

기존 제도를 놔두고 긴급재난지원금처럼 추가로 얹기만 하면 국가재정이 망가져 지속가능하지 않기 때문이다.

보편적 소득보장제도 도입을 준비할 최적의 시점이 지금이라고 본다. 관련해서 몇 가지 제안하면 첫째, 사회지출의 총량을 확대해야 한다. 둘째, 고용보험을 모든 실업자들을 보호하는 제도로 개편해야 한다. 셋째, 저소득층 소득보장제도의 수급 대상을 확대해야 한다. 넷째, 몸이 아프면 쉴 수 있도록 상병수당제도를 도입해야 한다. 다섯째, 부처 간 칸막이에 막혀 있는 행정 데이터 연계 작업에 박차를 가할 필요가 있다. 여섯째, 기본소득에 대한 활발한 소통과 정교한 논의가 필요하다.

보편적 복지와 함께 중앙정부 차원의 '한국형 재난 수당'을 도입할 필요가 있다. 재원은 중앙정부가 국체를 발행해 충당하고, 추진체계로는 통합관리 차원에서 국세청이 온라인으로 신청받아 소득기준을 확인한 후 신청계좌로 지원금을 전당하는 방식을 검토해 볼 필요가 있다.

■ 사회복지정책의 뉴노멀(New Normal)(2): 사회복지정책의 구성요소 추가–적시성(timing)

최근 긴급재난지원금의 논의를 통해 사회복지정책 구성요소로 시간적 요소의 추가 및 보완이 필요해 보인다. 코로나 19 사태로 경제위기가 발생했을 때, 정칙수립자가 정책시행의 필요성을 인지하여 국가의 대응 정책이 출현한 시점까지 관련 법, 계획, 대책, 예산 등의 대응책이 수립된 때부터 재난기본지원금이 본격 지급되는 시점까지 과정을 점검해 볼 때 단순히 도입 및 논의 과정에 대한 정리로 끝날 것이 아니라, 시간적 요소에 대한 중요성을 간과하지 못함을 알 수 있었다.

무엇보다 사회복지정책을 시행할 때 정부가 정책을 결정하여 시행하기까지 정책결정자들의 시간적 요소 중 속도는 시차를 발생시킨다. 인지 시차가 길어지면, 재난으로 인한 경제 위기 인지에 대한 정책적 대응이 지연되어 국민이 직접적인 피해를 입게 되며, 정책이나 제도를 도입한 이후 정책을 어느 시점에서 시행하는 것이 가장 적시성(Timing)이 있느냐 하는 것은 매우 중요하다.

코로나 19 사태로 인한 경제적 위기를 극복하고자 지원한 긴급재난지원금에 대한 사회복지정책을 시간적 요소로 분석하고 설명할 때, 정책관련자들의 지식과 환경변화의 흐름을 읽을 수 있는 능력은 시간적 요소를 통해 시차적 편차 등을 줄일 수 있는 매우 중용한 요소이다.

■ 코로나 19 사태 이후, 사회복지정책이 향후 과제

정부는 이번 코로나 19 사태를 통해 감염병 재난의 경우 앞으로도 상시로 발생할 수 있는 리스크임을 재인식하고, 의료적인 대응 체계 개선과 함께 필연적으로 발생하는 경제적인 리스크 대응을 위하여 사회복지정책의 체계 및 구성요소에 대한 구체적인 논의와 사회적 합의를 끌어낼 책무가 있다고 본다.

과거 1997년 외환위기, 2003년 신용대란, 2008년 리먼쇼크의 경제적 재난과 사스(2003년), 신종플루(2009년), 메르스(2015년), 코로나 19(2019년) 등 감염병 재난은 특히나 사회복지영역에 중요한 교훈을 남기고 있다.
그것은 보편적이고 강력한 사회보장정책의 체계와 구성요소를 재구축하여 경제충격뿐만 아니라 실질적인 코로나 19 위기와 재난 이후 삶을 향상할 수 있도록 하는 준비가 될 것이다.

**코로나 19 상황 속에서 긴급재난지원금의 보편주의적 지급방식은 유효수요의 증대와 노블레스 오블리제의 실현을 통한 선순환 사회보장 실현을 구상할 수 있다고 본다.

출처: 중도일보(2020. 7. 29). https://www.joongdo.co.kr/web/view.php?key=20200729010009328에서 인출.

CHAPTER 09

사회복지정책 과정의 이해(1): 형성, 분석

CHAPTER

09

Social Welfare Policy

사회복지정책 과정의 이해(1): 형성, 분석

1. 사회복지정책 형성

1) 사회복지정책 문제의 이슈화

사회문제는 정책형성의 출발점이다. 사회문제가 있어야 새로운 정책이 형성될 수 있다. 그러나 사회문제는 단순히 존재하는 것만으로 정책 형성의 출발점이 되는 것이 아니라 그 문제에 대해 사회적으로 관심을 갖고 논쟁하도록 하여야 하는데, 이것을 이슈화라고 한다. 사회복지 문제의 경우 어려움을 겪는 클라이언트 집단을 대변하여 사회복지 전문가들이 이슈화에 적극적으로 노력해야 할 필요가 있다.

(1) 사회문제

사회복지정책 대상에 있어 사회문제는 사회복지정책이 사회문제에 대한 해결책으로서 다양하게 존재하고 있기 때문에 중요하다. 사회문제는 사회변동에 따른 사회 · 경제 · 문화의 구조적 모순에 의해 발생하는 것으로서 사회가 그 개선이 필요하다고 결정하는 모든 상황에서 사회문제가 발생된다.

사회문제는 개인 또는 사회에 피해를 주는 유해조건으로서 사회적 조건이 사회구성원들의 가치와 양립할 수 없거나 모순될 경우 사회문제로 간주된다. 유해조건은 해로움의 범위를 나타내는 객관적 사실, 즉 사회문제의 객관적인 부분에 해당되는데 사회적 가치를 위협하는 것도 유해조건이 된다. 이러한 것들의 해로움의 정도가 통계자료의 제시 등 객관적으로 드러날 때 사회문제가 된다.

그런데 유해조건이라 하더라도 관련된 사람의 수가 적으면 사회문제가 되기 어렵다. 문제가 극소수의 사람들에게만 해당된다면 사회문제가 아니라 개인적 문제로 그칠 가능성이 높기 때문이다. 그러나 다수가 사회문제라고 해서 모두 사회문제가 되는 것도 아니다. 왜냐하면 사회적 다수의 생각이 잘못될 수도 있기 때문이다. 따라서 다수가 어떤 조건을 사회문제라고 여긴다 하여 이를 무비판적으로 수용할 게 아니라 그 타당성에 대해 의심을 품어 보아야 한다(Curran & Renzetti, 1993). 아무튼 그와 같은 상황이 바뀌어져야 한다는 주관적인 신념을 가진 사람의 수가 다수이고 표출의 강도가 강할수록 사회문제로 규정되는 영향력은 커지게 된다.

사회문제는 경우에 따라 강력한 힘을 가진 여론지도층이 여론을 조작하여 만들어지기도 한다. 이는 사회적으로 힘 있는 집단이 자신들의 가치와 기준을 벗어나 자신들의 복지를 위협한다고 생각되는 조건들을 권력을 이용해 사회문제로 규정하는 것이다.

또한 인간의 능력으로 해결할 수 있는 문제만이 사회문제가 될 수 있다. 지진, 태풍, 홍수 등과 같은 자연재해는 사회문제가 될 수 없다. 자연재해가 아무리 많은 사람들에게 해를 준다 하더라도 인간의 노력, 즉 집단행동에 의해 해결될 수 없기 때문이다(Sullivan, 2000). 집단행동이란 사람들의 공동의 노력으로서 파업, 데모, 대중홍보, 로비, 이익집단의 결성 등을 말하는데, 어떤 유해 조건으로부터 고통을 받는 당사자가 자신의 힘만으로는 해결이 불가능하다고 생각하여 타인의 도움을 얻어 사회복지정책을 변화시키거나 새로운 사회복지정책을 만들려고 할 때 발생한다. 즉, 사회가 개선을 원하고 있고 개선을 위하여 집단적 · 사회적 행동이 요청된다는 것이다.

사회문제는 이처럼 여러 가지 복합적 요소들에 의하여 규정되는데 사회복지정책은 규정된 사회문제를 해결하기 위하여 사회가 발전시킨 주된 제도적 장치라 할 수 있다. 따라서 사회복지정책은 사회문제를 해결하기 위하여 그에 대한 정책을 수립하고 실행하기 위한 계획과 지침으로서 역할을 할 수 있어야 하고 당면한 문제해결 외에도 미래에 대한 예방정책까지 포함하고 있어야 한다. 그러므로 사회문제는 사회복지정책의 대상 선정에 있어 다가올 사회적 위험에 대비하기 위한 정책의 대상인지, 현재 당면한 문제해결을 위한 정책의 대상인지의 구분을 가능케 하는 요소가 된다. 뿐만 아니라 사회복지정책의 주된 대상이 되는 실천에 필요한 지침, 규정 등을 마련하는데 문제해결을 위한 수준을 제시할 수 있는 토대가 된다. 사회문제의 표출과 인식가능성이 높은 상황을 정리해 보면 아래와 같다.

- 국민이 불만을 갖고 있으면서 해결해야 하는 모든 문제
- 문제가 구체적이고 사회에 영향을 많이 미치며, 선례가 있는 경우 의제화될 가능성이 높음

(2) 사회적 이슈화

사회복지 문제나 요구가 정책으로 발전하는 과정이 그렇게 순탄하지만은 않다. 곧 모든 사회복지 요구가 일단 정책 의제로 채택되어야 하고 정책의제로서 논의되어야 하며 그 과정 속에서 해결 대안이 탐색되어야 한다. 그 가운데 하나가 정책으로 선택되어야 하는데 이러한 과정 속에서 사회 세력들 사이의 역동적인 움직임이 이루어지는 까닭이다.

특히 사회복지 문제나 이슈는 정치적으로나 경제적으로 힘이 약한 사람들의 문제이기 때문에 정책아젠다 위에 오르지 못하고 무시되기가 쉽다. 따라서 사회복지정책 아젠다의 형성이란 한마디로 말해서 사회복지 문제나 요구의 이슈화 과정이라고 할 수 있다. 곧 사회복지 문제나 요구가 이슈로 전환되어 쟁점으로 등장하는 경우 일반 국민들이 이에 관심을 쏟게 되고 결국 그 문제는 정책결정자들에 의하여 공공정책상의 논점으로 논의된다.

① 사회적 이슈화 단계

어떤 사회문제에 대해 부정적 견해를 가지거나 해결방법에 대해 다른 견해를 가지는 다수의 집단이 나타나 문제해결에 합의점을 찾지 못하고 갈등이 야기되는 단계로 특정 집단에게 혜택을 주면서 타 집단에게는 피해를 주는 경우 특정한 방법으로 문제를 해결한다.

사회문제가 사회적 이슈로 전환되기 위해서는 이슈촉발장치와 주도자가 있어야 한다. 이슈촉발장치로는 일반대중의 관심을 유도하는 것으로, 자연재해와 사회적 사건(대형 참사, 정치적 사건) 등이 있고, 이슈주도자는 특정문제에 대해서 관심과 여론을 환기시키는 행위자로서 정치인, 시민운동가, 국회의원, 특정집단 등을 들 수 있다.

- 이슈촉발장치(대중의 관심을 유도하는 자연재해, 사회적 사건 등), 이슈주도자 등의 변수를 이용해야 사회문제가 사회적 이슈로 전환됨.
- 이슈화 과정에서는 문제를 어떻게 정의해야 할지, 이슈의 제기자는 누구인지를 고려

② 사회복지 이슈화 전략에서 고려할 요인들

사회복지정책 문제를 이슈화시키는 이유는 문제를 크게 인식시켜 정부로 하여금 공공정책상 문제로 논의하도록 만드는 데 있다. 곧 사회복지 문제를 이슈화시킴으로써 공공아젠다 위에 오르게 하고 그것이 정부 아젠다의 정책 의제로 성립시키는 데 있다.

일반적으로 볼 때 사회복지 문제는 기존체제 속에서 안주하고 있는 정치가들의 관심을 끌기 어렵다. 또한 사회복지 문제로 인하여 인간다운 생활을 누리지 못하고 고통을 받고 있는 사람들, 곧 사회복지정책의 클라이언트들은 돈, 지식, 시간, 조직, 사회적 지위 등 정치적 과정으로서의 정책과정에 영향을 미칠 수 있는 자원을 별로 가지고 있지 못한 것이 보통이다. 또한 이러한 자원들을 조직화하거나 사용하는 데 익숙하지 못하다. 뿐만 아니라 이들 클라이언트에 대한 일반 국민들의 관심 역시 일시적이며 지속적인 경우가 드물며 사회복지 문제에 대한 정부의 대책을 요구하는 수준에는 이르지 못하는 것이 보통이다. 단지 사회복지 전문가나 사회복지 문제를 다루는 관료들 및 일부 지식인들만이 비교적 지속적인 관심을 보일 따름이다. 그렇기 때문에 사회복지 문제는 사회집단

들 사이의 자유로운 경쟁과 협상 등을 미덕으로 하는 민주체제 속에서 정책문제로 등장하기가 쉽지 않다. 정부의 아젠다 공간은 제한되어 있는데 사회복지 문제의 아젠다 공간을 차지하기 위한 이슈 경쟁력은 다른 문제나 이슈들에 비하여 매우 약한 편이다.

결국 사회복지 문제는 기득권자들의 이해관계가 얽혀 있는 정부아젠다 위에 오르기가 쉽지 않다. 또한 정책의제로 채택되어 논의된다 하더라도 클라이언트들의 견해가 반영되는 경우가 드물며 그것이 정책결정으로 이어지지 못하고 다른 이슈에 의하여 밀려나기 쉽다. 이와 같은 사회복지 문제를 이슈화시키기 위해서는 다음과 같은 것을 고려해야 한다.

- 복지대상자 입장에서 문제의 원인과 결과를 정의해야 함
- 이슈 상징: 사회복지 문제에 대한 국민의 관심을 증폭시키는 방법
- 이슈 제기자로서는 사회복지 전문가가 가장 적절함

(3) 사회복지 문제의 정의

사회복지 문제를 이슈화시키는 데 제일 먼저 고려해야 할 사항은 '문제를 어떻게 정의내릴 것인가'에 관한 것이다. 문제를 어떻게 정의하느냐에 따라 그 해결 방안도 달라지기 때문에 이슈화 전략에서 가장 본질적인 것이며 중요한 사항이 곧 문제의 정의 방법이다. 따라서 사회복지 문제의 특성을 잘 고려하여 일반 국민들이 그 문제를 정부가 해결해야 할 문제로 인식시킬 수 있도록 정의 내려야 한다.

일반적으로 말해서 사회복지 문제를 정의 내리는 핵심은 클라이언트의 입장에서 정의내리되 동일집단, 관심집단, 공중의 관심을 확대시킴으로써 이슈의 확장에 이들이 기여할 수 있도록 정의하는 것이다. 그러기 위해서는 사회복지 이슈의 구체성, 사회적 중요성, 시간적 관련성, 유행가능성, 전파가능성, 이해가능성 따위를 고려하여야 한다. 즉 사회복지 문제를 정부아젠다 위에 올려놓기 위해서는 정치, 경제, 사회적 여건을 잘 고려하여 제기하고자 하는 사회복지 문제가 쉽게 이슈화할 수 있는 시점을 찾아내야 한다. 다시 말해서 사회복지 문제와 관련된 사건이 일어났을 때에 때를 놓치지 않고 그 사회복지 문제를 제기한다면 그것은 쉽게 이슈화시킬 수 있다. 그러나 어떤 사회복지 문제가

한 번 제기되었다고 해서 금방 이슈화하는 경우는 매우 드물다. 따라서 이슈화시키기 위해서는 그 문제를 반복하여 계속 제기하여야 한다. 이때 고려해야 할 점이 이슈 제기 시점에 맞추어 사용할 이슈 상징과 이슈 주기 및 다른 이슈와의 경쟁 관계이다.

(4) 사회복지 문제의 이슈 제기자

① 클라이언트

클라이언트는 사회복지 문제로 인하여 고통을 받고 있는 사람이며 사회복지정책의 대상이 되는 사람들이기도 하다. 이들은 자신이 겪고 있는 사회복지 문제의 사회적 해결을 원하기 때문에 종종 사회복지 문제의 이슈 제기자로 나타난다.

그러나 클라이언트 집단은 문제를 정확하게 파악할 수 있는 능력이나 지식이 결여되어 있는 경우가 많다. 이들을 이슈화시킬 수 있는 지식이 충분하지 못한 경우가 대부분이며 설령 그러한 지식과 능력을 가지고 있다 하더라도 이슈화시키는 데 필요한 권력자원이 부족한 계층이기 때문에 사회복지 문제를 체계적으로 조직화하여 이슈화시키는 것이 쉽지 않다. 특히 이익집단이 발전하지 못한 사회에서는 더욱 그러하다. 따라서 이들은 간헐적이고 단편적인 그리고 무계획적이고 비도덕적인 이슈 제기자로 나타나는 것이 보통이다.

② 사회복지 전문가

사회복지 전문가는 클라이언트와 늘 접촉하는 전문 집단이기 때문에 클라이언트의 문제에 대해서도 잘 알고 있고 그 문제의 사회적 해결의 필요성에 관해서도 잘 알고 있으며 그러한 문제해결을 지향하는 의지도 강한 사람들이다. 곧 이들은 사회복지 문제의 성격 및 해결 방법, 사회복지 문제에 대한 사회적 인식의 필요성 그리고 사회복지 문제에 대한 정부 개입의 필요성에 관하여 잘 알고 있으며 그 해결을 위하여 노력하는 사람들이다.

사회복지 전문가는 사회복지 문제를 이슈화시키는 경우 클라이언트를 동원하고 문제를 정의 내리며 일반 국민들의 관심과 참여를 끌어내는 역할을 담당한다.

③ 언론

일반적으로 볼 때 언론은 사회복지 문제의 훌륭한 이슈 제기자이다. 언론은 사회복지 문제를 특집으로 다루기도 하고 사회복지 문제의 해결을 위해 앞장서기도 하며 무엇보다도 사회복지 문제에 일반 국민들의 관심을 동원하는 데 큰 영향력을 발휘한다. 하지만 언론이 사회복지 문제에 관심을 가지는 것은 사회복지 문제가 어떠한 사건을 통하여 이슈화하는 경우뿐이다. 따라서 언론으로 하여금 사회복지 문제의 이슈 제기자로 활약하도록 만들기 위해서는 사회복지 전문가가 사회복지 문제의 심각성이나 중요성을 사전에 기자들에게 꾸준히 인식시킬 필요가 있으며 어떠한 사회복지 문제가 발발하는 경우 때를 놓치지 말고 그것을 언론 기관에서 보도할 수 있도록 조치를 취하여야 한다.

④ 정치인

정치인은 사회복지문제의 이슈 제기자가 될 수는 있지만 적극적이고 능동적인 이슈 제기자는 아니다. 이들은 특히 선거기간 동안에 사회복지 문제에 많은 관심을 기울이며 사회복지 문제를 이슈화시키는 경향이 있다. 따라서 이들로 하여금 사회복지 문제를 이슈화시키도록 하기 위해서는 선거 기간 동안에 사회복지 문제를 이들에게 가지고 가는 것도 좋은 방법이다.

(5) 사회복지 문제의 제기방법

① 제도화된 전달 수단

사회복지 문제를 선거나 합법적인 이익 집단의 활동 등 이미 제도화한 통로를 통하여 이슈화시키는 방법이다. 예컨대 선거 기간 동안에 후보자의 입을 통해 사회복지 문제를 이슈화시키거나 이익집단으로서의 대한노인회가 노인복지법 개정에 대한 청원 등 합법적인 활동을 벌이는 것 등이 그러하다.

하지만 제도화한 전달 수단은 전 국민들 중 가진 자들의 이슈만을 편파적으로 반영하는 경향이 있다. 뿐만 아니라 표명된 요구들이다. 정부아젠다의 항목으로 채택되지 않고 선출된 지도자들에게 정책 선택의 재량권이 많이 허용되므로 실제적으로 정책에 반영되는 것은 한쪽으로 치우칠 수밖에 없는 한계가 있다.

② 비제도화된 전달 수단

비제도화된 전달 수단이란 체제에 의하여 합법적으로 인정되지 않는 이슈의 전달 수단을 말한다. 예컨대 폭력 사용, 또는 폭력의 위협과 같은 수단을 통하여 이슈를 정부아젠다 위에 올려놓을 수 있다. 이 방법은 일반 국민들로부터 비난을 받을 여지가 커 합리적이고 이상적인 방법을 사용하여야 한다.

문제파악 단계의 구체적인 활동

- 사회문제를 널리 알린다.
- 정부가 해당 사회문제에 대해 행동할 것을 요구한다. ⇒ 공공의 문제로 진화

2) 사회복지정책 대안의 형성 과정

정책대안 형성 과정이란 정책문제와 문제를 둘러싼 상황을 파악하여 정책목표를 세우고 그 목표를 달성할 수 있는 정책대안들을 탐색하고 개발하여 어떠한 정책대안이 가장 바람직한 것인가를 비교하고 분석하는 지적활동과정을 말한다(홍봉수 외, 2011: 109).

사회복지 정책대안 형성 과정은 사회복지 문제와 상황의 파악, 미래의 예측 및 목표설정, 대안의 탐색 및 개발, 대안의 비교·분석, 최선의 정책대안 선택과정으로 이루어진다(송근원·남기민, 2008). 이를 정리하면 아래와 같다.

① 문제와 상황을 파악한다.

② 정책대안이 가져올 결과에 대한 미래 예측과 목표를 설정한다.

③ 정책대안을 탐색하고 개발한다.

④ 정책대안을 비교 분석한다.

⑤ 최선의 정책대안을 선택한다.

(1) 사회복지 문제와 상황의 파악

문제란 해석학적 입장에서 볼 때 객관적으로 존재하는 것이 아니라 문제가 될 수 있는 조건에 관한 주관적인 인식과 해석을 통하여 만들어지는 것이다. 따라서 문제란 보는 눈에 따라 여러 가지로 정의가 내려질 수 있고 그에 따른 여러 가지 정책대안들이 제시될 수 있다.

사회복지에 관한 문제는 그 문제가 나타날 수밖에 없는 객관적인 상황 또는 조건이 존재하고 그것이 문제라고 생각하며 해결되어야 한다고 믿는 사람들이 있으며 그 문제를 해결하는 데 필요한 비용이나 자원을 제공해 주는 사람들이 존재한다.

따라서 사회복지 문제를 파악하기 위해서는 먼저 문제를 일으키는 조건이 무엇이며, 그것을 문제라고 인식하는 사람들이 생각하는 욕구가 무엇인가를 정확하게 파악하여야 한다. 또한 그 문제해결에 필요한 비용이나 자원이 무엇이며, 어느 정도나 필요한 것인지를 파악하여야 하고, 그러한 비용이나 자원을 부담하는 사람들의 문제를 보는 시간에 대한 정확한 이해가 필요하다. 문제의 정의는 정책수단을 내포하고 있다. 따라서 문제를 어떻게 정의하느냐에 따라 정책대안은 달라질 수 있다. 그러므로 사회복지 문제와 그 문제를 둘러싼 상황을 정확하게 파악하기 위해서는 다음과 같은 다섯 가지 차원이 고려되어야 한다.

① 문제나 욕구의 원인

다루고자 하는 사회복지 문제가 발생하게 된 원인이 그 문제로 인하여 고통을 받고 있는 사람 개인에게 있는지, 아니면 사회체제 또는 사회변동에 있는지에 대한 사람들의 견해를 파악하여야 한다.

② 문제의 영향

그 사회복지 문제가 미치는 영향이 직접적으로 관련된 사람들에게만 국한되는 것인지, 아니면 다른 사람들에게도 영향을 미치는 것인지, 그리고 영향을 미친다면 어느 정도나 영향을 미치며, 영향을 받는 사람들이 어느 정도나 심각하게 그 문제의 영향을 받아들이는지를 파악하여야 한다.

③ 문제의 인지범위

그와 같은 사회복지 문제를 인식하고 있는 사람들은 어느 정도이며, 어떤 특성을 가지고 있는가, 그리고 어떠한 해결방법을 원하는가를 파악하여야 한다.

④ 문제의 해결능력

그 사회복지 문제가 개인의 힘에 의해서 해결할 수 없는 것인지 여부 및 사회적 해결에 드는 비용이나 자원의 조달방법은 무엇인지에 관한 견해들이다.

⑤ 문제의 성격

그 사회복지 문제가 어느 정도 사회적 중요성을 띠는가, 그리고 어느 정도의 정치적 성격을 띠는가에 관한 판단이 필요하다. 이러한 문제의 성격은 흔히 문제와 관련된 사람들의 이해관계에서 나타나는 갈등의 정도, 곧 이슈의 크기에 따라 영향을 받는다. 즉, 정책문제로 파악된 이슈의 크기는 범위, 강도, 가시성 따위로 나눌 수 있는데, 이들은 그 문제의 정치적 성격이나 사회적 중요성을 판단하는 지표로 사용할 수 있다.

(2) 미래의 예측 및 목표의 설정

사회복지 문제가 무엇인가를 파악한 다음에 해야 할 일은 미래에 관한 예측을 통한 정책목표의 설정이다. 이때 목표설정 과정에는 세워진 정책목표를 구체화하는 과정도 포함된다. 목표의 구체화 과정 속에서 목표는 하위목표와 연결되는데, 하위목표들은 가능한 한 양적으로 측정 가능하도록 정의할 필요가 있다. 이때 목표와 하위목표와의 관계는 목표–수단관계로서의 계층 형태로 나타난다.

사회복지정책의 목표설정에서 고려해야 하는 주요 요인은 다음과 같다.

① 정책의 대상 집단(target group)인 클라이언트와 비용부담자 및 지역주민들의 이해관계
② 정책문제의 특성
③ **문제해결목표의 종류 및 성격:** 단일목표인가, 복수목표인가, 장기목표와 단기목표는 무엇인가, 거시적인 목표와 미시적인 목표는 무엇인가, 사회 전체적인 목표인가, 지역에 국한된 목표인가?
④ 다른 목표와의 관계
⑤ 목표가 기초하고 있는 가치

(3) 대안의 탐색 및 개발

사회복지정책의 목표가 설정되면 그 정책수단으로서의 해결방법들, 곧 정책대안을 만들어 내야 한다. 정책대안을 만들기 위해서는 문제와 상황 및 미래에 대한 정보를 수집하여 종합적으로 검토·분석하여야 한다. 대안의 탐색 및 개발 방법들을 살펴보면 다음과 같다.

① 과거의 정책

과거의 정책이나 현존 정책은 정책가들이 고려하는 가장 중요한 정책대안의 원천이 된다. 특히 점증주의적 입장에 있는 정책가들은 현재의 정책을 약간 수정한 것이 좋은 정책대안이라고 본다.

이러한 방법은 과거나 현재의 정책집행결과에 비추어 앞으로의 정책과정에서 나타날지도 모르는 여러 가지 결과들을 미리 어느 정도 예측할 수 있다는 장점이 있으나 사회적·정치적 상황의 변화 때문에 잘못하면 시행착오를 범하기 쉽다. 따라서 이 방법을 쓰려면 미래상황에 관한 정확한 예측이 필요하다.

② 외국의 정책사례

정책문제로 채택된 사회복지 문제에 관한 이전의 정책경험이 있는 경우, 외국 또는 다

른 지방정부의 정책사례에서 많은 아이디어를 얻어 정책대안을 개발할 수 있다. 그러나 이 방법을 사용할 경우 사회적 · 문화적 · 정치적 · 경제적 상황의 차이 때문에 예상된 결과를 얻어내지 못하는 경우가 있을 수 있다.

③ 사회과학적 지식

사회복지 문제해결을 위한 정책대안은 사회복지학 · 심리학 · 경제학 · 사회학 · 정치학 · 행정학 · 정책학 등 사회과학적 지식이나 이론모형으로부터 만들어 낼 수 있다. 특히 사회복지 문제의 인과관계에 관한 이론모형은 그 문제해결을 위한 사회복지정책대안을 만들어 내는 데 유용하다.

④ 직관적 방법

직관적 방법은 정책대안을 주관적인 판단하에 만들어 내는 방법이다. 보통 정책대안에 관한 선례나 전문지식 및 상황에 대한 정보가 부족할 때 사용하는 방법이지만 부정확한 대안이 될 가능성도 있다. 따라서 관련 분야의 많은 사람들의 의견을 참조하면서 정책대안을 만드는 방법이 바람직하다.

정책 대안을 개발하는 방법

- 과거의 정책을 참고해 정책 대안을 개발할 수 있다.
- 외국의 정책 사례를 참고해 정책 대안을 개발할 수 있다.
- 사회복지학, 사회학, 심리학, 경제학, 정치학, 행정학, 법학 등의 사회과학 지식에 근거해서 정책 대안을 개발할 수 있다.
- 직관적 방법으로 정책 대안을 개발할 수 있다. 즉 주관적으로 판단해서 정책 대안을 개발할 수 있다.

(4) 대안의 비교분석

정책대안들이 형성되면, 이들은 여러 가지 기준에서 분석되고, 대안 시행 시 나타날 결과를 예측하며, 다른 대안들과 비교 · 평가된다. 정책대안의 비교분석기준을 좀 더 자세히 살펴보면 다음과 같다.

① 기술적 실현가능성

이 기준은 엄격한 의미에서 정책대안이 가지고 있는 기술적 문제점들에 관한 것을 의미할 때 사용되지만 보통 좁은 의미의 기술적 문제뿐만 아니라 집행 가능성을 포함하여 사용된다. 따라서 이 기준은 집행기관이 그 문제를 다룰 수 있는 능력과 같이 관련된다.

예컨대 그 문제를 다룰 수 있는 집행기관의 전문화 수준 · 재정능력 · 행정능력에 비추어 볼 때, 그 정책대안이 만족스럽게 시행될 수 있을 것인가에 관한 기준이다.

② 정치적 실현가능성

이 기준은 정책대안이 정치적으로 받아들여질 수 있는가에 관한 것이다. 아무리 이상적이고 좋은 정책대안이라 하더라도 국회에서 통과되지 않거나 대통령이 거부권을 행사한다면 집행 시에 주민들이 정치적 반대 때문에 정책집행 자체가 유야무야된다면 그 정책효과는 낮아질 것이다.

이외에도 사회 · 윤리적으로 받아들여질 수 있는가, 그리고 법적으로 저촉되는 것은 아닌가에 관한 사항도 넓게는 이 기준 속에 포함된다. 따라서 대안을 형성할 때는 이와 같은 여러 측면에서의 정치적 실현 가능성을 높일 수 있는 방법을 강구할 필요가 있다.

③ 민주성

민주성은 정책대안의 비교와 분석이 개방성과 경쟁성의 조건을 충족시켜야 한다는 것을 의미한다. 정책이 폐쇄적이고 강압적으로 형성되면 기득권의 현상유지나 정치적 생명을 보존하기 위한 수단으로 악용될 가능성이 높아질 수 있다. 그러므로 정책대안의 비교분석 과정에 주민의 참여를 유도하거나 과정을 공개하고 각개의 요구가 반영될 수 있도록 경쟁성에 기초하여 정책대안의 비교·분석을 이루게 되면 선택된 정책대안은 사회적 갈등을 반영하고 이 사이에서 균형점을 이룰 수 있게 되어 어느 일방에만 유리한 선택이 되는 것을 예방하고 타협의 산물로서 정책의 대안이 선택될 수 있도록 한다. 따라서 바람직한 정책대안을 상정하는 과정에서 민주성은 중요한 가치가 된다.

④ 능률성

능률성이란 기준은 투입과 산출의 비율을 의미한다. 이 개념은 두 가지 의미를 띠고 있다. 곧 투입이 일정하면 산출을 최대한으로 만드는 것이 능률적인 것이고 산출이 일정하다면 투입을 최소화하는 것이 능률적인 것이다. 예컨대 사회복지 문제의 해결에 동원할 수 있는 자원이 한정되어 있는 경우, 그 자원을 가지고 문제의 해결을 위한 복지서비스를 최대한도로 창출·제공하는 것이 능률적이다. 따라서 '정책대안들 가운데 어느 것이 더 능률적인가'는 대안들 사이의 좋은 비교기준이 된다.

그러나 능률성이라는 기준도 시간적인 요소를 고려하면 모호해진다. 단기적으로 능률적인 것이 장기적으로는 자원의 낭비일 수 있으며, 단기적으로 비능률적인 것이지만 장기적으로는 능률적인 것이 있을 수 있다.

⑤ 효과성

자원의 절약이라는 측면에서의 능률성이라는 기준 이외에도 사회복지정책의 목표달성도와 관련된 수단 지향적 기준으로서 효과성이라는 기준이 있다. 효과성은 문제해결에 동원되는 자원과 이로부터 나타나는 복지서비스의 관계, 곧 투입과 산출의 관계에서 투입에 상관없이 산출을 최대한으로 만드는 것을 말한다. 곧 자원은 얼마가 사용되는지에 관계없이 복지서비스를 최대한도로 창출해 내는 것이 효과성의 개념이다.

⑥ 사회적 효과성

효과성과 비슷한 기준으로서 사회적 효과성이 있는데, 사회적 효과성이란 사회복지정책의 시행결과 나타나는 사회적 유대감의 달성 등 사회복지의 사회적 통합기능에 관한 것이다. 다른 정책의 분야에서는 능률이나 효과성이 지상의 목표일 수 있으나 사회복지정책에서는 인간의 존엄성을 전제로 하는 까닭에 능률성이나 효과성보다는 사회적 효과성을 중요시하는 경우가 많다.

⑦ 사회적 형평

이 기준은 사회복지정책이 시행되는 경우, 사회계층 사이의 불평등이 어느 정도 시정될 수 있는가에 관한 것이다. 따라서 사회계층 가운데 특히 불리한 입장에 있는 계층에 대한 정책적 고려를 통해 진정한 공정성을 이룰 수 있는가에 관한 것이다. 곧 사회적 · 경제적 · 정치적 · 환경이 열세인 계층에 보다 많은 양질의 사회복지서비스를 제공함으로써 인간의 존엄과 가치라는 점에서의 절대적 평등을 구현하기 위하여 제시되는 기준이다. 한마디로 말해서 사회적 평등은 적극적인 의미에서의 분배의 평등성을 띠고 있다고 할 수 있다.

이상으로 사회복지정책 대안의 비교분석기준을 살펴보았는데 이러한 기준이 중요시되는 이유는 클라이언트의 문제해결을 다루는 사회복지정책 분야에서의 클라이언트는 사회적 약자이기 때문에 이들의 권리나 인간의 존엄성이 이들이 가지고 있는 문제에 의하여 가려지고 훼손받을 가능성이 높은 까닭이다. 더욱이 사회체제는 어느 체제든지 간에 사회적 약자에게 불리하도록 편향되어 있는 까닭에 이들이 체제로부터 불리한 대우를 받는 것을 당연한 것으로 여기는 경향이 있다. 따라서 사회적 형평의 이념은 다른 어떤 정책 분야에서보다도 사회복지정책 분야에서 중요한 길잡이 역할을 한다고 할 수 있다(홍봉수 외, 2011: 109-115).

(5) 사회복지정책 대안의 형성기법

① 점진적 방법

한정된 수의 대안만 탐색하는 방법으로 특히 기존 정책에 약간의 수정만 가하는 형식

② 브레인스토밍

다양한 아이디어를 자유분방한 상태에서 제안하는 것으로, 새로운 아이디어, 목표 및 전략의 창출방법

③ 델파이 기법

전문가의 경험적 지식을 통한 문제해결 및 미래예측을 위한 기법으로 소수 인사에 의해 토론과정이 지배되는 현상으로 동료집단의 견해에 압도되기도 하는 위원회제도에서 나타날 수 있는 각종 압력, 권위 있고 높은 지위에 있는 사람에 공공연하게 반대하는 것에 따르는 어려움 등의 문제를 피하기 위해 고안됐다. 예측하려는 현상에 대한 선례가 없는 경우 자주 사용되는 방법으로 전문가들이 의견을 모으고, 교환하고 발전시킴으로써 미래를 예측하며, 미래에 대한 광범위한 지식을 얻을 수 있고 연구자의 주관과 편견을 배제할 수 있다.

④ 미래의 예측방법

- **유추**: 유추란 같은 꼴 구조를 통해서 미래의 상황이나 문제를 추정하는 방법을 말한다. 예컨대 새로운 문제의 해결에 선례를 적용하는 경우가 그러하다.
- **경향성 분석**: 과거의 경향이나 추세를 미래에 연장시켜 추측하는 방법을 통하여 미래를 예측하는 방법이다. 이 방법은 미래예측 방법 가운데 쉽게 이해할 수 있는 방법이기는 하지만 급격한 사회변화가 있는 경우 그 경향이나 추세가 정확한 예측을 보장해주는가 하는 의문이 있다.
- **마르코프 모형**: 마르코프 모형은 과거에 있었던 변화를 토대로 하여 앞으로 나타날 변화를 연속적으로 예측하는 데 사용되는 모형이다. 곧 어떤 상황이 시간의 흐름에 따라 일정한 확률로 변해가는 경우에 최종적 상태를 예측하여 정책결정에 도움을 줄 수 있는 확률적 정보를 제공해 준다.
- **회귀분석**: 회귀분석이란 변수들 사이의 인과관계를 전제로 하여 만들어 낸 회귀방정식을 통하여 미래를 예측하는 방법이다.

(6) 사회복지정책 대안 형성의 문제점

① 예측능력의 한계

좋은 정책대안을 개발하기 위해서는 현재의 문제와 상황을 정확하게 파악하고 목표를 설정하며 미래 상황에 관한 정확한 예측 속에서 대안의 결과를 비교 분석해야 하는데 이들에 관한 정확한 정보와 자료의 부족 및 정책분석가의 판단 잘못 등의 원인 때문에 그렇게 하지 못하는 경우가 많다. 이와 같은 한계를 극복하기 위해서는 행정정보 관리체계를 체계화시킬 필요가 있으며 행정기관 사이의 유기적인 자료교환 및 협조가 필요하고 보고제도의 체계화 및 정책 형성 과정에 관한 아젠다의 기록, 보관 및 공개가 요구된다.

② 계량화의 문제

사회복지정책의 대안들이 주로 사람을 대상으로 하여 형성하는 까닭에 대안 개발 시 문제가 되는 것이 계량화 문제이다. 이러한 한계를 극복하기 위해서는 사회복지 목표 자체를 보다 명백하게 규정할 필요가 있고 측정에 필요한 지표 및 척도의 개발이 요구된다.

③ 비교기준으로서의 공동척도 결핍

어떤 사회복지 문제에 관한 여러 대안들을 비교하기 위해서는 이들의 장단점을 비교해야 하는데 공동척도가 없는 경우가 많다. 따라서 대안들의 결과는 알 수 있으나, 여러 대안들 가운데 어느 것이 더 좋은 대안인지 알 수 없는 경우도 있다. 그 근본적인 까닭은 사회적 가치들이 다양하기 때문이며, 이러한 경우 계량화의 문제를 떠나서 주관적 판단이 작용하는 사회적 가치들을 어떻게 비교하는가는 문제점으로 지적된다.

④ 비용과 시간의 문제

정책대안의 형성에는 시간과 비용이 드는 데 비해 시간과 비용은 한정되어 있는 까닭에 한정된 시간과 비용의 한계 속에서 정책대안이 탐색되고 개발될 수밖에 없다. 무한한 시간과 비용을 사용할 수 있다고 하더라도 정책대안이 시행되는 경우 나타나는 정책결과가 그만한 시간과 노력에 상응할 만한 가치가 있어야 하는데, 그렇지 못한 경우가 대부분이다.

⑤ 다른 국가목표와의 관계

사회복지정책 대안형성 과정에서는 단순히 정책문제로서의 사회복지 문제만을 고려하여 정책대안을 만드는 경우, 다른 국가목표와 대립 상충하는 경우가 있을 수 있다. 따라서 다른 분야의 정책목표들 또한 함께 고려되어야 한다.

한편, 전문적 근시안(professional myopia)에 사로잡혀 국가 전체를 볼 때 바람직하지 않은 정책대안을 형성하는 경우도 있으므로, 이런 오류를 벗어나기 위해서는 사회복지 분야의 전문가적 시각과 함께 인접 정책 분야에 관한 이해를 넓히는 것이 무엇보다 중요하다(이진숙 외, 2009: 260-261).

대안(아젠다)의 개념

사회복지와 관련된 어떤 문제를 정치 체제에서 해결하기로 결정하면, 정책과 관련된 행위자들은 이런 문제에 대한 해결 방법을 논의하게 된다. 이 경우에 논의되는 문제를 의제라 부르며, 이런 의제들을 모아놓은 것을 대안(아젠다)라고 부른다(송근원 · 김태성, 1995).
그러므로 대안(아젠다)는 '공공정책으로 전환되기 위하여 정책결정자들의 관심을 불러일으키고 논의될 수 있는 상태에 있는 문제의 목록'을 말한다. 즉, 대안(아젠다)는 문제들, 문제의 원인들, 문제의 상징들, 문제의 해결방안들, 일반인과 정부 관리들의 주목을 받게 된 공적 문제들의 기타 요소들을 모아 놓은 것을 말한다. 구체적으로 대안(아젠다)는 관련 기관이나 언론이나 일반대중이 논의하고 있고, 어느 경우에는 행동으로 옮기고 있는 것들의 목록을 말한다(Birkland, 2001; 송근원, 2004).

2. 사회복지정책 분석

1) 사회복지정책 분석의 접근방법

정책분석가들은 그가 행하는 정책분석의 목적에 따라 얻고자 하는 정보의 성격이 다르고 그에 따라 분석의 접근방법도 달라질 수 있다. 던(Dunn)은 정책분석에서 추구하는 정보의 유형과 그에 따른 접근방법을 3가지로 나누고 있다(Dunn, 1981: 36).

첫째, 문제가 해결되었는지에 대한 판단기준이 되는 가치(value)에 대한 정보이다. 둘째, 가치의 실현을 제한하거나 가능하게 하는 사실(fact)에 대한 정보이다. 셋째, 문제의 해결과 가치의 실현을 가져다 줄 수 있는 행동(action)에 대한 정보다.

(1) 경험적 접근

경험적 접근은 주어진 정책의 원인과 결과효과에 대해 기술하는데 주로 관심을 가진다. 이에 따라 산출되는 정보는 기술적 성격을 가진다. 예컨대, 국가의 복지지출을 기술, 설명, 예측하는 것이다.

(2) 평가적 접근

평가적 접근은 주로 사회정책의 가치를 결정하고 무엇이 바람직한 것인가를 탐색하는 것과 관련된다. 예컨대, 다양한 복지정책에 대한 기술적인 정보를 산출 후 분석가는 그 정책들의 윤리적·도덕적인 의미나 결과를 평가한다.

(3) 규범적 접근

규범적 접근은 사회문제를 해결하기 위한 미래의 행동노선을 제안하는 데 관심을 갖는다. 예컨대, 빈곤문제를 해결하기 위한 방법으로 최저임금을 보장하는 정책을 제안하는 것이다.

표 9-1 정책분석의 접근방법

접근방법	관심문제	정보의 유형
경험적	그것이 존재하는가?(사실)	지시적
평가적	그것은 가치가 있는가?(가치)	평가적
규범적	무엇이 행해져야 하는가?(행동)	처방적

출처: Dunn(1981). p. 36.

2) 분석 기법

(1) 비용편익분석(Cost-Benefit Analysis)(B/C)

각 대안의 실행에 필요한 비용과 대안이 결과적으로 가져오게 될 편익을 체계적으로 비교·평가함으로써 어떠한 정책대안이 희소자원을 가장 효율적으로 사용하게 될 것인가를 찾아내는 분석기법이다. 모든 내용과 편익을 화폐가치로 환산하여 기간별로 추정하고 서로 배타적인 대안 중에서 순 현재가치가 가장 큰 대안을 선택한다. 따라서 전통적인 비용편익분석은 경제적 합리성을 가장 중시한다.

비용편익분석의 한계점은 비화폐적 요소의 소득측정에 대한 제약이다. 비용편익분석은 경제적 합리성 때문에 능률성이라는 기준은 만족시킬 수 있으나, 사회복지정책에서 눈에 보이지 않는 비화폐적 효과가 간과되기 쉽고, 사회적 형평이나 클라이언트의 반응성 등의 기준은 적용하기가 곤란하다는 문제점이 있다.

예를 들면, 빈곤 아동에 대한 사회복지 프로그램의 경우, 여기에서 발생하는 사회적 편익들은 장기간에 걸쳐서 무수히 많을 수 있으나 측정하기가 어렵다. 이러한 편익들에는 프로그램의 직접적 대상자인 아동들의 인적 자본 향상을 통한 생산성 향상으로 국민총생산이 증가한다든지 혹은 범죄율이 감소하는 등 많은 예가 있을 수 있다(박경일, 2011: 256).

(2) 비용효과분석(Cost-Effectiveness Analysis)(E/C)

비용편익분석과 기본논리는 비슷하나 비용과 편익을 모두 화폐가치로 측정하지 않고 두 개의 각각 다른 가치단위를 사용한다. 즉, 비용은 화폐단위로 측정되고 효과는 전형적으로 재화단위나 용역단위 또는 기타 가치 있는 효과단위로 측정된다.

비용효과분석에서는 다음과 같은 두 가지 적절성 기준에 의하여 대안을 선택한다. 즉, 최소비용기준(Least-Cost Criterion)은 일정한 효과수준을 최소비용으로 달성 가능한 정책대안을 선택하는 것이며, 최대효과기준(Maximum-Effectiveness Criterion)은 일정한 비용으로 최대의 효과를 달성할 수 있는 정책대안을 선택하는 것이다.

비용효과분석의 장점은 효과를 화폐가치로 측정하지 않기 때문에 비교적 적용이 용이하고, 시장가격 가치를 측정할 수 없는 집합재나 준집합재를 다룰 수 있다. 비용효과분석의 단점은 비용과 효과가 서로 다른 단위로 측정되기 때문에 총 효과가 총비용을 초과하는지의 여부에 대한 직접적인 증거를 제시할 수 없다(박경일, 2011: 256-257).

표 9-2 비용편익분석과 비용효과분석의 비교

비용편익분석	비용효과분석
• 화폐가치로 측정 • 장기계획 시 유리	• 재화나 용역 단위(비화폐적) • 비교적 적용이 용이

(3) 줄서기 분석기법

사회복지정책에서 줄서기 문제는 서비스 시설이 한정적이므로 모든 클라이언트에게 즉각적인 서비스가 제공되지 않을 경우이다. 줄서기 분석기법은 대기시간 등의 사회적 비용과 이를 줄이기 위한 적절한 시설수준을 찾아내기 위한 방법이다. 실례로서 병원에서 환자 대기시간을 줄일 수 있는 가장 체계적인 절차와 과정을 마련하기 위하여 간호사를 접수대에 배치하여 대기시간을 줄이고 있다(박경일, 2011: 258).

(4) 모의실험기법

모의실험이란 사회복지정책 대안들이 어떠한 변화를 가져올 것인가를 실제로 집행하지 아니하고 비슷한 상황 속에서 분석함으로써 미래를 예측하는 방법이다.

(5) 결정분석기법

정책대안의 결과를 예측하기 위하여 나타날 수 있는 확률적 사건을 나뭇가지(decision tree)처럼 그려놓고 분석하는 방법이다. 예를 들어, 과거 경험에 의하면 기관 내에서 바자회를 할 때 비가 안 오면 참석이 양호하여 1,000만 원, 비가 오면 참석 불량으로 600만 원이고, 기관 외에서 비가 오면 300만 원, 비가 안 오면 1,500만 원이라는 것을 다음과 같이 그려 놓고 기관 내에서 할 것인가, 기관 밖에서 할 것인가 하는 결정을 말한다(박경일, 2011: 257).

표 9-3 사회복지기금 마련 바자회 문제

대 안	결과 상황	결 과
기관 내	참석 불량(0.6) 참석 양호(0.4)	600만 원 1,000만 원
기관 외	참석 아주 불량(0.6) 참석 아주 양호(0.4)	300만 원 1,500만 원

(6) 선형계획기법

선형계획기법은 제약점이 여러 개일 뿐만 아니라 목표를 나타내는 변수와 투입변수 사이의 관계가 곧은 선형관계를 나타내는 경우 사용할 수 있는데, 일정한 제약조건 아래에서 편익의 극대화나 비용의 극소화를 달성할 수 있는 자원의 배분방법에 관해 정보를 제공해 준다.

CHAPTER 10

사회복지정책 과정의 이해(2): 결정, 집행, 평가

1. 사회복지정책 결정
2. 사회복지정책 집행
3. 사회복지정책 평가

CHAPTER

10

사회복지정책 과정의 이해(2): 결정, 집행, 평가

1. 사회복지정책 결정

정책결정이란 일반적으로 볼 때 권위 있는 정책결정권자 문제해결을 위해 제시된 여러 가지 대안들 가운데 하나를 선택하는 행위 또는 과정을 말한다(송근원, 1994: 196). 이런 정책대안들이 모두 정부의 정책결정권자에 의해 채택되는 것이 아니다. 사회복지정책의 대안 중에서 어떤 것들은 채택되고 어떤 것들은 채택되지 않는다. 여기서는 정책결정과 아주 밀접한 관계가 있는 사회복지정책 결정의 특성과 정책결정의 이론들을 살펴보고자 한다.

1) 사회복지정책 결정의 특성

사회복지정책 결정은 대안의 선택과정이기 때문에 다른 정책과정과는 다른 다섯 가지의 특성이 있다(남기민, 2009: 138).

첫째, 사회복지정책 결정은 누구나 할 수 있는 것이 아니라 정책결정을 할 수 있는 권한을 가진 사람만이 할 수 있다. 따라서 권위 있는 정책결정권자가 결정한 정책은 권위를 갖는다.

둘째, 사회복지정책 결정은 사회문제를 둘러싼 여러 이해관계자 간의 관계가 첨예하게 대립된 여러 사회복지정책 대안들 가운데서 최종 대안을 선택하는 것이다.

셋째, 사회복지정책 결정은 정책결정권자가 여러 정책대안들 가운데서 최종 해결대안을 선택할 때 사회 전체적인 기준으로 삼아야 하기 때문에 공익적 성격을 띤다.

넷째, 정책결정이 사회전체를 위한 공익적 성격을 띠긴 하지만 사회문제를 둘러싼 이해관계인들 사이의 타협의 산물이기 때문에 정치적 성격을 띠고 있다.

다섯째, 사회복지정책 결정은 해당 문제만을 고려하는 것이 아니라 다른 정책과의 관계 및 장래의 사회적 상황 변동 등 사회전체적인 입장에서 거시적 조망이 필요하다.

2) 사회복지정책의 결정이론

일반적으로는 여러 가지 분석을 통해 가장 좋은 정책을 선택한다. 하지만, 실제 정책결정 과정에서는 가능한 대안을 탐색하는 것에 시간과 비용이 문제가 되기도 하고, 합리적인 요소뿐만 아니라 비합리적인 요소까지도 영향을 미칠 수 있다. 따라서 정책을 결정할 때 어떠한 결정 과정이 일반적인가에 대해 학자들 간에 다소의 차이가 있다. 정책결정에 대한 이론은 크게 다음과 같이 세 가지로 분류할 수 있다.

(1) 합리모형

합리모형(rational model)에서는 인간은 고도의 합리성과 이성에 따라 행동하고 결정한다는 것으로 정책결정자나 정책분석가가 고도의 합리성을 가지고 주어진 목표달성을 극대화하기 위해서 최선의 정책 대안을 찾는다는 것을 전제로 하고 있다.

이 모형은 너무 이상적인 결정모형을 추구한다는 비판도 많지만 합리적인 대안이 선택되도록 정책결정에 공헌할 수 있고, 정책대안의 선택결과에 대해 현실적 · 객관적 평가가 가능하며, 소수 엘리트의 정치 영향을 배제하여 정책대안 선택에 합리성을 높일 수 있다는 면도 있다.

다른 모형에서는 주로 합리모형이 가져오는 시간과 노력의 비용문제, 현실적인 적용문제 등을 비판한다.

(2) 만족모형

만족모형(satisfying model)은 제한된 합리성 안에서 의사결정을 한다는 것으로, 정책결정자는 상황이 매우 복잡하고 동태적이므로 문제를 충분히 파악하기에는 제한적이어서 선별적으로 인식·선택한다고 본다. 대안을 선택하는 기준은 최적화가 아니라 만족화로 최선의 대안보다는 만족스러운 대안을 선택한다.

이 모형은 합리모형의 현실적 제약을 극복하기 위해 제기되었으며, 정책결정자가 완전한 합리성이 아닌 제한된 합리성에 기초하여 정책을 결정한다고 본다. 정책대안을 찾는 데 시간과 경비가 든다는 점을 밝혔으나, 만족화의 기준이 없다는 점, 보수주의에 빠지기 쉬워 창의적인 대안탐색이 어렵다는 한계가 있다.

(3) 점증모형

점증모형(incremental model)에 따르면 현실적인 정책결정 과정은 과거의 정책이나 결정의 부분적·점진적·순차적 수정이나 약간의 개선·향상으로 이루어지며, 그렇게 점진적으로 정책이 결정되는 것이 바람직하다고 강조한다. 하나의 정책을 둘러싸고 전개되는 정치적, 권력적 작용과 다양한 이해관계자들 간의 경쟁과 대립 등 정책결정 과정의 정치적 성격을 가장 잘 설명함으로써 공공정책의 속성을 적절히 나타내고 있다.

현실적으로는 중앙정부 차원의 사회복지정책의 경우 이미 시행 중인 정책 대안들을 위해 많은 예산이 투입되었기 때문에 개혁적인 새로운 대안을 채택하기보다는 일부 문제점을 보완하는 점증적인 정책대안을 선호하는 경우가 많다. 이와 같은 매몰비용(sunk cost)이 점증주의에 입각한 정책대안을 사용하게 하거나 만족스러운 대안을 채택하게 하는 경우도 있다.

이 모형은 사회가 근본적인 재분배를 필요로 하는 정책보다 항상 정치적으로 실현가능한 임기응변적 정책을 모색하는 데 골몰한다는 점, 권력이나 영향력이 강한 개인 및 집단에게는 유리하나 사회적 약자에게는 불리한 정책을 산출할 가능성이 높다는 점, 단기적인 정책에만 관심을 가질 수 있다는 점 등이 약점이다.

(4) 혼합모형

혼합모형은 합리모형과 점증모형의 절충적인 형태로 에치오니(Etzioni)가 주장한 모형이다. 이 모형은 중요한 문제이거나 위기적 상황인 경우 합리모형에서와 같이 포괄적 관찰을 통해 대안을 탐색하여 기본적 결정을 하고, 이후 점증모형에서와 같이 이를 수정·보완하면서 세부적(점증적) 결정을 한다는 논리이다.

기본적 결정이 중대한 영향을 미치고 후속적인 세부 결정의 범주와 방향을 제시하는 것이다.

(5) 최적모형

최적모형(optimal model)에서는 정책결정은 경제적 합리성과 함께 직관, 판단력, 창의력 등 초합리적 요소까지도 동시에 고려해야 한다는 이론이다.

이 모형은 계량적·경제적 합리성의 측면과 질적이며 초합리적인 요소를 함께 고려한다. 또 제한된 인적·물적 자원의 범위 내에서의 정치적 합리성과 경제적 합리성을 동일하게 중요시하며, 정책의 집행, 평가 및 피드백에도 관심을 가져야 한다고 강조한다.

- **합리모형**: 고도의 합리성에 기반을 두고 최선의 대안 선택
- **만족모형**: 제한된 합리성에 기반을 두고 만족스러운 수준에서 대안 선택
- **점증모형**: 기존 정책의 문제점을 수정하여 개선을 추구
- **혼합모형**: 합리·점증모형의 절충. 포괄적 관찰로 대안을 탐색, 점증적 방식으로 결정
- **최적모형**: 합리성과 함께 직관, 판단력, 창의력 같은 초합리성 강조

(6) 쓰레기통모형(garbage can model)

'조직화된 혼란상태(organized anarchies)' 속에서 정책에 필요한 몇 가지 흐름이 우연

히 통 안에 들어와 정책결정이 이루어진다고 보는 과정지향적이고 참여지향적인 정책결정 모형이다.

이 이론을 발전시킨 킹돈(Kingdon)은 정치의 흐름, 문제의 흐름, 정책(대안)의 흐름이 따로 존재한다고 하였다. 이들이 우연히 만날 때 정책의 창문(policy window)이 열리며, 이때 정책결정을 하지 않으면 정책의 창문은 닫히게 되고, 세 개의 흐름은 제각기 흩어져 흘러가게 된다고 주장한다.

그림 10-1 킹돈의 정책결정 모형

(7) 공공선택모형

정치경제학적인 입장에서 공공재와 공공서비스의 공급을 합리적으로 수행하는 것이 매우 중요하다는 전제하에, 이를 위한 정책결정 방식과 조직 배열에 관심을 두고 있다. 모든 다른 사회가치에 손실을 주는 일 없이 특정 가치를 더 많이 성취하는 파레토 최적 기준점에서 가장 합리적인 정책결정이 이루어져 공공정책의 최적 선택이 가능하다고 본다.

분석단위로서 전통적인 경제적 인간이 아니라 정책결정자로서 이기적이고 합리적이며 전략적인 개인을 강조하는 개인 중심적 분석 방법을 중시하며, 하나의 정책이 사회의 모든 부문에 미치는 정책의 파급효과를 중시하고, 공공재를 공급하는 정부조직체의 경우 다양한 공공재와 서비스를 제공하기 위해서는 다양한 조직 배열이 있어야 한다고 주장한다.

공공선택모형에 따르면 사회복지 재화와 서비스는 증가하는 욕구에 따라 경제적, 합리적으로 제공되는 것이 아니라, 사회복지를 둘러싼 정치적 이해관계에 의해 제공된다.

공공선택은 크게 세 가지 결과를 낳을 수 있다. 첫째, 사회구성원들의 소득이 증가하는 파레토 우위의 결과, 둘째, 한 집단에서 다른 집단으로 소득을 재분배시킨다. 셋째, 어리석은 공공선택이 이루어지면 사회의 모든 구성원의 소득이 자유방임 때보다 더 감소된다.

▌표 10-1▌ 정책결정모형의 주요내용 요약

모 형	주 요 내 용
합리모형	• 문제해결을 위한 모든 대안들을 검토하고, 각 대안이 가져올 결과에 관한 정보를 최대한 수집·분석한 다음 대안들의 장·단점을 비교 평가함으로써 최선의 대안을 선택 • 인간의 전지전능을 전제함(이상향, 꿈을 그리는, 폐쇄적인 이론)
점증모형	• 목표달성을 위해 여러 대안을 평가하여 최적의 것을 선택하는 합리모형과 달리 기존의 정책이나 결정을 일단 인정한 토대 위에서 그것보다 약간 향상된 대안에 대해서만 부분적·순차적으로 탐색하여 의사결정을 하는 현실주의적 모형 • 보수적 현실주의적 모형
만족모형	• 합리모형의 현실적 제약점을 극복하기 위한 것으로 합리모형과 같이 완벽한 합리성을 추구할 수는 없다는 사실을 인정하고, 현실적으로 만족할 만한 대안의 선택을 중시하는 현실주의적 의사결정 모형 • 합리성을 추구하되 제한적 합리성 • 심리적 만족 • 측정의 객관성 확보 "그만하면 됐다." 하는 수준에서 의사결정
혼합모형 (합리모형 + 점증모형)	• 인간의 정보수집 및 처리능력의 한계와 현실적 제약을 인정하면서 기본적으로 문제를 전체적·체계적으로 검토한 후에 이상이 있다고 판단되는 것에 초점을 맞추어 현실적인 제약의 한계 내에서 가능한 대안을 검토하여 효과성과 효율성이 경험적으로 가장 높을 것으로 생각되는 대안을 선택 • 장단기로 활용가능 〔합리모형(장기적 안목)+점증모형(현실적 대안)〕
최적모형	• 과거의 전례가 없는 전혀 새로운 의사결정을 해야 하는 경우 직관, 판단, 창의성과 같은 초합리적인 요인의 개입이 불가피하다고 보는 의사결정 모형 • 정치적·경제적 측면에서의 실현가능성을 매우 중시
쓰레기통 모형	• 조직의 목표가 모호하고, 조직의 기술이 막연한 경우에 적용되는 모형 • 문제, 해결책, 참여자, 선택기회 등 의사결정에서 고려해야 할 사항들을 혼합(쓰레기통에 우연히 함께 모인 여러 쓰레기들의 특수한 혼합)해서 의사결정
공공선택 모형	• 정부 재정 부문의 정책결정에서 바람직한 민주적 의사결정을 추구하면서 나온 모형으로서 국민의 정책결정에의 참여와 상황에 잘 적응하는 행정 구조를 강조

	• 이기적인 개인이 서로 다른 이익을 관철시키려 하는 것이 의사결정이므로 가급적 많은 사람이 민주적으로 의사결정 하는 것, 즉 집합적 의사결정이 가장 바람직함

2. 사회복지정책 집행

1) 사회복지정책 집행의 특성

사회복지정책이 결정되면 그 정책을 구체화하는 과정이 있어야 한다. 일반적으로 정책집행이란 정책에 포함된 목표나 내용을 구체화시키고 달성해 나가는 활동을 의미한다. 이런 관점에서 보면 사회복지정책의 집행은 집행권자이 관료들이 클라이언트와 직접적 상호작용을 통하여 사회복지정책의 목표를 구체화시키고 달성해 나가는 과정이다.

그러나 정책의 집행과정에서 해결하려는 사회문제와 관련된 여러 이해집단들 역시 관여하게 된다. 따라서 정책집행의 과정은 사회복지정책의 목표를 달성하기 위한 기술적 과정인 동시에 정치적 과정이다. 이를 좀 더 구체적으로 설명하면 다음과 같다(송근원 · 김태성, 1995: 145-146).

사회복지정책 집행 과정은 목표를 구체화시키는 데 그 목적이 있다. 정책의 집행과정은 다른 과정과는 달리 기술적 성격을 띤다. 예컨대 정책의 집행의 집행조직의 문화나 선례 등이 많이 작용한다. 이로 인해 새로운 아이디어나 혁신적인 집행을 기대하기는 힘들다. 즉, 관료들은 결정된 정책을 그 범위 안에서 소극적으로 해석하여 책임을 회피하거나 형식적인 절차에 얽매이는 관료제의 병리현상이 나타내기도 한다.

그러나 결정된 정책이 모두 다 그대로 집행되는 것은 아니다. 정책의 집행과정에서 그 정책의 시행으로 손해를 보는 집단들이 정치적 압력을 넣어 집행을 무산시키려고 시도하기도 한다. 이로 인해 정책의 집행이 약화되거나 아예 집행 자체가 이루어지지 않는 경우가 나타나기도 한다. 특히, 사회복지정책의 집행은 재분배 정책에 속하는 것이어서 더욱 정치적 성격이 강하다. 사회복지정책이 집행 과정 속에서 이해 집단 간의 의견 불일치 이념 논쟁이 지속되며 재분배적 목적에 대한 정치적 영향을 받기 때문이다. 이런 사회복지정책의 집행과정 속에서 사회적 약자들은 불리한 입장에 서는 것이 일반적이다. 이들은 정치적으로나 경제적으로 권력의 자원이 부족하여 사회복지정책의 집행과정에서 영향력을 발휘하지 못하는 것이 일반적이다. 따라서 사회복지사는 의도한 사회복지정책의 목표가 변질되지 않고 실현될 수 있도록 사회적 약자들을 압력집단으로 조직하고 이들이 정책이 집행과정에 보다 적극적으로 참여하여 자신들의 권익을 실현할 수 있도록 도와주어야 한다.

한편, 월만(Wolman)은 정책집행의 성과를 설명하거나 이해할 수 있는 포괄적인 분석틀을 제시하였으며 여기서 정책집행의 성과를 거두기 위한 요인으로 다음과 같은 다섯 가지를 제시하고 있다(송근원 · 김태성, 1995: 158).

첫째, 인적 자원과 물적 자원의 적절성이다. 둘째, 관리 및 통제구조이다. 정책집행기관은 정책의 집행과정을 효과적으로 관리하거나 통제할 수 있는 구조를 갖추어야 한다. 셋째, 관료제적 규칙 및 규제이다. 정책집행기관은 정책목표에 맞추어 집행을 하는 경우에 관료제적 규칙이나 규제가 필요하다. 그러나 이는 너무 형식주의, 보수주의, 책임회피, 목표와 수단의 전치 등 병리적 형태가 일어날 수 있으므로 이에 너무 의존해서는 안 된다. 넷째, 정치적 효과성이다. 집행기관이 가지고 있는 정치적 자원이나 기술은 정책집행의 성공에 필수적이다. 예컨대, 이익집단, 국회의원, 대통령 등이 지지가 없으면 정책집행을 성공하기가 어렵다. 다섯째, 환류 및 평가이다. 정책집행의 집행결과를 되돌아보고 평가하는 것은 정책집행의 성공에 많은 영향을 미친다.

2) 사회복지정책 집행의 활동 내용

사회복지정책 집행은 정책을 실행하는 단계이다. 사회복지정책 집행은 관련된 관료기구를 설치하고, 비용을 지출하고 관련법을 집행하는 것을 말한다. 그러므로 정책을 집행하는 단계에서는 정부의 관료기구, 공적 자금, 규제, 정부기관의 기타 활동을 통해서 정책을 실행에 옮긴다. 이때 다른 조직 및 기관과 협력하여 정책을 실행하는 경우가 많다(DiNitto, 2007; Dye, 2008). 이와 같이, 사회복지정책 집행의 활동 내용은 다음과 같다.

첫째, 정책을 실행할 부서와 기관을 조직한다.

둘째, 관련된 급여나 서비스를 제공한다.

셋째, 세금을 부과한다.

정책 집행의 경우 대통령, 대통령과 관련된 부서, 행정부의 부서와 기관이 관여한다. 일부 학자들은 대부분의 정책이 정책 실행 단계에서 이루어진다고 본다. 실제로 정책은 모호하고 일반적인 경우가 많고, 이에 따라서 정책은 실행 단계에 이르러서 정책의 실제적 의미가 부여되는 경우가 많다(Kelly & Palumbo, 1986; Dye, 2008). 이런 점에 정책 실행의 의의가 있다고 볼 수 있다(노병일, 2011: 249-250).

- 관련된 관료기구를 설치하고, 비용을 지출하며, 법을 집행하는 것을 말한다.
- 정부의 관료기구, 공적 자금, 규제, 정부기관의 기타 활동을 통해서 정책을 실행에 옮긴다.
- 대통령, 대통령과 관련된 부서, 행정부의 부서와 기관이 관여한다.

사회복지정책 집행의 활동 내용

- 정책을 실행할 부서와 기관을 조직한다.
- 관련된 급여나 서비스를 제공한다.
- 세금을 부과한다.

3. 사회복지정책 평가

1) 사회복지정책 평가의 특성

정책평가는 본래의 정책목표를 달성했는지 여부를 평가하는 것이고, 평가된 내용은 다시 정책과정에 영향을 주므로 매우 중요하다. 정책평가란 어떤 정책활동에 관한 정보를 수집하고 분석하여 해석함으로써 그 가치를 판단하는 것이다. 즉, 특정 정책과 프로그램이 그것의 목표를 달성했는지 알아보기 위해서 정보를 수집, 분석, 해석하는 활동이다.

여기서 정책활동의 범위는 좁은 의미의 정책평가와 넓은 의미의 정책평가로 구분할 수 있다.

좁은 의미의 정책평가는 정책집행의 결과에 대한 평가, 곧 정책이 원래 의도한 문제의 해결에 얼마만큼 영향을 미쳤는지에 대한 평가활동을 의미한다. 이는 구체적인 하나의 정책이 미치는 여러 가지 영향들에 초점을 두며 결국 그 정책이 성공하였는지 실패하였는지에 대한 평가 연구를 뜻한다. 반면 넓은 의미의 정책평가는 정책과정 전반에 걸쳐 평가활동을 의미한다. 정책결정 이전부터 정책집행 이후까지의 모든 정책과정 속에서 이루어지는 정책활동에 대한 평가를 뜻한다.

2) 사회복지정책 평가의 절차

사회복지정책의 평가 절차를 일반적인 정책평가의 절차에 따른 평가의 목표설정, 평가범위 설정, 정책 프로그램의 내용 파악, 평가설계, 자료수집, 분석 및 해석, 평가보고서의 작성 및 제출로 구분하여 살펴보고자 한다(Mcinnis-Dittrich, 1994: 114-121).

(1) 평가의 목표 설정

사회복지정책의 평가를 위해 우선 먼저 해야 할 일은 평가 목표를 설정하는 것이다.

정책평가의 목표를 어디에 두느냐에 따라서 정책평가자, 평가의 기준 및 범위가 결정된다. 따라서 정책평가의 목표를 분명하게 하는 것은 정책평가의 방향을 결정해 주는 역할을 하기 때문에 중요한 일이다.

(2) 평가범위의 설정

사회복지정책의 평가목표를 결정되면 그 정책평가의 범위를 결정해야 한다. 정책평가의 범위는 정책프로그램을 분석함으로써 이루어진다. 정책프로그램을 분석함으로써 정책프로그램이 의도하고 있는 다양한 목표를 찾아내어 평가목적에 비추어 이들 가운데서 어떤 것을 평가할 것인가를 결정하는 것이다. 그리고 사회복지정책의 평가가 이루어질 시간과 장소의 범위도 확정지어야 한다.

(3) 정책프로그램의 내용 파악

사회복지정책평가의 목표와 범위가 결정되면 그 정책 프로그램의 내용을 파악해야 한다. 즉, 정책평가의 대상이 되는 프로그램의 목표, 대상자, 이익단체 등에 관한 법적 내용과 정책결정과정 및 집행과정 등 정책평가와 관련된 전반적인 정보를 수집한다.

(4) 평가설계

정책평가와 관련된 사회복지정책 프로그램의 내용이 결정되면 그 정책 프로그램이 영향을 미치는 평가 모형을 분석한다. 이러한 평가 모형들이 각각 어떠한 결과가 나타났는지 그 결과가 바람직한지 그러한 결과가 나타나는 데 영향을 미치는 요인이 무엇인지 등을 파악하기 위한 분석 틀이다.

(5) 자료수집

평가의 분석 틀이 결정되면 그 평가에 필요한 자료를 수집해야 한다. 자료란 정책 평가에 직·간접적으로 사용되는 일체의 정보를 말한다. 자료는 조사자가 조사를 통해서 직접 수집하는 1차적 자료와 다른 사람이 다른 목적을 위하여 작성하는 2차적 자료로 구분된다. 자료수집방법에는 설문지법, 면접법, 관찰법 등이 있다.

(6) 분석 및 해석

자료의 수집이 끝나면 그 자료를 분석하고 해석함으로써 정책평가는 어느 정도 정리된다. 자료의 분석은 질적인 분석과 양적인 분석으로 구분된다. 질적인 평가 분석은 객관적인 입장에서 형태론적 접근뿐만 아니라 정책 행위의 주관적인 의미를 찾아내는 해석적 접근이나 자연주의적 접근에 의한 평가이다. 반면에 양적인 평가 분석을 통계적 기법이나 정책분석 기법을 사용하여 비용편익이나 효과분석 등을 하는 것이다.

(7) 평가보고서의 작성 및 제출

평가의 마지막 단계는 평가결과를 행정기관 등에 보고하는 평가보고서를 작성하는 것이다. 바람직한 평가보고서는 평가의 긍정적인 측면과 부정적인 측면이 동등하게 취급하는 것이다. 여기서 측정될 수 있는 강점은 프로그램이 개선되고 수정될 수 있는 기초가 되고, 약점은 보완하거나 제거될 필요가 있다.

평가보고서는 먼저 그 형식에서 다음 네 가지의 내용이 포함되어야 한다.

첫째, 평가의 양식이 쉽게 눈에 띌 수 있도록 만들어야 한다. 둘째, 평가의 내용은 쉽고 간결하게 해야 한다. 셋째, 평가의 내용에 그림이나 도표 등을 활용하여 이해하기 쉽게 해야 한다. 넷째, 평가의 내용은 맞춤법을 맞추어 써야 한다.

다음으로 평가보고서의 내용에는 다음과 같은 여섯 가지 내용이 포함되어야 한다. 첫째, 평가결과의 내용이 요약되어야 한다. 둘째, 평가된 프로그램에 대한 배경 설명이 있어야 한다. 셋째, 평가목표 및 평가방법이 있어야 한다. 넷째, 자료수집방법이 있어야 한다. 다섯째, 분석결과 및 논의가 있어야 한다. 여섯째, 결론 및 제언이 있어야 한다.

마지막으로 대부분의 프로그램의 평가는 그 결과를 기초로 하여 어떤 정책을 제안하며 그 정책 제안의 내용에서는 평가보고서에 포함될 수 있는 다음 네 가지의 권고의 내용이 있어야 한다.

첫째, 프로그램이 지속되거나 종결할 필요가 있는지 아니면 프로그램이 확대되거나 축소되어야 하는가? 둘째, 어떠한 의도하지 않는 결과가 긍정적이거나 부정적이어서 해결되어야 하는가? 셋째, 프로그램의 비용이 프로그램의 편익의 측면에서 정당화할 수 있는가? 넷째, 프로그램의 효과성을 위하여 더 많은 재정이 필요한가?

3) 사회복지정책 평가의 활동 내용

사회복지정책 평가는 정책이 효과가 있는지를 파악하고, 또한 정책이 대중의 인기를 얻고 있는지를 파악하는 것을 말한다. 그러므로 정책을 평가하는 단계에서는 정부기관, 외부 자문기관, 이익집단, 언론, 일반대중이 공식적으로 또는 비공식적으로 정책을 평가한다. 이런 정책이 얼마나 가치가 있는지 또는 쓸모가 있는지에 대해서 이런 집단들은 서로 다른 결론을 내리는 경우가 많다(DiNitto, 2007; Dye, 2008). 정책 평가의 활동 내용은 다음과 같다.

첫째, 정부 프로그램의 결과를 공표한다.

둘째, 정책이 대상 집단과 비대상 집단에게 미친 영향을 평가한다.

셋째, 변화할 점과 개혁할 점을 제안한다.

정책 평가 단계의 경우, 행정부의 부서와 기관 의회의 위원회, 언론, 두뇌집단이 관여한다. 이상적으로 볼 경우 정책과 관련된 프로그램이 완전히 실행된 후에 평가를 실시할 것이다. 그러나 정치적 압력 때문에 평가가 항상 이런 방식으로 진행되는 것은 아니다(Kelly & Palumbo, 1986; Dye, 2008; 노병일, 2011: 250 재인용).

- 정책이 효과가 있는지를 파악하고, 또한 정책이 대중의 인기를 얻고 있는지를 파악하는 것을 말한다.
- 정부 기관, 외부 자문기관, 이익집단, 언론, 일반대중이 공식적으로 또는 비공식적으로 정책을 평가한다.
- 행정부의 부서와 기관, 의회의 위원회, 언론, 두뇌 집단이 관여한다.

사회복지정책 평가의 유형

정책평가는 사회복지정책의 과정 중에서 매우 의미 있는 과정이라고 할 수 있다. 왜냐하면 정책평가는 본래의 정책목표를 얼마나 잘 달성하였는가를 알려주는 동시에 평가된 내용은 정책과정에 다시 영향을 주는 기초가 되기 때문이다.

나키미아스(Nachmias)는 정책평가는 진행 중인 정책이 달성하고자 하는 목표와 관련하여 그것이 대상집단에 미친 효과를 객관적 · 체계적 · 실증적으로 검토하는 것이라고 규정하고 있다.

홀리(Wholey)는 정책평가란 현재 진행 중에 있는 프로그램이 그 목적을 달성하는데 효과적이었나 하는 효과성을 따져 보는 것으로서, 그 프로그램의 효과를 그 상황에 작용하는 다른 여타의 요인들로부터 분리, 구분하기 위하여 연구설계의 원리에 의존하며, 현재 운용하고 있는 프로그램을 수정함으로써 프로그램을 개선하고자 하는 것을 목적으로 하는 의도적인 노력이라고 정의하고 있다.

즉, 정책평가는 정책에 기여하기 위한 수단으로서 명시적으로나 묵시적인 기준에 비교하여, 정책의 집행 혹은 결과에 대한 사정이라고 볼 수 있다. 따라서 평가에는 ① 체계적인 사정, ② 정책의 과정 혹은 실행, ③ 그 결과에 대한 초점, ④ 비교 가능한 기준, ⑤ 정책의 개선이라는 목적 등이 포함되어 있는 개념이다(Weiss, 1998: 4-5).

사회복지정책의 효과성 평가: 결과평가 또는 영향평가

'사회복지정책의 목표를 얼마나 달성하였느냐'에 관한 평가이다. 사회적 효과성은 '사회복지정책을 수행한 결과 얼마나 사회연대, 사회통합 또는 사회적 조화가 이루어졌느냐'에 관한 평가이다.

비용편익분석이 비용과 편익을 계량화하여 평가한다면, 영향평가는 계량화하기 힘든 부분들을 평가하되 비슷한 정책 대안들이 가져오는 영향을 평가하는 데 초점이 있다.

영향평가는 정책사업의 결과 해당 정책사업이 정책 대상에게 미친 영향을 평가하는 것으로 정책사업이 없었을 경우와 정책사업이 실시된 이후 가져온 순영향을 평가하는 것이다.

첫째, 정책목표에 따라 정책 대상에게 가져온 영향의 정도 평가가 포함된다(Blomquist, 2003).

둘째, 수행된 정책이 의도한 정책효과 외에 발생한 영향도 영향평가에 포함될 수 있다.

셋째, 이와 같이 수행된 정책이 나타낸 단기적 효과 외에 향후 발생할 수 있는 장기적인 정책영향도 영향평가 내용에 포함되어야 한다.

사회복지정책의 효율성 평가: 과정평가

'동일한 정책 산출물에 대해 비용을 최소화 하였는가' 또는 '동일한 비용으로 산출을 극대화하였는가'에 대한 평가이다. 과정평가는 "정책사업이 목적한 것을 성취하기 위하여 제대로 수행되었는지 확인하는 작업"(Scheirer, 1994)을 의미한다. 또한 서비스 전달과는 독립적으로 수행되는 경향이 있으며 일반적으로 평가 전문가에 의하여 수행된다.

과정평가는 영향평가와 함께 수행되는데, 영향평가가 사업에 영향을 준 전체적인 그림을 파악할 수 있도록 한다면, 과정평가는 사업 수행의 맥락과 상황을 파악하는데 유용한 정보를 제공한다.

과정평가는 ① 비교적 새로운 사업의 영향평가를 앞두고 향후 정책 개선을 위해 문제점을 파악하고자 할 때, ② 이미 시행되고 있는 사업이나 사업조직의 전달체계상 문제점이 발견되어 성과가 불확실해 보일 때, ③ 사업효과는 있는 것이 판명되었으나 수행 과정과 전달체계에 문제점이 있는 것으로 파악될 때, ④ 정책사업의 대상이 상대적으로 적기 때문에 영향평가가 어려울 때 주로 실시된다. 과정평가 방법은 정책수행 과정을 직접 현장방문을 통해 모니터링하거나 사례연구(case study), 설문조사(survey), 면담한 내용을 질적·양적인 방법을 사용하여 보고서를 작성함으로써 이루어질 수 있다(손병덕, 2012: 383).

CHAPTER 11

사회복지정책의 대상과 급여

1. 대상자 선택의 기준
2. 급여의 유형과 특성
3. 급여의 수준과 유형 간 비교

11 사회복지정책의 대상과 급여

1. 대상자 선택의 기준

전통적인 자격요건의 원칙으로 논쟁 중인 보편주의와 선별주의는 구분이 뚜렷하지 않고 상호 간 주장이 중첩적이어서 기준이 매우 혼란스럽다. 따라서 이러한 자격요건의 원칙은 사회복지정책의 연구에는 적절한 연구기준이 되지 못한다. 그러므로 기존의 보편주의와 선별주의 논쟁과는 다른 새로운 자격요건의 원칙이 요청되는데 이런 측면에서 길버트와 스펙트의 할당원칙은 의미가 있다. 길버트와 스펙트는 귀속적 욕구, 보상, 진단적 차별, 자산조사 등 네 가지 자격조건의 할당원칙을 제안하고 있다(홍봉수 외, 2011: 144).

표 11-1 대상자 선택의 기준

구 분	내 용	대상자	욕구판단 기준
귀속적 욕구	특정한 집단 구성원으로서의 조건을 갖춘 사람. 인구학적 조건이나 국적의 여부 등	집단	규범적 판단과 법규 · 제도 등
보상	일정 요건을 갖추고 기여를 한 사람 또는 사회적 공헌 · 희생을 한 사람	집단	형평성에 입각한 규범적 판단과 법규 · 제도 등
진단적 차별 (등급분류)	특정한 재화와 서비스가 필요한 개인에 대한 분류(예: 장애연금의 등급분류)	개인	전문적 등급 분류
자산조사	소득과 재산에 대한 조사	개인	경제적 기준

1) 귀속적 욕구

시장에서 존재하는 기존의 제도에 의해서는 충족되지 않는 욕구를 공통적으로 가진 집단에 속한 경우 급여를 제공하는 것이다. 이때 귀속적 욕구는 규범적 기준에 의해 정해진다.

욕구의 귀속범위를 가장 광범위하게 정의하는 것은 욕구가 모든 국민에게 귀속되어 있다고 보는 경우이다. 이때는 시민권이나 국적 여부로 급여를 제공하게 되는데, 영국의 보건서비스(NHS)가 대표적이다. 욕구가 인구학적으로 구분되는 집단에 귀속된 것으로 보는 경우에는 각 집단에 특화된 급여를 제공하게 되는데, 대표적으로 노인복지, 아동복지 등을 들 수 있다. 욕구를 보다 제한적인 집단에 귀속된 것으로 한정할 수도 있는데, 예를 들어 지역마다 서로 다른 욕구가 존재한다고 보고 지역별로 특화된 서비스를 제공하는 것이 있다. 이런 대상 선정 기준을 적용하는 대표적인 제도로 사회수당제도가 있다. 사회수당제도는 특정한 인구학적 조건(출생, 사망, 연령 등)만 충족하면 급여가 주어진다는 점에서 낙인 문제가 발생하지 않는다. 하지만, 급여수준이 높지는 않다. 사회수당제도는 자격조건이 단순하기 때문에 대상자 선별과정 등에 투입되는 행정비용이 상대적으로 적게 소요된다는 점에서 운영효율성이 높다.

대부분은 인구학적 조건과 선별주의적 자격조건을 결합하여 운영한다. 한국의 기초노령연금제도는 만 65세 이상 노인(인구학적 조건)으로 소득인정액이 선정기준액 이하인 사람(자산조사)에게 급여를 제공한다.

2) 보상

경제적인 기여나 사회적인 공헌을 기준으로 급여를 제공하는 경우이다. 대표적인 것은 사회보험 프로그램으로 여기에서는 보험료 납부라는 경제적인 기여를 급여 수급을 위한 기본 조건으로 하고 있다. 또 국가유공자에 대한 급여와 같이 사회적인 기여를 기준으로 제공하는 프로그램들이 있다(임봉오 외, 2010: 80).

3) 진단적 차별

전문가의 분류나 판단에 근거하여 급여를 제공하는 것으로 대표적인 것이 장애연금에서의 등급분류라 할 수 있는데, 각 개인의 장애 정도를 전문가가 판단하여 정도에 따라 급여를 차등 지급한다.

4) 자산조사

자산조사는 선별주의적인 자격조건으로, 주로 공공부조 프로그램에서 자격기준으로 사용한다. 자산조사는 각 개인이 재화와 서비스를 스스로 구매할 능력이 없다는 것을 소득과 재산에 대한 조사를 통해 확인하고 급여를 제공하는 것이다. 따라서 사회복지급여의 수급자는 제한적이며, 개개인의 욕구에 따라 대상자를 선정한다.

우리나라에서는 국민기초생활보장제도나 의료급여제도 등에서 자산조사를 사용한다.

송근원과 김태성(1995)은 일반적으로 많이 사용되는 급여의 자격조건으로 거주여부와 거주기간, 인구학적 조건, 기여, 근로능력, 자산조사, 전문적 또는 행정적 판단이라는 여섯 가지를 제시하고 있다.

표 11-2 송근원과 김태성(1995)의 급여자격 조건 분류

보편주의 제도적 복지	⟸⟹			선별주의 잔여적 복지
귀속적 욕구 (attributed need)		보상 (compensation)	진단적 차별 (diagnostic differentiation)	자산조사에 의한 욕구 (mean-tested need)
거주 여부	인구학적 속성	사회경제적 기여	전문적 판단	자산조사

2. 급여의 유형과 특성

사회복지정책을 통해 제공되는 물질적·비물질적 지원을 급여라 한다. 이 급여에는 현금, 현물, 증서, 기회, 권력 등이 있는데 현실적으로 현금과 현물의 형태가 거의 대부분이다.

길버트와 스펙트의 분석틀 중 '무엇을 받는가?'에 해당하는 급여의 형태를 알아본다.

1) 현금(cash)급여

현대 복지국가들이 제공하는 사회복지 재화나 서비스 가운데 가장 비중이 큰 것은 현금 형태의 급여이다. 국민연금, 공공부조, 아동수당 등에 모두 현금으로 급여가 제공된다. 현금급여가 많이 쓰이는 이유는 다음과 같은 장점 때문이다.

현금급여의 장점은 첫째, 수급자의 효용을 극대화할 수 있다. 현금으로 급여할 때 사회적 자원의 효율적 배분이 이루어질 수 있다는 점이다. 그러나 현금급여가 현물급여보다 수급자의 효용을 높인다는 주장은 한계도 가지고 있다. 우선 어떤 사람들은 현금급여로서 '합리적 선택'을 하여 자신들의 효용을 극대화할 능력이 없을 수도 있다. 특히 오늘날과 같이 복잡한 사회에서는 어떤 서비스(대표적으로 의료서비스)를 통해 자신들의 효용

을 극대화할 수 있는 '합리적 선택'을 결정하기에 많은 어려움이 있다. 또한 '개인'의 효용의 극대화는 경우에 따라서는 '사회 전체'의 효용 극대화에 의하여 제한을 받을 수 있는데, 이 경우에 현물급여가 현금급여보다 바람직할 수 있다.

현금급여의 두 번째 장점은 수급자 선택의 자유와 소비자 주권의 측면이다. 현금급여는 수급자 선택의 폭을 넓혀 다양한 취향을 반영할 수 있을 뿐 아니라, 민주사회에서 그 자체로 매우 중시되는 가치인 자유나 자기결정의 권리를 보호할 수 있다. 반면에 현물급여는 '소비의 강제화'를 통하여 개인의 자유나 자기 결정을 훼손시킬 수 있다. 그러나 한편으로는 소비자 선택의 자유는 생산자들에 의하여 광고 등의 방법으로 왜곡될 수 있다.

셋째, 현금급여는 인간의 존엄성을 유지시키는 데 현물급여보다 우월하다. 일반적으로 사회복지프로그램 가운데 어떤 것들은 수급자에게 치욕을 주는 경향이 있다. 이런 치욕은 급여를 신청할 때, 급여를 받을 때, 급여를 소비할 때 발생하는데 현금급여는 적어도 소비단계에서는 치욕이 발생하지 않는다. 반면 현물급여는 소비단계에서 소비자 치욕이 심각하다. 현물급여가 치욕을 발생시키기 때문에 많은 수의 사람들이 현물로 급여하는 사회복지프로그램에 자격이 되는 데도 신청을 하지 않아 급여를 받지 못한다.

넷째, 현금급여는 현물급여에 비하여 프로그램의 운영비용이 적게 든다. 이는 현물급여는 보관, 관리, 유통에 있어서 많은 비용이 소요되기 때문이다(이진숙 외, 2009: 224-225).

현금(cash)급여

급여수급자가 자신에게 필요한 재화와 서비스를 직접 시장에서 구매하도록 화폐 형태로 지급하는 급여이다.

- **장점**: 수급자 효용을 극대화할 수 있다. 수급자의 존엄성을 유지시켜 줄 수 있다. 수급자들의 선택의 자유와 소비자 주권을 높일 수 있다. 프로그램의 운영비용이 적게 들어 운영효율성을 높일 수 있다.
- **단점**: 목표효율성이 떨어진다. 사회적 효용이 감소되는 경우가 있다.

2) 현물(goods)급여

현물급여는 복지국가가 발전되기 이전에는 중요한 역할을 하였으나, 이후 국가에 의한 본격적인 소득보장정책이 발전되면서 현금급여보다 상대적으로 비중이 적어졌다. 그러나 오늘날 사회복지가 발전되지 않는 나라에서는 아직도 강조되는 경향이 있다. 미국의 경우 저소득층을 위한 프로그램 중 현물급여가 80%이고 전체 사회복지프로그램 가운데 현금급여보다는 현물급여가 약간 크다. 현물급여 가운데 비중이 가장 큰 것은 의료서비스와 교육서비스이다.

현물급여가 필요한 이유는 다음과 같다.

첫째, 현물급여는 정책의 목표효율성을 높일 수 있다. 사회복지정책의 목표를 이루는 데에는 현물급여가 현금급여보다 더 효율적일 수 있다. 현물급여 또한 현금급여보다 욕구를 가진 자를 더 확실히 선별할 수 있어 급여가 필요한 대상자에게 집중적으로 급여를 제공할 수 있다. 현물급여는 현금급여보다 효용이 낮고 치욕이 발생하기 때문에, 현금급여에는 급여신청을 하던 사람들이 현물급여에는 신청할 동기가 약해져 급여를 받을 필요성이 강하지 않은 사람들은 신청을 하지 않는다. 이러한 이유 때문에 현물급여에는 현금급여에 비하여 남용이나 오용의 문제가 크지 않다.

둘째, 현물급여는 현금급여에 비해 정치적인 측면에서 선호된다. 그 이유는 현물급여는 현금급여에 비하여 효과가 비교적 명확히 나타나기 때문에 납세자들이 선호하게 되는 것이다. 이는 특히 사회복지 확대를 반대하는 나라에서는 강하게 나타나는 현상이다. 현물급여는 또한 현물을 생산하거나 제공하는 집단에게도 선호되기 때문에 정치적으로 채택될 가능성이 높다. 또한 현물급여프로그램을 관리하는 관료들도 현물의 경우에는 그들의 조직이 커질 수 있어 권력이나 기타 측면에서 유리하기 때문에 선호하는 경향이 있다.

셋째, 현물급여는 현금급여보다 대량생산과 대량소비로 인한 규모의 경제 효과가 커서 프로그램 비용을 줄일 수 있다. 또한 시장에서 지나친 경쟁으로 인한 낭비를 줄일 수 있다. 그러나 실제로는 두 가지 점에서 비판을 받고 있는데 하나는 사회복지재화나 서비스 가운데 대부분은 서비스 속성상 규모의 경제 효과가 나타나기 어렵다는 사실이다. 규모의 경제 효과가 나타나기 위한 전제조건은 서비스가 질의 변화 없이 대량으로 공급될 수 있어야 하는 점인데 전문적인 서비스(의료서비스나 상담 등)들은 대량으로 획일적으로 제공되면 서비스의 질적인 측면에 영향을 주기 때문에 규모의 경제 효과가 나타나기 어렵다는 것이다. 현물급여에 대한 또 다른 비판은 현금급여를 통하여 수급자가 원하는 재화나 서비스를 시장의 경쟁체제에서 구입하게 되면, 경쟁논리에 의하여 현물급여보다 낮은 가격에 구입할 가능성이 크다는 것이다.

이상과 같이 현금급여와 현물급여의 장단점을 살펴보았는데 어느 것이 우월하다고 말하기는 어렵다. 구체적으로 어느 정도의 현금급여와 현물급여가 필요한가는 각 국가의 정치적 · 사회적 · 경제적인 상황과 지배가치에 달려 있다고 하겠다(이진숙 외, 2009: 225-226).

현물(goods)급여

수급자에게 필요한 물품과 서비스를 직접 급여로 제공하는 형태를 말한다.

- **장점**: 정책의 목표효율성을 높일 수 있다. 현금급여에 비하여 정치적인 측면에서 선호한다. 대량생산과 대량소비로 인한 경제효과가 있다.
- **단점**: 수급자에게 낙인감을 줄 수 있다. 운영효율성이 낮다. 필요 이상의 현물이 제공될 경우, 자원 낭비가 발생할 수도 있다.

3) 증서(voucher)

위에서 살펴본 바와 같이 현금급여와 현물급여는 각각 장단점을 갖고 있기에 이 두 가지 급여 형태를 모두 보완할 수 있는 절충적 급여 형태가 필요하다.

증서(voucher)가 바로 이러한 필요를 채워줄 수 있는 급여의 형태이다. 바우처는 일정한 용도 내에서 수급자로 하여금 원하는 재화나 서비스를 자유롭게 선택할 수 있게 하는 방법이다. 그 예로 미국의 Food Stamp 프로그램은 수급자에게 바우처로 주는데, 이것을 이용하여 음식물이라는 용도 안에서 수급권자가 자유롭게 원하는 식품을 선택할 수 있다.

바우처는 속성상 현물급여와 현금급여 형태의 중간 성격을 갖고 있기 때문에 각 형태의 장점을 살리면서 단점들은 줄일 수 있다. 또한 재화나 서비스 공급자들 사이의 경쟁을 유발시켜 재화나 서비스의 질을 높일 수 있다. 바우처는 현물급여의 장점인 정책의 목표효율성도 살릴 수 있고, 현물급여보다 수급자의 효용을 증가시킬 수 있으며, 또한 운영비용도 적게 든다.

바우처는 급여의 가장 이상적인 형태라고 볼 수 있음에도 불구하고 복지국가에서 주요 급여 형태로 사용되지 않는데 그 이유는 바로 바우처의 '중간적 성격'으로 인해 지지세력이 크지 않기 때문이다. 바우처는 급여의 가장 이상적인 속성이 있음에도 불구하고 정치적 선호도에서 지지세력의 규모가 크지 않기 때문에 현금급여나 현물급여에 비해 불리한 급여의 형태이다(이진숙 외, 2009: 226-227).

전자바우처

전자바우처는 보건복지부 사업이다. 보건복지부에서 대상자 선정기준, 서비스 유형 및 바우처 지급방법, 사회서비스본부의 조직과 운영에 관한 내용, 기준, 방법, 절차 등에 대한 기반을 마련한다. 대상자는 시·군·구를 통해 신청을 하고 대상 여부를 통보받게 된다. 서비스 결제승인, 자금관리 등의 사업은 사회보장정보원에서 관리한다.

4) 기회

기회는 현물이나 현금처럼 어떠한 상품가치가 있는 것이 아닌 무형의 급여 형태이고 매우 포괄적인 개념으로 명확한 정의를 내리기가 쉽지 않다. 다만 사회생활을 하는 데 있어 개인적으로 부족한 것으로 인해 받지 못하는 기회불평등을 제거하자는 의미로 받아들일 수 있다. 만약 사회복지정책이 기본적으로 추구하는 것이 기회창출과 이익배분에 둔다면 기회의 불평등으로 인해 개개인이 원하는 목적을 성취하지 못하거나 처음부터 동기부여가 되지 못하는 것은 사회복지의 기본에서 벗어나는 것으로 볼 수 있다. 빈곤계층의 자녀들이 값비싼 등록금으로 인해 고등교육의 기회를 얻지 못하고 포기함으로써 직업선택의 기회까지 박탈당하는 일이 대표적인 예라고 하겠다. 따라서 기회급여 형태는 어떤 집단이 접근하지 못했던 부분에 대해 접근가능성을 높여줌으로써 불평등한 처우를 받고 있다는 인식에서 벗어날 수 있도록 하고, 기회를 통해 보다 나은 생활을 유지할 수 있도록 하는데 정책적 목표를 두고 있다. 예를 들면 장애인과 노인을 위한 고용촉진 및 의무고용과 관련한 제도나, 농촌이나 사회소외계층 대학특별전형 등을 들 수 있다.

그러나 기회급여는 사회복지정책이 추구하는 목표인 평등을 이루기가 어렵다. 그러므로 기회급여의 문제는 사회의 기득권자들이 자기들의 이득을 합리화시키기 위한 수단으로 이용될 가능성이 높은 급여라는 것이다(이진숙 외, 2009: 227-228).

기회(opportunity)

사회적으로 취약한 위치에 있는 집단이나 불평등한 대우를 받는 집단에게 진학·진급·취업 등에서 유리한 기회를 주어 시장의 경쟁에서 평등한 기회를 주는 것이다. 긍정적 차별 제공.

5) 권력

권력이란 재화와 자원을 통제할 수 있는 영향력을 의미한다. 종종 정책결정의 권한을 특정집단에게 이양하는 경우에 획득된다. 우리나라의 경우 건강보험이나 국민연금의 가입자 대표(노동조합이나 시민단체의 추천을 받은 자)를 건강보험정책심의위원회나 국민연금제도발전위원회 등 각종 위원회의 의사결정에 참여시키는 것이 여기에 해당된다.

권력은 재화나 증서와 같이 수급자가 직접적으로 소비할 수 있는 것도 아니고 현금처럼 쓰이지도 않지만 현물·서비스·기회의 형태보다는 폭넓은 사회·경제적 선택을 제공한다. 이런 의미에서 권력은 유동적인 교환가치를 지니고 있다고 하겠다. 그러나 정책결정 과정에 참여하는 참여자들은 대부분 명목적 참여를 함으로써 실질 정책내용에 영향을 주지 못한다.

참여자들이 수급권자의 이익을 대변하기보다는 기존의 정책결정자들에 의하여 선택된 사람들이기 때문에 종종 기득권을 가진 집단의 이익을 대변하는 수준에 머물러 버리기도 한다. 수급권자들이 정책내용에 대한 이해가 적기 때문에 참여를 해도 실질적으로 정책 변화에 영향을 주기 어렵다는 것이다. 결국 권력이라는 급여도 참여민주주의라는 이름하에 대개의 경우 기득권자의 합리화를 위한 도구로 쓰일 가능성이 높다(이진숙 외, 2009: 228-229).

권력(power)

사회복지정책의 수급자에게 정책결정에 대한 권력을 주어 그들에게 유리한 결정을 할 수 있도록 하는 것이다. 현실적 한계로는 참여율이 낮고, 정책 내용에 대한 이해의 부족 등으로 인해 기득권자들의 합리화 도구로 이용될 가능성이 크다.

표 11-3 급여의 유형과 특성

종류	특징	예
현금	• 사회적 자원의 효율적 배분 • 자유 및 자기결정권의 보호	국민연금, 건강보험, 질병수당, 산재보험의 장해수당, 실업급여, 공공부조, 아동수당, 주택수당 등
현물	• 정책목표의 효율성 향상 • 대규모의 경제효과 • 소비단계의 낙인 부여	의료, 교육, 음식, 주택, 에너지, 직업훈련 프로그램, 상담 등
증서	현물급여와 현금급여의 중간 성격	식품권, 교육증서, 상품권 등
기회	노동시장의 경쟁에서 불리함 제거	농어촌 자녀나 장애인의 특례입학, 기업의 장애인 의무고용 등
권력	유동적인 교환가치	지역사회운동 프로그램

3. 급여의 수준과 유형 간 비교

1) 급여의 수준

사회복지정책에서 급여 수준이란 개인이나 집단의 욕구에 대한 충족, 만족의 결과가 인지된 상태를 말한다. 일반적으로 급여 수준은 신체 상태는 물론 교육 상태, 나아가 사회 상태와도 관련이 깊으며, 이러한 여러 가지 상태가 복지 수준의 결정 요소가 된다. 신체 상태는 영양 상태, 건강 상태, 잔여수명, 육체적 적응성 등으로 파악되며, 교육 상태는 문맹률, 교육 수준, 고용 상태, 교육의 적합성, 성취 등으로 파악되고, 사회 상태는 국민 전체, 사회계층, 가족의 일체감과 통합력 및 사회 참여의 정도에 의해 그 수준이 나타난다. 이들을 종합한 것이 바로 복지 수준이다.

사회복지정책의 급여 수준은 적절한 수준이어야 한다. 지나치게 급여 수준이 높으면 근로 동기를 잃어버려 일하지 않고 사회복지 급여에 의존하여 생활하려고 하며, 지나치게 급여 수준이 낮으면 사회복지 급여로서의 의미를 상실해 버리기 때문이다. 특히 급여를 받는 사람들이 열심히 일하는 사람들의 생활수준보다 높아서는 안 된다는 열등처우의 원칙은 개정 구빈법 시대 이후 급여 수준을 고려하는 하나의 기준이 되고 있다. 그렇지 않으면 빈곤의 덫(빈곤의 함정)에 빠져 빈곤에서 탈피하려 하기보다는 국가의 급여에 의존하면서 빈곤을 유지하려는 경향이 나타나기 때문이다.

급여 수준을 결정하려면 일정한 기준 선택이 필요하다. 급여 수준의 결정 기준은 일차적으로 개인의 욕구 수준이 되며, 다음으로 사회자원의 확보 정도와 사회적 형평성 등이 될 수 있다. 물론 개인의 욕구를 모두 충족하면 좋겠으나 이는 실현이 불가능하며 오히려 그로 인한 부작용이 나타날 위험성도 있다. 따라서 자원이나 형평성 등의 사회적 고려를 하는 것이다. 일반적으로 수급 대상을 법률로 정한 빈곤선 이하의 소득자로 한정하고, 국가는 그 수준까지만 개인의 복지 욕구를 충족해 주고 있다. 그러나 경우에 따라서 국가에 의해 동일한 수준의 급여가 일률적으로 제공되기도 한다. 아동이나 장애인, 노인 등을 대상으로 하는 수당제도가 그것이다.

우리나라의 경우 사회복지 급여 수준을 결정하는 기준은 사회보장기본법에 제시되고 있다. 모든 국민이 건강하고 문화적인 생활을 유지할 수 있는 수준에서 급여가 결정되며, 이는 최저생계비 및 최저임금을 참작하여 사회보장급여의 수준을 결정하도록 하고 있다(사회보장기본법 제10조). 그 밖에도 가입자의 갹출금, 가입 기간, 사회·경제적 수준과 사회적 가치 등을 고려하여 결정된다. 최저생계비 및 최저임금을 기본으로 급여 수준을 결정하도록 하고 있어 현실적으로 관습이나 사회적으로 인정되는 최소한의 빈곤 상태를 면하는 정도로만 제공하고 있다. 열등처우의 원칙이 어느 정도는 반영되고 있다고 할 수 있다.

최저생계비란 '국민이 건강하고 문화적인 생활을 유지하기 위하여 소요되는 최소한의 비용으로서 보건복지부장관이 공표하는 금액'을 말한다(국민기초생활 보장법 제2조 제6항). 따라서 최저생계비는 법으로 정하여 공표하는 정책적 빈곤선, 즉 최저소득 기준이면서 동시에 사회보장의 최후 보루 기능을 하는 공공부조 기준선의 기능을 한다.

보건복지부장관은 매년 9월 1일까지 중앙생활보장위원회의 심의·의결을 거쳐 다음 연도의 최저생계비를 공표한다. 최저생계비는 4인 가구 기준 금액의 인상률을 우선 정하게 되며, 이 금액에 가구균등화지수(OECD 기준)를 곱해 가구원 수별 최저생계비를 산출하게 된다. 최저생계비 결정을 위해 매 3년마다 국민생활수준조사(계측조사)를 실시하고 있으며, 계측의 방법은 생활필수품들의 최저수준을 정하여 그것의 시장가격을 화폐가치로 환산하는 전물량방식을 채택하고 있다.

이처럼 사회보장기본법상의 급여 수준은 공공부조제도를 기준으로 최저한의 한도를 정하고 있는 것이다. 즉, 누구나 어떠한 경우라도 이 수준 이상의 기본적 생활을 영위할 수 있어야 함을 선언하는 것이다. 이는 실제로 근로 기간 동안의 기여를 기반으로 하는 사회보험의 급여 수준을 설명하지 못한다. 사회보험의 급여 수준은 사회적 위험에 처했을 때, 그 이전의 생활을 유지할 수 있는 수준이 보장되는 것이 원칙이다. 그러나 현실적으로 그 이전의 수준을 보장하기는 어렵다. 따라서 이전의 평균소득을 현재 가치로 환산한 금액 대비 급여 지급액을 말하는 소득대체율이라는 개념을 적용한다. 이전의 소득을 100으로 보았을 때 얼마 정도를 보장할 것이냐는 사회복지정책의 중요한 기준이 된다. 물론 이때 소득을 어떻게 볼 것이며, 급여액을 어떻게 표준화할 것이냐에 따라 대단히 복잡해질 수도 있다.

- 급여 수준
  - 개인이나 집단의 욕구에 대한 충족, 만족의 결과가 인지된 상태
  - 급여 수준은 적절한 수준이어야 한다.
- 급여 수준 결정 기준
  - 일차적으로 개인의 욕구 수준, 다음으로 사회자원의 확보 정도와 사회적 형평성 등
  - 우리나라 경우 사회복지 급여 수준을 결정하는 기준은 사회보장기본법에 제시
  - 모든 국민이 건강하고 문화적인 생활을 유지할 수 있는 수준에서 급여가 결정되며, 이는 최저생계비 및 최저임금을 참작하여 사회보장급여의 수준을 결정
- 최저생계비
  - 국민이 건강하고 문화적인 생활을 유지하기 위하여 소요되는 최소한의 비용으로서 보건복지부장관이 공표하는 금액
  - 보건복지장관은 매년 9월 1일까지 중앙생활보장위원회의 심의 · 의결을 거쳐 다음 연도의 최저생계비를 공표한다.
  - 가구균등화지수, 매 3년마다 국민생활수준조사(계측조사), 계측의 방법은 전물량 방식
  - 공공부조제도를 기준으로 최저한의 한도
  - 사회보험의 급여 수준은 사회적 위험에 처했을 때, 그 이전의 생활을 유지할 수 있는 수준이 보장되는 것이 원칙

2) 급여의 유형 간 비교

① **시장가치적 효율성:** 현금 > 증서 > 현물 순으로 효율성이 큼

② **관리적 효율성:** 현금 > 증서 > 현물

③ **수혜자 효율성:** 현금 > 증서 > 현물

④ 효과성: 현물 > 증서 > 현금

⑤ 수치감: 현물 > 증서 > 현금

⑥ 인플레이션에 대한 실질 가치 보장: 현물 > 현금 = 증서

⑦ 정치적 실현 가능성: 현물 > 증서 > 현금

CHAPTER 12

사회복지정책의 전달체계와 재원

1. 전달체계의 특성과 기준
2. 전달체계의 종류와 선택
3. 분권과 전달체계
4. 재원의 의의와 유형
5. 재원의 이전체계

CHAPTER

12

사회복지정책의 전달체계와 재원

사회복지정책이 제대로 효과를 발휘하기 위해서는 무엇보다도 이를 적절하고 효율적으로 대상자들에게 전달하는 것이 중요하다. 어떠한 형태의 전달체계를 선택할 것이며, 그 전달체계에 기능과 권한을 어느 정도 줄 것인지를 결정하는 것은 사회복지정책이 결정하여야 할 중요한 사안이 된다. 효과적인 전달체계를 통하여 그 서비스를 필요로 하는 대상자들에게 제대로 제공하여야 한다는 것이다. 전달체계란 사회복지서비스를 적절하게 제공할 수 있도록 공급자 간, 공급자와 수요자를 연결시키기 위한 조직적 장치를 말한다. 사회복지 전달체계는 이처럼 서비스를 전달하는 조직 혹은 기구의 형태를 띠고 있기 때문에 이는 각급 수준에서 사회복지 업무를 담당하는 주체들이라 할 수 있다. 즉, 전달체계는 사회복지서비스의 조직자, 실천자 및 관리자라고 할 수 있다.

현대사회에서 사회복지 전달체계는 그 중요성이 보다 강조되고 있다. 전달체계는 사회복지 수요의 증대에 체계적으로 대응하여야 할 뿐 아니라 사회복지 예산의 증가에 따른 효율적인 행정 인프라를 구비하여야 하며, 동시에 사회안전망에 대한 국민의 신뢰를 확보하여야 한다는 점에서 그 역할이 강조되고 있다.

이를 투입과 전환 산출이라는 체계의 관점에서 보면, 전달체계는 다음과 같은 기능을 갖는다. 첫째, 투입의 단계에서 전달체계는 외부 환경으로부터 자원을 확보해서 체계 내로 도입하는 기능을 한다. 고객(클라이언트)을 발굴하여 확정하며, 사회복지기술이나 자금, 사회적 지지 등 자원을 확보하여 체계 내로 유입시킨다. 또한 현장에서 실천을 담당할 인력, 즉 사회복지사 등을 채용하여 유입시키기도 한다. 둘째, 전환의 단계에서 전달체계는 서비스를 직접 전달하는 개입 과정으로서 프로그램을 운영하는 기능을 담당한다. 시설 등을 운영하고 프로그램을 통해 직접 서비스를 제공하고, 이를 지속적으로 유지하기 위하여 고객과 전달자 간의 신뢰감을 형성한다. 마지막으로 산출 단계에서 전달체계는 사전에 계획하고 기대한 효과 발생, 즉 목표를 달성시킨다. 프로그램의 운영 결과로서 산출이 나타나며, 이를 통해 전달체계 자신을 평가하고 분석하는 기능을 한다(권기창, 2011: 234-235).

1. 전달체계의 특성과 기준

1) 전달체계의 특성

사회복지정책의 전달체계는 사회복지정책의 결과로 만들어진 사회복지 급여 혹은 서비스를 대상자에게 전달하는 공급자와 대상자 간 연계조직을 의미한다. 사회복지정책의 전달체계는 공급 주체에 따라 공공부조 및 사회보험을 관장하는 공공전달체계와 사회복지서비스를 직접 전달하는 민간전달체계로 구분할 수 있다. 공공전달체계는 중앙정부에서 논의된 정책의 결과로 도출된 사회복지 급여와 서비스가 사회복지제도별 주무 부처에서 시작되어 관련 공단 혹은 서비스 전달 조직이 소재한 광역시·도, 시·군·구, 읍·면·동을 거쳐 대상자에게 전달될 때까지 서비스가 효율적·효과적으로 실천될 수 있는 조직을 최상으로 구성하는 것을 목표로 한다. 중앙정부로부터 지방자치단체·특별행정기관을 통하여 서비스를 전달하고, 중간 단계인 지방교육청, 고용지원센터를 통하여 저소득층 교육비, 실업급여, 직업훈련 등을 지원한다. 공공전달체계의 핵심 요소는 사회복지 전담공무원과 이를 지원하는 전산망이다. 보건복지부는 지방자치단체 새올행정시스템을 통해 현금급여를 관리하고, 사회복지통합전산망을 통해 복지 대상자를 개인별·가구별로 관리하고 있다. 그리고 고용노동부는 고용 관련 전산망을 운영 중이며, 교육부는 교육 관련 전산망을 운영 중이다.

또한 2003년 7월 30일 개정된 '사회복지사업법'에 따라 공공전달체계와 사회복지·보건의료 관련 민간 기관·단체가 제공하는 사회복지서비스 및 보건 의료서비스의 연계·협력을 강화하기 위하여 네트워크 구조를 갖추는 것을 목표로 하는 지역사회복지협의체가 구성되어 공공전달체계와 민간전달체계의 가교 역할을 하도록 하였다.

민간전달체계는 사회복지협의회, 사회복지사협회, 사회복지공동모금회, 직능별협회, 개별 사회복지관과 같이 '공공전달체계와 대등한 위치에서 정책 수행을 견제하고 협력'(오정수, 2009: 9)하며 전문적 사회복지서비스를 직접 전달하는 역할을 한다(손병덕, 2012: 317-319).

▮표 12-1▮ 공공부문과 민간부문의 전달체계의 특성

<table>
<tr><th>구분</th><th>공공부문</th><th>민간부문</th></tr>
<tr><td rowspan="2">특징</td><td>중앙정부
• 공공재적 성격이 강한 서비스나 재화 공급에 유리
• 프로그램의 통합, 조정 가능, 안정적 유지에 유리
• 독점적 공급에 따른 서비스 질 저하 가능성
• 변화하는 욕구에 융통성 있게 대응하는 데 한계</td><td rowspan="2">• 서비스 공급의 다양화가 가능
• 공급자 간 경쟁유도를 통해 서비스 질 확보 가능
• 이용자의 다양한 선택권 보장
• 공공재 제공의 어려움, 평등 추구에 있어서 한계, 규모의 경제 실현의 어려움</td></tr>
<tr><td>지방정부
• 지역주민 욕구에 신속하게 대응
• 지역 간 불평등으로 인한 사회통합 저해</td></tr>
</table>

2) 전달체계의 주요 원칙(선택기준)

사회복지 전달체계의 주요 원칙은 다음과 같다. 이는 사회복지 재화나 서비스 전달을 공공부문이 맡을 것인지(여기서도 중앙정부가 맡을 것인지 아니면 지방정부가 맡을 것인지), 민간부문이 맡을 것인지, 또는 양자를 혼합할 것인지 등을 선택하는 기준이 되기도 한다. 또한 이러한 전달체계들을 평가하는 기준으로 사용되기도 한다.

- **전문성**(professionalization): 서비스 제공과 관련한 제반 업무 중 전문가가 해야 할 일을 전문가가 맡아 제공하는가?
- **통합성**(integration): 서비스가 단편적으로 이루어져 서비스의 중복이나 누락이 발생하는 것을 막는가?
- **포괄성**(comprehensiveness): 대상자가 갖고 있는 복합적인 욕구와 문제를 해결하기 위한 다양한 서비스를 제공하는가?
- **연속성**(continuity): 하나의 욕구가 해결되어 다른 욕구 해결이 필요할 때 전달체계 간의 연계가 잘되어 중단 없이 제공되는가?
- **적절성**(appropriateness): 서비스 제공이 바람직한 수준으로 이루어졌는가?
- **효율성**(efficiency): 서비스에 대한 정보를 공급자와 수급자 모두 충분히 갖고 있어 합리적인 선택을 하여 모두의 효용을 극대화할 수 있는가?
- **효과성**(effectiveness): 서비스 제공의 목표를 잘 달성할 수 있는가?
- **수급자 욕구에 대한 대응성**(responsiveness): 변화하는 욕구에 대해 얼마나 신속하고 융통성 있게 대응하는가?
- **경쟁성**(competition): 사회복지 재화나 서비스가 독점적으로 제공되지 않고 여러 공급자가 경쟁적으로 제공하여 가격과 질에 있어 소비자에게 유리한가?
- **접근가능성**(accessibility): 공간적, 시간적인 측면에서 대상자가 서비스에 쉽게 접근할 수 있는가?
- **책임성**(accountability): 서비스 전달에 책임을 지는가? 책임의 내용으로는 소비자 욕구에 적절히 대응하는가? 전달절차가 적합한가? 전달과정에서의 불평과 불만의 수렴장치는 적합한가?
- **선택의 자유 보장**: 소비자가 다양한 재화나 서비스를 자유롭게 선택할 수 있는가?
- **남용 및 오용의 방지**: 불필요하거나(남용) 잘못된(오용) 재화나 서비스 이용을 막을 수 있는가?

2. 전달체계의 종류와 선택

1) 공공부문: 중앙정부와 지방정부

공공부문은 국가 또는 지방자치단체가 사회복지정책을 수립하고 직접 그 운영의 주체가 되는 것을 말한다. 대부분의 국가에서는 중앙정부차원에서 사회보험과 공공부조, 그리고 사회복지서비스 등은 지방정부차원에서 전달하고 있다.

(1) 중앙정부

오늘날 대부분의 서구 복지국가들은 중앙정부가 중심이 되어 사회복지정책을 수행하고 있다. 이들 복지국가에서 제공되는 재화나 서비스의 대부분은 중앙정부에서 급여자격과 급여수준, 재원, 그리고 세부적 전달체계 등에 관한 전반적인 것을 결정하여 실시하게 된다(홍봉수 외, 2011: 208).

① 중앙정부의 역할이 큰 이유

사회복지정책을 수립하고 서비스를 제공하는 과정에 있어 어떤 전달체계를 이용할 것인가는 여러 가지 변수에 의해서 결정되는 '선택의 문제'로서 중앙정부가 제공하는 서비스는 다음과 같은 장점이 있다.

첫째, 사회복지 재화나 서비스 가운데 의료나 교육서비스와 같은 그 속성상 공공재적인 성격이 강하여, 모든 국민들을 대상으로 하는 재화나 서비스는 재원의 마련과 급여의 측면에서 보면 전체 사회의 관점에서는 유리하지만, 현실적으로 이것은 중앙정부만이 할 수 있다.

둘째, 사회보험과 같이 대상이 되는 사람이 많을수록 기술적인 측면에서 유리하므로 가장 큰 단위인 중앙정부에서 모든 국민을 대상으로 포괄적으로 관리하는 것이 작은 단위인 지방정부에서 관리하는 것보다 바람직하다.

셋째, 사회복지정책이 추구하는 가장 중요한 목표인 평등, 즉 소득재분배와 사회적 적절성의 두 가지를 구현하는 데 중앙정부가 유리하다. 중앙정부의 정책에 의해서만 조세의 징수와 급여의 양면에서 모든 국민들의 소득재분배 형태에 영향을 줄 수 있다는 점과 중앙정부의 소득재분배정책에 대한 정치적 저항이 적다.

넷째, 중앙정부에 의한 사회복지정책은 사회복지에 대한 다양한 욕구를 체계화하여 프로그램을 통합, 조정하거나 이러한 정책들을 지속적이고 안정적으로 유지하는 데 유리하다(홍봉수 외, 2011: 208-209).

- 의료, 교육과 같이 공공재적 성격이 강한 서비스나 재화 공급에 유리하다.
- 사회보험과 같이 규모의 경제가 발생하는 부분에서 역할이 크다.
- 평등과 사회적 적절성 실현에 있어서 필요한 강력한 권한을 가지고 있다.
- 프로그램을 통합, 조정할 수 있으며 안정적 유지에 유리하다.

② 중앙정부 제공 서비스의 단점

사회복지서비스의 전달체계 선택은 사회구성원 중 사회복지정책 혹은 전달체계와 연관된 개인과 집단의 역학관계가 배경에서 작용하는바 중앙정부에서 제공하는 서비스의 단점은 다음과 같다.

첫째, 일반적으로 공급량이나 형태에 관해 수급자의 선택이 반영되기 어렵기 때문에 수급자들의 효용을 극대화하는 데 한계가 있다.

둘째, 공급자가 독점적이기 때문에 공급자가 다수인 경쟁적인 체계에 비하여 재화의 가격과 질에 있어 수급자에게 불리할 수 있다.

셋째, 정부조직의 관료성으로 인하여 수급자의 욕구에 대한 대응이 빠르지 못하고 지역 특수적인 욕구에 대한 대응이 빠르지 못하며, 탄력적이지 못할 수 있다.

넷째, 중앙정부의 전달체계는 지방정부나 민간전달체계에 비해 수급자들의 접근성이 떨어지는 단점이 있다(홍봉수 외, 2011: 209).

- 자원의 비효율적 배분
- 독점적 공급에 따른 서비스 질 저하

- 변화하는 욕구에 융통성 있게 대응하지 못한다.

(2) 지방정부

공공부문에 해당하는 지방정부가 사회복지정책에 관여하는 역할은 결코 적지 않다. 물론 사회복지 재화나 서비스가 완전하게 지방정부 단독으로 제공되는 경우는 많지 않다. 그러나 국가에 따라 차이는 있지만 재화나 서비스의 제공에 있어 지방정부의 전달체계가 오히려 나을 수도 있다(홍봉수 외, 2011: 210).

① 지방정부 제공 서비스의 필요성

국가에서 제공되는 사회복지의 재화나 서비스 가운데 완전히 지방정부 단독으로 제공하는 것들이 적음에도 불구하고 재화나 서비스에 따라 지방정부의 전달체계가 상대적으로 중요한 바, 지방정부가 제공하는 서비스의 장점은 다음과 같다.

첫째, 사회복지 재화나 서비스를 지방정부가 제공하는 것이 지역주민들의 욕구를 더 효율적으로 해결할 수 있다.

둘째, 지방정부들 간의 경쟁을 유발시켜 경쟁논리에 의하여 재화의 가격과 질의 측면에서 수급자에게 유리해질 수 있다.

셋째, 중앙정부에 비하여 비교적 창의적이고 실험적인 서비스 개발이 용이하여 수급자들의 변화되는 욕구에 적극적으로 대처해 나갈 수 있다.

넷째, 수급자들이 정책결정에 참여할 기회가 많아져서 수급자의 입장이 반영될 가능성이 높아진다(홍봉수 외, 2011: 210).

- 지역주민 욕구에 신속하게 대응
- 지방정부 간 경쟁에 따른 서비스 질 향상의 가능성
- 서비스 수혜자의 정책 결정 과정 참여가 용이

② 지방정부 제공 서비스의 단점

반면에 지방정부가 서비스를 제공하는 것은 지방정부의 공공복지 전달체계에 전문 인력이 부족하고 서비스의 일관성과 지속성 확보의 곤란 등 다음과 같은 단점이 있다.

첫째, 지역 간 커다란 불평등을 야기시켜 사회통합에 부정적일 수 있다.

둘째, 중앙정부에 비해서 규모의 경제에 있어 사회보험의 경우 기술적인 측면에서 불리하다.

셋째, 지방정부 단위의 프로그램 발전은 단편화할 가능성이 크다.

넷째, 프로그램의 안정성과 지속성의 측면에서 불리하며, 이것이 중앙정부로부터 재정지원을 받는 가장 큰 이유이다(홍봉수 외, 2011: 210-211).

(3) 중앙정부와 지방정부의 혼합체계

중앙정부와 지방정부는 많은 경우 프로그램을 협력하여 운영한다. 이때 중앙정부는 재정이나 운영의 규제를 통하여 지방정부 프로그램에 영향력을 행사하는데, 그 방법에 따라 지방정부의 권한과 자율성이 달라진다.

① **프로그램 규제**: 대상자 자격, 급여의 형태와 액수, 세부적 전달 방법 등에 대해 규제하는 것

② **수급자 숫자나 욕구에 따른 규제**: 수급자 수와 욕구 등에 따라 지방정부에 대한 재정지원을 차등화하는 것

③ **절차적 규제**: 다음과 같이 프로그램 운영에서 일정한 절차를 요구하여 규제하는 것

- 정책결정 과정에 수급자 참여 문제
- 차별금지
- 프로그램 진행에 대한 보고와 감사

2) 민간부문, 혼합형태

민간부문은 공공부문에 비해 효율성, 경쟁성, 선택의 자유, 접근성, 욕구에의 신속 대응성, 융통성 등에서 장점을 갖고 있다. 그러나 공공부문에 비해서 재정이 취약하여 지속성, 안정성 등이 부족하며, 프로그램을 전국적으로 실시할 수 없어서 평등의 달성이라는 측면에서는 약점을 가지고 있다. 따라서 정부와 민간부문은 적절히 역할을 분담하는 것이 바람직하며, 종종 정부와 민간부문의 혼합 형태로 프로그램을 운영한다.

민간부문 역할이 비교적 큰 미국의 의료서비스에서도 세제 혜택을 통해 정부의 실질적인 재정 부담이 상당한 정도에 이르고 있을 정도로 민간부문이라 할지라도 공공부문의 영향을 많이 받고 있다. 따라서 완전히 순수한 의미의 민간부문은 없다고 할 수 있을 정도로 민간과 공공부문의 혼합이 일반화되어 있다.

(1) 민간부문

① 민간부문 활용의 장점

첫째, 정부에서 제공하는 서비스는 많은 경우 수혜자의 자격기준을 심사하여 선별적으로 제공하기 때문에 수혜자가 제한될 수밖에 없다. 따라서 수혜자격이 있음에도 수적인 제한으로 서비스를 받지 못하거나 자산 정도와 연령의 미달이나 초과 등으로 필요로 하는 서비스를 받을 수 없는 사람들에게 서비스를 제공할 수 있다.

둘째, 정부의 서비스는 일반적으로 기본적이고 보편적인 문제나 욕구충족에 1차적인 목표를 두고 있는 만큼 정부에서는 개인의 다양한 문제나 욕구를 모두 충족시켜 줄 수 없고 질 높은 서비스를 제공하기도 어렵다. 국민들의 공통적인 욕구는 계속적으로 다양해지고 그 수준이 상승되고 있으므로 이러한 욕구에 대응할 필요가 있다. 따라서 민간기관은 정부에서 제공할 수 없는 보다 다양하고 질 높은 서비스를 제공할 수 있다.

셋째, 정부에서 제공하는 것과 같은 종류의 서비스를 민간기관에서 제공함으로써 클라이언트나 소비자로 하여금 그들의 기호나 지역적·시간적 여건에 따라 선택할 수 있게 하는 것이 바람직하다. 또한 공공기관과 민간기관 간의 경쟁을 유발하여 서비스의 질을 높일 수 있다.

넷째, 민간기관은 공공기관에 비해 행정적 융통성이 있고 의사결정도 신속히 이루어질 수 있으므로 환경의 변화와 클라이언트의 새로운 욕구에 민감하게 대응하여 새로운 프로그램을 개발하고 평가하여 보급하는 일을 하기에 유리하다.

다섯째, 많은 사람들이 사회복지활동에 자원봉사자로, 재정적 후원자로 또는 운영자로 참여하기를 원하게 되는데 이러한 민간의 참여욕구는 민간기관에서 적절히 수렴하거나 민간기관의 설립을 통해 충족될 수 있다.

여섯째, 민간기관은 비슷한 서비스를 제공하면서 정부기관의 활동과 서비스를 감시할 수도 있고 정부가 수행해야 할 서비스를 찾아내거나 확인할 수도 있다. 정부가 서비스를 개선하거나 서비스를 도입하도록 압력을 가할 필요가 있을 경우 민간 기관의 연합체 또는 협의체를 형성하여 정부에 대하여 요청을 할 수도 있다.

일곱째, 현대사회에서 사회복지의 제1차적 책임은 국가에 있으므로 국가의 재정으로 사회복지활동을 하여야 한다. 국민의 요구는 더욱 다양해지고 계속적으로 욕구수준이 상승하고 있기 때문에 국가는 국민의 공통적 욕구라고 할지라도 모두 충족시킬 수 있는 재정적 능력은 없다. 즉 국민의 사회복지욕구에 비하여 사회복지서비스의 제공은 제한될 수밖에 없다. 민간기관에 의한 사회복지활동은 바로 정부가 비용을 투입하여 수행해야 할 일을 대신하게 되므로 정부의 사회복지에 필요한 비용을 절약하는 효과를 가져온다. 다른 한편 정부는 많은 경우 사회복지서비스를 제공하기 위하여 새로운 공적 조직체를 만드는 것보다 이미 존재하고 있는 민간 조직체에 계약으로 서비스를 위탁할 수도 있고 민간기관에서 제공하고 있는 서비스를 구입할 수도 있다. 이 경우는 민간기관에서 정부의 서비스를 제공하는 것이 되는데 민간기관의 합리적 경영과 보다 전문적인 서비스 제공이 결국은 서비스의 효율성을 높여 정부의 사회복지비용을 절약하는 효과를 가져올 수도 있다(최재성 · 남기민, 2007).

- 서비스 공급의 다양화가 가능하다.
- 공급자 간 경쟁유도를 통해 서비스 질을 확보할 수 있다.
- 이용자의 다양한 선택권을 보장할 수 있다.

② 민간부문 활용의 단점

대부분의 사적 사회복지기관이나 시설들이 그 운영에 필요한 재정의 상당 부문 정부의 보조금에 의존하고 있어 그 운영에 있어서 지도·감독을 받아야 하는 것이 현실이다.

저소득층 주민의 이용시설인 사회복지관의 경우에도 도시지역에 편중 분포되어 있으면 전문 인력의 부족과 재정의 취약성으로 시범적이고 포괄적인 프로그램을 지속적으로 제공하지 못하고 몇몇 독창적인 프로그램을 제외하고는 기관별 유사한 프로그램을 운영하고 있는 실정이다.

사회복지조직 중 생활시설은 지역사회에 바탕을 두고 지역주민의 참여와 함께 시설의 개방화와 사회화가 이루어져야 하지만 그렇지 못한 것이 현실이며 지역사회의 서비스가 제대로 연계되지 않아 수용자와 통합적인 서비스를 받을 수 없는 것도 중요한 문제이다.

- 계약에 따른 거래비용이 불필요하게 소모될 수 있음.
- 공공재 제공의 어려움, 평등추구의 어려움, 규모의 경제 실현의 어려움.

(2) 민간부문과 혼합된 형태

사회복지 재화나 서비스들 가운데 어떤 것들은 정부와 민간부문의 혼합체계를 통하여 제공되기도 하는데 이러한 전달체계는 특히 오늘날의 '복지국가의 위기'의 시대에서 '민영화'의 이름하에 강조되고 있는 경향이 있다.

국가에서 정부와 민간부문의 혼합체계를 통하여 제공되는 대부분의 사회복지 재화나 서비스는 개별적 사회서비스들이다.

대다수의 국가에서 실시하는 개별적 사회서비스는 전체 사회복지 지출에서 차지하는 비중이 극히 적기 때문에 전체적으로 볼 때 정부와 민간부문의 혼합체계는 상기의 다른 전달체계에 비하여 그 역할이 상대적으로 적다.

정부와 민간부문 혼합체계의 세부적 형태들은 다양한데, 사회복지 프로그램의 운영은 민간부문이 맡도록 하되, 정부가 민간부문에 재정지원을 하면서 일정한 조건을 붙여 여러 가지 규제를 한다는 점에서는 유사하다.

정부와 민간부문의 혼합체계가 필요한 가장 중요한 기본적인 이유는 이러한 혼합체계를 통하여 민간부문의 시장원리에서의 장점들, 즉 효율성, 경쟁성, 선택의 자유, 접근성, 대응성, 융통성 등이 중앙정부와 지방정부의 혼합체계에 비하여 더 크게 향상시킬 수 있기 때문이다. 그러나 공공재적 성격을 갖는 재화를 제공하기 어렵다는 것과 평등을 추구하기 어렵다는 점, 규모의 경제에서 불리하다는 점 등을 단점으로 들 수 있다. 정부와 민간부문의 혼합체계는 정부의 규제정도에 따라 크게 계약과 재정보조라는 두 가지로 나눌 수 있다.

첫째, 정부와 민간부문과의 계약으로 형성된 정부와 민간부문의 혼합체계 가운데 대표적인 형태는 정부가 제공할 재화나 서비스를 민간부문이 제공하도록 하는 대신 그것에 소요되는 비용을 정부가 부담하는 형태로서 정부는 일정한 재원 내에서 특정의 서비스를 지정만할 뿐, 그 서비스를 받기 위한 자격, 서비스의 형태, 세부적인 전달방법 등에 관한 규제없이 민간부문이 독자적으로 운영하도록 하며, 정부가 민간부문의 프로그램에 대해 많은 규제를 하는 유형이다.

둘째, 정부와 민간부문 재정 보조의 형태로 정부와 민간부문의 혼합체계는 정부가 민간부문 사회복지기관에 단순히 재정보조만 해주고 어떠한 규제도 하지 않는 형태로서 상기의 계약은 최소한 특정 서비스를 지정하는 반면에, 이 형태는 무조건적 민간부문의 독립성을 크게 높여 민간부문의 장점들을 부각시킬 수 있으므로 재화의 속성상 국가에 의하여 제공될 필요가 약하다면, 이 형태가 정부와 민간부문의 혼합체계 가운데 바람직한 형태라 할 수 있다(홍봉수 외, 2011: 216-218).

- 민간부문과 계약
- 민간부문에 대한 재정 보조

지역자율형사회서비스투자사업

- **지역사회서비스투자사업:** 지역의 특성, 수요에 맞는 사회서비스를 만들어 영유아 발달 초기부터 노인에 이르기까지 생애주기별 맞춤형 서비스 제공
- **가사 · 간병 방문사업:** 신체적 · 정신적 이유로 원활한 일상생활과 사회활동이 어려운 저소득 취약계층에 대하여 재가간병 · 가사지원서비스 제공으로 생활안정 및 공익성 높은 일자리 제공

3. 분권과 전달체계

사회복지 부문에서의 국고보조사업에 대한 재정권의 지방이양은 크게 두 가지 방법으로 이루어지는데 지방이양 사업과 포괄보조금 사업이다. 지방이양 사업은 중앙정부의 국고보조사업을 지방사무로 이양하고 해당 국가보조금을 지방 교부세의 재원으로 이전함으로써, 이양사업에 대하여 지방정부의 책임으로 예산을 편성하여 실행하도록 하는 것이다. 포괄보조사업(block grants)은 보조금을 지방에 넘기면 지방정부가 그 용도를 세부항목별로 나누어서 예산을 편성하는 방식이다. 그러나 열악한 지방재정 상황과 재정적 격차로 재정권의 이양이 자칫 지방의 사회복지 부분의 후퇴를 초래하고 지방 간의 사회복지 격차를 확대시키지는 않을까 우려되고 있다.

또한 분권을 빌미로 중앙정부의 책임을 방임하려는 것은 아닌지에 대한 우려도 있으며, 지방정부가 합리적이고 자율적으로 복지재정을 운용하고 시민 참여를 통한 사회복지서비스를 기획할 수 있는 의지와 역량이 갖추어져 있는지에 대해서 의문이 제기되고 있다. 특히 분권화는 중앙정부의 사회복지서비스 재정 확대에 대한 책임을 약화시키는 기제로 작용할 수 있다. 지방정부의 현재와 같은 성장 중심의 정책 경향을 볼 때 지방이양사업으로 넘겨진 사회복지사업 분야의 축소에 대한 우려가 매우 크다. 지방과 중앙정부 간의 재정격차, 복지인식과 사업의지의 차이, 민간부문 사회복지역량의 차이 등이 복합적으로 작용하여 지방과 중앙정부 간 복지수준의 불평등을 유발하게 될 가능성도 매

우 크다. 특히 우려되는 것은 지방 공무원들의 복지에 대한 전문성이 부족한 상황에서 복지부문 간 불평등이 발생할 가능성이다. 지방복지재정을 견제할 시민사회의 역량과 준비가 부족한 상황에서 지방정부의 정치권에 대한 각종 로비와 비전문적 판단에 의해 사회복지서비스 예산이 배정되고 수립될 가능성도 배제할 수 없다.

위와 같은 점을 고려할 때 지방이양과 재정분권에 따라 발생 가능할 것으로 예상되는 여러 가지 부작용을 최소화할 수 있는 정책적이고 제도적인 안전장치는 공공전달체계 구축에서 공공과 민간의 역할 분담과 그에 따른 공공과 민간의 전달체계의 구축을 양 부문 간의 협력과 연계로 강화하는 방안을 마련하는 것이다.

4. 재원의 의의와 유형

1) 재원의 의의

> 정책을 집행하는 데 쓰이는 재정 자원.
> 길버트와 스펙트(Gilbert & Specht)의 '누가 급여를 지불하는가?'에 해당된다.
> ※ 재원(財源): 공공부문과 민간부문을 아우르는 개념으로 재원으로 표현하고자 한다.

사회복지재원은 사회복지정책을 수행하는 데 필요한 비용을 의미하는 것으로서 재원이 불충분할 경우 원활한 사회복지정책을 집행하는 데 어려움이 발생되며, 그 정책이 추구하는 목표달성은 어렵게 된다. 따라서 사회복지재원의 확보는 사회복지정책을 계획하고 실행하는 데 있어 기본적 전제조건이 된다.

오늘날 대부분의 국가에서 사회복지재원은 국가의 예산편성에 있어서 주요 관심사가 되었으며, 사회복지재원 확보를 위한 조세부담이나 보험료 부담 규모는 정치·경제적으로 중요한 이슈로서 국민생활에 지대한 영향을 미치고 있다. 왜냐하면 재원의 규모에 따라 사회복지정책 실천의 성공 여부가 달려있기 때문에 복지국가 실현에 있어서 재원확보는 강조되어야만 한다. 이처럼 재원을 통해 사회복지정책이 국가재정의 압력 요인이 되거나 경제성장의 저해요인으로 작용하는 경우가 있으며, 선진국에 있어서도 지속적인 사회복지욕구의 증가로 인하여 발행되는 재원 부족문제는 중요한 정책과제가 되고 있다.

사회복지정책에 있어서 재원에 대한 관심은 사회복지정책 목표를 달성하기 위해 '필요한 재원을 어떻게 얼마만큼 조달해야 하는가' 하는 문제와 함께 '조달된 재원을 어떻게 배분하는가' 하는 문제로 대별된다(현외성, 2009).

2) 재원의 유형

복지국가에서 보듯이 사회복지정책은 많은 재원을 필요로 한다. 바로 그 때문에 사회복지정책의 도입과 확대, 그리고 축소에 있어서 항상 관건이 되는 것이 재원의 문제이다. 사회복지정책의 재원은 크게 볼 때 공공재원과 민간재원으로 나뉘며, 공공재원으로는 조세가 가장 큰 비중을 차지한다.

(1) 공공부문 재원

공공부문을 통해 조달할 수 있는 재원으로는 조세(조세지출(조세비용) 포함), 사회보험료 등을 들 수 있다.

① 조세

공공부문에서 조달되는 사회복지정책 재원 중 가장 큰 부분을 차지하는 것이 조세이다. 일반적으로 사회복지정책은 공공부문이 사회복지예산에서 차지하는 비중이 높을수록 발달하는 경향이 있다(송근원 · 김태성, 2003).

조세방식을 통하여 사회복지재정을 충당하는 데에는 다음과 같은 근거가 있다.

첫째, 조세방식은 국가가 저소득층의 생존권을 보장하여야 할 의무를 수행해야 한다는 데 근거한다. 따라서 국가는 국민들이 납부한 세금을 통하여 사회복지정책을 수행할 수가 있다.

둘째, 사회복지정책은 그 자체가 하나의 공공재로서의 성격을 갖는다는 것이다. 즉, 특정한 재화를 시장에서 생산하게 되는 경우, 생산에 소용되는 비용은 그 재화를 소비하는 소비자가 지불하도록 되어 있다. 그러나 공공재는 가격을 지불하지 않는 사람도 해당 재화 소비의 편익을 누릴 수 있다는 특성이 있으며, 외부효과를 배제하기 힘들다는 문제가 있다.

셋째, 사회복지정책은 기본적으로 소득을 재분배하는 기능을 갖는다. 자본주의 사회에서 시장임금에 의해 발생된 불평등은 국가의 각종 조세제도에 의해 완화되며, 조세방식에 의해 조성된 재원을 통하여 실시되는 사회복지정책들은 이차적인 소득재분배 효과를 가져와 궁극적으로는 소득불평등을 완화시키는 효과가 있다.

넷째, 조세방식에 의한 사회복지정책은 대상자의 폭을 넓힐 수 있다는 장점이 있다. 즉, 급여의 보편성이 증가한다는 것이다. 조세방식에 의한 사회복지정책은 대부분 국민들을 대상으로 하며, 특히 가격 지불 능력이 없는 저소득층에 대한 급여를 위해서는 조세방식의 재정이 필수적이다.

(가) 소득세

> 개인이 얻은 소득에 대하여 부과하는 조세

일반예산을 구성하는 조세들 가운데 일반예산의 누진성을 높이는 데 가장 크게 기여하는 것은 소득세이며 그중 개인 소득세가 가장 효과가 높다. 개인 소득세의 소득재분배 효과가 높은 이유는 세 가지로 설명할 수 있다(송근원 · 김태성, 2003).

첫째, 개인 소득세는 기본적으로 부담능력의 원칙에 따라 부과되므로 고소득층에 대한 개인소득세율이 매우 높아 스웨덴이나 영국에서는 70%나 된다.

둘째, 개인 소득세는 다른 조세에 비하여 각종 조세감면으로 저소득층의 조세부담을 면제 · 감면시키거나 혹은 근로소득과 자산소득을 구분하여 전자의 경우는 감세 혜택을 주나 후자의 경우는 주지 않음으로써 소득재분배 효과를 높인다.

셋째, 개인소득세가 일반예산을 구성하는 조세 가운데 가장 크다는 점이다. 아무리 조세가 누진성이 높아도 이 조세가 일반 예산에서 차지하는 크기가 작다면 소득재분배 효과는 적을 수밖에 없는 것이다. 오늘날 선진산업국들에서는 단일 조세 형태로 대부분 개인소득세가 일반예산 가운데 가장 큰 부분을 차지하고 있기 때문에 이 조세의 소득재분배 효과가 더욱 크게 나타나는 것이다.

(나) 법인세

> 법인의 소득을 과세대상으로 하여 부과하는 조세이다.

법인세는 기업을 하나의 법인으로 간주하고, 이 법인에 대하여 과세하는 조세이다. 따라서 법인세의 세원은 법인의 소득이 되며, 과세의 계산 방법은 개인소득세와 근본적으로 차이가 없다. 기업을 독립적인 과세의 대상으로 간주함으로써 자연인인 개인과 마찬가지로 소득이 발생하였을 때, 조세를 부과하는 근거를 마련하게 된다. 그러나 모든 조세의 최종적인 부담자는 개인이기 때문에 법인세도 궁극적으로 개인이 내는 것이나 다름이 없다. 다시 말해서 법인세를 지불함으로써 기업의 소유주인 주주들에게 돌아가는 이익이 줄게 되며, 이러한 이유 때문에 개인 소득세와 함께 법인세를 부과하는 것은 이중과세라는 지적도 있다. 그러나 기업이 영리를 추구하는 과정에서 국가로부터 유형 또는 무형의 혜택을 받고 있으며, 이 혜택은 기업을 소유하거나 투자한 사람들에게 과세하여도 충분할 만큼 가치가 있다는 것이 법인세를 부과하는 근거가 된다.

또한 세금을 걷는 입장에서 볼 때 개인에 비해 훨씬 더 용이하다는 점이 있고, 많은 사람들이 개인과 기업을 분리하여 생각하고 있다는 점에서 법인세가 존속되어야 할 이유가 있다.

(다) 소비세

선진 산업국들의 일반예산을 구성하는 조세 가운데 두 번째로 큰 것은 소비에 대한 조세이다. 소비에 대한 조세는 상기의 소득세나 법인세와는 달리 부담능력을 고려하지 않고 상품을 소비할 때 부과하기 때문에 소득세에 비해 고소득층의 조세 부담률이 저소득층보다 상대적으로 적다. 다만 이러한 소비에 대한 조세는 다양한 형태를 취하고 있기 때문에 소비세의 소득재분배 효과는 달라질 수 있다.

소비에 대한 조세는 크게 두 가지로 나눌 수 있는데 하나는 어떤 상품의 최종 소비자가 부담하는 조세이고, 다른 하나는 상품의 생산에서 최종소비에 이르기까지 여러 단계에서 부과되는 세금이다. 전자의 경우는 다시 두 가지로 나눌 수 있는데, 하나는 모든 상품의 소비에 단일 세율을 부과하는 일반 소비세이고 다른 하나는 상품마다 부과세율이 다른 특별소비세이다.

이러한 소비에 대한 조세 가운데 일반 소비세가 가장 역진적이다. 반면 특별 소비세는 어떠한 상품에 세율을 높이 부과하느냐에 따라 소득재분배 효과가 달라진다. 한편, 부가가치세는 생산에서 소비에 이르는 단계별로 세금을 부과하기 때문에 단계별 세율 조정에 의하여 일반소비세에 비해 소득재분배 효과를 높일 수 있다. 유럽의 복지국가들은 부가가치세를 적절히 운영하여 소득재분배 효과를 높이고 있다.

(라) 부(富)세(재산세, 상속세, 증여세 등)

정부 일반예산 가운데 가장 적은 비중을 차지하는 것은 부에 관한 조세이다. 부에 관한 조세도 여러 형태가 있는데 이 가운데 가장 중요한 조세는 재산세이다. 이것은 선진 산업국가에서는 지방정부의 주세원이다.

부세는 국세인 소득세에 대해 일종의 보완적인 기능을 하는 조세이다. 재산의 소재지에서 부의 원천에 대해 과세하는 것이므로 과세대상 소유자의 인적 사정은 고려됨이 없이 동일한 재산에 대하여 동일하게 취급하는 것이 원칙이다.

재산세는 재산이 있는 사람들에게만 부과되므로 재산이 적은 사람들에 비해 많은 사람들에게 부담률이 크다고 할 수 있다. 그러나 일반적으로 재산세는 실제 재산의 시장가치를 적시에 반영하기 힘들며, 개인이 소유하고 있는 모든 재산에 대해 포괄적으로 부과하는 것이 거의 불가능하기 때문에 사회복지정책의 재원으로는 그다지 큰 의미를 갖는다고 할 수 없다(김태성, 2003).

다른 한편으로 상속세나 증여세와 같은 세들은 누진적인 세율이 적용되어 소득재분배 효과가 크긴 하지만 이러한 세를 내는 사람은 매우 소수이고, 또한 액수도 적기 때문에 전체 일반예산에서 차지하는 비중은 미미하여 무시할 만한 정도이다.

(마) 조세비용(조세감면)

조세비용이란 국가가 세금을 거둬들이는 대신에 감면하는 제도를 말한다. 예컨대 아동이나 부양가족의 수에 따라서 소득공제를 하거나, 근로소득에 대한 세금감면기준선을 높이거나, 직원후생복지에 사용한 비용이나 사회복지기관에 대한 기부금 등을 기업의 법인세에서 감면하기도 한다. 그래서 작은 정부를 추구하는 경제학자들은 조세 수입보다는 조세감면을 통해서 개인 또는 가족의 가처분 소득을 증가시키는 방법을 선호한다. 조세감면제도는 세금을 거두고 예산을 집행하는 거래비용을 줄이고, 관료주의의 경직성과 관련된 문제를 완화하는 등의 장점을 갖고 있다. 그러나 조세감면의 경우 일반적으로 납세액이 많은 고소득층에게 많은 이득을 주기 때문에 납세액이 적은 저소득층이나 소득이 없는 계층에게는 불리하여 소득분배에 역진적인 특성을 갖고 있다.

그 이유는 다음과 같다. 첫째, 조세비용의 혜택은 납세액이 일정 수준 이상인 중산층과 부유층에게 주어지고 저소득층에게 잘 가지 않는다는 것이다. 둘째, 조세비용은 과세대상과 조세의 재원을 침식한다는 것이다. 그 결과 조세 재원에 의해 유지되는 사회복지 프로그램들의 운영이 어려워질 수 있다. 셋째, 조세비용은 정부의 예산에도 영향을 줄 뿐 아니라 민간의 기부에도 영향을 미친다. 거액의 기부금이 사회복지 분야가 아니라 연구나 문화사업 등의 거액 기부자들이 선호하는 부문에 집중될 수 있다는 것이다. 넷째, 조세비용의 절차상 허점이다. 매년 예산심의에서 조세비용을 엄밀하게 검토하는 경우가 거의 없으며, 재정 통제도 하지 않는 경향이 있다는 것이다. 또한 대부분의 경우 대상자의 자격을 제대로 검토하지 않음으로써 조세비용은 조사 없는 혜택 제공이라고 해도 과언이 아니라는 것이다. 그러므로 조세비용제도는 저소득층이 고소득층에 비하여 소득재분배의 측면에서 불리하며, 특히 적극적인 사회복지정책과 비교할 때는 더욱 그러하다. 따라서 사회복지정책을 확대하자는 입장에서는 이러한 소득재분배의 역진성을 야기시키는 조세비용을 대폭 줄이거나 없애고 과세대상을 넓히게 되면 정부의 일반예산이 증가되고, 이러한 증가된 예산으로 적극적인 사회복지정책의 확대를 이룰 수 있어 소득재분배 효과를 크게 할 수 있다는 것이다(이진숙 외, 2009: 198-202).

② 사회보험료(social insurance contribution)

사회복지정책재정에서 중요한 역할을 하는 것이 사회보험료이다. 사회보험료는 강제성을 띠며, 사회보장을 위한 목적세의 특징을 가지고 있어 사회보험료를 사회보장성 조세(social security tax)로 분류하기도 한다(송근원 · 김태성, 2003).

사회보험을 공공재원으로 분류하는 이유는 보험료가 조세처럼 국가에 의해 강제적으로 부과되며, 관리 및 운영도 공공기관에서 하기 때문이다. 또한 적립보험료는 국가에 의해 재투자되고, 그에 의한 수익은 사회보험 기금으로 재환원되고 있기 때문이다. 즉 사회보험은 특별한 목적을 위해 거둬들이는 조세 형태로 보험료를 고용주와 피고용자에게 강제로 부과하는 사회보장성 재원이다.

사회보험료에는 다음과 같은 장단점이 있다(안홍순, 2006). 장점으로는 사회보험료를 재원으로 조달할 경우 그 재원을 사회보장 및 소득보장에 사용하기 때문에 조세에 비해 저항이 약하다는 점을 들 수 있다. 특히 사회보험료는 비교적 시장 원리에 충실할 수 있고, 가입자는 산재, 노령 및 폐질, 질병, 실업, 장기요양 등 사회적 위험을 개별적으로 대비할 수 있다.

가입자는 자신의 소득수준에 따라 보험료를 부담하고 사회적 위험으로부터 소득이 필요한 경우에 미래의 보험료 부담 수준에 따라 급여를 보장받기 때문에 적정 수준에서 생활수준을 안정시킬 수 있을 뿐만 아니라 가입자의 권리도 보장할 수 있다. 그리고 사회구성원의 기여를 통해서 미래의 위험에 대비하는 재원을 조달할 수 있고, 국민의 경제활동 기간에 달성한 생활수준을 적정하게 유지할 수 있기 때문에 국민들의 저항이 약하다. 또한 사회보험료는 다른 국가정책 지출과 독립적으로 활용함으로써 재정운영의 안정성과 국민의 신뢰를 확보할 수 있다.

단점으로는 사회보장에 대한 장기적인 사회계약을 체결하기 때문에 경제적 · 사회적 환경변화에 유연하게 대처하는 능력이 부족하다는 점이다. 그리고 사회보험료는 경제적 능력과 상관없이 동일한 비율로 부과되기 때문에 소득계층이 높아질수록 세율 자체가 높아지는 조세에 비해서 소득재분배 기능이 약하다. 특히 사회보험제도에서 보험수리

원칙과 수지상등의 원칙을 강조하는 경우에 소득재분배 효과는 줄어든다. 또한 사회보험료를 납부하는 소득 상한선이 낮게 설정되면 소득분배에 역진적인 특성을 갖게 된다.

(2) 민간부문 재원

민간부문의 재원에는 사용자의 부담(일정한 금액을 본인이 부담), 자발적인 기여, 기업의 복지부문, 비공식 부문(가족, 친척, 이웃) 등이 있다.

사회복지에 있어서 민간부문의 재원은 크게 두 가지로 대별할 수 있는데 하나는 스스로 시장에서 생산한 재화나 소득을 개인 또는 가계로 이전하는 것과 공공부문 자원을 이용해 사회복지 재화 및 서비스를 빈곤계층에게 전달하는 것이다. 특히 후자의 방법은 공공부문만으로는 충족시키기 어려운 사회복지욕구를 민간부문이 보충하는 역할을 한다. 민간부문이 자발적으로 생산하는 자원의 이전은 자원봉사활동, 개인의 후원금, 사회복지공동모금회, 기업의 후생복지, 종교단체의 지원 등이 있다.

민간부문에서 재원을 조달하는 경우는 다음과 같은 장점이 있다. 공공부문에서 다루기 힘든 사회복지서비스를 보완하고, 사회복지서비스를 창의적으로 개발하여 사용할 수 있으며, 클라이언트의 다양한 욕구에 맞게 융통성 있게 운영할 수 있다.

민간자원 전달 방법은 첫째, 민간부문이 사회복지법인을 설립하여 운영하는 경우, 둘째, 이미 설립되어 있는 사회복지 관련 법인에 기부금을 내는 방법, 셋째, 사회복지법인 등과 같은 특정 모금활동에 기부금을 내는 경우, 넷째, 결연사업에 참여해 재정지원을 하는 방법 등으로 구분할 수 있다.

① 이용자 부담(user fee)

사회복지 공급주체가 다원화되면서 민간의 이용료 징수 서비스가 증가하고 있다. 민간부문에서 사회복지서비스 공급이 활성화되는 것은 국가부문이 갖는 내재적 비효율성을 극복하고, 제도적으로 감당할 수 없는 다양한 잔여적 복지욕구에 대하여 민간부문이 동원되는 경향이 증가되고 있기 때문이다. 이 논의의 저변에는 국가부문이 필연적으로 정치적·관료적인 특성을 갖기 마련이며, 비효율 문제가 발생한다는 전제가 깔려 있다.

또한 사회복지 욕구의 다양화와 잔여적 욕구의 증가는 국가가 제도적으로 감당할 수 있는 사회문제의 범위를 제한시킨다. 잔여적이거나 특수한 사회적 욕구에 대응하기 위하여 공적 재정을 보편적으로 할당하는 것은 납세자들로부터 합의를 얻어내기 힘들기 때문에 이러한 사업은 민간부문 주도하에 실시되는 것이 합당하다는 것이다.

이용자 부담은 다음과 같은 의미에서 필요하다.

첫째, 이용자 부담을 통해 사회복지서비스의 남용을 막을 수 있다. 건강보험의 경우 이용자 부담액 부과는 불필요한 의료서비스의 이용을 감소시킬 수 있다.

둘째, 정부부담 한계를 극복하는 방법으로 필요하다. 건강보험의 경우 보험료 외에 이용자가 지불하는 진료비가 건강보험 재정의 안정에 큰 도움을 준다.

셋째, 앞에서 언급한 것과 같이 사회복지서비스의 질을 높일 수 있다.

넷째, 자존심의 손상을 줄이고 자기존중(self-respect)을 높일 수 있다.

그러나 이용자 부담의 문제도 있다.

첫째, 이는 기본적으로 역진적이어서 저소득층의 부담이 고소득층에 비해 상대적으로 커 소득재분배를 악화시킬 수 있다.

둘째, 이용자 부담 액수가 크지 않더라도 저소득층에게 부담이 되어 필요한 서비스의 이용이 제한될 수 있다.

이용자 부담을 부과하는 것은 사회복지서비스의 공급을 민영화하거나 상업화하고자 하는 정치적 의도와 무관하지 않다. 즉 사회문제에 대한 국가의 개입을 억제하고 민간의 자발성과 효율성에 기초하여 사회복지서비스를 제공하는 것이 결과적으로 효과적이라는 주장이다. 그러나 이러한 논의는 여전히 사회문제에 대한 국가의 기본적인 책임이 어느 정도 이행되고 있는가를 판단한 후에 전개되어야 한다. 어떠한 국가부문도 전적으로 공적이지 않으며(Gibert & Terrel, 2002), 어떠한 민간부문도 전적으로 사적이지 않다. 결국 모든 국가부문은 민간부문의 개인들의 납세와 기여를 통해 존재하는 것이며, 모든 민간부문은 국가로부터 직접 혹은 간접의 보호와 혜택과 함께 존재하는 것이기 때문이다.

② 자발적 기여(voluntary contribution)

자발적 기여란 민간의 자발적인 기부금을 말한다. 자발적 기여의 주된 동기는 자선이나 박애이지만, 정부의 조세감면정책, 즉 기부금에 대해 세금을 면제해 주는 정책이 큰 뒷받침이 되고 있다. 자발적 기여는 국가에 의한 사회복지정책이 발전되기 이전에는 중요한 역할을 하였으나 국가가 사회복지정책을 주도한 이후에는 점차 그 중요성이 감소되고 있다. 그러나 국가에 따라 혹은 사회복지정책의 영역에 따라 자발적 기여는 여전히 중요한 역할을 하고 있다. 자발적 기여로는 개인·재단·법인·유산으로 나누어진다. 개인기여금은 기부자 개인이 선택한 자선단체에 직접 기부하거나 공동모금단체를 통해 기부한다.

그런데 자발적 기여의 주된 동기가 앞에서 생각해 본 것처럼 자선이나 박애의 동기만을 기초로 하는 것이 아니라 사실상 정부의 조세감면정책, 즉 기부금에 대한 세금을 면제해 주는 정책이 자발적 기여의 중요한 동기가 되고 있다.

이러한 특성과 관련하여 자발적 기여에는 다음과 같은 문제점이 있다. 첫째, 자발적 기여가 중상위계층에 의해 주로 이루어지기 때문에 조세감면의 혜택도 주로 이들에게 돌아가 역진성이 발생한다. 둘째, 자발적 기여는 기부자의 경제적 상황에 따라 기부액수의 변화가 크기 때문에 안정적인 재원이 되기 어렵다. 우리나라의 경우 대부분의 재정을 정부지원으로 충당하고, 자발적 기여에 의한 재원은 추가적인 재정이 필요한 곳에 주로 사용하고 있다. 자발적 기여를 통해 지속적이고 체계적인 프로그램을 추진하기 어렵기 때문이다.

③ 기업복지

민간부문에서 중요한 사회복지 재원의 하나는 기업이다. 기업은 직원에게 후생복지를 제공하고 지역사회의 복지증진에 기여한다. 직원의 후생복지를 위한 지출은 매우 다양한 형태로 발달되어 왔지만 대표적인 것이 기업연금, 법정퇴직금, 여성 출산휴가, 장학금, 사내 보육시설운영 등과 같은 프로그램이다. 이러한 프로그램들은 직원의 충성심과 양질의 노동력 확보를 위한 목적으로 한다. 또한 직원에 대한 후생복지는 노동생산성 향상에도 기여한다. 기업은 사회복지재단을 설립하여 지역사회에 현물 및 현금을 기부하거나 사회복지시설을 설치하는 등 사회복지 증진에도 기여하고 있다.

기업복지가 민간재원에서 중요한 위치를 차지하는 이유는 다음과 같다. 첫째, 피고용자에게 임금을 지급하는 대신에 기업복지급여를 제공하는 것이 세제상 유리하다는 것이다. 임금 대신 기업복지 형태로 지급하면 조세부담이 줄어든다는 것이다. 둘째, 기업복지의 제공을 통하여 우수한 인력을 유치할 수 있고, 피고용자의 기업에 대한 소속감과 관심을 드높일 수 있다. 기업복지의 결과로 기업의 노사안정을 가져오고 그 결과로 생산성의 향상을 기대할 수 있다는 것이다.

그러나 기업복지는 사회적 불평등을 강화할 수 있다(안홍순, 2006). 기업의 후생복지가 안정된 직장에서 높은 임금을 받고 있는 근로자를 대상으로 하는 경우에는 저임금 근로자, 비정규직 근로자, 실업자 등과 삶의 질적 측면에서 격차가 심화되기 때문이다. 기업복지 재원의 경우 저소득층보다는 중산층을 대상으로 할 가능성이 높고, 경기변동에 따라 기여금의 격차가 커져서 사회복지서비스를 지속적이고 안정적으로 제공하기 어렵다. 이에 기업복지 재원은 체계적이고 지속적인 사회복지정책을 수립 및 집행할 근거가 될 수 없다. 특히 경기 침체기에는 기업의 파산, 실직 등으로 빈곤층과 공공부조 수급자의 수는 늘어나는 반면에 개인과 기업이 자발적으로 지원하는 기여금은 줄어든다. 이러한 자발적 기여와 조세감면제도가 결합될 경우 소득재분배 효과가 낮고, 중복된 사회복지서비스가 제공되는 단점이 배가될 가능성이 높다.

우리나라 비정규직 노동시장의 현황(2019년 8월 기준)

- 비정규직 노동자는 임금근로자 대비 36.4% 수준이다.
- 비정규직 성별 분포는 남성이 55.4%로 여성보다 많다. 한편, 시간제, 특수형태근로, 가내근로의 경우 여성의 비중이 높다.
- 30~49세에서 정규직과 비정규직의 규모가 크게 차이난다.
- 비정규직이 300인 미만 사업장의 분포가 99.4%로 높게 나타나며, 10인 미만이 전체 비정규직 중 48.5%를 차지한다.
- 비정규직은 단순노무직이 30.8%로 가장 많다.
- 비정규직 산업별 분포는 보건복지법(13.1%), 사업서비스업(11.6%), 건설업(11.4%) 순으로 많다.
- 비정규직 시간당 임금은 15,472원으로 69.7%로 최근 증가추세이다. 월근로시간 112.1시간으로 정

규직 대비 67.9%이고 감소중이다.

- 비정규직 시간당 임금은 남성 17,538원, 여성 13,471원으로 각각 정규직 대비 69.8%, 76.4%이다. 월근로시간은 남성 120.5시간, 여성 103.7시간으로 정규직, 비정규직 차이에 더해 남녀 간 차이도 상당히 크게 나타난다.
- 비정규직 시간당 임금은 40대 17,430원을 정점으로 50대부터 감소한다. 정규직 대비 임금 수준은 40대가 69.6%로 가장 낮다. 월근로시간은 비정규직 60세 이상이 가장 긴 반면 정규직 19세 이하는 가장 짧다.
- 비정규직 시간당 임금은 300인 미만 사업장 14,856원, 300인 이상 22,429원이며 정규직 대비 임금수준은 각각 74.9%, 63.5%수준이다. 월근로시간은 300인 미만 109.5시간, 300인 이상 140.7시간이다.
- 비정규직 임금수준은 관리자, 전문가, 기능원의 순으로 높고, 판매직, 서비스 순으로 낮다. 월근로시간은 장치, 기계조작 및 조립종사자가 가장 길고 서비스 종사자가 가장 짧다.
- 비정규직의 사회보험가입률은 고용보험 74.0%, 산재보험 97.3%, 건강보험 64.2%, 국민연금 61.0%로 모두 정규직 보다 낮은 가입률이다.
- 상시 5인 이상 사업장의 전체 기간제 근로자는 1,796천 명이며, 이중 기간제법 적용자는 659천 명이다.
- 비정규직 중 2년 초과(16.6%)의 근속시간에서 정규직 전환 비율이 높게 나타났다.

④ 가족 간의 이전

공공복지가 발달되지 않은 상태에서 또는 국가의 개입이 미치지 못하는 부분에 가족이나 그 이웃이 비공식적으로 지원하는 것도 중요한 사회복지 재원이다. 가족 및 친지, 이웃을 통한 비공식적 지원은 경제적·비경제적인 서비스 모두를 포함한다.

전통적으로 가족구성원의 부양에 대한 책임의식이 강한 우리나라의 경우 이러한 가족 간의 이전은 오랫동안 중요한 역할을 하였다. 그러나 이는 우리나라의 복지제도를 발전시키는 데 장애요소가 되었다는 비난을 피할 수 없다. 예를 들어 국민연금이나 장기요양보험이 충분히 발달하지 않은 상태에서 여전히 노인에 대한 부양비나 의료비 지출은 국가 책임보다 가족부담으로 남게 되는 경우가 많다. 저소득층의 경우 제도적인 서비스를 이용하지 못하는 경우도 발생하고 있다.

한편, 가족 간의 이전은 크게 소득이전과 비경제적인 측면에서의 서비스 제공으로 나눌 수 있다. 첫째, 가족은 비공식적으로 소득을 이전함으로써 사회복지 기능을 수행한다. 가족 간의 현금이전이나 의료비 대납, 집을 장만하거나 위급한 상황에서 도움을 주는 여러 가지 상황을 소득이전에서 볼 수 있다. 둘째, 가족은 구성원에게 서비스를 제공할 수 있다. 노인들은 장성한 자식들에게 의존하기도 하고 노쇠한 가족구성원들을 자식이 부양하기도 한다. 또한 가족은 구성원이 위급한 문제에 직면했을 때 지지서비스를 제공할 수 있다. 이처럼 가족 간 이전은 시간적·공간적으로 복지 욕구를 빨리 해결해 준다는 장점을 가지고 있다. 그러나 가난한 가족의 경우에는 가족구성원의 사회복지 욕구가 크다고 하더라도 이를 해결해 줄 수 없다는 한계가 있다(송근원 외, 1997; 이진숙 외, 2009).

국가의 재정과 재정지출

재정

정부의 재정은 크게 예산과 기금으로 구분하며, 예산은 일반예산과 특별예산으로 구분한다.

- 일반회계: 기본적인 정부 활동과 관련되는 주요한 재정사업을 모두 포괄한다. 소득세, 부가가치세, 재산세 등의 세입을 모두 모아서 이를 재원으로 국방, 치안, 외교 등 다양한 분야에 지출(세출)을 한다.
- 특별회계: 특정한 목적을 위한 사업과 관련해 일반회계에서 따로 떼어 설치, 운영하는 별도의 회계를 말한다.
- 기금: 국민연금기금, 고용보험기금 등 사회보험료를 통해 확보된 사회보장기금, 국민주택채권을 통해 확보된 국민주택기금 등이 기금에 해당한다. 기금운용에 대한 재량이 있기 때문에 신축적으로 운용할 수 있다.

재정지출

재정지출은 정부부문의 지출을 말하는 것으로, 국가 및 지방자치단체, 공공단체가 그 직능을 수행하는데 필요한 경비를 의미한다. 재정지출은 의무지출과 재량지출의 2가지 방식으로 구분할 수 있다.

- 의무지출: 법률에 따라 지출의무가 발생하고, 법령에 따라 지출근거와 요건 및 지출규모가 결정되는 법정지출 및 이자지출을 말한다.
- 재량지출: 정부가 정책적 의지나 재량행위 내용에 따라 대상과 규모를 어느 정도 조정 가능한 예산을 의미한다. 이는 투자사업비, 경상적 경비 등 의무지출을 제외한 나머지 지출로, 매년 입법조치가 필요한 유동적인 지출이 포함된다.

(3) 복지 다원주의와 재원의 유형별 특성

① 복지 다원주의

복지 다원주의가 중요한 의제로 부각되면서 다양한 재원을 혼합하여 사용하는 프로그램이 점차 늘어나고 있다. 제2차 세계대전 이후 서구의 선진 자본주의 국가들에서 복지국가의 발달과 함께 사회복지에 대한 국가의 책임이 확대되었다. 그러나 복지국가의 등장이 국가가 사회복지의 유일한 공급자로 또는 재원 부담자로 부상하였다는 것을 의미하는 것은 결코 아니다. 가족, 친척, 이웃 등은 여전히 중요한 서비스 전달자이며, 시장과 기업, 그리고 자원조직 등도 사회복지의 공급에서 역시 커다란 역할을 담당해 왔다. 그럼에도 불구하고, 사회복지를 둘러싼 정책결정자들과 연구자들의 관심은 국가복지(state welfare)에 모아져 있었고, 다른 공급주체들이 담당하고 있는 사회복지에 대한 역할은 소홀하게 다루어지거나, 아예 간과되어 왔다.

이러한 경향은 1980년대 영국의 대처정부와 미국의 레이건행정부에 의해 대표되는 신보수주의 정권의 등장과 더불어 바뀌기 시작하였다. 특히, 1980년대 후반 이후 본격화된 세계화의 담론은 각국의 사회복지정책 과정에서 신자유주의자들의 영향력을 높였으며, 복지국가에 대한 우파의 비판에 기름을 부었다. 이들에 따르면, 복지국가는 미시적 수준에서 개인의 경제활동에 대한 동기를 떨어뜨려 복지의존성(welfare dependency)을 높이고, 거시적 수준에서 사회 내 하위계층(underclass)의 형성을 초래하며 경제성장에 저해가 된다는 것이다. 그리하여 이들은 사회복지에 대한 국가의 책임과 역할이 시장, 가족, 지역사회, 자원조직 등 다른 다양한 공급주체들에 의하여 대체되어야 한다고 주장한다. 이러한 주장은 1980년대 초반 이후 사회복지정책연구자들 사이에서 복지다원주의(welfare pluralism), 혹은 복지혼합경제(the mixed economy of welfare)를 통하여 뒷받침되었다.

② 재원의 유형별 특성

▮표 12-2▮ 사회복지 재원의 유형별 특성

구분	공공재원	민간재원
특성	조세 • (개인)소득세는 일반적으로 누진적인 방식으로 부과(소득이 높을수록 더 높은 세율이 적용)된다. • 평등(소득재분배)과 사회적 적절성을 구현하는 데 가장 중요한 재원 • 조세는 민간부문의 재원이나 공공부문의 재원 중에서 사회보험의 기여금보다 재원의 안정성이나 지속성이 더 강한 특성이 있다. • 대상자의 보편적 확대나 보편적 급여의 제공에서 유리하다. • 소비세(간접세, 소비자에게 부과, 역진적 특성): 일반소비세(부가가치세), 개별소비세(특별소비세-고가의 상품, 서비스에 부과). 간접세는 조세 저항이 적어 징수가 용이하지만 그 비중이 높을수록 소득재분배 기능은 약화됨. 주로 상품이나 서비스 가격에 포함되기 때문에 최종적으로 상품 등을 소비하는 소비자가 부담	자발적 기여 • 제공자의 자발적 의사에 의존하기 때문에 예측가능성도 낮고 재원의 안정성도 약하다.
	사회보험료 • 기본적으로 소득에 비례하여 부과되는 경향이 있기 때문에 조세에 비해 소득재분배 효과가 약하다(사회보험료는 일반적으로 정률제). • 사회보험의 보험료는 일종의 목적세 성격을 갖는다. 목적세는 특별한 목적을 위해 징수하는 세금(우리나라의 교육세, 교통세 등이 있음)이다. 일반조세보다 사회보험의 보험료와 같은 목적세의 사용처가 분명하고 투명하다는 점에서 저항이 적은 경향이 있다.	기업복지 • 기업의 사용자가 피고용자에게 주는 임금 이외의 사회복지적인 급여혜택
	조세비용(조세감면) • 내야 하는 세금을 걷지 않거나 되돌려주는 방식 • 소득공제, 세액공제 등 • 저소득층은 과세대상에서 제외되어 조세감면 혜택을 누리지 못하는 경우가 많고 소득이 높을수록 공제대상 지출이 높기 때문에 고소득층이 유리	사용자 부담 • 서비스 이용자가 서비스를 남용하는 것을 억제하는 효과가 있다. 하지만, 역진성이 나타날 수 있고, 저소득층의 서비스 접근성을 떨어뜨리는 효과가 있다. 이러한 문제점을 해결하기 위하여 일정 소득 이하의 이용자에게는 부과하지 않거나 수준을 낮추기도 한다.

5. 재원의 이전체계

우리나라의 사회복지정책 재원조달은 조세정책과 개인의 사회보험, 기여를 통해 이루어지고 있다. 지방정부 사회보장비는 중앙정부의 지방세를 통하여, 그리고 국민연금, 건강보험, 장기요양보험, 산재보험, 고용보험과 같은 정부주도 사회보험은 조세와 개인의 기여를 통하여 조달된다.

1) 지방정부 사회보장비

지방정부의 사회보장비 사업은 지방정부의 관심에 따라 분야별로 다르게 편성되는데, 재정자립도가 낮은 지방정부일수록 지역 특성에 맞는 자체 사회보장정책을 추진하기 어렵고 국가보조 사업에만 전념할 수밖에 없는 구조적인 어려움이 있다. 이러한 정책 불균형이 일어나는 것은 지방정부의 사회복지정책 실현 대상 사업의 경우 시·도 및 시·군·구의 수급자 분포 및 재정자립도를 고려하여 국가 부담비율, 시·도 부담비율, 시·군·구 부담비율이 차등 적용되는 재정 이전 정책에서 발생하는 것을 알 수 있다. 지금과 같이 저소득층이 많아 재정능력이 취약한 지방정부가 지역의 높은 사회복지 욕구에도 불구하고 자체 사회복지사업을 수행할 수 없다면 사회복지정책 실현을 통한 지역사회복지의 개선은 어려울 수밖에 없으므로 효율적인 재정 이전 방안이 강구되어야 한다.

2) 정부주도 사회보험

우리나라의 대표적인 사회보험 중 하나인 건강보험의 경우 전체 조세에 의한 국고보조(보험료 수입의 17%)와 보험료(목표 80%, 실제 48%) 그리고 이용자 본인(이용자 본인부담 20% + 비급여 15% = 35%)이 부담하는 형태로 재원이 이전된다. 정책재원 중 건강보험의 실시에도 불구하고 건강보험료가 65%만 해결하고 개인부담이 35%에 달하는 것은 사회복지정책 재원 이전 목표가 적절하게 이루어지지 않고 있는 것으로 이해할 수 있다. 사회보험료 외에 개인 의료부담은 지속적으로 증가하고 있는 것으로 나타나 향후 사회복지정책이 해결해야 할 주요한 과제로 남는다. 국민연금과 함께 건강보험의 재정구조는 매우 취약한 상태에 있다. 보고에 따르면 2010년 한 해에만 1조 3,000억 원의 건강보험 재정 적자에 이어 2011년 1월에만 3,000억 원의 손실이 나타난 것으로 확인되었다. 흥미롭게도 건강보험 적자구조에 대한 일반적인 분석은 건강보험 사용량의 증가(메디칼투데이, 2011. 2. 6)와 과잉진료(YTN, 2011. 4. 30)에서 찾는 경향이 있으나, 이재훈(2009)은 보험료 인상분이 반영되지 않은 국고지원과 법적 기준에 못 미치는 담배부담금 지원, 약제비 적정화 방안 미이행에서 문제점을 제시하여 재원의 이전 문제가 정책실현에 핵심적인 역할을 한다는 점을 강조하였다(손병덕, 2012: 372-375).

특히 건강보험 보장성 확대 정책에 따라 2018년 9월부터 2022년도 말까지 30조 6천억 원의 보험재정을 투입하는 문재인 케어의 영향으로 2018년 1,778억 원 적자, 2019년 한 해에만 2조 8,243억 원의 건강보험재정 적자에 이어 2020년에는 이보다 더 많은 적자가 예상된다.

문재인 케어

- 문재인 케어는 문재인 정부에서 주도하는 의료 정책으로, 미용 · 성형 등을 제외한 거의 모든 의료비에 건강보험을 적용하는 건강보험 보장성 강화 대책이다.
- 문재인 케어는 미용 · 성형처럼 개인에게 투자하는 의료를 제외한 모든 의학적 비급여를 급여화하는 것이 핵심 내용이다.
- 가계에 큰 부담으로 작용했던 3대 비급여인 선택진료비 · 상급병실료 · 간병비도 개선하는 것 등을 목표로 하고 있다.

PART 3

사회보장(제도)정책

13장 사회보장론

CHAPTER 13

사회보장론

※ 사회보장과 연금제도 총론

1. 국민연금

2. 국민건강보험과 노인장기요양보험

3. 산업재해보상보험

4. 고용보험제도

5. 빈곤과 공공부조제도

6. 아동복지정책: 입양특례법을 중심으로

CHAPTER

13

사회보장론

※ 사회보장과 연금제도 총론

1) 사회보장제도의 원리와 이해

(1) 목적

① 사회적 위험으로부터의 보호

② 삶의 질 향상을 위한 소득 · 서비스의 보장

(2) 운영원칙(사회보장기본법 제25조)

① **보편성**: 국가와 지방자치단체가 사회보장제도를 운영할 때에는 이 제도를 필요로 하는 모든 국민에게 적용하여야 한다.

② **형평성**: 국가와 지방자치단체는 사회보장제도의 급여 수준과 비용 부담 등에서 형평성을 유지하여야 한다.

③ **민주성**: 국가와 지방자치단체는 사회보장제도의 정책 결정 및 시행 과정에 공익의 대표자 및 이해관계인 등을 참여시켜 이를 민주적으로 결정하고 시행하여야 한다.

④ **효율성, 연계성, 전문성**: 국가와 지방자치단체가 사회보장제도를 운영할 때에는 국민의 다양한 복지 욕구를 효율적으로 충족시키기 위하여 연계성과 전문성을 높여야 한다.

⑤ 사회보험은 국가의 책임으로 시행하고, 공공부조와 사회서비스는 국가와 지방자치단체의 책임으로 시행하는 것을 원칙으로 한다. 다만, 국가와 지방자치단체의 재정형편 등을 고려하여 이를 협의 · 조정할 수 있다.

(3) 구체화

① **사회보험**: 건강과 소득보장

② **공공부조**: 최저생활보장, 자립지원

③ **사회복지서비스**: 인간다운 생활보장, 삶의 질 향상 지원

(4) ILO의 사회보장 원칙

사회보장의 최저기준

① 대상의 보편성

② 비용부담의 공평성

③ 급여의 적절성

- 비례급여
- 균일급여
- 부담수준

2) 사회보장제도의 분류

(1) 사회보험

국민에게 발생하는 사회적 위험을 보험방식에 의하여 대처함으로써 국민건강과 소득을 보장하는 제도

(2) 공공부조

국가 및 지방자치단체의 책임하에 생활 유지능력이 없거나 생활이 어려운 국민의 최저생활을 보장하고 자립을 지원하는 제도

(3) 사회복지서비스

국가 · 지방자치단체 및 민간부문의 도움을 필요로 하는 모든 국민에게 상담 · 재활 · 직업소개 및 지도 · 사회복지 시설이용 등을 제공하여 정상적인 사회생활이 가능하도록 지원하는 제도

(4) 관련 복지제도

보건 · 주거 · 교육 · 고용 등의 분야에서 인간다운 생활이 보장될 수 있도록 지원하는 각종복지제도

표 13-1 사회보험과 민간보험의 비교

구분	사회보험	민간보험
가입	강제가입	임의적, 선택적
원리	(개인적 형평성보다는) 사회적 적절성 중시 사회적 적절성이란 모든 가입자에게 일정한 수준 이상의 급여를 제공하는 것을 의미한다.	개인적 형평성 강조 개인적 형평성이란 자신이 낸 보험료에 비례하여 급여를 받는 것을 의미한다.
보험자와 피보험자의 관계	제도적 · 법적 관계 (권리적 성격이 강하다.)	사적 계약에 의한 관계 (계약적 성격이 강하다.)
물가상승에 대한 보장	물가상승에 의한 실질가치의 변동을 보장	물가상승에 대한 보장이 어려움
기타	강제가입을 기반으로 하기 때문에 민간보험에 비해 계약에 수반되는 비용이 저렴하다. 또한 민간보험에 비해 규모의 경제를 실현할 수 있다.	보험 상품 판매를 위한 마케팅, 광고 등을 이유로 (사회보험에 비해) 더 많은 관리비용을 필요로 한다.

표 13-2 사회보험과 공공부조의 비교

구분	사회보험	공공부조
대상	모든 국민(보편주의)	빈곤층(선별주의)
재원	기여금, 부담금(일부는 조세)	조세
자산조사	급여 제공시 자산조사에 근거하지 않는다.	자산조사를 실시한다.
대상 효율성	(공공부조에 비해) 낮다.	(다른 제도에 비해) 높다.
소득재분배 효과	수직적 재분배, 수평적 재분배 효과가 모두 있다. 하지만 공공부조제도에 비해 수직적 재분배효과는 낮다.	수직적 재분배 효과가 크다.

3) 공적 연금제도

(1) 연금제도의 유형

연금의 유형은 크게 사회부조방식, 사회보험방식, 사회수당방식 연금으로 나눌 수 있으며, 이들 유형 중 둘 이상을 병행 운영하고 있는 국가들도 상당수 있다. 최근에는 민간이 운영하는 개인연금에 강제 가입하도록 하는 민영화 방식을 따르는 국가들도 있다.

① 사회부조방식 공적 연금

자산조사 및 소득조사를 통해서 정해진 기준 이하의 소득을 가진 노인에게 별도의 보험료 납부 없이 국가의 조세를 통해 연금을 지급하는 방식이다.

- 무기여 + 자산조사
- 저소득층 노령자 등을 대상
- 기초연금, 장애인연금(조세)

② 사회보험방식 공적 연금

일정기간 동안 자신 또는 고용주와 함께 보험료를 납입하고 이를 재원으로 하여 연금을 지급하는 형태로 급여의 수급은 과거의 보험료 납입 실적과 연동되어 이루어지며 다수의 국가에서 주로 선택하는 형태이다

• 기여 + 非자산조사 • 일정조건 구비자 대상 • 국민연금(주로 보험료)

③ 사회수당방식 공적 연금

별도의 보험료 납입을 요구하지 않고, 소득에 따른 차별도 두지 않고 모든 노인들에게 국가의 조세를 통해 연금을 지급하는 형태이다.

• 無기여 + 非자산조사 • 일정조건 구비자 모두를 대상 • 조세

④ 강제가입방식 민간연금제도

일부 국가에서는 국가가 직접 연금을 운영하지 않고 민간 보험회사들이 판매하는 연금 상품에 대해 개인이 선택하여 반드시 가입하도록 하는 강제가입식 민간연금제도로 공적 연금을 대체하기도 하였다.

(2) 공적 연금 일반 원리

① 연금의 필요성

• 노후빈곤의 예방
• **소득재분배**: 불평등 완화, 사회통합의 증진
• **불확실성에 대한 대비**: 미래를 대비할 때 불확실성을 방지
• 위험분산
• 경제사회 안정

② 연금의 기능

가. 노후 소득보장

노후의 생활설계를 할 경우 미리 보장된 일정수준의 소득을 토대로 계획을 세울 수 있다. 즉, 고령이 되어 노동능력이 감퇴하거나 상실되어 임금소득이 상실되었을 때 자산조사 없이 권리로서 최저한의 소득을 보장받을 수 있다.

나. 소득의 재분배 기능

소득재분배의 형태는 크게 세대 간 재분배와 세대 내 재분배로 나눌 수 있는데, 세대 내 재분배는 다시 수평적 재분배와 수직적 재분배로 구분할 수 있다. 연금제도의 경우, 세대 간 재분배 효과와 세대 내 재분배 효과를 일정하게 가지고 있다. 하지만, 어떻게 제도가 설계되어 있느냐에 따라서 재분배 효과의 정도는 달라질 수 있다.

- **수평적 재분배:** 위험발생에 따른 재분배 형태로서 수명이 짧은 사람으로부터 수명이 긴 사람에게로, 피부장자가 없거나 적은 근로자로부터 피부양자가 많은 근로자로의 소득 이전과 같은 경우를 말한다.
- **수직적 재분배:** 각기 다른 소득계층 간의 재분배형태로서 연금제도가 저소득층에게 유리하게 설계된 경우, 수직적 재분배효과가 발생한다.
- **세대 간 재분배:** 미래세대와 현재 세대 간의 소득을 재분배하는 형태를 말한다. 국민연금제도의 경우 제도 도입 초기 가입자가 연금제도가 성숙한 이후의 자식세대에 비해 수익비가 높게 설계되어 있으므로 현재의 가입세대는 미래세대로부터 일정한 소득지원을 받는 세대 간 소득재분배의 기능을 가지고 있다. 연금재정 부과방식으로 운영하는 경우에는 특히 세대 간 재분배 효과가 크다. 부과방식은 제도를 도입함과 동시에 급여를 지급함으로써 일정기간의 가입기간 조건을 충족하지 않아도 공적연금의 역할을 바로 수행할 수 있다. 부과방식은 미래세대가 현재세대가 안게 될 경기침체, 재난, 금융위기 등의 세대 간 위험을 분산할 수 있다. 예를 들어 금융위기, 급격한 인플레이션 등으로 화폐가치가 급락했을 때 적립방식에 의해 일정한 급여를 받는 수급자들은 생계유지가 어려워질 수 있지만 부과방식에 의할 경우는 위험발생

당시 근로세대의 임금에 비례한 기여금에 의해 급여가 지급되기 때문에 연금 수급자들의 소득보장이 가능해질 수 있다.

표 13-3 소득재분배의 유형과 관계집단

세대	세대 내 재분배	- 동일한 세대 내에서의 재분배 - 대부분의 단기적 재분배, 수직·수평적 재분배는 세대 내에서 일어남
	세대 간 재분배	- 앞 세대와 먼 후손 세대 간의 재분배 - 주로 부과방식으로 운영되는 공적 연금제도에서 나타남
계층구조	수직적 재분배	- 소득이 높은 사람에서 소득이 낮은 사람으로 재분배 ex) 누진적 소득세, 공공부조 제도
	수평적 재분배	- 특정한 조건을 가진 사람들에게 급여하는 경우의 재분배 - 동일 소득 계층 내의 재분배 ex) 가족수당(전 국민이 동일하게 세금을 부담하지만 부양가족이 있는 경우 수령), 건강보험(건강한 사람에게서 건강하지 못한 사람에게로의 재분배)

③ 연금제도의 분류

- 기여식 연금[소득의 일정 비율(혹은 정책)을 보험료(유사한 성격의 사회보장세)로 징수하여 재원을 조달, 기여금 수준에 따라 급여수준 차등화], 무기여 연금(동일한 정액으로 급여를 지급하기도 하고, 소득수준에 따라 급여를 감액하고 지급하기도 하는 형태, 일반조세에 의해 재정을 충당)
- 정액연금(연금 수급액 결정에 있어서 이전의 소득은 고려하지 않고 동일한 금액을 지급), 소득비례연금(과거 소득을 기준으로 급여를 차등 지급)
- 확정급여식(나중에 받을 연금액이 사전에 결정되어 있는 형태), 확정기여식(기여금만이 결정되어 있고 급여액은 적립한 기여금의 운용 결과에 의해 나중에 결정되는 형태)

④ 연금재정의 운영방식

가. 적립방식

장래의 연금지급에 대비하여 제도 도입 초기부터 가입자로부터 징수한 기여금을 장기에 걸쳐 적립하여 이를 기금으로 운용하고 그 원리금과 당해 연도 기여금 수입을 재원으로 수급권자에게 연금급여를 지급하는 방식이다.

- **적립방식**: 기금을 쌓아두는 것(보험료를 연기금으로 적립하였다가 지급하는 방식)
- I = C현재 + S미래 • 세대 내 재분배 • 세대 간 공평성

나. 부과방식

매년 전체 가입자가 낸 보험료 등으로 당해연도에 지급해야 할 연금급여를 충당하는 방식이다. 일부 국가에서 향후 지급할 연금급여 지출에 대비하여 일정 정도의 기금을 보유, 운영하기도 하지만 극소수 국가를 제외하고는 그 규모가 수 일 혹은 수 개월분에 지나지 않는다.

- **부과방식**: 그해마다 써버리는 방식(보험료 수입을 당해년도 연금지출로 사용하는 방식)
- I = C현재 + 현노인세대 • 세대 간 재분배 • 세대 간 갈등

표 13-4 적립방식과 부과방식의 장단점

구분	장점	단점
적립방식	• 보험료의 평준화가 가능하다. • 제도 성숙기에는 적립된 기금의 활용이 가능하다. • 상대적으로 재정의 안정적인 운영이 가능하다.	• 일정한 기금이 형성되기 전까지는 제도 초기에 어려움이 있다. • 장기적인 예측에 있어서 어려움이 있다. • 인플레이션 등 경제사회적 변화에 취약하다.
부과방식	• 세대 간 재분배 효과가 상대적으로 크다. • 인플레이션으로 인한 영향이 크지 않다. • 장기적인 재정추계의 필요성은 미약하다.	• 노인 인구가 늘어난다면 후세대의 부담이 증가할 수 있다. • 상대적으로 재정운영의 불안정성이 존재한다. • 인구구조 변화에 상당한 영향을 받는다.

1. 국민연금

1) 국민연금 제정 및 시행

1960년대와 1970년대의 급속한 경제성장과 함께 근로자들에 대한 노후생활을 보장할 수 있는 연금제도의 필요성이 제기되면서 1973년 12월 '국민복지연금법'이 제정되었으나, 석유파동과 경제 불황으로 그 시행이 계속 연기되었다. 1980년대 중반에 접어들면서 평균수명의 연장에 따른 인구의 노령화 속도가 급속하게 진전되고, 젊은 층의 노인부양의식도 약화됨에 따라 국민연금제도의 시행여건이 조성되어 1988년 1월 1일부터 시행하였다.

시행초기에는 10인 이상의 사업장을 당연적용대상으로 하였으나, 점차적으로 확대하여 1992년 1월 1일부터는 5인 이상의 사업장으로 확대 적용되었고, 1995년 7월 1일부터는 농어촌지역으로 확대되었다. 1999년 4월 1일부터는 도시자영업자에게까지 적용함으로써 마침내 '전 국민 연금시대'를 맞이하게 되었다.

2) 국민연금 정책분석

(1) 적용대상(할당)

- 국내 거주 18~60세 미만 국민을 당연적용(강제가입) 대상
- 18세 미만도 가능(사업장가입자)

국민연금 가입자는 크게 사업장가입자(직장가입자)와 지역가입자로 구분되며 공무원, 사립학교교직원, 직업군인, 별정 우체국 연금제도의 수급권자, 가입자 및 수급권자의 배우자 또는 공무원, 사립학교교직원, 직업군인, 별정 우체국 연금제도의 수급권자의 배우자로서 별도의 소득이 없는 자, 18세 이상 27세 미만의 자로서 학생이거나 군복무 등으

로 별도의 소득이 없는 자, 국민기초생활보장법에 의한 수급자 등은 당연적용 대상에서 제외한다.

국민연금의 적용대상이 소득활동 유무나 소득액보다 주로 연령에 의해 결정되어 논리적으로 실직자와 경제활동 비참가자 등과 같이 소득이 없어 보험료를 지불하기 어려운 계층도 보험료를 내야 하는 상황이 발생할 수 있다. 이를 방지하기 위해 국민연금제도는 가입자라 할지라도 소득이 없는 계층에게는 보험료를 지불하지 않아도 되는 납부예외라는 장치를 도입하였다.

표 13-5 국민연금의 적용대상

구분	내용
가입대상	18세 이상 60세 미만의 국내에 거주하는 국민(외국인도 포함)
	〈적용 제외자〉 • 다른 공적연금 가입자(공무원, 군인 및 사립학교 교직원 등) • 조기노령연금 수급권자 • 특수직종 노령연금 수급권자
사업장 가입자	1명 이상의 근로자를 사용하는 사업장, 주한 외국기관으로서 1명 이상의 근로자를 사용하는 사업장(당연적용사업장)에 종사하는 근로자와 사용자 • 18세 미만 사용자 동의자 • 1개월 이상 건설일용 근로자 • 월 60시간 미만 대학 시간강사 • 월 60시간 미만 사용자 동의자
	〈제외자〉 • 퇴직연금 등 수급권자(연계신청자 제외) • 월 60시간 미만 단시간 근로자 • 소재지가 일정하지 않은 사업장 근로자
지역 가입자	사업장가입자가 아닌 자 • 근로자가 없는 개인사업자 • 1개월 미만 기한부 근로자 • 월 60시간 미만 단시간 근로자
	〈제외자〉 • 퇴직연금 등 수급권자(연계신청자 제외) • 기초수급자 • 1년 이상 행방불명자 • 납부이력 없는 18세 이상 27세 미만 무소득자(학생, 군복무 등)

	• 지역가입자 등의 무소득 배우자
임의가입자	사업장가입자 및 지역가입자에 해당하지 않은 자로서 공단에 신청을 하여 가입된 자
임의계속 가입자	60세 도달 당시 가입자 또는 가입자였던 자
	〈제외자〉 • 연금보험료를 납부하지 않은 자 • 노령연금 수급권자 • 60세 도달 당시 가입기간 10년 미만으로 반환일시금을 받은 자 제외

(2) 급여

① 급여의 종류

연금은 가입자가 노령, 장애 또는 사망으로 인해 소득이 중단 · 상실되거나 감소하였을 때 기본적인 생활이 보장될 수 있도록 급여를 현금으로 지급한다. 또한 처음 받는 연금급여액을 결정할 때는 본인의 과거 평균소득을 연금 지급 현재의 가치로 재평가하여 반영하고, 연금을 받는 기간에도 물가상승률에 따라 조정함으로써 물가가 인상되더라도 연금급여액의 실질가치를 유지하도록 하고 있다.

- 현금급여(노령, 장애, 사망)
- 노령연금, 장애연금, 유족연금, 반환일시금, 사망일시금

가. 노령연금: 노후 소득보장을 위한 급여

가입기간이(연금보험료 납부기간)이 10년 이상이면 지급연령(60~65세) 이후부터 평생 동안 매월 지급받을 수 있으며, 국민연금의 기초가 되는 급여이다. 가입기간, 연령, 소득활동 유무에 따라 노령연금(소득활동에 따른 노령연금 포함), 조기노령연금으로 구분되며, 파생급여로 분할연금이 있다.

나. 장애연금: 장애로 인한 소득 감소에 대비한 급여

장애연금은 질병이나 부상의 초진일 당시 일정한 가입기간이 있는 경우 완치(진행 중

인 때는 초진일로부터 1년 6개월 경과시)되었으나 신체적 또는 정신적 장애가 남았을 때 이에 따른 소득 감소부분을 보전함으로써 자신과 가족의 안정된 생활을 보장하기 위한 급여로서 장애정도(1급~4급)에 따라 일정한 급여를 지급한다.

장애등급은 질병이나 부상의 완치일을 기준으로 노동력 손실 또는 감소정도에 따라 1급~4급으로 결정하며, 초진일로부터 1년 6개월 경과 후에도 완치되지 아니한 경우에는 초진일로부터 1년 6개월이 경과한 날을 기준으로 장애정도를 결정한다. 만약 1년 6개월 경과 시점에서 장애가 경미하여 장애등급에 해당되지 않았으나, 그 장애가 악화되어 60세가 되기 전에 장애등급에 해당되면 완치된 날과 청구한 날 중 빠른 날을 기준으로 장애등급을 결정한다.

다. 유족연금: 가입자의 사망으로 인한 유족의 생계 보호를 위한 급여

국민연금 가입자 또는 연금을 지급받던 사람이 사망할 경우 그에 의해 생계를 유지하던 유족에게 급여를 지급하여 안정된 삶을 살아갈 수 있도록 하기 위한 급여이다.

사망자에 의하여 생계를 유지하고 있던 가족으로 배우자, 다음의 요건을 충족하는 자녀, 부모, 손자녀, 조부모 순위 중 최우선 순위자에게 유족연금을 지급한다.

라. 반환일시금: 연금을 받지 못하거나 더 이상 가입할 수 없는 경우 청산적 성격으로 지급하는 급여

지급연령(60~65세)이 되었을 때 연금급여를 받을 수 있는 요건을 충족하지 못하였거나 국외이주 등으로 더 이상 국민연금 가입대상이 아닌 경우 납부한 연금보험료에 이자를 더해 일시에 지급하는 급여이다.

반환일시금을 지급받은 경우 가입기간이 소멸되므로 다른 연금을 받을 수 없다. 다만 다시 국민연금가입자가 된 경우 일정한 이자를 더하여 반납함으로써 가입기간이 복원될 수 있다.

마. 사망일시금: 유족연금 또는 반환일시금을 받지 못할 경우 장제보조적·보상적 성격으로 지급하는 급여

가입자 또는 가입자이었던 사람이 사망하였으나 유족연금 또는 반환일시금을 지급받을 수 있는 유족 범위에 해당하는 자가 없는 경우 배우자, 자녀, 부모, 손자녀, 조부모, 형제자매에게 장제 부조비 성격으로 지급하는 급여이다.

배우자, 자녀, 부모, 손자녀, 조부모, 형제자매가 없는 경우에는 사망자에 의하여 생계를 유지하고 있던 4촌 이내의 방계혈족에게 지급한다.

표 13-6 연금급여의 종류

<table>
<tr><th colspan="2">연금급여(매월 지급)</th><th colspan="2">일시금 급여</th></tr>
<tr><td>노령연금</td><td>노후소득보장을 위한 급여(국민연금의 기초가 되는 급여)</td><td>반환일시금</td><td>연금을 받지 못하거나 더 이상 가입할 수 없는 경우 청산적 성격으로 지급하는 급여</td></tr>
<tr><td>장애연금</td><td>장애로 인한 소득감소에 대비한 급여</td><td rowspan="2">사망일시금</td><td rowspan="2">유족연금 및 반환일시금을 받지 못할 경우 장제 부조비 성격으로 지급하는 급여</td></tr>
<tr><td>유족연금</td><td>가입자의 사망으로 인한 유족의 생계보호를 위한 급여</td></tr>
</table>

② 급여의 수준

가. 연금급여액의 구성

연금급여는 기본연금액과 부양가족연금액을 합산한 금액으로 받는다. 기본연금액이란 모든 연금액 산정의 기초가 되며, 가입자 전체의 소득과 가입자 본인의 소득(소득비례기능) 및 가입기간에 따라서 산정된다. 부양가족연금액이란 연금급여를 지급받는 수급자가 일정한 가족을 부양하고 있는 경우 가족수당 성격으로 지급하는 부가급여를 말한다.

나. 연금급여액 수준

급여수준은 전체가입자 평균소득에 해당하는 사람이 40년간 납부 시 가입기간이 속한 연도에 따라 소득의 40~70%(소득대체율)을 받게 된다.

다. 기본연금액

〈가입기간이 여러 구간에 걸쳐있는 경우 기본연금액 산정식〉

기본연금액 = [2.4(A+0.75B)×P1/P+1.8(A+B)×P2/P+1.5(A+B)×P3/P+ … +1.2(A+B)×P23/P] × (1+0.05n/12)

※ 1년치 연금액이며, 실제 지급할 때는 12로 나눈 금액을 매월 지급함

- A(균등부분): 연금수급 전 3년간의 평균소득월액의 평균액
- B(소득비례부분): 가입자 개인의 가입기간 중 기준소득월액의 평균액
- P1~P23: 연도별 가입월수
- n: 20년 초과 가입월수

(3) 재원

모든 급여수준이 사전에 급여산정공식으로 확정, 급여액은 소득에 비례하여 결정했다(확정급여, 소득비례급여라고 한다).

표 13-7 연금급여액 수준

가입연도	1988~1998년 (P_1)	1999~2007년 (P_2)	2008년 (P_3)	2009년 (P_4)	2010년 (P_5)	2011년 (P_6)	2012년 (P_7)	(...)	2028년 이후 (P_{23})
소득 대체율	70%	60%	50%	49.5%	49%	48.5%	48%	(...)	40%
소득 대체율에 해당하는 비례상수	2.4	1.8	1.5	1.485	1.47	1.455	1.44	(...)	1.2

* 급여수준은 전체가입자 평균소득에 해당하는 사람이 40년간 납부시 가입기간이 속한 연도에 따라 소득의 40~70%(소득대체율)를 받게 됨.

** 2008년부터 소득대체율은 0.5%씩, 비례상수는 0,015씩 감소

국민연금의 재원은 보험료 수입 + 기금운용[5)]의 발생 수익으로 이루어진다.

- 보험료는 2006년부터 9%로 모두 동일하다.
- **연금보험료율**: 사업장가입자 보험료율은 9.0%(근로자 4.5% + 사용자 4.5%)로 근로자와 사용자가 각각 4.5%씩을 부담. 지역가입자, 임의가입자, 임의계속가입자의 보험료율도 9.0%로 모두 자신이 부담
- 우리나라의 국민연금 재정운영방식은 수정적립방식이다.
- **수정적립방식**: 일반적으로 사회보험제도의 도입 시기에 적립방식을 적용하여 일정기간(5년 또는 10년)에 해당하는 기금을 적립하고 그 이후에 발생하는 연금을 매년 보험료 수입으로 충당하는 방식이다.

(4) 전달

국민연금제도는 가입자 및 수급자에 대한 기록 관리의 유지, 연금급여 사무 등을 완벽하게 수행하기 위하여 공적 통제가 가능하면서도 관리의 전문성과 독립성을 확보할 수 있는 국가 위탁관리 형태의 법인체인 국민연금공단을 설립하고 각 시도에 지부와 출장소를 두고 운영하고 있다.

- 국민연금공단 홈페이지(http://www.nps.or.kr)
- 국민연금공단의 업무
  - 가입자에 대한 기록의 관리 및 유지
  - 연금보험료의 부과
  - 급여의 결정 및 지급
  - 가입자, 가입자였던 자, 수급권자 및 수급자를 위한 자금의 대여와 복지시설의 설치 · 운영 등 복지사업
  - 가입자 및 가입자였던 자에 대한 기금증식을 위한 자금 대여사업

5) 기금운용이란 복지부문과 금융부문에 대한 투자로 나눌 수 있는데 복지 부문 투자는 0.06%에 불과하고 금융부문 투자는 99.8%에 육박한다. 이렇게 기금을 축적하는 것은 사전에 예측하지 못한 사회경제적 변화로 초래될 수 있는 연금재정의 불안정을 예방하여 지급불능상태를 막아주는 완충역할뿐만 아니라 기금운용 수익을 통해 후세대의 보험료 부담을 경감하는 역할을 하는 의미를 지닌다.

- 가입대상과 수급권자 등을 위한 노후준비서비스 사업
- 국민연금제도 · 재정계산 · 기금운용에 관한 조사연구
- 국민연금에 관한 국제협력
- 그밖에 이법 또는 다른 법령에 따라 위탁받은 사항
- 그밖에 국민연금사업에 관하여 보건복지부장관이 위탁하는 사항

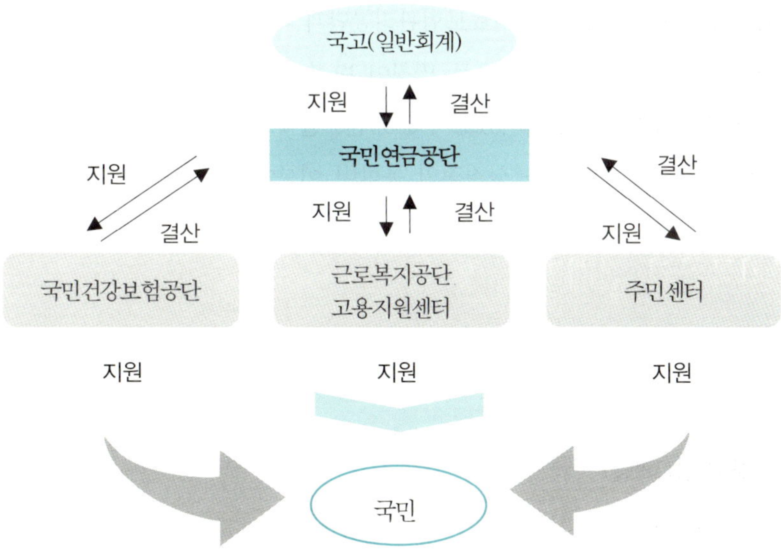

2. 국민건강보험과 노인장기요양보험

1) 국민건강보험 제정 및 시행

우리나라의 건강보험은 1963년 12월 16일 의료보험법이 제정되었으나 강제적용을 전제로 하지 않았기 때문에 큰 성과를 거두지 못하였다. 1976년 의료보험법의 개정(제2차

개정)을 계기로 질병 · 부상 · 분만 · 사망 등에 대해 보험급여를 실시함으로써 국민보건을 향상시키고 사회보장의 증진을 도모함을 목적으로 1977년 7월 1일부터 의료보험 제도가 본격적으로 실시되었으며, 또한 1977년 12월 31일에는 공무원 및 사립학교교직원 의료보험이 제정되었다. 1989년 7월 1일부터는 도시 자영자에게까지 의료보험의 적용이 확대되어 전 국민 의료보험의 시대에 들어섰다. 1997년 12월 31일 국민의료보험법 제정 1998년 10월 1일 조합주의 방식에서 통합주의 방식으로 변경되었고 2000년 7월 1일 국민건강보험법의 시행으로 국민의료보험관리공단과 직장의료보험 조합을 단일조직으로 통합하면서 의료보험이 건강보험으로 명칭이 변경되었다. 2001년 7월 1일 5인 미만 사업장근로자 직장가입자로 편입되었으며 2003년 7월 1일 지역 · 직장 재정 통합이 이루어져 관리운영체계, 보험재정 등 실질적인 통합이 이루어지게 되었다. 2011년 1월 1일부터 모든 사회보험료 징수업무가 통합되면서 국민건강보험공단으로 일원화되었다.

2) 국민건강보험 정책분석

(1) 적용대상(할당)

- 국내 거주 국민
- 직장가입자, 지역가입자

① 적용대상 및 적용 예외

국내에 거주하는 모든 국민은 건강보험 적용대상자(가입자 또는 피부양자)가 된다. 직장가입자 또는 피부양자는 주민등록이 말소되었더라도 호적등본 등 관련 자료에 의하여 그 자격을 인정하고 있으나, 지역가입자는 거주 사실을 객관적으로 확인 할 수 없는 현실여건을 감안하여 주민등록법상 주소지를 기준으로 그 자격을 인정한다. 피부양자의 경우 직장가입자에 의하여 주로 생계를 의존하는 사람으로서 보수나 소득이 없는 사람, 직장가입자의 배우자 직장가입자의 직계존속(배우자의 직계존속을 포함), 직장가입자의 직계비속(배우자의 직계비속을 포함)과 그 배우자, 직장가입자의 형제 · 자매를 포함한다. 가입자는 직장가입자, 지역가입자로 구분하며 직장가입자 적용사업장에 근무하거나 공무원·교직원으로 임용 또는 채용된 외국인 및 재외국민도 직장가입자가 되며, 이외의 외국인 및 재외국민은 보건복지부령에 의해 체류자격이 있으면 지역가입자가 될 수 있다.

건강보험 적용대상 예외자는 의료급여 수급권자, 유공자등 의료보호 대상자이며 외국인의 경우 본인의 신청에 의하여 건강보험 적용 대상자가 될 수 있다.

(2) 급여

건강보험의 급여는 현물급여를 원칙으로 하며 질병이나 출산으로 인해 소득이 중단되었을 때 보전해주는 요양비, 출산비, 본인부담상한액 등의 현금급여도 있다.

- 요양급여, 요양비, 부가급여(임신, 출산 진료비), 장애인 보장구 급여비, 건강검진

① 요양급여(현물급여)

가입자 및 피부양자의 질병·부상·출산 등에 대하여 1) 진찰·검사, 2) 약제·치료재료의 지급, 3) 처치·수술 및 그 밖의 치료, 4) 예방·재활, 5) 입원, 6) 간호, 7) 이송에 대한 의료서비스 실시하는 것을 말한다.

② 건강검진(현물급여)

일반건강검진(비사무직 대상자 1년에 1회, 사무직은 2년에 1회, 의료급여수급자도 2년에 1회), 암검진, 생애전환기 건강진단(만 40세와 만 66세에 도달하는 해에 실시하는 건강검진), 영유아건강검진(생후 4개월, 9개월, 18개월, 30개월, 42개월, 54개월, 66개월 시기에 각 1회 실시, 이 중 영유아 구강검진은 18개월, 42개월, 54개월 시기에 각 1회 실시)으로 구분하여 실시한다.

③ 요양비(현금급여)

공단은 가입자 및 피부양자가 긴급한 경우, 기타 부득이한 사유로 인하여 요양기관과

유사한 기능을 수행하는 기관으로서 보건복지부령이 정하는 기관에서 질병 · 부상 · 출산 등에 대하여 요양을 받거나 요양기관 외의 장소에서 출산을 한 때에는 그 요양급여에 상당하는 금액을 그 가입자 또는 피부양자에게 요양비(출산비 지급)로 지급한다.

④ 장애인 보장구 급여비(현금급여)

장애인복지법에 의하여 등록된 장애인인 가입자 및 피부양자가 보장구를 구입할 경우, 구입금액의 일부를 현금급여로 지급한다.

⑤ 부가급여(임의급여)

공단은 법이 규정한 요양급여 외에 기타의 급여를 실시할 수 있다(동법 제50조). 이 급여는 임의규정에 해당하며 법에는 장제비와 상병수당을 들고 있으나, 장제비는 폐지되었으며 상병수당은 실시되지 않고 있다.

동법 시행령에 따라 임신 · 출산 진료비의 일부를 전자바우처 방식인 고운맘 카드로 지원한다. 임신할 경우 50만 원, 둘 이상의 태아를 임산한 경우 최대 70만 원까지 지원한다.

⑥ 본인부담상한액제도

고액 중증질환의 의료비 부담을 덜기 위하여 환자가 부담한 연간 본인부담금 총액이 가입자 소득수준에 따른 본인부담 상한액을 초과하는 경우, 그 초과금액을 전액 환자에게 돌려주는 제도(비급여 항목 제외)이다.

(3) 재원

- 국가, 보험료, 본인부담금

가입자 및 사용자로부터 징수한 보험료와 국고보조금 및 건강증진기금(담배부담금) 등 정부지원금을 재원으로 한다. 직장가입자의 경우 사용자와 근로자가 각각 50%씩을 부담하고 있으나 지역가입자는 세대별로 부담한다.

① 지역가입자의 보험료

지역가입자의 월별보험료액은 세대 단위로 선정한다. 지역가입자의 보험료 부과점수는 지역가입자의 소득 · 재산 · 생활수준 · 경제활동참가율 등을 고려하여 정한다.

- 지역가입자 부과점수당 금액(매년 변동): 201.5원(2021년)
- 지역가입자 월보험료는 보험료 부과점수 × 부과점수당 금액

② 직장가입자의 보험료

직장가입자의 보수월액은 직장가입자가 지급받는 보수를 기준으로 하여 산정한다. 소득월액은 보수월액의 산정에 포함된 보수를 제외한 직장가입자의 소득이 대통령령으로 정하는 금액(연간 3,400만 원)을 초과하는 경우 계산식[(연간 보수외 소득 - 3,400만원) × 1/12]에 따라 산정한다.

- 직장가입자 건강보험료율은 6.86%(2021년)
- 보수월액보험료(월): 보수월액 × 보험료율(6.86%)
- 소득월액보험료(월): 소득월액 × 보험료율(6.86%) × 소득평가율

표 13-8 직장가입자 건강보험료율

구분	계	가입자부담	사용자부담	국가부담
근로자	6.86(100)	3.43(50)	3.43(50)	-
공무원	6.86(100)	3.43(50)	-	3.43(50)
사립학교 교직원	6.86(100)	3.43(50)	2.058(30)	1.372(20)

③ 보험료 경감

섬 · 벽지 · 농어촌 등의 지역에 거주하는 자, 65세 이상인 자, 등록 장애인, 국가유공자, 휴직자, 그 밖에 생활이 어렵거나 천재지변 등의 사유로 보험료의 경감이 필요한 자는 보험료를 경감해 주고 있다.

(4) 전달

건강보험의 운영은 보건복지부, 국민건강보험공단, 건강보험심사평가원, 요양기관, 보험가입자가 주축이 되어 이루어지고 있으며 보건복지부는 건강보험사업 관장자로 건강보험관련 정책을 결정하고 건강보험 업무 전반을 총괄한다.

건강보험의 운영은 재정과 관리를 담당하는 건강보험 공단을 통해 중앙집중관리 방식으로 운영되고 있으며 가입자와 피부양자가 의료기관을 이용한 후 의료기관에서 청구된 요양급여에 대해 산하의 건강보험심사평가원을 통해 요양급여비용의 적절성을 심사하고, 청구된 요양급여액(의료서비스에 대한 비용 중 본인부담액 이외의 금액)을 지급한다.

- 국민건강보험공단 홈페이지(http://www.nhis.or.kr)
- 국민연금공단의 업무
  - 가입자 및 피부양자의 자격관리
  - 보험료, 기타 국민건강보험법에 의한 징수금의 부과·징수
  - 보험급여의 관리
  - 가입자 및 피부양자의 건강의 유지·증진을 위하여 필요한 예방사업
  - 보험급여비용의 지급
  - 자산의 관리·운영 및 증식사업
  - 의료시설의 운영
  - 건강보험에 관한 교육훈련 및 홍보
  - 건강보험에 관한 조사연구 및 국제협력
  - 징수위탁근거법에 따라 위탁받은 업무
  - 그밖에 위탁받은 업무
  - 기타 건강보험과 관련하여 보건복지부장관이 필요하다고 인정한 업무

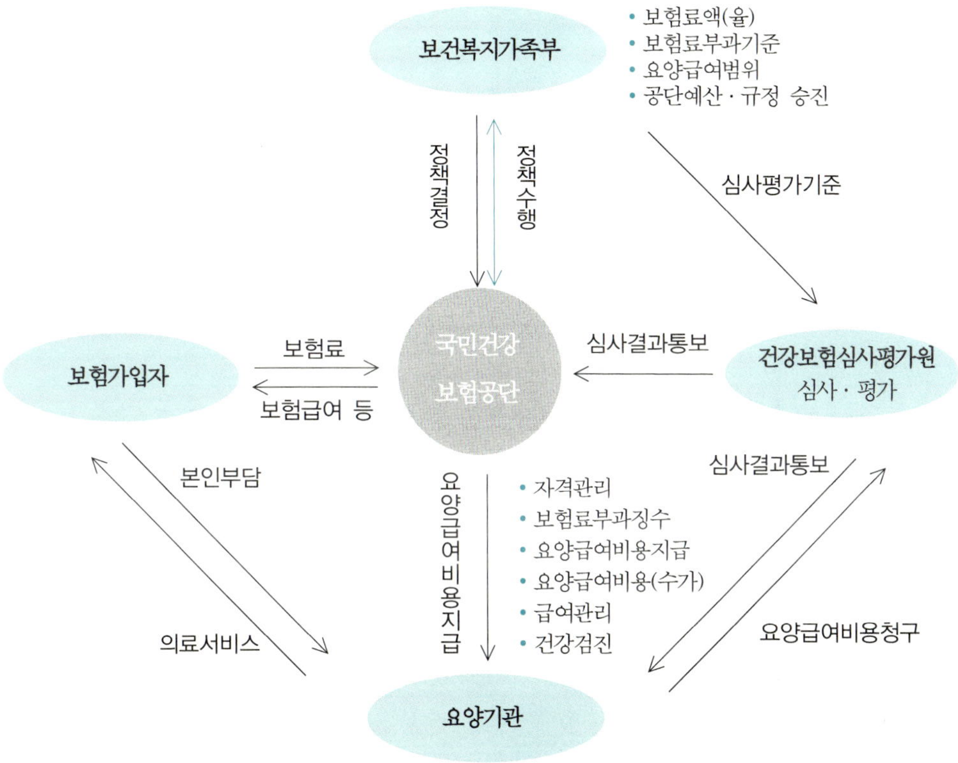

3) 노인장기요양보험

(1) 노인장기요양보험 제정 및 시행

노인장기요양보험은 2007년 10월 1일 재정 2008년 7월 1일부터 시행하는 제도로 '수발보험'이라고도 불린다.

(2) 노인장기요양보험 정책분석

① 적용대상(할당)

소득수준과 상관없이 노인장기요양보험 가입자(국민건강보험 가입자와 동일)와 그 피부양자, 의료급여수급권자로서 65세 이상 노인과 64세 이하 노인성 질병이 있는 자(2011년부터 65세가 되기 30일 전에 장기요양인정 신청 가능)이다.

표 13-9 장기요양등급 판정기준

등급	인정점수 구간	등급별 기능상태
1등급	95점 이상	심신의 기능상태 장애로 일상생활에서 전적으로 다른 사람의 도움이 필요한 자
2등급	75~95점 미만	심신의 기능상태 장애로 일상생활에서 상당부분 다른 사람의 도움이 필요한 자
3등급	60~75점 미만	심신의 기능상태 장애로 일상생활에서 부분적으로 다른 사람의 도움이 필요한 자
4등급	51~60점 미만	심신의 기능상태 장애로 일상생활에서 일정 부분 다른 사람의 도움이 필요한 자
5등급	45점~51점 미만	치매 환자(노인장기요양보험법 시행령 제2조에 따른 노인성 질환)
인지지원등급	45점 미만	치매 환자(노인장기요양보험법 시행령 제2조에 따른 노인성 질환)

노인장기요양보험 가입자 및 그 피부양자나 의료급여 수급권자 누구나 장기요양급여를 받을 수 있는 것은 아니다. 일정한 절차에 따라 장기요양급여를 받을 수 있는 권리(수급권)가 부여되는데 이를 장기요양인정이라고 한다.

- **절차**: ① (공단 각 지사별 장기요양센터) 신청 → ② (공단직원) 방문조사 → ③ (등급판정위원회) 장기요양 인정 및 등급판정 → ④ (장기요양센터) 장기요양인정서 및 표준장기이용계획서 통보 → ⑤ (장기요양기관) 서비스 이용

② 급여

- **시설급여(노인요양시설, 노인요양공동생활가정)**: 요양시설에 장기간 입소하여 신체 활동 지원 등 제공
- **재가급여**: 방문요양, 방문목욕, 방문간호, 주·야간보호, 단기보호, 기타 재가급여

- 특별현금급여(가족요양비, 특례요양비, 요양병원간병비 중 가족요양비만 시행): 장기요양 인프라가 부족한 가정, 천재지변, 신체 · 정신 또는 성격 등 그 밖의 사유로 장기요양 기관이 제공하는 장기요양급여를 이용하기 어렵다고 인정하는 경우 가족요양비 지급

표 13-10 장기요양급여의 종류

급여종류		급여내용
재가급여	방문요양	장기요양요원이 수급자의 가정 등을 방문하여 신체 활동 및 가사활동 등을 지원하는 장기요양급여
	방문목욕	장기요양요원이 목욕설비를 갖춘 차량을 이용하여, 수급자의 가정을 방문하여 목욕을 제공하는 급여
	방문간호	의사, 한의사 또는 치과의사의 지시에 따라 간호사, 간호조무사 또는 치위생사가 수급자의 가정 등을 방문하여 간호, 진료의 보조, 요양에 관한 상담 또는 구강위생 등을 제공하는 급여
	주 · 야간 보호	수급자를 하루 중 일정한 시간 동안 장기요양기관에 보호하여 목욕, 식사, 기본간호, 치매관리, 응급서비스 등 심신기능의 유지, 향상 위한 교육, 훈련 등을 제공하는 급여
	단기보호	수급자를 월 15일 이내 기간 동안 장기요양기관에 보호하여 신체활동 지원 및 심신기능의 유지, 향상을 위한 교육, 훈련 등을 제공하는 장기요양급여
	기타 재가급여	수급자의 일상생활 또는 신체활동 지원에 필요한 용구로서 보건복지부장관이 정하여 고시하는 것을 제공하거나 대여하여 노인장기요양보험 대상자의 편의를 도모하고자 지원하는 장기요양급여
시설급여	노인요양 시설	치매 · 중풍 등 노인성질환 등으로 심신에 상당한 장애가 발생하여 도움을 필요로 하는 자를 입소시켜 급식, 요양과 그 밖에 일상생활에 필요한 편의를 제공하는 시설
	노인요양공동생활 가정	치매, 중풍 등 노인성질환 등으로 심신에 상당한 장애가 발생하여 도움을 필요로 하는 자에게 가정과 같은 주거 여건과 급식, 요양 및 그 밖에 일상생활에 필요한 편의를 제공하는 시설
특별현금급여	가족요양비	수급자가 섬 · 벽지에 거주하거나 천재지변, 신체 · 정신 또는 성격 등의 사유로 장기요양급여를 지정된 시설에서 받지 못하고 그 가족 등으로부터 방문요양에 상당하는 장기요양 급여를 받을 때 지급하는 현금급여

③ 재원

노인장기요양보험 운영에 소요되는 재원은 가입자가 납부하는 장기요양보험료 및

국가 지방자치단체 부담금, 장기요양급여 이용자가 부담하는 본인 일부부담금으로 조달된다.

- **장기요양보험료 징수 및 산정(「노인장기요양보호법」 제8조, 제9조)**: 장기요양보험 가입자는 건강보험 가입자와 동일하며, 장기요양보험료는 건강보험료액에 장기요양보험료율(2021년 기준: 11.52%)을 곱하여 산정한다. '장기요양보험료율'은 매년 재정상황 등을 고려하여 보건복지부장관 소속 '장기요양위원회'의 심의를 거쳐 대통령령으로 정하고 있다.

- **국가의 부담(「노인장기요양보호법」 제58조)**
  - 국고 지원금: 국가는 매년 예산의 범위 안에서 당해 연도 장기요양보험료 예상 수입액의 100분의 20에 상당하는 금액을 공단에 지원한다.
  - 국가 및 지방자치단체 부담: 국가와 지방자치단체는 의료급여수급권자에 대한 장기요양급여비용, 의사소견서 발급비용, 방문간호지시서 발급비용 중 공단이 부담해야 할 비용 및 관리운영비의 전액을 부담한다.

- **본인 일부부담금**: 재가 및 시설 급여비용 중 수급자의 본인 일부부담금(장기요양기관에 직접 납부)은 다음과 같다.
  - 재가급여: 당해 장기요양급여비용의 100분의 15
  - 시설급여: 당해 장기요양급여비용의 100분의 20
  - 「국민기초생활보장법」에 따른 의료급여 수급자는 본인일부부담금 전액 면제
  - 「의료급여법」의 수급권자(「국민기초생활보장법」에 따른 의료급여 수급자 제외), 소득, 재산 등이 보건복지부장관이 정하여 고시하는 일정 금액 이하인 자, 천재지변 등 보건복지부령으로 정하는 사유로 인하여 생계가 곤란한자 등은 본인일부부담금의 50%를 감경

④ 전달

국민건강보험공단과 지자체가 역할을 분담한다.

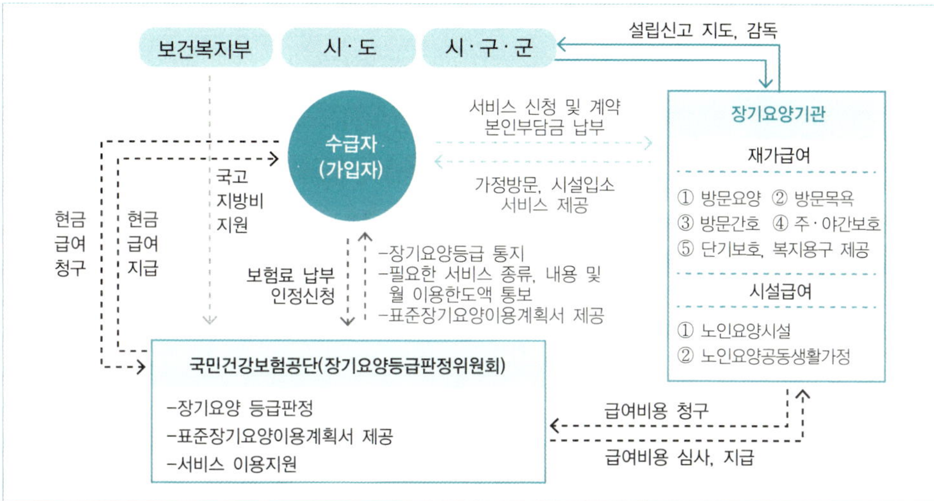

3. 산업재해보상보험

1) 산업재해보상보험의 제정과 시행과정

산재보험은 5대 사회보험 중 가장 먼저 시행된 사회보험제도 이다. 1963년 11월 제정되어 1964년 7월 상시 500인 이상 근로자를 사용하는 광업 및 제조업 대상으로 실시되었다. 1994년 12월 5인 이상 사업장으로 확대되었고, 2004년 12월 건설업 등 면허를 가진 건설업자 등이 행하는 모든 건설 공사와 농업 · 임업(벌목업 제외), 어업 · 수렵업 중 근로자 1인 이상을 고용하는 법인이 행하는 사업은 당연 적용 대상으로 확대되었다.

2) 산업재해보상보험 정책분석

(1) 적용대상(할당)

- 근로자를 사용하는 모든 사업이나 사업장(사업주만 가입)
- 적용대상: 근로자를 사용하는 모든 사업이 가입대상, 적용단위는 사업 또는 사업장
- 당연가입사업: 사업이 개시되어 적용요건을 충족하게 되었을 때 사업주의 의사와는 관계없이 자동적으로 보험관계가 성립하는 사업, 적용제외 사업을 제외한 근로자를 1인 이상 사용하는 모든 사업 또는 사업장
- 임의가입사업: 당연가입대상 사업이 아닌 사업, 보험가입 여부가 사업주의 자유의사에 일임되어 있는 사업
- 보험가입자: 산재보험은 사업주만 보험가입자. 산재보험에서는 피보험자의 개념을 별도로 규정하고 있지 않다.

(2) 급여

- 업무상 사유로 인한 부상, 질병, 장애, 사망에 대한 급여제공
- 요양급여: 현물급여(현금급여도 가능)
- 기타급여: 현금급여

① 휴업급여
② 장해급여
③ 간병급여
④ 유족급여
⑤ 장의비
⑥ 상병보상급여
⑦ 직업재활급여
⑧ 특별급여

이를 자세히 살펴보면 다음과 같다.

- **요양급여**: 근로자가 업무상 사유에 의하여 부상을 당하거나 질병에 걸린 경우에 당해 근로자에게 지급, 요양비 전액을 급여로 지급(공단이 설치한 보험시설 또는 공단이 지정한 의료기관에서 요양, 부득이한 경우 요양비를 지급할 수 있음). 대기일 3일
- **휴업급여**: 업무상 사유에 의하여 부상을 당하거나 질병에 걸린 근로자에게 요양으로 인하여 취업하지 못한 기간에 대하여 지급하는 급여
- **부분휴업급여**: 요양 중 회복단계에 있는 근로자 또는 경미한 부상으로 취업하면서 주기적으로 요양을 받을 수 있는 근로자의 조기 취업 및 직업복귀 촉진을 위해 요양 중 부분 취업 중인 근로자를 위해 지급
- **유족급여**: 사망 유족에게 지급(유족보상연금 또는 유족보상일시금 형태로 지급)
- **장해급여**: 업무상 사유로 부상을 당하거나 질병에 걸려 장해가 남은 경우 지급
- **간병급여**: 간병이 필요하여 실제로 간병을 받는 자에게 지급
- **장의비**: 업무상 사망한 경우에 장제를 행하는 자에게 지급
- **직업재활급여**: 직업훈련비용 및 직업훈련수당, 직장복귀 지원금, 직장적응 훈련비 및 재활운동비 등
- **상병보상연금**: 2년 이상 장기요양을 하는 근로자가 완치되지 않았을 시 지급
- **특별급여**: 사업주의 고의, 과실로 인한 재해 발생 시 산재보험에서 우선 유족 및 장해특별급여를 지급하고 그 지급상당액을 사업주가 납부하도록 하는 제도

(3) 재원

- 국가지원금
- 보험료(사업주 단독)
- 산재보험의 보험료
- **보험료율**: 산재보험의 보험료율은 업종별 요율과 개별 실적요율제를 함께 적용
- 보험료 산정

표 13-11 산재보험료의 산정

구분	월별 부과 고지	자진신고 · 납부
보험료 산정기준	보수	
보험료 납부방법	• 근로복지공단에서 매월 보험료를 산정하여 부과하고 건강보험공단에서 고지 • 월별 보험료를 매월 납부	• 기존과 같이 사업장에서 근로복지공단으로 보험료를 자진신고 · 납부 • 연간보험료를 일시납(또는 분납)
보험료 산정방법	◈ 월별보험료 근로자별 월평균보수의 합계액×보험료율 ◈ 정산보험료 근로자별 연간보수총액의 합계액×보험료율	◈ 개산보험료: 일반적 산정원칙 당해 연도 추정보수총액×보험료율 ◈ 확정보험료: 일반적 산정원칙 실제 지급한 보수총액(지급하기로 결정되었으나 미지급된 보수 포함)×보험료율
사업 종류	전 사업장(건설업 및 벌목업 제외)	건설업 및 벌목업

(4) 전달

① 근로복지공단

- 고용노동부장관의 위탁을 받아 근로복지공단에서 관리 및 운영
- **업무**: 보험급여의 결정과 지급, 보험급여 결정 등에 관한 심사 청구의 심리 · 결정, 산업재해보상보험시설의 설치 · 운영, 업무상 재해를 입은 근로자 등의 요양 및 재활, 재활보조기구의 연구개발 · 검정 및 보급, 근로자의 복지 증진을 위한 사업, 그 밖에 정부로부터 위탁받은 사업

② 심사 청구 및 재심사 청구

- 보험급여, 진료비, 약제비, 진료계획 변경 조치, 보험급여의 일시지급, 부당이득의 징수, 수급권의 대위 등에 관한 공단의 결정에 불복하는 사람은 공단에 심사 청구를 할 수 있음.
- 심사 청구는 보험급여 결정 등이 있음을 안 날부터 90일 이내에 하여야 함.
- 심사 청구를 심의하기 위하여 공단에 관계 전문가 등으로 구성되는 산업재해보상보험심사위원회를 둠.

• 심사 청구에 대한 결정에 불복하는 자는 산업재해보상보험 재심사위원회에 재심사 청구를 할 수 있음.

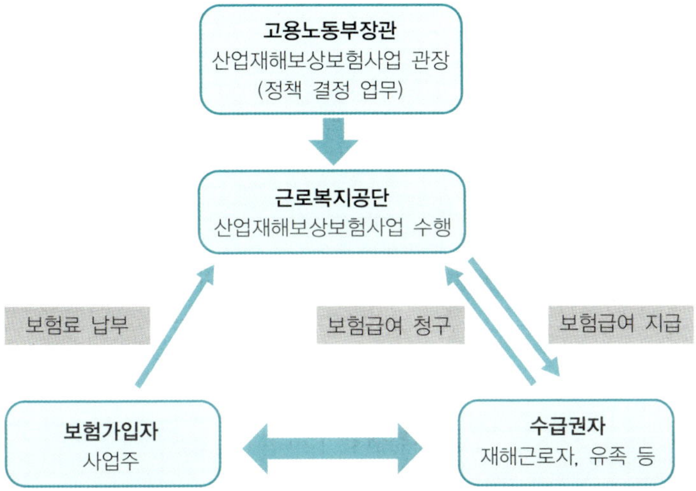

4. 고용보험제도

1) 고용보험법의 제정과 시행과정

고용보험법은 근로자의 직업능력 개발과 실업예방, 고용 기회를 확대시켜 근로자가 실업으로 인해 겪는 사회적 · 경제적 문제를 해소하자는 취지에서 제정된 법률이다. 1993년 12월 27일 고용보험법이 제정되고, 1995년 7월 1일부터 30인 이상 사업장을 대상으로 한 실업급여사업과 70인 이상 사업장을 대상으로 한 고용안정사업 및 직업능력 개발사업으로 출발하였다. 이후 IMF 경제난 등을 겪으면서 빠른 속도로 적용범위를 확대하여 1998년 10월 1일부터는 상시근로자 4인 이하의 농업 · 임업 · 수렵업 등 일부 업종을 제외하고는 근로자 1인 이상 고용의 전사업장에 확대 적용하여, 도입 4년 만에 전체 근로자를 대상으로 하는 사회보험으로 자리 매김하였다.

2) 고용보험 정책분석

(1) 적용대상(할당)

고용보험의 가입대상은 근로자를 사용하는 모든 사업, 적용단위는 사업 또는 사업장이다. 즉 1인 이상의 근로자가 있는 사업주는 의무적으로 고용보험에 가입하여야 하나 사업의 규모 및 산업별 특성을 고려하여 사업장 및 피보험자가 관리가 매우 어렵다고 판단되는 다음의 일부 사업에 대하여는 적용을 제외하고 있다.

- 농업 · 임업 · 어업 및 수렵업 중 법인이 아닌 자가 상시 근로자 4인 이하를 고용하는 사업
- 총 공사금액이 매년 고용노동부장관이 고시하는 금액(2004년 2천만 원) 미만인 건설공사
- 연면적 100제곱미터 이하인 건축물의 건축 또는 연면적이 200제곱미터 이하인 건축물의 대수선에 관한 공사
- 가사 서비스업

고용보험은 적용대상에 따라 일반적인 당연적용사업과 임의가입사업으로 구분된다. 당연적용사업은 사업이 개시되거나 사업이 적용요건을 충족하게 되었을 때, 사업주 또는 근로자의 의사와 관계없이 자동적으로 보험관계가 성립된다. 임의가입사업은 고용보험법의 의무적용을 받지 아니하는 사업으로서 고용보험가입 여부가 사업주의 자유의사에 일임되어 있는 사업을 말한다. 이 경우 사업주는 근로자 과반수 이상의 동의를 얻어 고용보험 가입 신청서를 관할 근로복지공단에 제출하여 승인을 받아야 가입할 수 있으나 실업급여에 한하여 가입할 수 없다.

(2) 급여 및 사업

① 실업급여

근로자가 실직하였을 경우 일정기간 동안 실직자와 그 가족의 생활안정 그리고 원활한 구직활동을 위하여 급여를 지급하는 사업으로 구직급여와 취업촉진수당이 있으며, 특별한 경우 구직급여에 대한 연장급여를 신청하여 지급받을 수 있다.

- **구직급여**: 실직 전 18개월 동안에 고용보험 적용사업장에서 근무한 기간이 180일 이상인 사람이 개인사정으로 이직하거나 본인의 중대한 잘못으로 해고되지 않은 경우, 근로의 의사와 능력을 가지고 적극적으로 재취업활동을 할 것을 전제로 지급된다.
- **취업촉진수당**: 취업촉진수당은 구직급여와는 별도로 실업자들이 좀 더 빨리 재취업할 수 있도록 유인하기 위한 추가급여의 성격을 지닌다. 조기재취업수당(빠른 시일 내에 취직하는 경우 지급되는 보너스 성격의 수당), 직업능력개발수당(직업능력개발훈련을 받는 경우에 훈련을 받는 데 필요한 비용 지원), 광역구직활동비, 이주비(취직에 따른 이사비용)가 있다.
- **기타 연장급여**: 훈련연장급여, 개발연장급여, 특별연장급여
- **상병급여**: 질병, 부상기간이 7일 이상인 경우 생계안정을 위하여 구직급여 대신 지급하는 급여
- **자영업자 비보험자에 대한 실업급여 적용의 특례**: 자영업자인 피보험자의 실업급여의 종류는 구직급여와 취업촉진 수당이 있다. 다만, 연장급여와 조기재취업 수당은 제외한다.

② 모성보호급여

임신·출산과정에서 일과 육아를 병행할 수 있도록 여성의 권리를 보호하는 동시에 여성에 대한 기업의 부담을 사회적 연대 차원에서 나누기 위한 사업이라 할 수 있다. 현행 근로기준법에 의하여 임신 중인 여성에 대해 고용주는 출산전후를 통하여 90일의 보호 휴가를 주되, 반드시 출산 후에 45일 이상이 확보되도록 부여하여야 한다. 이는 출

산전후 여성근로자의 근로의무를 면제하고 임금상실 없이 휴식을 보장받도록 하는 것으로 이 90일 전 기간의 급여를 고용보험에서 지급한다. 또한 출산 이후 영유아의 양육을 할 수 있도록 육아휴직을 보장한다.

- **육아휴직급여:** 만 8세 이하 또는 초등학교 2학년 자녀를 가진 근로자가 그 자녀를 양육하기 위해 육아휴직을 30일 이상 부여 받고 소정의 수급요건을 충족하는 경우 매월 통상 임금의 100분의 80(상한 월 150만 원, 하한 월 70만 원)을 유아휴직급여로 지급하고 유아휴직급여액 중 일부(100분의 25)를 직장복귀 6개월 후에 합산하여 일시불로 지급한다. 육아휴직기간은 1년 이내이며 자녀 1명당 1년 사용가능하며 부모가 모두 근로자이면 한 자녀에 대하여 아버지 1년, 어머니 1년 모두 사용 가능하다. 육아휴직급여 특례(아빠 육아휴직 보너스제)로 같은 자녀에 대하여 부모가 순차적으로 모두 육아휴직을 사용하는 경우, 두 번째 사용한 사람의 육아휴직 3개월 급여를 통상임금의 100%(상한 250만 원)로 상향하여 지급한다. 육아휴직은 동시에 사용할 수 없으며, 순차적으로 사용할 경우 적용되며, 연속으로 사용할 필요는 없다.
- **출산전후휴가급여:** 임신 중의 여성에게 출산 전과 출산 후를 통하여 90일(다태아 120일)의 출산전후 휴가를 주어야 하며, 이 경우 휴가기간의 배정은 출산 후에 45일(다태아 60일) 이상이 되어야 한다. 임신 중인 여성 근로자가 사업주로부터 출산전후 휴가를 부여받아 사용하고 출산전후 휴가가 끝난 날 이전에 고용보험 피보험단위기간이 통산하여 180일 이상이어야 하며, 출산전후 휴가를 시작한 날 이후 1개월부터 휴가가 끝난 날 이후 12개월 이내 신청해야 한다. 우선지원 대상기업의 경우 90일의 급여가 고용보험에서 지급되고, 대규모 기업의 경우 최초 60일은 사업주가 그 이후 30일은 고용보험에서 지급된다.
- **육아기 근로시간 단축급여:** 육아휴직을 신청할 수 있는 근로자는 육아휴직 대신 육아기 근로시간 단축을 신청할 수 있다. 근로자는 육아기 근로시간 단축을 신청하는 경우에 1년 이내의 기간으로 이를 사용할 수 있다. 사업주가 해당 근로자에게 육아기 근로시간 단축을 허용하는 경우 단축 후 근로시간은 주당 15시간 이상이어야 하고 30시간을 넘어서는 안 된다.

③ 고용안정사업 및 직업능력개발사업

근로자를 감원하지 않고 고용을 유지하거나 실직자를 채용하여 고용을 늘리는 사업주에게 비용의 일부를 지원하여 고용안정을 유지하기 위한 고용안정사업과 직업능력을 높이기 위한 직업능력개발사업이 있다. 고용노동부 장관은 피보험자 및 피보험자이었던 자, 그 밖에 취업할 의사를 가진 자에 대한 실업의 예방, 취업의 촉진, 고용기회의 확대, 직업능력개발 · 향상의 기회 제공 및 지원, 그 밖에 고용안정과 사업주에 대한 인력 확보의 지원을 위하여 고용안정 · 직업능력개발사업을 실시하도록 하고 있다. 대부분이 사업주를 지원하는 사업들이며, 근로자를 지원하는 사업들도 포함되어 있다.

- 고용조정 지원, 고용창출 지원, 고용촉진 지원, 고용촉진시설 지원, 건설근로자 고용안정 지원
- 직업능력개발을 위한 사업주 지원, 직업능력개발을 위한 근로자 지원

(3) 재원

고용보험의 보험율은 보험수지의 추이와 경제상황 등을 고려하여 고용안정 · 직업능력개발사업의 보험료율 및 실업급여의 보험료율로 구분, 결정한다. 실업급여사업에 해당하는 보험료는 사업주와 근로자가 각각 50%씩 부담, 고용안정 · 직업능력개발사업에 해당하는 보험료는 사업주가 전액 부담한다. 징수된 고용안정 · 직업능력개발사업의 보험료 및 실업급여의 보험료는 각각 그 사업에 드는 비용에 충당한다. 다만, 실업급여의 보험료는 육아휴직급여 및 출산전후휴가급여 등에 드는 비용에 충당할 수 있다. 자영업자인 피보험자로부터 징수된 고용안정 · 직업능력개발사업의 보험료 및 실업급여의 보험료는 각각 자영업자인 피보험자를 위한 사업에 드는 비용에 충당한다.

(4) 전달

- **고용노동부**: 고용센터에서 피보험자 관리, 실업급여 지급, 고용안정 · 직업능력개발사업 관련 각종 지원 업무 등 담당한다. 고용노동부 장관은 보험사업에 필요한 재원

을 충당하기 위해 고용보험기금을 설치, 기금은 보험료와 고용보험법에 따른 징수금, 적립금, 기금운용 수익금과 그 밖의 수입 등으로 조성한다.

- 근로복지공단: 고용보험가입, 보험사무조합 인가 등 담당
  - 4대 보험 통합징수가 시행되면서 보험료의 징수(고지 및 수납, 체납관리) 업무는 건강보험공단에서 수행한다.
- 고용보험기금: 고용노동부장관은 보험사업에 필요한 재원을 충당하기 위해 고용보험기금을 설치한다. 기금은 보험료와 고용보험법에 따른 징수금, 적립금, 기금운용 수익금과 그 밖의 수입 등으로 조성한다.

5. 빈곤과 공공부조제도

1) 빈곤의 개념과 측정

(1) 절대적 빈곤

- 라운트리 방식(전물량 방식): 생활에 필수적인 품목의 최저 수준을 정하고 이를 화폐가치로 환산해 빈곤선을 구하는 방식(전물량 방식). 한국의 최저생계비는 전물량 방식으로 측정, 전물량 방식에서는 어떤 품목을 필수적인 품목으로 인정하느냐에 따라 빈곤선의 수준이 달라질 수 있음
- 오샨스키 방식(반물량 방식): 엥겔방식 혹은 반물량 방식이라고 부르기도 함. 미국의 3인 이상 가구의 엥겔계수(엥겔지수, 가구소득 또는 가구지출 중 식료품비가 차지하는 비중, 국가, 시대, 소득수준에 따라 달라짐)가 대개 3분의 1이라는 점에 착안해서 최저한의 식료품비를 계산한 후 여기에 3(엥겔계수의 역)을 곱해 빈곤선을 계산하는 방식. 미국의 사회보장청에 의해 채택되어 지금까지도 미국의 공식 빈곤선 계산에 활용

(2) 상대적 빈곤

상대적 빈곤은 어떤 사회의 평균적인 소득수준, 생활수준과 밀접한 관련이 있으며. 사회의 불평등 수준에 큰 영향을 받는다.

사회의 대부분의 사람들이 절대적인 생존의 위협에 처해 있는 경우에는 절대적 빈곤의 문제가 중요한 관심사로 부각된다. 이런 사회에서는 상대적 빈곤 개념의 적용이 현실성이 떨어질 수도 있고 경제 발전에 따라 소득수준이 상승하면 절대적 빈곤의 문제보다는 상대적 빈곤의 문제로 초점이 옮겨지기도 한다. 절대적 빈곤의 문제는 경제발전에 의해 일정부분 완화될 수도 있지만, 상대적 빈곤의 문제는 불평등과 상대적 박탈감과 밀접한 관련을 가지고 있다. 보통 사회의 평균소득, 중위소득의 일정 비율로 정하기도 한다.

(3) 주관적 빈곤

적절한 생활수준을 유지하기 위해 필요한 소득수준에 대한 개인들의 평가에 근거하여 빈곤을 정의하는 것을 의미하며, 네덜란드 라이덴 대학의 학자들에 의해 개발되었다(라이덴 방식).

(4) 사회적 배제

빈곤의 역동성과 동태적인 과정에 초점을 맞추며, 소득의 문제에 국한되지 않는 다차원적인 불리함을 의미한다.

(5) 빈곤의 측정

- **빈곤율**: 빈곤선을 기준으로 빈곤가구와 비빈곤가구를 구분하고 빈곤가구에 사는 개인의 수를 구하여 전체 인구에서 차지하는 비율을 통해 측정하는 방법이다. 빈곤율은 빈곤층의 규모를 보여줄 수 있지만, 빈곤층의 소득이 빈곤선에 비해 부족한 정도를 보여 주지는 않는다.
- **빈곤갭**: 빈곤층의 소득을 모두 빈곤선 수준까지 끌어올리기 위해서 어느 정도의 소득이 필요한가를 보여 주는 방법이다. 보통 이 빈곤갭을 GNP(혹은 GDP) 대비 비율

로 나타내는 것이 일반적이다. 빈곤갭은 빈곤율처럼 빈곤층의 규모를 보여 주지는 못하며 빈곤율과 빈곤갭 모두 빈곤층 내부에서 소득의 이전이나 분배 상태를 보여 주지 못한다.

- **센(Sen)의 빈곤지표**: 빈곤율, 빈곤갭, 상대적 불평등 세 가지 측면 모두 고려한다.

2) 소득불평등의 개념과 측정

(1) 소득의 종류

- **시장소득**: 근로소득, 사업소득, 재산소득에 사적 이전소득(자녀가 부모에게 주는 용돈, 생활비 등)을 합한 개념. 시장소득은 세전소득(소득세 및 사회보험료 등을 납부하기 이전의 소득)을 의미, 국가의 개입이 이루어지기 전의 소득
- **총소득**: 시장소득에 공적 이전소득을 합한 것. 우리나라의 통계에서 경상소득에 해당
- **가처분소득**: 총소득에서 소득세 및 사회보험료 등을 제외한 소득. 가처분소득은 세후소득을 의미

(2) 소득불평등의 측정

- **10분위 분배율**: 하위 40% 가구의 소득 합 / 상위 20% 소득 합. 수치가 클수록 소득 격차가 작은 것이며, 수치가 작을수록 소득 격차가 큰 것
- **5분위 분배율**: 상위 20% 가구의 소득 합 / 하위 20% 소득 합. 수치가 클수록 소득 격차가 큰 것이며, 수치가 작을수록 소득 격차가 작은 것
- **지니계수**: 0과 1 사이의 값을 가지며, 1에 가까울수록 불평등

3) 공공부조의 핵심(사회보장기본법 제3조)

- **주체**: 국가 및 지방자치단체
- **대상**: 빈곤층
- **목적**: 최저생활보장 자립지원
- 국가책임의 원칙
- 생존권 보장의 원칙
- 최저생활보장의 원칙
- 자립지원의 원칙
- 평등의 원칙
- 보충성의 원칙

4) 공공부조의 일반 원리

(1) 공공부조의 특징

- 국가 책임, 선별적 대상 선정, 자산조사 등

(2) 공공부조의 장단점

- **장점**: 다른 제도에 비해 상대적으로 수직적 재분배 효과가 크게 나타남. 목표효율성(대상효율성)이 높음
- **단점**: 자산조사를 실시하는 데 행정비용이 소모, 수급자의 근로의욕을 저하시킬 수 있음, 수급자에게 낙인감이나 수치심을 줄 수 있음

(3) 우리나라의 공공부조의 역사

- 1961년 생활보호법 제정, 1968년 자활지도에 관한 임시조치법 제정(연령의 제한)
- 2000년 10월 1일부터 국민기초생활보장제도 시행(연령에 관계없이 소득이 최저 생계비

에 미달하는 저소득 계층에게 지급)

(4) 우리나라의 근로연계복지정책

근로연계복지정책은 복지수급과 노동을 연계시키는 것을 핵심으로 하며 근로유인을 강화하는 것을 목적으로 한다. 근로연계복지에 대한 여러 정의들이 있지만 "근로능력이 있는 공공부조 수급자에게 근로관련 활동에 대한 참여를 의무화시키는 정책"으로 정의할 수 있다. 근로연계복지정책은 국가별로 상이하며, 대응방식도 상이하다. 미국에서 기원한 워크페어(workfare)는 복지 수급자에게 근로를 의무화하는 정책이라는 개념을 바탕으로 하고 있다. 이를 취업 우선전략이라고 하는데, 조기취업을 목적으로 하며, 장기적인 교육과 훈련 대신에 상담과 구직활동에 전념한다. 또한 복지급여의 제한과 노동시장 참여를 의무화하는 조치를 동원한다.

반면 유럽 국가들의 경우 인적 자원 투자를 중심으로 수급자들의 특성에 맞는 다양한 서비스를 결합하는 전략에 초점을 맞추었다. 인적 자원 투자전략은 취업능력을 갖출 수 있도록 교육훈련, 직업훈련을 통해 보다 좋은 일자리를 얻을 수 있도록 도와주는 것에 중점을 두고 있다. 한국에서는 근로 연계복지정책의 일환으로 근로장려세제, 저소득 근로자에 대한 사회보험료 지원, 자활지원사업, 자산형성지원사업 등을 운영하고 있다.

5) 국민기초생활보장제도 정책분석

(1) 적용대상(할당)

- 극빈층(최저생계대상자)

(2) 급여

- 현금급여(맞춤형)
- 생계급여
- 의료급여, 주거급여, 교육급여, 해산급여, 장제급여, 자활급여

(3) 재원

- 조세

(4) 전달

- **보장기관:** 시·도지사, 시장, 군수, 구청장

6) 국민기초생활보장제도의 일반 원리

(1) 수급자 선정기준

현재 국민기초생활보장제도에서는 소득과 재산을 일원화한 소득인정액 기준과 부양의무자 기준 두 가지를 동시에 충족시켜야 수급자로 선정될 수 있다.

- **소득인정액 기준:** 가구별로 산정된 소득인정액이 가구규모별 최저생계비 기준보다 낮은 가구
- **부양의무자 기준:** 부양의무자가 없는 경우, 부양의무자가 있어도 부양능력이 없는 경우, 부양의무자가 있어도 부양능력이 미약한 경우로서 수급권자에 대한 부양비 지원을 전제로 부양능력이 없는 것으로 인정하는 경우, 부양능력 있는 부양의무자가 있어도 부양을 받을 수 없는 경우

(2) 급여의 기본원칙

- **최저생활보장의 원칙:** 생활이 어려운 자에게 생계·주거·의료·교육·자활 등 필요한 급여를 행하여 이들의 최저생활을 보장해 주는 것이다.
- **보충급여의 원칙:** 급여수준을 생계·주거·의료·교육 급여액과 수급자의 소득인정액을 포함한 총금액이 최저생계비 이상이 되도록 지원하는 것이다. 국민 각자가 자립·자활을 위해 자신의 능력을 최대한 발휘하여 노력하고 그런 후에도 부족한 부분

을 국가가 보충해 준다는 원칙이다.

- **자립지원의 원칙**: 능력이 있는 수급자에게는 자활사업에 참여할 것을 조건으로 급여를 지급하는 것이다. 수급자 가구별로 자활지원계획을 수립하고 자활사업에 참여하도록 조건을 부여한다.
- **개별성의 원칙**: 급여수준을 정함에 있어서 수급권자의 개별적 특수 상황을 최대한 반영하는 것이다.
- **보편성의 원칙**: 국민기초생활보장법에 규정된 요건을 충족시키는 국민에 대하여는 성별·직업·연령·교육수준·소득원 기타의 이유로 수급권을 박탈하지 아니한다는 것이다.
- **가족부양 우선의 원칙**: 급여신청자가 부양의무자에 의하여 부양될 수 있는 경우에는 부양의무자에 의한 보호가 먼저 행해져야 한다는 것이다.
- **타급여 우선의 원칙**: 급여 신청자가 다른 법령에 의하여 보호를 받을 수 있는 경우에는 다른 법령에 의한 보호가 먼저 행해져야 한다.

(3) 급여내용

① 생계급여

가구별 소득인정액과 최저생계비의 차액을 각종 급여로 지급하는 보충급여제로 실시한다. 현금급여 기준에서 주거급여와 가구소득인정액을 제외한 금액을 생계급여로 지급한다.

- 가구별 생계급여액 + 주거급여액 = 현금급여 기준액 - 가구소득인정액

② 주거급여

수급자에게 주거 안정에 필요한 임차료, 유지수선비 등을 포함하여 주거급여를 실시한다. 최저생계비 중 최저주거비를 분리하여 주거급여로 지급한다.

- 주거급여는 가구별 0원 – 최저주거비까지 정률급여로 지급

③ 교육·해산·장제급여

- **교육급여:** 초·중·고등학생에게 입학금, 수업료, 교과서대, 부교재비, 학용품비 등 지급
- **해산급여:** 출산여성에게 1인당 60만 원을 현금으로 지급, 추가 출생영아 1인당 60만 원 추가 지급, 국민건강보험 제44조(요양비)에 의하면 해산비를 지급받는 수급자는 해당 금액을 차감하여 지급
- **장제급여:** 1가구당 75만 원 지급

④ 의료급여

- **1종 수급권자:** 국민기초생활보장수급자로 근로무능력가구, 107개 희귀난치성질환자가 속한 가구, 시설수급자, 행려환자
- **2종 수급권자:** 국민기초생활보장대상자 중 1종 수급대상이 아닌 가구

⑤ 자활급여

자활사업 프로그램에는 자활사례관리, 자활근로사업, 자활기업 및 창업지원사업, 희망리본 및 취업지원사업, 자활촉진프로그램(자활장려금사업, 희망키움통장(자산형성지원), 내일키움통장사업) 등이 있다.

(4) 기타

① **보장기관:** 국민기초생활보장법에 의하여 급여를 행하는 보건복지부장관, 특별시장·광역시장·도지사, 시장·군수·구청장

② **지방생활보장위원회:** 국민기초생활보장사업의 기획·조사·실시 등에 관한 사항을 심의·의결하기 위하여 특별시·광역시·도 및 시·군·구에 지방생활보장위원회를 구성

③ 시·군·구, 읍·면·동의 역할

- 읍·면·동: 대민서비스 창구
- 시·군·구 통합조사관리팀: 자산조사, 자격관리
- 시·군·구 기초생활보장담당: 급여지급, 환수

7) 긴급복지지원제도 정책분석

(1) 적용대상(할당)

- 위기상황에 처한 빈민

(2) 급여

- 현금급여
- 생계지원, 주거지원, 사회복지시설이용지원: 1개월 원칙 2회 연장가능
- 의료지원, 교육지원: 1회 지원 원칙, 2회 초과 금지
- 기타지원

8) 긴급복지지원제도의 일반 원리

(1) 위기상황에 해당하는 사유

- 주소득자의 사망, 가출, 행방불명 등으로 소득원이 없는 때
- 중한 질병 또는 부상을 당한 때
- 가구구성원으로부터 방임·유기되거나 학대 등을 당한 때
- 가정폭력 또는 가구구성원으로부터 성폭력을 당한 때
- 화재 등으로 거주하는 주택·건물에서 생활하기 곤란하게 된 때
- 그밖에 보건복지부장관이 정하여 고시하는 사유가 발행한 때(이혼, 단전, 휴·폐업, 실

업, 출소, 노숙, 조례 또는 지자체장이 인정하는 경우)

(2) 원칙

- 선지원 후처리 원칙
- 단기지원 원칙
- 타 법률 지원 우선의 원칙
- 현물지원 우선 원칙
- 가구 단위 지원 원칙
- 민간지원 등 타 지원 연계

9) 근로장려금

(1) 목적

열심히 일은 하지만 소득이 적어 생활이 어려운 근로자가구에 대하여 근로소득에 따라 산정된 근로장려금을 지급함으로써 근로유인을 제고하고 실질소득을 지원하기 위한 근로연계형 소득지원제도

(2) 신청자격

- **배우자 · 부양자녀 연령요건:** 전년도 12월 31일 기준으로 배우자 또는 18세 미만의 부양자녀가 있어야 하되, 신청자 본인이 60세 이상인 경우에는 예외로 하고 중증장애인인 경우에는 연령 제한이 적용되지 않는다.
- **총소득 요건:** 전년도의 연간 부부합산 총소득이 단독가구는 2,000만 원, 홑벌이 가족가구는 3,000만 원, 맞벌이 가족가구는 3,600만 원 미만이어야 한다.
- **주택 요건:** 가구원 모두가 무주택이거나 소득세법에 따른 1세대 1주택에 해당하여야 한다.
- **재산 요건:** 가구원이 소유하고 있는 토지 · 건물 · 자동차 · 예금 등 재산의 합계액이

2억원 미만이어야 한다.

- **신청제외자:** 이상의 요건을 갖추어도 해당 소득세 기간에 대한민국 국적을 보유하지 않은 자(대한민국 국적자와 혼인한 경우는 제외), 종전까지 신청자격이 제한되었던 기초생활수급자도 2015년부터 신청할 수 있게 되었다.

10) 기초연금

(1) 기초연금법의 의의

기초연금은 일정 소득기준에 미달하는 노인에게 매월 일정금액의 연금을 지급하여 노후생활의 안정을 도모하는데 도움을 주려는 제도이다.

(2) 기초연금의 주요 내용

① 지급대상

- 65세 이상인 자로 소득일정액이 대통령령으로 정하는 금액 이하의 자에게 지급한다. 단 소득일정액은 본인 및 배우자의 소득인정액에 한한다.
- 2008년에 65세 이상 노인의 60% 수준에서 2009년에는 70% 수준으로 확대되었다.

② 지급금액

- 기초연금은 소득인정액(본인 및 배우자의 소득평가액과 재산의 소득환산액을 합산한 금액)이 선정 기준액 이하인 사람에게 지급한다.

  ※ 2021년 선정기준액: 단독가구(1,690,000원), 부부가구(2,704,000원)

  ※ 기초연금액 = (기준연금액 - 2/3 × A급여액) + 부가연금액

③ 무기여 연금

- 재원은 국가 일반재정으로 마련하며, 일반적인 기초연금제도와 달리 소득과 자산조

사를 실시함으로써 공공부조제도의 성격을 띤다.

11) 자활사업

(1) 자활사업의 의의

자활사업은 국민기초생활보장법에 따른 근로능력이 있는 저소득층에게 자활할 수 있도록 일자리 제공 및 자활능력 배양을 목적으로 시행하고 있는 보건복지부 주관 사업이다.

(2) 자활사업의 내용

- **자활기업:** 수급자 및 차상위자가 상호 협력하여 조합 또는 공동사업자 등의 형태로 탈빈곤을 위한 자활사업을 운영하는 업체
- **자활근로사업:** 국민기초생활보장법에 의한 저소득층에게 자활을 위한 근로의 기회를 제공하여 자활기반을 조성하는 사업
- **자산형성지원사업:** 근로빈곤층의 근로유인 제고 및 탈빈곤을 위한 물적 기반 마련을 위한 사업으로 희망키움통장(Ⅰ), 희망키움통장(Ⅱ) 내일키움통장, 청년희망키움통장 등을 운영

(3) 지역자활센터

- 지역자활센터는 근로능력 있는 저소득층에게 집중적 · 체계적인 자활지원서비스를 제공함으로써 자활의욕 고취 및 자립능력 향상을 지원한다.
- **주요사업:** 근로능력 있는 저소득층의 자활의욕 고취 및 기초능력 배양을 위한 교육프로그램 개발 · 운영, 자활을 위한 정보제공 · 상담 · 직업교육 및 취업알선, 창업을 통해 자활할 수 있도록 기술 · 경영지원을 하고 창업 후에도 적극적인 사후관리를 지역자활센터는 근로능력 있는 저소득층에게 집중적 · 체계적인 자활지원서비스를 제공함으로써 자활의욕 고취 및 자립능력 향상을 지원한다.

6. 아동복지정책: 입양특례법을 중심으로

현대의 가족구조의 변화에 따라 부모-자녀 관계에 대한 새로운 기준이 필요하게 되었다. '입양촉진 및 절차에 관한 특례법'은 여러 가지 문제가 있어 2011년 6월 29일 '입양특례법'으로 바꾸고 새로운 법안을 통과시켰으며, 이법은 2011년 8월 4일 공표되어, 2012년 8월 5일부터 시행되었다.

1) 입양특례법의 개념

요보호 아동의 입양에 관한 요건 및 절차 등에 대한 특례와 지원에 필요한 사항을 정함으로 양자가 되는 아동의 권익과 복지를 증진하는 것으로 목적으로 하는 법이다.

2) 입양특례법의 주요 내용

아동의 복지를 이룰 수 있도록 국가의 관리감독을 강화할 필요와 함께 국내외 모든 법원의 허가 아래 이루어지도록 하였고, 무엇보다 국내입양을 우선 추진하기로 규정하며 친생부모에게 양육에 관한 충분한 상담 및 정보를 제공해 주어야 함을 주요 내용으로 하고 있다.

3) 입양특례법의 문제점

- 파양 사유 범위를 제한하여야 하며, 파양 절차 및 파양 이후 아동를 보호하기 위한 절차인 보조인 제도를 도입할 필요가 있다.
- 파양을 원칙적으로 허용하지 않으므로 일방적 결정 이전에, 시험 동거 기간을 부여

하는 방안을 추구할 필요가 있다.

- 모든 아동은 복지를 위하여 이루어져 한다는 원칙을 두고, 민법상의 일반 입양과 친양자 입양, 입양특례법상으로 구분되는 것을 하나의 법체계로 통합 운영할 필요가 있다.

4) 입양활성화를 위한 제도 정착

- 미혼모가 아동을 직접 양육할 수 있도록 사회적 지원을 강화해야 한다.
- 현재 입양을 단순히, 국내외 입양만으로 구분할 것이 아니라, 재외동포 입양 등 세분화할 필요가 있다.
- 입양에 대한 인식변화가 무엇보다 절실하다.
- 입양사업에 대한 정부 지원 및 홍보강화가 필요하다.

대전시 사회서비스원, 돌봄서비스에서 공공성 가능할까

노인·장애인 돌봄, 보육은 과거에는 가정에서 이뤄졌지만, 최근에는 사회가 함께 해결해야 할 공적 영역으로 여겨지고 있다. 그런 점에서 현 문재인정부에서 사회서비스 전달의 공공성을 높이기 위해 사회서비스원 설립을 추진하고 있는 점은 긍정적으로 평가할만하다.
지방자치단체 분권화의 기치 아래 대전에서도 2021년 1월 개원을 목표로 현재 사회서비스원 시범사업이 한창이다. 대전시는 2020년 4월 20일 보건복지부의 2020년 2단계 사회서비스원 사업 대상지역으로 선정됐다. 2021년 1월 1일가지 대전복지대나의 대전시 사회서비스원 확대·전환 설립을 목표로 하고 있으며 관련 조례안을 의회에 상정하기 위해 준비하고 있다. 2020년에는 추진계획 수립과 기반조성을, 2021년에서 2022년까지는 대전시 사회서비스원 확장, 2023년 안정과 역량 강화라는 연도별 로드맵을 제시하고 있다.
대전의 사회서비스원은 시범사업임에도 기관 설립을 향해 속도감있게 진행되며 정책취지를 살리려는 노력도 엿보인다. 대전시는 사업운영을 위해 현 대전복지재단 조직을 1실 4부의 사회서비스원 본부와 직영(산하)시설로 개편해 2021년 개원시 본부와 12개 직영 시설과 센터, 인력 427명의 규모로 출발할 계획이다. 이후 점진적으로 직영시설과 인력을 확대한다.
하지만 기대만큼 우려도 크다. 대전시 사회서비스원 경우, 사업을 안게 된 대전복지재단의 역할이 모호해질 수 있으며, 현 정부의 역점사업 중 하나인 커뮤니티케어와 사회서비스원 중복도 문제가 될 수 있다. 불확실한 예산배정, 민간사업자 중심이 된 돌봄서비스 시장과의 중복 역시 우려되고 있다. 사회서비스원 출범에 기대했던 사회복지인력 채용이 소수에 그치며 국공립센터 운영과 설립에만 초점을 맞추고 있어 애초에 기대했던 전체 사회서비스원의 공공성 호가보라는 목표는 달성되지 못할지도 모른다는 우려도 제기된다.

원래 사회서비스원은 주요 사업으로 국공립 시설 직접 운영, 종합재가센터 설치를 통한 재가서비스 직접 제공, 공공센터 수탁과 운영, 교통약자 이동지원센터, 다함께돌봄센터 운영과 설치, 민간제공기관지원 사업으로 시설안전점검과 경영컨설팅, 대체인력지원, 사회서비스 품질관리 등 광범위한 계획을 내세웠었다.

이러한 광범위한 사업영역에 대해 비판의 목소리가 적지 않다. 예를 들어, 민간사업자에 의한 노인주야간 보호센터가 기하급수적으로 늘어가며 시장이 이미 포화상태에 이르고 있는데, 구 단위로 종합재가센터를 설치한다면 이는 중복과 경쟁의 문제를 야기하게 될 것이다.

또한, 현재 영유아돌봄 관련 지원 기관으로 유아교육진흥원과 육가종합지원센터가 존재하고 있는데, 사회서비스원을 추가 설립한다면 업무가 중복될 가능성이 있다. 공공사회서비스 제공기관인 치매안심센터와 대전시돌봄센터 등과의 역할 중복을 어떻게 피할 것인가 하는 중요한 문제도 제기된다.

이에 대전시 사회서비스원의 안정적 정착과 공공성 강화라는 원래의 목적을 달성하기 위해 몇 가지 제언을 하고자 한다.

첫째, 유사기관 및 비슷한 계획과의 중복, 중첩, 경쟁의 문제를 해결하기 위해 대전시 사회서비스의 특성을 분석·반영하고, 민간의 의견을 수렴해 새로운 역할을 설정하는 것이 필요하다. 문어발식 사업추가보다 사회서비스원에게 적합한 사업위주로 출발해야 할 것이다. 기존이 위탁사업에 대한 운영성과를 검토한 뒤에 편입을 결정하고, 새로 신규로 진입하는 사업이나 공적 책임성이 요구되는 사업을 중심으로 시작하는 등 전략적 사업 선정과 운영으로 시장의 저항을 줄이는 것이 필요하다.

둘째, 사업선정의 원칙 설정, 종사자 고용안정성 보장 방안, 운영사업 범위 결정 시 서비스제공기관 간 예산편차를 해소하는 방안을 검토해야 한다. 정부가 추진하는 중요 사회사업의 경우, 늘 예산이 뒷받침되지 못해 용두시미가 되는 경우가 많았다. 대전시 사회서비스원의 경우 이런 문제를 슬기롭게 검토해서 대비해야 할 것이다.

대전시 사회서비스원 설립 계획을 살펴보면, 수탁시설과 종합재가센터 운영 계획의 경우 신설 이후 유지 예산에 대한 내용을 알 수가 없으며, 조직운영 경비의 산출이 부실해 보인다. 사회서비스원 개소당 설립과 운영 경비를 고정해 놓고 있어 필요 재정 변동시 위험성에 대처할 방법이 없어 보인다. 또 사회서비스원이 직영할 시설들이 기존 수가와 보조금만으로는 운영되지 못할 경우 지방정부의 보조가 불가피해 보이는데, 이는 가뜩이나 힘든 지방재정에 주름을 안겨 줄 위험 요인으로 보인다.

사업이 추진되는 과정에서 불가피하게 발생할 중장기적 재정 소요 변동 위험에 대해 중앙정부지원을 최대한 이끌어 내도록 노력해야 한다. 또한 자체적으로 지역사회복지계획과 연계해 재정운영을 효율화하는 등 자체예산을 확보할 수 있도록 해야 할 것이다.
셋째, 사회서비스의 공적 역할을 사회서비스원이 하려고 한다면 현재와 같은 독립채산제의 원칙은 당연히 폐기해야 한다. 민간이 사회서비스원의 공적인 역할을 하지 못했던 것은 이든이 이윤추구를 해서라기보다는 그동안의 정보 수가가 공적 역할을 하기에는 너무 낮은 수준이었기 때문이다. 그렇다면 사회서비스원이 종사자의 근로조건을 보장하면서 공적 역할을 수행하기 위해서는 그에 상응하는 공적 자원의 투입을 전제해야 한다.
문재인 정부에서 사회서비스원 설립은 시범사업을 넘어 차츰 확산되고 있음에도, 일부 광역 지방정부는 사업 계획이 좌초되거나 시행이 보류되는 사태를 맞이하고 있다. 부디, 대전시 사회서비스원이 공공성을 확보하고 안정적으로 정착되기를 바라며, 사회서비스원을 통해 사회서비스의 양적·질적 제고가 이루어지길 희망한다.

출처: 중도일보(2020. 12. 9). https://www.joongdo.co.kr/web/view.php?key=2020120901000137 9에서 인출.

부록

1. 사회복지정책론 핵심키워드 100선

2. 사회복지사 1급 기출문제(12회~18회 기출문제)

부록

사회복지정책론 핵심키워드 100선

1. **수량적 평등:** 모든 사람을 똑같이 취급하여 사람들의 욕구나 능력의 차이와 상관없이 사회적 자원을 똑같이 분배하는 것.
2. **비례적 평등:** 개인의 욕구, 노력, 능력 및 기여에 따라 사회적 자원을 상이하게 배분하는 것으로, 공평 또는 형평성이라고 함.
3. **드림스타트:** 아동기의 빈곤이 이후 전 생애의 빈곤으로 이어지는 빈곤의 대물림을 방지하고 아동의 공평한 출발 기회를 보장하기 위해 실시되고 있는 드림스타트 프로그램은 기회의 평등 가치가 반영된 정책이라고 함.
4. **목표효율성:** 정책이 목표로 하는 대상자들에게 자원이 얼마나 집중적으로 할당되는가, 즉 동일한 자원으로 정책의 목표를 얼마나 잘 달성할 수 있는가의 여부를 판단하는 기준.
5. **운영효율성:** 정책을 집행, 운영하기 위해서 행정비용이 투입.
6. **시장실패:** 경제활동을 시장에 맡길 경우에 효율적인 재원배분 및 균등한 소득분배를 실현하지 못하는 상황을 일컬음. 외부효과, 공공재 공급의 실패, 소득분배의 불공평, 정보의 비대칭성, 도덕적 해이, 역의 선택, 규모의 경제 발생 등이 그 유형에 해당.
7. **도덕적 해이:** 보험이나 국가의 급여를 염두에 두고 각종 위험의 예방에 덜 신경 쓰는 행위 또는 불필요한 서비스를 과도하게 이용하는 행위.
8. **자동안정화 기능:** 정부는 재정정책을 통해 경기가 상승하면 과열되지 않도록 막고 하락하면 지나치게 하락하지 않도록 막아주는 역할이 중요.
9. **실업함정:** 실업급여 수준이 수급권자가 노동시장에서 받을 수 있는 임금보다 높으면 일하지 않고 급여를 받는 것이 더 낫다고 생각하여 구직 동기나 노동 동기가 약화되는 경우.

10. 적하이론: 경제가 성장하면 이로 인한 성과가 아래로 분배되어 자연스럽게 국민들의 복지도 향상될 수 있다는 것.
11. 적극적 노동시장정책: 실업자의 재취업에 도움을 주는 정책으로 고용서비스, 노동시장 훈련, 청년층을 위한 프로그램, 고용보조금, 장애인정책 이렇게 크게 5가지 유형을 제시.
12. 낙수효과(샤워효과): 높은 곳에서 물이 넘쳐흘러 내리는 것을 고소득층에서 저소득층으로 이동하는 것으로 빗대어 의미.
13. 파레토 최적: 사회적 자원이 가장 효율적으로 배분된 상태를 의미.
14. 파레토 개선: 다른 사람의 효용을 줄이지 않으면서 특정 사람의 효용을 높이는 것을 의미.
15. 외부효과: 어떤 경제활동과 관련하여 제3자에게 의도하지 않은 혜택이나 손해를 가져다주면서도 이에 대한 대가를 받지도 지불하지도 않는 상태.
16. 엘리자베스 빈민법: 1601년 구빈 관련 법령들을 집대성, 구빈에 대한 국가 책임을 최초로 천명, 노동능력 유무에 따른 빈민의 분류, 지방행정 책임.
17. 인클로저운동: 15~19세기 영국에서 일어난 현상으로 봉건제 붕괴, 자본주의 산업화 촉진의 결정적 요인이 됨.
18. 중상주의: 국부의 척도를 화폐의 보유량으로 보았으며, 따라서 많은 화폐를 확보하기 위한 해외 상품 수출과 식민지의 확장을 강조함.
19. 원내구제: 빈민들을 작업장이나 구빈원과 같은 시설에 입소시켜 구제를 행하는 것.
20. 원외구제: 빈민들을 시설에 입소시키지 않고 구제를 행하는 것.
21. 열등처우의 원칙: 국가의 도움을 받는 사람의 처우는 스스로 벌어서 생활하는 최하위 노동자의 생활보다 더 높지 않아야 한다는 원칙.
22. 작업장 활용의 원칙: 노약자, 병자 등 예외적인 경우에만 원외구제를 허용하고 원칙적으로 원내구제를 실시.
23. 챠티스트운동: 1830년경 노동자들이 보통 선거권을 비롯하여 무기명 투표, 의원들의 재산자격 및 세비지급의 폐지, 평등선거구 등의 정치적 요구를 관철시키기 위해 전개한 운동이었으나 실패로 돌아감.
24. 오웬의 공동체운동: 오웬은 충분한 임금과 좋은 근로조건으로도 수익성 있는 공장 운영이 가능하다고 생각하고 자신의 뉴 라나크 지역 공장에서 자신이 고용한 노동자와 가족들을 위한 공동체 사업을 시도함.
25. 페이비언 사회주의: 영국 런던에서 결성된 페이비언협회라는 단체에서 비롯된 이념으로 혁명적 변화보다는 점진적 제도개혁을 통해 사회주의 목표에 도달하고자 했던 사회개혁 전략.
26. 보나파르티즘: 부르주아와 프롤레타리아가 모두 국가권력을 장악하지 못한 상황에서 국가가 독재적 권력을 갖게 되는 것.

27. **온정주의:** 중세 봉건사회에서 봉건영주가 농노를 보살피고 예속시키는 관계에서 비롯된 용어로서, 온정적 간섭주의 또는 온정적 가부장주의라고도 함.
28. **5대 사회악:** 영국의 사회문제를 5대악, 즉 궁핍, 질병, 무지, 불결, 나태로 규정하고 이를 해결하기 위해 사회보험 및 관련 서비스의 필요성을 주장함.
29. **3대 전제:** 사회보험의 성공을 위한 전제로서 완전고용, 포괄적 보건의료서비스, 가족수당의 필요성을 강조.
30. **스태그플레이션:** 장기간의 경기침체 상황과 고실업현상이 나타나는 것을 뜻하는 스태그네이션과 물가상승 현상인 인플레이션의 합성어로 고실업으로 인한 구매력 저하와 비싼 물가를 의미함.
31. **사회양심론:** 1950년대 영국 사회정책학에서 주로 받아들여졌던 이론으로 다른 사람들의 불행을 도우려는 사회양심의 발로, 사회적 의무감 등이 국민들의 지식 향상에 의해 점차 증대되면서 사회정책이 발전되었다고 보는 이론.
32. **산업화 이론:** 경제발전과 산업화에 수반되는 사회문제와 사회적 욕구를 해결하기 위해 사회복지가 발달했다고 설명.
33. **시민권론:** 시민권은 한 사회의 구성원에게 부여되는 지위로 그 지위를 지니는 모든 이들은 그것이 부여하는 권리와 의무의 측면에서 동등하다고 봄.
34. **음모이론:** 사회양심론과 정반대의 입장을 가지고 있는데, 사회복지정책의 주목적이 인도주의나 양심의 실현이 아니라 사회안정 및 질서의 유지와 사회통제라는 것.
35. **종속이론:** 근대화론에 대한 비판으로 세계 경제의 중심부 국가의 발전과 주변부 국가의 저발전 사이의 관계를 분석하고 저발전의 원인을 설명하려고 시도.
36. **잔여적 개념:** 복지제공의 일차적 책임은 가족 등 1차 집단이 부담, 취약집단에 국한된 잔여부분을 국가가 제공.
37. **제도적 개념:** 복지제공의 일차적 책임을 국가가 담당하고, 다양한 복지제도를 통해 보편적으로 실현하는 경우.
38. **탈상품화:** 노동자가 자신의 노동력을 상품으로 시장에 내다 팔지 않고도 살 수 있는 정도.
39. **에스핑-엔더슨의 복지국가 유형화:** 자유주의 복지국가, 보수주의 복지국가, 사회민주주의 복지국가.
40. **계층화:** 계급과 신분의 근본적인 균열을 의미.
41. **신마르크스주의 이론:** 자본의 지속적인 축적과 정당화의 필요성 때문에 복지국가가 발전함.
42. **조합주의론:** 자본-노동-국가 3자가 협력하여 국가와 사회경제 정책 결정. 자본가는 높은 임금을, 국가는 복지혜택을 제공하는 대신 노동자로부터 산업평화를 보장받는 협동적 정책 추구.
43. **다원주의 이론:** 사회복지정책과 관련한 다양한 정치적 행위자들의 행위의 결과로서 복지국

가의 발전이 이루어진다고 봄.

44. **국가 조합주의:** 국가가 통치력을 강화하기 위해 강제적으로 편성한 이익대표 체계.
45. **사회 민주주의:** 기능적인 필요성보다 노동계급을 대변하는 정치적 세력이 커질수록 복지국가가 발전한다는 점을 강조함.
46. **권력자원이론:** 복지국가의 발전을 노동자계급의 정치적 권력이 확대된 결과로 봄. 자본과 노동의 계급 갈등에 초점을 맞추며 복지국가의 발전 요인으로 좌파정당, 노동조합의 성장 등 정치적 변수에 주목함.
47. **제3의 길:** 기존의 사회민주주의 복지정책과 신자유주의 복지정책의 틀을 벗어나 변증법적으로 새로운 복지패러다임을 형성하고자 하는 시도.
48. **이슈 촉발장치:** 일반대중의 관심을 유도하는 것들로서, 자연재해와 사회적 사건 등이 있음.
49. **공공의제:** 체제의제라고도 하며 정부가 그 문제를 해결해야 한다고 당연히 생각하는 문제로서, 정부가 그 문제를 해결하는 것이 정당한 것으로 인정되는 사회문제를 말함.
50. **브레인스토밍:** 다양한 아이디어를 자유분방한 상태에서 제안하는 것으로, 새로운 아이디어, 목표 및 전략의 창출방법.
51. **델파이 기법:** 소수 인사에 의해 토론 과정이 지배되는 현상. 동료집단의 견해에 따라야 한다는 압력, 권위 있는 지위에 있는 사람의 의견에 공공연하게 반대하는 것에 따르는 어려움 등의 문제를 피하기 위해 고안됨. 익명성이 보장됨.
52. **비용편익분석:** 정책대안을 비교분석하는 방법 중 정책으로 발생하는 모든 직간접적인 비용과 편익을 현재 가치화한 화폐가치로 계산하여 분석하는 방법.
53. **만족모형:** 제한된 합리성에 기반을 두고 만족스러운 수준에서 대안 선택.
54. **최적모형:** 정책결정에 경제적 합리성, 직관, 판단력, 창의력 등을 동시에 고려.
55. **쓰레기통 모형:** 정책에 필요한 몇 가지 흐름이 우연하게 결합하여 정책을 생산.
56. **공공선택이론:** 분석단위로서 전통적인 경제적 인간이 아니라 정책결정자로서 이기적이고 합리적이며 전략적인 개인을 강조하는 개인 중심적 분석방법을 중시함.
57. **매몰비용:** 이미 지출되어 회수가 불가능한 비용을 의미.
58. **중도노선:** 국가 차원의 복지정책을 통해 자본주의의 사회적 폐해를 완화할 필요가 있고, 또한 그것이 가능하다는 생각에 기초하고 있다.
59. **케인즈주의:** 케인즈는 국가가 적극적으로 경제에 개입하여 유효수요를 창출함으로써 시장의 불완전성을 보완할 수 있다고 보고, 시장에 대한 국가의 적극적인 개입을 주장.
60. **신자유주의:** 시장의 경쟁력을 높일 수 있는 국가 개입의 축소, 사회보장제도의 축소, 국영기업의 민영화 등을 강조.
61. **보편주의:** 공적으로 제공되는 서비스를 사람들이 이용함에 있어서는 그들로 하여금 어떠한

열등감도 가지지 않도록 해야 하며 어떠한 수치심이나 낙인감도 가지지 않게끔 해야 한다는 것.

62. **선별주의(선택주의):** 사회복지 대상자를 특정한 조건이나 제한을 두어 선별적으로 결정하는 것을 의미함.

63. **자산조사:** 소득과 재산에 대한 조사를 통해 욕구를 확인하고 특정 개인에게 급여를 제공하는 것.

64. **적극적 차별시정(차별) 조치:** 흑인, 장애인 등 사회 내 소수집단으로 부당한 차별을 받는 집단에게 이를 보상하기 위해 실시하는 각종 조치.

65. **현금급여:** 급여 수급자가 자신에게 필요한 재화와 서비스를 직접 시장에서 구매하도록 화폐 형태로 지급하는 급여.

66. **현물급여:** 수급자에게 필요한 물품 또는 서비스를 직접 급여로 제공하는 형태.

67. **증서:** 정해진 용도 내에서 원하는 재화나 서비스를 자유롭게 선택할 수 있는 일종의 이용권으로서, 현금급여와 현물급여의 중간 성격을 가짐.

68. **목적세:** 조세를 징수할 때 해당 조세수입의 사용처가 확정된 조세 및 준조세를 의미.

69. **조세지출(조세비용):** 특정한 목적을 위하여 세금을 거둬 지출하는 대신 각종 조세감면 방법을 통하여 내야 하는 세금을 걷지 않거나 낸 세금을 되돌려 주는 것을 말함.

70. **기업복지:** 기업의 사용자가 피고용자에게 주는 임금 이외의 사회복지적인 급여를 말함.

71. **부의 소득세:** 빈곤한 자에 대해서는 정부가 세금을 거둬들이는 것이 아니라 오히려 나눠줘야 한다는 것으로, 누진적인 소득세제도의 이론적 연장.

72. **평생사회안전망:** 생애주기에 걸쳐 보편적으로 충족되어야 하는 기본욕구와 특정한 사회위험에 의하여 발생하는 특수욕구를 동시에 고려하여 소득, 서비스를 보장하는 맞춤형 사회보장제도.

73. **사회보험:** 국민에게 발생하는 사회적 위험을 보험의 방식으로 대처함으로써 국민의 건강과 소득을 보장하는 제도.

74. **사회수당제도:** 기여나 자산조사, 조건부과 없이 특정한 인구학적 집단(아동, 노인 등)을 대상으로 제공되는 급여를 말함.

75. **적용제외:** 퇴직연금 등의 사적 연금에 가입하면 강제 가입의 공적 연금 가입을 면제해 주는 제도로 퇴직연금 등의 사적 연금 가입을 장려하는 효과가 있음.

76. **분할연금:** 가입기간 중 혼인기간이 5년 이상인 노령연금 수급권자의 이혼한 배우자가 60세 이상이 된 경우 받을 수 있는 연금.

77. **반환일시금:** 60세가 되었을 때 연금급여를 받을 수 있는 요건을 충족하지 못하였거나 국외이주 등으로 더 이상 국민연금 가입대상이 아닌 경우 납부한 연금보험료에 이자를 더해 일

시에 지급하는 급여.

78. **기준소득월액**: 연금액을 산정하기 위하여 가입자의 소득월액을 기준으로 하여 대통령령으로 정하는 금액.
79. **소득대체율**: 연금에 가입하여 보험료를 납부한 경우 본인 가입기간 중 평균소득과 대비하여 받을 수 있는 연금액의 지급수준.
80. **출산크레딧제도**: 출산을 장려하고, 연금 수급기회 증대를 위해 둘째 이상의 자녀를 출산하는 가입자에게 가입기간을 추가로 인정하는 제도.
81. **공적연금 연계제도**: 국민연금과 지역연금의 최소 가입기간을 채우지 못하고 이동하는 경우 각각 일시금만 받아야 했던 것을, 가입기간을 연계하여 연금을 지급함으로써 국민의 노후생활을 보장하고자 하는 제도.
82. **국민보건서비스 방식(National health service: NHS)**: 국민의 의료문제는 국가가 모두 책임져야 한다는 관점에서 정부가 일반조세로 재원을 마련하여 모든 국민에게 무상으로 의료를 제공하는 방식.
83. **수직적 소득재분배**: 소득이 높은 사람으로부터 낮은 사람에게 이루어지는 재분배로 누진적 소득세가 대표적 예.
84. **수평적 소득재분배**: 동일한 소득계층 내의 재분배로 건강보험, 가족수당이 그 예.
85. **세대 간 재분배**: 앞 세대와 후 세대 간의 재분배로 주로 부과방식으로 운영되는 공적 연금제도가 그 예.
86. **상병수당**: 보통 건강보험 가입자가 업무상 질병 외에 일반적인 질병 및 부상으로 치료를 받는 동안 상실되는 소득을 현금으로 보전하는 제도.
87. **행위별 수가제**: 환자에게 제공한 모든 의료서비스를 항목별로 계산하여 진료비를 책정하는 방식.
88. **포괄수가제**: 발생 빈도가 높은 질병군에 대해 환자의 입원일수와 중증도에 따라 미리 정해진 표준화된 진료비를 지급하는 방식.
89. **건강보험심사평가원**: 요양급여비용을 심사하고 요양급여의 적정성을 평가하는 기관.
90. **크림스키밍**: 위험이 적은 환자만 선택하고, 위험이 높은 환자는 다른 기관으로 떠넘기는 현상.
91. **업무상 재해**: 근로자가 업무상 사고나 질병으로 부상, 질병 또는 장해가 발생하거나 사망하는 것.
92. **무과실책임주의**: 근로상의 업무상 재해에 대하여 사용자에게는 고의, 과실의 유무를 묻지 않는다는 원칙.
93. **적립방식**: 보험료를 연기금으로 적립하였다가 지급하는 방식, 장기적 재정추계가 필요하며,

세대 간 공평한 보험료 부담이 가능함.

94. 부과방식: 보험료 수입을 그해 연금 지출로 사용하는 방식, 인구구조의 영향을 많이 받으며, 장기적으로 재정운영이 불안정해지는 단점.

95. 절대적 빈곤선: 전물량 방식에는 라운트리 방식, 마켓바스킷 방식이 있고 반물량 방식에는 오샨스키 방식이 있음. 반물량 방식은 최저식품비에 엥겔계수의 역을 곱하여 최저생계비 추정, 우리나라의 최저생계비 계측은 전물량 방식을 사용.

96. 상대적 빈곤선: 상대적 박탈과 불평등 개념을 반영.

97. 엥겔법칙: 가구소득이 높을수록 식료품에 대한 지출 비중, 즉 엥겔계수는 낮아진다는 법칙.

98. 사회적 배제: 빈곤의 역동성과 동태적인 과정에 초점을 맞추며, 소득의 문제에 국한되지 않는 다차원적인 불리함을 의미.

99. 공공부조의 기본원리: 최저생활 보장의 원칙, 타 급여 우선의 원칙, 보충급여의 원칙, 개별성의 원칙, 가족부양 우선의 원칙, 자립지원의 원칙.

100. 근로장려세제: 일은 하지만 소득이 적어 생활이 어려운 근로자가구에 대하여 근로소득에 따라 산정된 근로장려금을 지급함으로써 근로유인 제고와 실질소득을 지원하기 위한 근로연계형 소득지원제도.

부록

Social Welfare Policy

사회복지사 1급 기출문제(12회~18회 기출문제)

1. 최근 7년간 출제 분포(12~18회)

해당장	12회	13회	14회	15회	16회	17회	18회	합계
1장 사회복지정책의 개념과 성격	2	0	1	1	3	1	2	10
2장 사회복지정책의 이념과 전략	1	4	2	1	0	1	0	9
3장 사회복지정책의 목표와 철학적 배경	0	1	0	1	0	1	1	4
4장 사회복지정책을 둘러싼 가치	1	1	1	1	1	3	2	10
5장 사회복지정책 발달, 근거이론, 정책 이슈	1	2	1	0	1	0	1	6
6장 사회복지정책과 복지국가	2	4	1	5	3	1	0	16
7장 사회복지정책의 주체	0	0	0	0	0	3	0	3
8장 사회복지정책의 분석	1	1	1	0	0	0	1	4
9장 사회복지정책 과정의 이해(1) : 형성, 분석	2	1	1	1	1	1	0	7
10장 사회복지정책의 이해(2) : 결정, 집행, 평가	1	0	1	0	0	1	0	3
11장 사회복지정책의 대상과 급여	1	0	4	1	2	0	2	10
12장 사회복지제도의 전달체계와 재원	2	2	5	1	4	1	2	17
13장 사회보장론	8	8	6	12	10	10	14	68

2. 12회

01 핵심키워드: 영국사회복지 역사

해당장: 5장 사회복지정책의 발달, 근거이론, 정책 이슈

ㄱ. 스핀햄랜드법은 생계비(빵 가격)와 부양가족의 수를 고려하여 빈곤한 저임금 노동자의 임금을 보충할 수 있는 수당을 제시하였다.

ㄴ. 공장법(1833)은 특히 아동의 보호에 중점을 두었다. 아동의 야간노동 금지, 노동시간 제한 등의 노동조건을 개선하기 위한 조치와 일정 연령 이하의 아동 고용을 금지하는 조치를 포함하였으며, 법을 시행하기 위하여 공장 감독관을 파견하였다. 또한 공장에서 일하는 아동의 교육에 관한 규정도 포함하였다.

ㄷ. 이전 구빈법 아래에서는 교구를 단위로 하였는데 재정부담이나 급여수준에서 지역 간 격차를 가져왔다. 이러한 문제를 해결하기 위하여 신구빈법(1834)은 행정 단위를 (여러 개의 교구를 하나로 묶은) 교구 연합으로 통합하였다. 또한 신구빈법의 시행을 감독하고 통제할 중앙기구를 설치하여 전국적으로 통일된 구빈 행정 구조를 마련하였다.

ㄹ. 영국에서 집권한 자유당은 자유주의적 개혁의 일환으로 일련의 사회복지정책들을 도입함으로써 영국 복지국가의 기반을 마련하였다. 1908년에는 노령연금법, 1911년에는 건강(의료)보험과 실업보험으로 구성된 국민보험법을 도입하였다.

02 핵심키워드: 독일 비스마르크 사회보험

해당장: 1장 사회복지정책의 개념과 성격

독일에서 사회보험 도입에 주도적 역할을 한 것은 비스마르크였다. 반면에 자조나 사적 자선을 강조하는 자유주의자와 보수주의자들은 사회보험의 강제성을 받아들일 수 없었고, 사회주의자들은 사회보험이 노동자들을 국가복지의 노예로 만들 수 있으며 근본적인 개혁을 가로막는다는 점에서 도입에 반대하였다. 또한 노동자계급과 사회주의 세력이 확대되면서 위협을 느낀 비스마르크가 이른바 당근과 채찍을 함께 활용한 것으로 보는 견해도 있다. 노동자들의 국가에 대한 충성심을 확보하기 위해 사회보험제도를 도입한 것이 당근이라면, 사회주의자들을 탄압하기 위해 도입한 사회주의자 진압법이 채찍이라고 할 수 있다. 1883년에 의료보험(질병보험, 건강보험이라고 표현하기도 함)법이 의회에서 통과되었는데, 이것이 세계 최초의 사회보험제도이다. 의료보험

은 기존의 다양한 공제조합이 토대가 되었으며 국가적인 감독 아래 운영되었다.

03

핵심키워드: 소득불평등 측정

해당장: 6장 사회복지정책과 복지국가

로렌츠 곡선은 사람들을 소득의 크기대로 순서를 매긴 뒤 낮은 소득을 가진 사람부터 시작해서 가로축은 인구, 세로축은 소득을 누적해감으로써 그려진 곡선이다. (현실적으로는 불가능하지만) 모든 사람이 동일한 수준의 소득을 가지고 있다면 로렌츠 곡선은 대각선의 형태가 되는데 이것을 완전평등선이라고 한다. 반면에 한 사람이 국민소득의 전부를 가지고 있고 나머지 사람의 소득은 모두 0인 경우에 로렌츠 곡선은 직각선이 되는데 이것을 완전불평등선이라고 한다. 현실에서는 이러한 양 극단이 아닌 아래로 볼록한 곡선 형태가 되는데, 소득불평등도가 높을수록 곡선이 아래로 더욱 볼록해진다.

[오답노트]

① 지니계수는 로렌츠 곡선과 밀접한 관련이 있으며, 0과 1사이의 값을 가진다. 로렌츠 곡선이 완전평등선(대각선)에 가까울수록(즉 지니계수가 0에 가까울수록) 소득분배는 평등하고, 완전불평등선(직각선)에 가까울수록(대각선에서 멀리 떨어져 있을수록, 즉 지니계수가 1에 가까울수록) 불평등하다.

② 한 개인이 모든 소득을 독점하고 나머지는 소득이 없는 상태는 완전불평등선을 의미하며, 이러한 경우 지니계수는 1이다.

③ 10분위 분배율은 하위 40% 가구의 소득 합을 상위 20% 가구의 소득 합으로 나눈 것이다. 따라서 10분위 분배율이 작을수록 소득 격차가 크며 불평등하다고 볼 수 있으며, 클수록 소득 격차가 작아서 평등하다고 볼 수 있다.

⑤ 5분위 (분)배율은 상위 20% 가구의 소득 합을 하위 20% 가구의 소득 합으로 나눈 것이다. 따라서 5분위 (분)배율이 작을수록 소득 격차가 작으며 평등하다고 볼 수 있으며, 클수록 소득 격차가 크며 불평등하다고 볼 수 있다.

04

핵심키워드: 사회복지정책 발달 관련 이론

해당장: 5장 사회복지정책 발달, 근거이론, 정책 이슈

시민권(이)론의 대표적인 학자인 마샬에 따르면, 역사적으로 시민권은 세 가지 요소인 공민권, 정치권, 사회권으로 발전해왔으며, 그중에서도 20세기에 등장한 사회권을 복지국가의 핵심 개념

을 구성하는 가장 중요한 요소로 보았다. 이런 점에서 정치권의 실현이 완전한 시민권의 실현을 가능하게 만든다는 설명은 적절하지 않다.

05	핵심키워드: 베버리지 보고서
	해당장: 1장 사회복지정책의 개념과 성격/5장 사회복지정책 발달, 근거이론, 정책 이슈

베버리지 보고서에서는 사회보험이 질병, 실업, 노령, 사망 등 일반적인 사회적 위험과 대상을 포괄해야 하며, 재정은 피보험자, 고용주, 국가가 공동 부담해야 하며, 급여수준과 기간이 충분해야 한다는 원칙을 제시하였다. 또한 사회보험의 성공을 위한 전제조건으로 완전고용, 포괄적인 보건의료서비스, 가족수당의 필요성을 강조하였다.

[오답노트]

ㄹ. 소득수준과 상관없이 동일한 보험료를 부담하고, 동일한 급여를 제공한다는 정액보험료, 정액급여의 원칙을 제시하였다.

06	핵심키워드: 미국의 사회보험
	해당장: 5장 사회복지정책 발달, 근거이론, 정책 이슈

사회주의 세력이 미약했던 당시 미국의 상황을 고려할 때 적절하지 않은 설명이다. 사회주의 이념이 확산되고 노동자계급과 사회주의 세력이 확대되면서 위협을 느낀 독일의 비스마르크가 노동자의 국가에 대한 충성심을 확보하고 노동자를 통제하기 위해 사회보험을 도입했다고 보는 견해가 있는데, 그런 맥락에서 보기의 설명은 독일 비스마르크의 사회보험 도입과 관련된 설명이라고 볼 수도 있다.

[오답노트]

1929년에 시작된 대공황으로 인한 충격으로 등장한 사회보장법은 연방정부가 재정과 운영을 담당하는 노령연금과 주정부가 운영하고 연방정부가 재정을 지원하는 실업보험, 그리고 주정부가 운영하고 연방정부가 재정을 지원하는 공공부조와 사회복지서비스로 구성되었다. 또한 빈곤에 대한 국가 책임이 명시되었으며 국민의 생활을 보장하는 데 있어서 연방 정부의 책임을 규정하였다.

07	핵심키워드: 조지와 윌딩의 이데올로기 모형 - 신우파
	해당장: 6장 사회복지정책과 복지국가

효율성을 초래한다고 보았다. 또한 국가의 역할을 축소하고 시장이 더 많은 역할을 수행해야 한다고 주장한다. 한편 공공부문의 민영화를 통한 국가 역할의 축소(작은 정부)를 강조하면서도 법과 질서를 통해 국가 권위를 회복할 수 있는 강한 국가를 내세우기도 한다. 노동무능력자에 대해서는 일정 부분 국가 책임을 인정하기도 한다.

08	핵심키워드: 엔더슨의 복지국가 모형
	해당장: 6장 사회복지정책과 복지국가

사회보험 프로그램을 강조하는 것은 보수주의적(조합주의적) 복지국가 유형에 해당하는 설명이다.

〈보수주의적 복지국가 유형의 특징〉
- 기존의 사회계층이 그대로 유지되는 경향이 있다.
- 사회보험 프로그램을 강조한다.
- 프랑스, 독일 등이 이러한 유형에 해당한다.

〈사회민주주의적 복지국가 유형의 특징〉
- 복지의 재분배적 기능이 강하며, 탈상품화 효과가 가장 크다.
- 보편주의적 원칙을 통하여 복지급여는 취약계층뿐만 아니라 중간계급까지 주요 대상으로 확대한다.
- 스웨덴, 덴마크, 노르웨이 등 스칸디나비아 국가들이 이러한 유형에 해당한다.

09	핵심키워드: 사회복지 급여 형태
	해당장: 11장 사회복지정책의 대상과 급여

대상효율성이란 목표효율성이라고 말하기도 하는데, 정책이 목표로 하는 대상자들에게 자원이 얼마나 집중적으로 할당되는가, 즉 동일한 자원으로 정책의 목표를 얼마나 잘 달성할 수 있는가의 여부를 판단하는 기준이다. 일반적으로 수급자에게 소비에 있어서 선택권을 많이 부여할수록 목표효율성이 떨어질 수 있다. 이런 점에서 수급자에게 선택의 자유를 보장하는 현금급여는 급여가

정책 목표와는 다른 용도로 사용될 가능성이 크다는 점에서 대상효율성이 떨어지는 단점이 있다. 급여 형태를 대상효율성이 높은 순서로 나열하면 현물급여 〉 증서(바우처) 〉 현금급여 순이다.

[오답노트]

수급자의 선택권을 제한하는 단점이 있는 것은 현물급여이다.

③ 현물급여는 다른 사람들에게 수급자라는 사실이 알려질 가능성이 크고, 이로 인해 낙인 문제가 발생할 수 있으며, 수급자에게 선택의 자유가 없다는 점에서 인간의 존엄성을 유지하는데 취약하다.

④ 규모의 경제 효과란 재화나 서비스를 대규모로 생산, 공급하는 경우 그 생산, 공급비용을 줄일 수 있는 효과를 의미한다. 현물급여는 규모의 경제 효과가 있어서 생산, 공급 단가를 낮출 수 있는 장점이 있다.

⑤ 급여형태를 수급자 혹은 소비자의 선택권이 높은 순서로 나열하면 현금급여 〉 증서(바우처) 〉 현물급여 순이다.

10

핵심키워드: 할당의 원리

해당장: 11장 사회복지정책의 대상과 급여

보편주의는 (정도에 따라 차이가 있지만) 사회복지 급여가 사회적 권리로서 모든 사람에게 주어져야 한다는 의미를 갖고 있으며, 반면에 선별주의는 특정한 조건이나 제한을 두어 그러한 조건을 충족하는 사람들만을 사회복지 급여의 대상으로 선별하는 것을 의미한다. 거주 여부나 인구학적 속성과 같은 귀속적 욕구의 원리는 선별주의보다는 보편주의 할당 원리에 가깝다.

〈할당 원리〉

- **귀속적 욕구의 원리**: 거주 여부(특정 국가에 일정 기간 거주하여야 한다는 조건)나 인구학적 조건(예를 들어 노인인 경우, 장애가 있는 경우 등)만 충족하면 급여를 받을 수 있는 자격이 주어지는 것을 말한다. 이러한 경우 노인이라면 혹은 아동이라면 누구나 급여를 받을 수 있다는 점에서 보편주의적인 성격이 강한 특징이 있다. 귀속적 욕구의 원리에서 욕구가 규범적 기준에 의해 정해진다는 것은 예를 들어 노인은 후손의 양육과 사회의 발전에 기여해 왔기 때문에 노후의 삶을 보장하기 위해 일정한 지원이 필요하다는 사회적 규범이 확립되어 있으며, 아동은 건강하고 행복하게 자랄 수 있도록 보장해야 한다는 사회적 규범이 확립되어 있기 때문에 이러한 기준에 의해 노인과 아동에 대한 지원이 이루어져야 한다는 공감대가 형성되어 있다고 볼 수 있다.
- **보상의 원리**: 사회경제적으로 특별한 혹은 일정한 공헌이나 기여를 한 사람들의 집단 또는 사회로부터 부당한 피해를 입은 사람들의 집단에 속할 것을 급여의 조건으로 하는 할당 원리를 의

미한다. 예를 들어 국가유공자에게 지급하는 급여나 사회적으로 부당한 차별을 받은 집단에게 지급하는 급여의 경우 이러한 보상의 원리가 적용된다고 볼 수 있다.

- **진단적 구분**: 전문가의 분류나 판단에 근거하여 급여를 제공하는 것이다.
- **자산조사의 원리**: 소득과 재산에 대한 조사를 통해 급여 수급자격을 확인하는 것이다. 가장 선별주의적인 요건으로 공공부조 프로그램에서 많이 활용한다.

11

핵심키워드: 건강보험제도 개선안

해당장: 13장 사회보장론

18대 대통령 선거 당시 여당이었던 새누리당은 "4대 중증질환 진료비 전액 국가부담"이라는 공약을 제시하였다. 4대 중증질환(암, 심장, 뇌혈관, 희귀난치성질환)에 대해 총 진료비(건강보험이 적용되는 진료비와 건강보험이 적용되지 않는 비급여 진료비를 모두 포함)를 건강보험 급여로 추진한다는 내용이었다. 반면 야당인 민주통합당의 "연간 의료비 본인부담 100만원 상한제"라는 공약은 환자 본인이 부담하는 금액이 연간 100만 원을 넘지 않도록 하겠다는 내용이었다. 구체적으로 살펴보면, 소득계층별로 2017년까지 연간 의료비 본인부담 상한액을 100만원으로 단계적으로 인하하고 보험이 적용되지 않았던 부분을 건강보험이 적용되도록 확대하는 것과 동시에 추진하여 실질적인 의료비 부담을 완화하겠다는 것이었다.

이와 관련해서 4대 중증질환 중 암, 심장, 뇌혈관질환은 이미 건강보험 적용진료비의 95%를 국가가 부담하고 있으며 희귀난치성 질환도 이미 90%를 국가가 부담하고 있다는 점에서 실제 효과는 미약하다는 비판도 있었다. 이보다는 건강보험이 적용되지 않아 환자들의 의료비 부담에서 큰 비중을 차지하는 간병비, 상급병실료, 선택진료비 등의 비급여에 대한 건강보험 적용이 필요하다는 주장도 있었다. 선택진료비란 특진료라고도 하며 환자가 특정의사를 선택하여 진료(선택진료)를 받을 경우 추가비용을 전액 본인이 부담하는 경우를 의미한다.

선택진료는 실제 환자들이 어쩔 수 없이 의무에 가깝게 이용할 수밖에 없다는 점에서 선택이라는 용어의 뜻과는 다르게 환자의 의사 선택권 보장보다는 해당 의료기관의 수입을 확대하기 수단이 되었다는 비판과 함께 환자들의 과도한 비용 부담을 초래한다는 비판을 받고 있다. 상급병실료란 상급병실에 입원할 경우 부담하는 비용을 말한다. 입원할 수 있는 병상이 부족하다는 이유로 본인의 의사와는 무관하게 상급병실(특실, 1인실, 2~3인실 등)을 이용할 수밖에 없는 경우가 많아서 입원환자가 부담하는 비용을 증가시키는 경향이 있다. 간병비의 경우에도 건강보험이 적용되지 않고 있다.

ㄴ. 두 가지 공약에서 제시하고 있는 개선안은 모두 건강보험제도가 적용되지 않는 비급여 진료비로 인한 경제적 부담을 덜기 위한 공통적인 목적을 가지고 있는데, 이를 위해서는 건강보험

재정이 확대될 필요가 있다. 건강보험 재정에 있어서 보험료와 국고 지원이 가장 큰 비중을 차지하고 있는데, 재정을 확대하기 위해서는 보험료를 인상하거나 국고 지원을 확대해야 한다. 따라서 보험료를 올리지 않는다면 국고 지원이 확대되어야 하며, 재원 마련을 위해 조세부담이 증가할 가능성이 있다.

ㄹ. 두 가지 공약에서 제시하고 있는 개선안 모두 기존에 건강보험이 적용되지 않았던 부분(비급여)을 줄이기 위해 건강보험이 적용되는 부분을 확대하겠다는 내용이 포함되어 있기 때문에 병원 등에서 의료서비스를 이용할 경우에 본인부담금(본인이 부담하는 금액으로 서비스 이용자의 이용요금에 해당한다)이 줄어드는 효과가 있다.

[오답노트]

ㄱ. 여당과 야당의 공약 모두 국민건강보험 방식에 기반하고 있다. 국민보건서비스(NHS) 방식은 정부가 일반조세를 재원으로 모든 국민에게 무상으로 의료서비스를 제공하는 방식이다. 참고로 한국의 국민건강보험제도의 경우에 보험료를 주요 재원으로 하지만, 일정한 비중은 국고에서 지원하고 있다.

ㄷ. 선별주의란 특정한 조건이나 제한을 두어 그러한 조건을 충족하는 사람들만을 사회복지 급여의 대상으로 선별하는 것을 의미하며, 대표적으로 공공부조제도를 이러한 선별주의에 기반을 둔 제도로 볼 수 있다. 반면에 건강보험제도는 기본적으로 모든 국민을 적용대상으로 하며 (소득수준 등에 따라 급여에 차등을 두는 것이 아니라) 동일한 급여를 제공한다는 측면에서 보편주의에 기반을 둔 제도로 볼 수 있다(물론 사회보험제도에 따라 보편주의의 정도에 있어서 차이가 있다는 점은 지적할 필요가 있다). 또한 주의할 점 한 가지는 건강보험제도의 경우 보험료 부담에 있어서는 소득수준 등에 따라 차등을 두고 있다는 점이다. 하지만, 이것은 선별주의 원칙이라기보다는 과다한 본인부담금으로 인한 경제적 부담을 덜기 위한 제도이며, 소득수준이 높을수록 더 많은 비용을 부담하게 한다는 점에서 일정한 소득재분배 효과를 가진 제도로 이해하는 것이 적절하다. 참고로 2014년에는 건강보험 본인부담상한제를 개선하여 본인부담 상한액 기준을 소득수준에 따라 기존 200~400만 원에서 120~150만 원으로 조정할 예정이다.

12	핵심키워드: 정책분석의 유형
	해당장: 8장 사회복지정책의 분석

산물분석(산출분석)은 사회복지정책 내용분석의 기본틀로서 할당, 급여, 재정, 전달체계라는 4가지 차원으로 구성된다. 예를 들어 정책프로그램(안)이나 법률(안)에 대한 여러 가지 쟁점을 분석하는 것이다. 기초연금개정안이 논란이 되고 있는데, 정부에서 제시한 개정안이 대상, 급여수준 등에서 어떤 문제점과 한계를 갖고 있는지 분석하는 것이 산물분석의 사례에 해당한다.

[오답노트]

- 과정분석은 사회복지정책의 형성 과정을 분석하는 것으로 다양한 집단의 관계 및 상호작용이 어떻게 정책형성에 영향을 미치는지 등을 분석하는데 초점을 둔다. 과정분석은 정책의 계획과 관련된 문제들을 다룬다.
- 산물분석은 정책의 운영(행정)과 관련된 문제들을 다룬다.
- 3, 5 성과분석은 정책프로그램이 실행된 결과나 영향을 평가하는 것이며 다른 두 가지 분석 유형보다 더 객관적이고 체계적인 분석을 요구한다. 이런 점을 고려할 때 세 가지 분석 중 조사방법론의 이론적 지식에 가장 밀접하게 연관된 것은 성과 분석에 해당한다고 볼 수 있다. 성과 분석은 정책에 관한 조사연구와 관련된 문제들을 다룬다.

13	핵심키워드: 사회복지정책의 가치 - 평등
	해당장: 4장 사회복지정책을 둘러싼 가치

일반적으로 보험방식의 사회보장제도는 보험수리원칙에 기반하고 있는데, 보험료 납부수준(보통 소득수준과 관련이 있다)에 비례하여 급여를 받는 것으로 비례적 평등의 가치를 반영하고 있다. 하지만 사회보험제도의 경우에 제도의 종류에 따라 기반하고 있는 가치에 일정한 차이가 존재한다는 점도 기억해둘 필요가 있다.

[오답노트]

비례적 평등은 형평, 공평이라고 부르기도 한다. 비례적 평등은 개인의 노력, 능력 및 기여에 따라 사회적 자원을 상이하게 배분하는 것을 말한다. 열등처우의 원칙은 사회복지 급여수준이 노동시장에서 일을 하는 사람의 임금수준보다 낮아야 한다는 원칙으로 비례적 평등의 가치를 반영한다. 수량적 평등은 결과의 평등이라고 부르기도 하며 사회적 자원을 동일하게 분배하거나 사회구성원의 공통된 욕구를 충족시키는 것을 강조한다. 기회의 평등은 동등한 출발선을 강조하며, 빈곤한 가정에서 태어난 아동에게 빈곤이 대물림되지 않도록 적극적인 교육 지원 프로그램을 제공하는 것은 이러한 기회의 평등에 해당하는 사례로 볼 수 있다.

14	핵심키워드: 정책기획가의 역할과 가치
	해당장: 2장 사회복지정책의 이념과 전략 / 4장 사회복지정책을 둘러싼 가치

개인주의적 견해란 단일한 공익이란 존재하지 않으며 서로 다른 관심사와 이익을 갖는 다수가 존재한다고 본다. 이러한 관점에 따르면 공익이란 서로 경쟁적인 관계의 이익들 간의 상호작용과

타협 속에서 나타나는 어떤 것이다. 즉, 집단 간의 대립과 경쟁 속에서 사적인 이익들이 조정되고 타협하면서 공익으로 전환한다고 보는 입장이다. 이러한 관점에서 정책기획가는 특정 집단의 이익을 대변하거나 그 집단의 참여와 영향력을 증가시키는 것이 주된 목표가 된다. 개인주의적 견해는 참여의 가치와 밀접한 관련이 있다. 참여란 모든 개인들이 자신의 복지에 영향을 미치게 될 결정에 의미 있는 수준에서 직접적으로 개입하는 것을 말한다. 사람들은 자신의 삶에 직접적인 영향을 미치게 될 정책결정에 참여할 때 자신이 공동체의 구성원임을 인식할 수 있다. 적극적인 참여를 바탕으로 한 결정은 결속력을 가질 수 있으며, 구성원들의 소외감이나 반감을 감소시킬 수도 있다.

[오답노트]

- 1, 4 **유기체적 견해**: 전문가로서의 기획가, 전문성 가치
- 유기체적 견해는 공동체를 이루고 있는 개인들의 사적인 이익을 초월하는 이상적인 공익이 존재한다고 본다. 공동체는 단순히 구성원들의 합과는 다른 그보다 큰 이익을 추구하는 유기체로 인식한다. 이러한 관점에 따르면 정책기획가는 전문가적 가치와 기술적 전문성을 지침으로 활용하며 직업적인 책임성을 갖는다. 전문직으로서 책임성을 가지며, 전문적인 기술과 지식을 바탕으로 도출해낸 공익을 위해 정책을 기획하는 기술관료로서의 역할을 수행한다. 공익을 바라보는 관점 중에서 유기체적 견해는 전문성이라는 가치와 밀접한 관련이 있다. 전문성은 의사결정에 있어서 합리성을 가장 중요한 기준으로 삼는다.
- 2, 5 **공동체적 견해** : 입법가로서의 기획가, 리더십 가치
- 공동체적 견해는 공동체 구성원 모두가 공통적으로 가지고 있는 관심사로 이루어진 단일한 공익을 상정한다. 개인과 집단이 공유하는 공통된 목표를 중요한 것으로 인식한다. 공익을 바라보는 이러한 관점에 따르면 정책기획가는 단일한 차원의 목표를 잘 알고 있다고 판단되는 정치적 리더 혹은 관료적 리더와 관련된 입법가 또는 행정가로서의 역할을 한다. 공동체적 견해는 리더십이라는 가치와 밀접한 관련이 있다. 리더십이란 공동체 구성원들이 신뢰할 수 있고 책임성을 가진 신속하고 공정하게 갈등을 완화하는 능력을 가진 리더와 이들의 역할을 중요시하는 것이다. 하지만, 리더의 지도력 자체가 정책을 기획하는 능력과 실제 실행을 보장하는 것은 아니다.

15	핵심키워드: 정책결정이론 모형
	해당장: 10장 사회복지정책 과정의 이해(2): 결정, 집행, 평가

점증모형은 기존의 정책결정을 토대로 하여 부분적인 수정이나 결함을 개선하는 수준에서 정책결정이 이루어진다고 본다.

[오답노트]

제한적 합리성을 기초로 하여 정책을 결정한다고 보는 것은 만족모형에 해당하는 설명이다. 만족모형은 최선의 정책대안을 선택하는 데 현실적 제약이 있기 때문에 만족스러운 정도의 대안을 선택하는 정책결정이 이루어진다고 본다.

④ '조직화된 무정부상태' 속에서 정책이 우연히 결정된다고 보는 것은 쓰레기통 모형에 해당하는 설명이다.

⑤ 합리적 요소와 초합리적 요소를 바탕으로 한 질적 모형은 최적 모형에 해당한다.

16	핵심키워드: 사회복지정책의 평가
	해당장: 10장 사회복지정책 과정의 이해(2): 결정, 집행, 평가

ㄱ. 정책평가의 설계는 정책 프로그램이 어떤 결과를 가져왔으며, 그 결과에 영향을 미친 요인은 무엇인지 인과관계를 추론하기 위한 모형을 설정할 필요가 있다.

ㄴ. 정책평가를 통해 정책 프로그램의 목표를 어느 정도나 달성하였는지 파악할 수 있고, 그에 대한 책임소재를 규명할 수 있다.

ㄷ. 정책을 평가하기 위해서는 수집된 자료를 바탕으로 통계기법과 분석기법을 활용하여 그 의미를 해석하는 과정이 필요하다는 점에서 기술적 성격을 가진다.

[오답노트]

ㄹ. 정책평가는 무엇이 잘되고, 잘못되었는지에 대한 가치판단을 포함한다는 점에서 가치지향적 성격을 가지고 있다.

17	핵심키워드: 사회보장의 영역
	해당장: 13장 사회보장론

사회보장기본법에서는 "사회보장이란 출산, 양육, 실업, 노령, 장애, 질병, 빈곤 및 사망 등의 사회적 위험으로부터 모든 국민을 보호하고 국민 삶의 질을 향상시키는데 필요한 소득·서비스를 보장하는 사회보험, 공공부조, 사회서비스를 말한다."고 규정하고 있다.

18

핵심키워드: 사회보장제도가 국민경제에 미치는 효과

해당장: 13장 사회보장론

ㄱ. 자본주의 사회는 호황과 불황, 경기상승과 경기침체 등의 순환과 부침을 겪게 된다. 따라서 경기의 지나친 과열이나 지나친 하락에 대한 제어를 통해 경기불안정을 조정하는 것이 필요하다. 국가는 사회보장제도를 통해서 이러한 역할을 자동적으로 수행하게 되는 데 이것을 자동안정장치(자동안정화) 기능이라고 한다.

ㄴ, ㄷ. 공적 연금이 자발적 저축에 미치는 효과와 관련해서는 보기에 나와 있는 2가지 주장이 모두 해당한다. 공적 연금이 자발적인 저축을 감소시키는 효과, 즉 자발적인 저축이 공적 연금으로 대체되는 효과와 공적 연금의 도입이 지금까지 자신의 노후 준비에 소홀히 해왔던 사람들에게 은퇴 후 생활을 유지하기 위해서는 은퇴준비가 필요하다는 사실을 인식시키는 효과로 인해 자발적 저축을 증가시키는 효과가 발생할 수 있다.

[오답노트]

ㄹ. 부과방식은 적립방식과는 달리 기금을 적립하지 않기 때문에 자본축적 효과를 발생시키지 않는다. 재정운영방식이 적립방식인 공적연금의 경우에는 기금의 적립을 통해 자본축적 효과가 발생한다.

19

핵심키워드: 공사 연금체계 유형

해당장: 13장 사회보장론

노후소득보장에 있어서 사적 연금의 역할은 미미하며, 공적 연금의 비중이 높은데, 공적 연금의 형태에 있어서 조합주의적인 경향을 보이는 유형에 해당한다.

20

핵심키워드: 근로장려세제

해당장: 13장 사회보장론

근로장려세제의 주무부처는 기획재정부이며 근로장려세제 시행은 국세청에서 담당한다.

21	핵심키워드: 의료서비스를 국가가 실시해야 하는 이유
	해당장: 13장 사회보장론

위험 발생이 상호 독립적이라면, 위험에 공동으로 대처하거나 위험을 분산시킬 이유가 희박해진다. 따라서 국가의 개입 근거가 될 수 없다. 일반적으로 국가에 의한 사회보험제도는 위험발생이 상호 연관되어 있으며, 위험을 사회적으로 공동 부담하고 분산하는 것이 필요하다는 것을 근거로 한다.

22	핵심키워드: 생계급여 계산
	해당장: 13장 사회보장론

소득인정액은 소득평가액과 재산의 소득환산액을 합한 금액으로 한다. 수급가구에 생계급여를 지급할 때는 현금급여 기준에서 주거급여와 가구소득인정액을 제외한 금액을 지급한다. 생계급여를 계산하는 공식은 다음과 같다.

생계 급여 = 현금급여 기준(최저생계비 – 의료 및 교육급여, 타법령 지원액) - 주거급여- 가구소득인정액

공식에 따라 계산해 보면,

- 현금급여 기준 = 154만 원(최저생계비) - 25만 원(타법령지원액) = 129만 원
- 생계급여 = 129만 원(현금급여기준) - 20만 원(주거급여) - 35만 원(가구소득인정액: 소득평가액+재산의 소득환산액) = 74만 원

23	핵심키워드: 국민건강보험제도
	해당장: 13장 사회보장론

질병 및 부상으로 치료를 받는 동안 상실되는 소득을 현금으로 보전하는 제도인 상병수당제도는 아직 실시되지 않고 있다.

[오답노트]

진료비 지불방식은 행위별 수가제를 기본으로 포괄수가제의 적용도 확대되고 있다.

③ 2000년부터 조합주의 방식에서 통합주의 방식으로 변경되었다.

④ 직장가입자의 보험료 산정대상인 보수월액이 28만 원 미만(하한선)인 경우에는 28만 원을 적용

하고, 보수월액이 7,810만 원을 초과(상한선)하는 경우에는 7,810만 원을 적용한다.

⑤ 직장가입자의 보험료율은 1천분의 80의 범위에서 심의위원회의 의결을 거쳐 대통령령으로 정한다.

24

핵심키워드: 지방정부의 재정

해당장: 12장 사회복지정책의 전달체계와 재원

중앙정부와 지방정부 간의 재정 이전방식을 크게 3가지로 구분할 수 있다. 범주적 보조금은 재원의 사용목적이 상세히 규정되어 있고 제약조건이 부여되는 특징이 있다. 지방정부의 재량권이 가장 약한 특징이 있다. 포괄 보조금은 지원대상이 되는 활동의 범주가 넓으며, 특정 사업이나 정책영역에 사용되기 보다는 일반적인 영역을 대상으로 지급되는데 예를 들어, 예방접종사업과 같이 구체적인 영역보다는 공중보건의 증진과 같은 일반적이고 광범위한 영역을 대상으로 한다. 지방자치단체에 많은 재량권을 인정하고 있는 보조금에 해당한다. 일반교부세는 국가가 예산의 일부를 지방정부에게 일정한 비율로 배분하는 것으로 지방 정부의 재량권이 가장 큰 특징이 있다. 지방정부의 재량권을 기준으로 작은 것에서 큰 순서로 나열하면 범주적 보조금〈 포괄 보조금 〈 일반교부세 순으로 나열할 수 있다.

25

핵심키워드: 고용보험제도

해당장: 13장 사회보장론

고용안정 · 직업능력개발사업의 보험료는 사업주가 전액 부담한다.

[오답노트]

구직급여는 실직 전(이직일 이전) 18개월 동안에 고용보험이 적용되는 사업장에서 근무한 기간이 180일 이상인 사람이 비자발적으로 이직하여 적극적으로 재취업활동을 하는 경우에 지급된다. 이직 당시 연령과 고용보험 가입기간(피보험기간)에 따라 90~240일간 이직 전 평균임금의 50%를 지급한다. 구직급여는 적극적인 재취업활동을 한 사실을 확인(이것을 실업의 인정이라고 한다)하고 지급한다. 육아휴직급여의 대상자는 남녀노동자 모두 해당하며, 출산전후휴가는 여성노동자에게만 해당한다.

3. 13회

01

핵심키워드: 보편주의와 선별주의

해당장: 5장 사회복지정책 발달, 근거이론, 정책 이슈

보편주의에 기반을 둔 정책은 일반적으로 모든 사람에게 권리로서 급여가 제공되어야 한다는 원칙 아래 대상의 보편성을 강조하며, 대상자를 선별하기 위한 자산조사와 같은 과정이 필요하지 않거나 간편하기 때문에 행정 업무에 소요되는 비용이나 노력이 선별주의에 비해 상대적으로 적고, 인간의 존엄성과 사회통합에 더 효과적인 측면이 있다.

반면에 선별주의에 기반을 둔 정책은 자산조사를 통해 대상을 선별하며, 이러한 과정에서 급여를 제공받는 수급자에게 치욕감과 같은 사회적 낙인 효과를 유발하며 인간의 존엄성이라는 가치를 훼손한다는 비판을 받기도 한다.

빈곤의 덫(혹은 빈곤함정)이란 사회복지 급여에 의존하여 근로의욕을 상실하고 빈곤에 머무르는 현상을 의미한다. 예를 들어 수급자의 소득이 최저생계비 수준 이상으로 높아질 경우 수급자격을 상실하게 되는 상황에서 수급자의 자격을 유지하기 위해 최저 생계비 이하의 수준에 머물러 있으려는 선택을 할 수 있다. 이것은 복지정책이 근로동기를 약화시킨다는 비판의 근거로 활용되기도 하는데, 이러한 문제를 근본적으로 해결하기 위해 보편적인 제도를 확대하는 것이 필요하다고 주장하기도 한다.

02

핵심키워드: 복지국가의 특징

해당장: 6장 사회복지정책과 복지국가

복지국가의 개념이나 특징에 대해서는 학자들마다 다양한 견해를 나타내지만 몇 가지 공통적인 특징을 정리해 볼 수 있다.

- 첫째, 복지국가의 성립에 있어서 필수적인 조건으로 정치적 민주주의를 전제하고 있다. 선거권 확대를 통한 민주주의 확장은 복지개혁을 통한 복지국가형성에 중요한 역할을 해왔다.
- 둘째, 베버리지 보고서를 통해 표명한 '국민 최저선의 보장'이라는 원칙은 복지국가의 일차적인 목표에 해당한다. 복지국가가 모든 국민들의 최소한의 생활을 보장하고 기본적인 욕구를 충족시킨다고 하는 것은 기존의 국가들과 복지국가를 구별하는 기준이 되며, 복지국가를 정의하는 데 있어서 하나의 근거가 된다.

• 셋째, 정도와 방식에 있어서는 다양한 차이가 있지만, 복지국가의 형성과 발전에 있어서 국가의 개입과 역할이 중요하다.

[오답노트]

ㄹ. 복지국가와 평등이라는 가치와 관련해서는 학자마다 다양한 의견의 차이를 나타내고 있다. 복지 국가의 정의에서 평등이라는 가치를 전혀 고려하지 않는 경우도 있으며, 기회의 평등을 촉진하는 데 초점을 두는 경우, 복지국가가 기회의 평등에 그치지 않고 결과의 평등을 가져오는 중요한 수단이 되어야 한다고 주장하는 경우 등 다양한 입장이 존재한다. 따라서 복지국가의 공통적인 특징이라고 보기는 어렵다.

03	핵심키워드: 에스핑-엔더슨의 복지국가 유형화
	해당장: 6장 사회복지정책과 복지국가

조합주의(보수주의)복지국가 유형은 사회보험제도를 핵심적으로 강조한다. 반면에 사민주의 복지국가 유형은 국민 대다수를 포괄하는 보편적인 형태의 복지정책을 주로 실시하며 사회수당도 이러한 보편적인 형태의 제도에 포함된다.

04	핵심키워드: 사회복지정책의 기능
	해당장: 6장 사회복지정책과 복지국가

"능력에 따른 배분"은 자본주의의 분배 원리 중에 하나라고 볼 수 있다. 자본주의의 능력, 업적, 성과에 따른 분배는 자유 경쟁을 강조한다. 이는 '능력에 따른 공정한 분배'라는 외피 속에 승자독식을 정당화하고 패자는 사회적으로 배제하면서 불평등과 빈부 격차를 정당화하는 문제점을 가지고 있다. 따라서 능력에 따른 배분이 사회복지정책의 기능이라고 볼 수는 없다.

05	핵심키워드: 복지국가 유형화
	해당장: 6장 사회복지정책과 복지국가

[오답노트]

티트머스(Titmuss)는 잔여적 모형, 산업(업적)성취 모형, 제도적 재분배 모형으로 구분하였다. '사회적 시장경제'와 '사회주의적 시장경제'로 구분한 것은 림링거(Rimlinger)이다.

③ 퍼니스와 틸톤(Furniss & Tilton)은 적극적 국가, 사회보장국가, 사회복지국가로 구분하였다. 사

회투자국가는 영국 노동당 정부가 제 3의 길의 구체적인 실천전략으로 제시한 국가모형에서 비롯되었다.

④ 조지와 윌딩(Geoorge & Wilding)은 사회복지에 영향을 미치는 이데올로기를 크게 반집합주의, 소극적 집합주의, 페이비언 사회주의, 마르크스주의로 구분하였다. '프로레타리아 복지국가'와 '부르조아 복지국가'로 구분한 것은 테르본(Therborn)이다.

⑤ 윌렌스키와 르보(Wilensky & Lebeaux)는 잔여적 모형과 제도적 모형으로 구분하였다.

06

핵심키워드: 복지국가 위기의 원인

해당장: 12장 사회복지정책의 전달체계와 재원

복지혼합(복지다원주의, 복지혼합경제라고도 한다)은 한 사회에서 복지의 원천은 다양하며 복지제공 주체로서 국가 이외에 시장, 비공식부문, 자원부문 등의 역할을 포괄적으로 고려할 것을 강조한다. 다른 말로 하면, 사회복지에 대한 국가의 책임과 역할이 시장, 가족, 지역사회, 자원조직 등 다양한 공급주체들에 의하여 대체되어야 한다는 주장이다. 이는 복지국가 위기의 원인이라기보다는 복지국가 위기 이후 국가의 역할이 상대적으로 후퇴되고, 민간기업과 비영리조직의 역할이 부각되면서 확산된 개념이다.

07

핵심키워드: 산업화 이론

해당장: 3장 사회복지정책의 목표와 철학적 배경

〈산업화 이론〉

산업화로 인해 새로운 문제들과 새로운 욕구들이 생겨났는데, 이러한 새로운 욕구들과 문제들에 대응하면서 사회복지 혹은 복지국가의 발전이 이루어졌다고 본다. 또한 산업화가 가져온 경제성장은 국가가 활용할 수 있는 재정적 능력의 확대를 가져왔고, 이는 사회복지 혹은 복지국가 발전의 재원으로 활용할 수 있게 되었다고 본다. 산업화 이론은 수렴이론이라고도 불리는데, 산업화로 인한 경제성장 수준이 유사하면 사회복지지출 수준도 유사하다고 (즉, 수렴한다고) 보며, 복지국가의 다양한 차이보다는 유사성을 강조하며, 사회복지 혹은 복지국가의 발전에 있어서 경제적 변수를 중요하게 고려하였다. 윌렌스키와 르보는 산업화 이론을 근거로 미국 사회복지정책의 발달과정을 탐구하였다.

한편으로 산업화 이론은 유사한 산업화 정도와 경제 수준을 나타내는 국가들에서도 다양한 형태의 복지제도와 내용이 나타난다는 점을 제대로 설명하지 못하는 한계가 있으며 경제적 변수 이외에 다른 변수(이데올로기나 정치적, 문화적 변수 등)의 역할을 중요하게 고려하지 않았다는 비판을 받기도 했다.

08	핵심키워드: 신마르크스 주의
	해당장: 2장 사회복지정책의 이념과 전략

다양한 비계급적 집단들의 이해의 조정을 통해 복지국가가 발전하였다고 보는 것은 이익집단 이론에 해당하는 설명이다.

〈신마르크스주의〉

신마르크스주의는 전통적 마르크스주의가 설명하지 못하는 발전한 자본주의의 다양한 현상들을 분석하고 기존의 마르크스주의의 한계를 극복하기 위해 노력하는 가운데 나타났다. 신마르크스주의는 복지 국가의 위기와 재편의 필연성을 복지국가의 모순에서 찾는다. 이 모순은 독점자본주의 단계의 국가가 수행해야 할 두 가지 기능, 즉 자본 축적(accumulation)과 정당화(legitimation)라는 모순적인 기능에서 비롯된다. 신마르크스주의는 복지국가 발전을 독점자본주의의 소성과 관련시켜 분석하였다. 복지정책은 자본축적의 위기나 정치적 도전을 수정하기 위한 수단으로 본다. 국가는 계급지배의 도구 이상의 것으로서 상대적 자율성을 갖는다고 보았으며, 국가의 역할에 대한 이해에 기여했다.

09	핵심키워드: 사회복지정책의 가치
	해당장: 2장 사회복지정책의 이념과 전략

[오답노트]

적극적 자유란 스스로 원하는 혹은 바람직하다고 생각하는 어떤 목적이나 행위를 추구할 수 있을 때 경험하는 자유를 의미한다. 기회의 평등 정책보다 결과의 평등 정책이 빈자(貧者)들의 적극적 자유를 증진하는데 유리하다.

타인의 간섭이나 구속으로부터의 자유는 소극적 자유의 개념에 해당한다.

결과의 평등 정책은 부자들의 소극적 자유를 침해할 수 있다. 예를 들어 결과의 평등 추구를 위해 불평등한 소득분배구조를 개선하고 빈자들에게 더 많은 자원을 배분하기 위해서 누진적인 세금을 확대한다면 국가의 개입과 간섭이 증가하므로 부자들의 소극적 자유를 침해할 수 있다.

⑤ 긍정적 차별(positive discrimination)은 기회의 평등 혹은 형평의 가치를 반영한 정책사례라고 볼 수 있다.

10	핵심키워드: 롤스(J. Rawls)의 사회정의론
	해당장: 4장 사회복지정책을 둘러싼 가치

〈롤스의 사회정의론〉

롤스는 사람들이 자신들이 살기 원하는 사회의 형태를 결정해야 하는 상태에 있다고 상상할 것을 주문하면서 논의를 시작한다. 롤스에 의하면 이러한 시나리오를 상상할 때 편견이 없다고 가정하는 것이 매우 중요하다. 왜냐하면 만일 편견이 있다면 사람들은 각자 개인적으로 유리하게 작동될 수 있는 사회만을 선호할 것이기 때문이다. 현실의 개인들은 자신의 지위나 상태를 기준으로 정의를 판단하기 때문에 문제가 있다. 따라서 이러한 편견이 없다고 가정하기 위해서 롤스는 상상의 시나리오에 참여하는 사람 모두가 각자의 지능수준이나 기술, 능력, 계급적 지위, 사회적 지위, 성별, 인종, 연령 등에 대해 아무 것도 알지 못하는 이른바 무지의 베일(veil of ignorance)에 가려져 있다고 가정한다. 이런 가정아래 편견에 의해 사회의 형태를 선택할 가능성을 차단하고 공정성을 확보할 수 있다고 주장한다.

이처럼 사람들이 무지의 베일에 가려져 있는 상태를 원초적 상황(original position)이라고 한다. 롤스는 공정한 절차에 의해 합의된 것을 정의로운 것으로 주장한다. 다시 말하면, 롤스의 '공정으로서의 정의'는 합리적으로 자신의 이익을 도모하는 모든 사회구성원이 합의할 수 있는 사회질서의 원칙이라고 할 수 있다. 공정으로서의 정의에서 공정의 의미는 어떠한 원칙도 수립되어 있지 않은 원초적 상황에서 사람들이 기본적인 합의에 도달해가는 과정이 공정하다는 것을 의미한다. 이 원초적 상황은 근대의 전통적인 사회계약론에서의 자연 상태와 유사한 개념이다. 그러나 원초적 상황은 역사적 현실로 실재하는 상황이 아니라, 정의의 원칙을 선택하기 위해 구성된 가상적인 상황에 불과하다. 즉 원초적 상황은 공정한 정의의 원칙을 도출하는 근거이다. 이런 상황에서 사회구성원들은 앞으로 사회의 기본 구조가 될 원칙을 결정하게 되는데 이런 사회계약 과정을 통해서 선택된 원칙은 공정한 합의로 볼 수 있다는 것이다.

원초적 상황에서 정의의 원칙을 합의하는 당사자는 합리적인 선택을 해야 할 것인데, 당사자들은 최소 극대화 원칙(maximin rule)에 따라 선택하게 될 것이다. 최소 극대화 원칙은 합의 당사자들이 선택할 수 있는 가능한 대안들의 결과 중 최악의 것 중에서 최선을 보장하는 대안을 선택한다는 것이다. 왜냐하면 이러한 선택이 그 행위자를 가장 안전하게 지켜줄 수 있기 때문이다. 즉 합의 당사자들은 자신의 목적 실현을 위해 반드시 필요한 기본적 자유와 최소한의 사회적 경제적 조건을 침해받을 수 있는 모험을 하지 않을 것이다. 말하자면, 보다 큰 이익을 위해 자신을 위험에 빠뜨릴 수 있는 위험한 원리를 선택하지 않을 것이다. 최소 극대화의 원칙에 따른다는 것은 최대의 이익은 누리지 못하지만, 최악의 경우에도 인생 계획을 위한 기본적 조건은 확보될 수 있는 선택을 하는 것이다. 개인들은 자신의 불이익을 최대한 줄일 수 있는 사회질서를 지지하게 될 것이다. 이것은 평등주의적 분배의 근거를 제공한다. 롤스는 이처럼 합의 당사자들이 정의의 원칙으로 두 개의 원칙에 합의할 것이라고 말한다.

제1원칙(자유의 원칙): 모든 사람은 다른 사람들의 자유와 양립할 수 있는 범위 내에서 가장 광범위한 기본적 자유를 가질 평등한 권리를 갖는다.

제2원칙(차등의 원칙, 공정한 기회의 원칙): 사회적 경제적 불평등은 근본적으로 용인되지 않으나 다만 예외적으로 다음의 두 가지 조건이 성립할 때에만 정당화될 수 있다.

1) 불평등이 그 사회에서 가장 불우한 처지에 있는 사람에게 이익이 될 것

2) 모든 사람에게 공정한 기회가 주어진다는 조건 아래에서만 직위, 직책의 불평등이 존재할 것

정의의 제1원칙은 평등한 자유의 원칙이라고 말할 수 있으며, 자유주의가 내세우는 가장 기본적인 자유를 보장하는 원리이다. 롤스는 제 1원칙을 제2원칙보다 중요시한다. 즉, 자유가 평등에 우선한다는 것을 의미한다. 자유의 원칙이 가장 중요하며 정의로운 사회는 평등이나 효용을 명분으로 자유를 제한해서는 안 된다고 주장한다. 이런 맥락에서 롤스는 자유주의적 전통에 속한다고 볼 수 있다.

제2원칙은 두 부분으로 나누어져 있다. 첫 번째 부분은 차등의 원칙이라고 말하며, 사회적, 경제적 불평등을 정당화시켜주는 조건을 말해주고 있는데, 그것은 최소 수혜자에게 최대의 이익을 가져다주는 경우이다. 정의의 제2원칙의 두 번째 부분은 공정한 기회의 원칙이라고 할 수 있으며, 직위와 직책을 가질 수 있는 기회를 보장해야 하며, 단순히 기회만을 보장하는 것만이 아니라 삶의 기회마저도 평등하게 보장되어야 한다는 것이다.

제2원칙은 제 1원칙에 의한 기본적 자유 실현을 현실적으로 보장하기 위한 것이다. 왜냐하면 사회적으로 불리한 처지에 있는 사람들은 기본적 자유의 권리 행사에 제약을 받을 수 있는데, 이들의 자유 행사가 유명무실하게 되지 않게 하기 위한 것이기 때문이다.

11	핵심키워드: 신자유주의
	해당장: 5장 사회복지정책 발달, 근거이론, 정책 이슈

[오답노트]

ㄹ. 신자유주의는 복지제공에서 선별주의를 강조한다.

12	핵심키워드: 조지와 윌딩의 이데올로기 모형
	해당장: 6장 사회복지정책과 복지국가

페이비언 사회주의는 생산수단, 기업의 점진적인 국유화를 주장했다는 점에서 비공식부분의

역할보다는 공식부분의 역할을 중요하게 고려하였다고 볼 수 있다.

13	핵심키워드: 사회적 할당
	해당장: 11장 사회복지정책의 대상과 급여

국민기초생활보장제도는 자산조사에 기반하고 있으며 소득인정액 기준을 활용하고 있다.

14	핵심키워드: 우리나라 복지전달체계
	해당장: 12장 사회복지정책의 전달체계와 재원 및 평가

15	핵심키워드: 쓰레기통 모형
	해당장: 10장 사회복지정책 과정의 이해(2): 결정, 집행, 평가

쓰레기통 모형은 정책결정이 일정한 규칙에 따라 이루어지는 것이 아니라 여러 가지 흐름이 우연히 쓰레기통 속에서 만나게 되면 정책결정이 이루어진다고 본다.

16	핵심키워드: 사회서비스 정책변화
	해당장: 11장 사회복지정책의 대상과 급여

ㄱ. 아직은 선별주의가 강한 경향을 나타내고 있다.
ㄷ. 공사 혼합의 형태를 나타내고 있다.

17	핵심키워드: 사회정책분석의 절차
	해당장: 8장 사회복지정책의 분석

ㄴ. 사회문제의 분석과 정의 → ㄷ. 정책대안의 결과 예측 → ㄹ. 정책대안의 비교와 평가 → ㄱ. 최적 대안의 선택 제시

정책대안의 결과를 예측한 이후에 정책대안의 비교와 평가가 이루어진다는 사실에 유의하자.

18 핵심키워드: 성과평가

해당장: 2장 사회복지정책의 이념과 전략

신보수주의의 확산과 함께 신공공관리론의 성과평가를 강조하는 흐름은 강화되었다.

〈신공공관리론(New Public Management)〉

영국과 미국을 비롯한 각국에서 신공공관리론이 대두되게 된 배경에는 재정적자가 확대되면서 과중한 복지비용 부담과 공공부문의 비효율성이 부각된 상황과 관련이 있다. 또 다른 배경으로는 세계화의 흐름에 따라 국가경쟁력 확보가 각 국가들의 공통적인 관심사로 등장하게 되었다는 점을 들 수 있다.

1980년대 이후 등장한 신공공관리론은 민간기업의 경영방식을 정부부문에 도입하고, 정부부문의 성과와 실적을 강조하며 관리자의 개인적 책임을 중시함으로써 공공부문의 효율성을 향상시키는데 초점을 두고 있다.

1980년대 신보수주의 정권들이 공통적으로 추진한 신공공관리론에 기반한 "작지만 강한 정부"를 지향하는 행정개혁의 시도로 공공부문에 시장의 경쟁원리를 도입하였다. 이는 기업의 혁신기법을 정부조직에 이식시키게 되면 정부관료제의 문제점을 극복할 수 있다고 본 것이다. 이 시기에 대부분의 정부들은 정부의 규모 혹은 역할의 축소를 통한 작은 정부의 구현과 시장원리 및 민간 경영 기법의 흡수를 통한 효율적인 정부의 구축을 강조했다고 정리할 수 있을 것이다. 신공공관리론의 바탕에는 대표적으로 두 가지 논리가 있다. 한 가지는 작은 정부론이다. 이것은 단순히 정부를 작게 하는데 핵심적 목표가 있는 것이 아니라 정부를 작게 함으로써 시장을 활성화시키거나 크게 하려는 의도가 담겨 있다. 그렇게 해야만 세계화된 시장에서 경쟁력을 가질 수 있게 된다는 논리이다. 시장경쟁력을 확보하기 위하여 정부혁신, 행정개혁이 단행되어야 한다는 것이다. 또 다른 논리인 기업형 정부론은 시장의 작동논리를 정부에 적용하자는 것이다. 정부가 효율적으로 운영된다면 다른 국가의 정부보다 경쟁력을 가지게 될 수 있다는 것이다.

신공공관리론은 신자유주의 이념에 기초하여 가격메커니즘과 경쟁 원리를 활용한 공공서비스 제공, 그리고 고객지향적인 공공서비스 제공을 중시하고 있다. 경쟁 및 고객지향에 입각한 민간위탁과 민영화의 도입 및 확대, 정부 내 경쟁원리의 도입, 그리고 규제완화 등을 통해 정부의 역할을 축소함으로써 작은 정부를 달성하고자 한다. 또 다른 한편으로 기업의 경영기법 및 관리기법을 정부부문에 도입함으로써 정부의 성과 및 관리의 효율성을 제공해야 한다고 강조한다. 구체적으로는 기업가 정신, 성과에 기초한 관리, 권한이양, 품질관리기법, 인센티브 메커니즘, 마케팅 기법, 고객만족 경영기법 등을 행정에 도입하였다.

신공공관리론은 경쟁 원리 및 시장기구의 활용, 결과 및 성과 중시, 끊임없는 혁신의 추구 등으로 표현되는 기업가 정신과 기업 경영 원리를 행정에 도입함으로써 정부의 효율성과 효과성을 높여 나갈 수 있다는 점을 강조한다.

신공공관리론의 주요 특징에는 비용절감 및 조직효율성을 높이기 위해 성과가 높은 부분에 인센티브를 부여하고 성과측정과 모니터링 등을 주요 특징으로 한다. 신공공관리론의 확산과 함께 성과측정과 성과 지표의 사용이 급격하게 확대되었다.

19

핵심키워드: 공적연금제도

해당장: 13장 사회보장론

〈공적 연금제도의 분류〉

- **확정급여식과 확정기여식**: 확정급여식은 급여가 사전에 급여산정공식에 의해 확정되어 있지만 보험료는 확정되어 있지 않다. 반대로 확정기여식은 보험료만이 사전에 확정되어 있을 뿐 급여액은 확정되어 있지 않다. 확정급여식에서 연금급여액은 대개 과거소득 및 소득활동기간에 의해 결정된다. 확정기여식에서 급여액은 적립한 기여금과 기여금의 투자수익에 의해서만 결정되기 때문에 사전에 급여액이 얼마나 될지 알 수 없다.
- **적립방식(완전적립과 부분적립)과 부과방식**: 적립방식은 근로세대가 낸 보험료와 이를 적립한 기금의 투자수익을 합하여 노후세대에게 급여를 지급하는 형식이다. 정립방식에는 완전적립과 부분적립의 두 가지 유형이 있는데, 완전적립방식은 장기에 걸쳐 계산한 보험수리상의 공평한 보험료를 제도 도입 초기부터 일관성 있게 부과/징수하여 적립하는 방식이고 부분적립방식은 제도 도입 초기에는 장기에 걸쳐 계산한 보험료보다 낮은 수준으로 부과/징수하다가 차츰 보험료를 인상해가는 방식이다. 부과방식은 은퇴세대의 연금급여에 필요한 재원을 근로세대에게 보험료로 부과하는 형식이다. 부과방식은 별도로 기금을 적립하지 않으며 고령화로 노동인구가 감소할 경우 직접적으로 부정적 영향을 받을 수 있다.

20

핵심키워드: 소득재분배의 유형과 관계집단

해당장: 13장 사회보장론

세대 내 재분배는 동일한 세대 내의 재분배를 의미한다. 대부분의 단기적 재분배, 수직적·수평적 재분배는 세대 내에서 발생한다.

[오답노트]

ㄹ. 근로세대(미래세대)와 은퇴세대/노인세대(현 세대) 간에 이루어지는 재분배는 세대 간 재분배

에 해당한다. 연금재정 운영방식 중 부과방식은 현재 노인세대에게 지급할 연금을 미래세대인 근로세대가 부담하는 방식으로 세대 간 재분배 효과가 발생한다.

21	핵심키워드: 국민건강보험제도
	해당장: 13장 사회보장론

보건복지부 장관이 관장하며, 보험자는 국민건강보험공단으로 한다.

[오답노트]

적용대상은 국내에 거주하는 국민이다. 국내에 거주하는 국민은 건강보험의 가입자 또는 피부양자가 된다.

③ 현금급여로는 요양비와 장애인 보장구 급여비가 있다. 요양급여는 현물급여에 해당한다.

④ 피부양자는 직장가입자에 의해 생계를 의존하는 사람으로서 보수나 소득이 없는 사람을 말한다. 직장가입자의 피부양자가 되려는 사람은 피부양자 자격의 인정기준 중 소득요건을 충족해야 한다. 즉, 소득수준과 무관하지 않다.

⑤ 사립학교교직원의 경우 보험료는 가입자 50%, 사용자 30%, 국가 20%를 각각 부담한다.

22	핵심키워드: 국민연금제도
	해당장: 13장 사회보장론

공적 연금의 관리방식은 국가마다 다양한데, 정부부처에서 직접 관리하는 경우가 많고 또한 공공기관에 위탁하는 경우도 많다. 우리나라의 경우는 국민연금공단에 위탁하는 방식을 채택하고 있다. 민간에 위탁 운영하는 형태가 일반적인 것은 아니며 주로 공적 연금제도가 민영화된 경우에 많이 채택하는 형태이다.

[오답노트]

① 역 선택의 문제는 기본적으로 민간보험회사가 보험에 가입할 개인들의 위험발생 가능성에 대한 충분한 정보를 구하기 어렵고 따라서 가입할 개인들이 보험회사보다 자기 자신의 위험발생 가능성에 대한 더 많은 정보를 갖고 있기 때문에 민간 보험회사는 각 개인들에 대한 적정한 보험료를 책정하기 어렵게 되는 데 있다. 따라서 보험회사가 이익을 남기기 위해서는 이들에 대해서 높은 보험료를 부과할 수밖에 없는 것이다. 이러한 역 선택의 문제를 해결하기 위해서 사회보험의 필요성이 제기된다. 공적 연금은 기본적으로 강제가입이 원칙이다. 강제가입을 전체로 위험을 분산시켜 대처할 수 있다. 임의가입은 예외적으로 허용된다.

② (2015년 기준으로) 10인 미만 사업장의 저소득 근로자(월 임금 140만원 미만)를 대상으로 사용자 및 근로자 보험료의 각 1/2을 지원하는 사업을 실시하고 있다.
③ 처음 받는 연금액을 결정할 때는 본인 과거 평균 소득을 연금 지급 현재의 가치로 재평가하여 반영하고, 이후 연금을 받는 동안 매년 전국소비자 물가변동률을 반영하여 연금액을 조정함으로써 물가가 인상되더라도 연금액의 실질가치를 보장하고 있다.
⑤ 우리나라 국민연금제도는 1988년부터 시행되었는데, 당시 적용대상은 18세 이상 60세 미만의 10인 이상 사업장 근로자와 사업주였다. 1992년 5인 이상 사업장으로 확대되었고, 1995년 7월부터는 농어촌지역에 적용하면서 가입자가 확대되었다. 1999년 4월에는 도시지역에 적용되기 시작하면서 가입자가 획기적으로 증가하였다.

23

핵심키워드: 우리나라의 근로연계복지정책

해당장: 13장 사회보장론

복지급여를 축소하고 국가의 책임보다 개인의 책임을 강조하는 특징을 나타낸다.

〈근로연계복지정책〉

근로연계복지정책은 복지수급과 노동을 연계시키는 것을 핵심으로 하며 근로유인을 강화하는 것을 목적으로 한다. 근로연계복지에 대한 여러 정의들이 있지만 "근로능력이 있는 공공부조 수급자에게 근로관련 활동에 대한 참여를 의무화시키는 정책"으로 정의할 수 있을 것이다. 근로연계복지정책은 국가별로 상이하며, 대응방식도 상이하다. 미국에서 기원한 워크페어(workfare)는 복지 수급자에게 근로를 의무화하는 정책이라는 개념을 바탕으로 하고 있다. 이를 취업 우선전략이라고 하는데, 조기 취업을 목적으로 하며, 장기적인 교육과 훈련 대신에 상담과 구직활동에 전념한다. 또한 복지급여의 제한과 노동시장 참여를 의무화하는 조치를 동원한다.

반면 유럽 국가들의 경우 인적 자원 투자를 중심으로 수급자들의 특성에 맞는 다양한 서비스를 결합하는 전략에 초점을 맞추었다. 인적 자원 투자전략은 취업능력을 갖출 수 있도록 교육훈련, 직업훈련을 통해 보다 좋은 일자리를 얻을 수 있도록 도와주는 것에 중점을 두고 있다. 한국에서는 근로연계복지정책의 일환으로 근로장려세제, 저소득 근로자에 대한 사회보험료 지원, 자활지원사업, 자산형성지원사업 등을 운영하고 있다.

24	핵심키워드: 국민기초생활보장제도
	해당장: 13장 사회보장론

수급자로 선정되기 위해서는 소득인정액 기준과 부양의무자 기준을 동시에 충족시켜야 한다. 여기서 부양의무자 기준에는 부양의무자 유·무가 고려된다.

[오답노트]

조건부수급자의 경우 자활에 필요한 사업에 참가할 것을 조건으로 생계급여를 실시한다. 현금급여 기준은 최저생계비에서 현물로 지급되는 의료비·교육비 및 타 법령에 의한 지원액을 제외한 금액으로 최저생계비보다 낮다. 근로능력 여부나 연령은 수급자 선정 요건에 포함되지 않는다. 시·군·구 생활보장위원회는 국민기초생활보장사업의 기획·조사·실시 등에 관한 사항을 심의·의결하기 위한 기구이다. 급여는 보장기관(수급자의 거주지를 관할하는 특별시장·광역시장·도지사와 특별자치시장·특별자치도지사·시장·군수·구청장)이 실시한다.

25	핵심키워드: 산업재해보상보험제도
	해당장: 13장 사회보장론

유족급여는 유족보상연금이나 유족보상일시금으로 지급하는데, 수급자격자의 범위는 사망한 근로자와 생계를 같이 하고 있던 유족 중 배우자, 60세 이상인 부모 또는 조부모, 19세 미만인 자녀 또는 손자녀, 19세 미만이거나 60세 이상인 형제자매, 앞서 제시한 어느 하나에 해당하지 아니하는 장애등급 2급(시각장애인의 경우에는 3급) 이상에 해당하는 장애인 자녀·부모·손자녀·조부모 또는 형제자매로 한다.

[오답노트]

① 보험료는 사업주가 전액 부담한다.
② (적용제외 사업을 제외하고) 근로자 1명 이상 사용하는 모든 사업 또는 사업장은 당연가입대상에 해당한다.
③ 급여의 종류로는 요양급여, 휴업급여, 장해급여, 간병급여, 유족급여, 상병보상연금, 장의비, 직업재활급여가 있다. 구직급여는 고용보험의 급여의 종류에 해당한다.
④ 근로자의 고의·자해행위나 범죄행위 또는 그것이 원인이 되어 발생한 부상·질병·장해 또는 사망은 업무상의 재해로 보지 않는다.

4. 14회

01 핵심키워드: 사회복지정책의 개념
해당장: 1장 사회복지정책의 개념과 성격

사회복지정책은 자유, 평등, 사회통합, 삶의 질 향상 등의 가치를 추구한다는 점에서 가치지향적, 가치판단적인 특성을 갖는다.

02 핵심키워드: 사회복지정책의 발달
해당장: 5장 사회복지정책 발달, 근거이론, 정책 이슈

국민연금은 1995년 7월부터 농어촌지역에 확대 적용하였다. 국민건강보험은 임의가입으로 적용하던 것을 1997년부터 500인 이상의 사업장 근로자를 대상으로 강제가입 방식으로 전환하여 직장의료보험을 실시하였다. 이후 1988년 1월 농어촌지역에 실시한 후 1989년 7월 도시지역까지 확대 적용하면서 전 국민 의료보험 체제를 확립했다. (당시는 건강보험의 전신인 의료보험으로 운영되었다.)

03 핵심키워드: 신자유주의의 특징
해당장: 6장 사회복지정책과 복지국가

[오답노트]

② **마르크스주의**: 자본주의 자체를 부정하며 복지국가를 통해서도 자본주의 자체의 모순을 극복할 수는 없다고 본다.

③ **사회민주주의**: 노동계급을 대변하는 정치세력이 클수록 복지국가가 발전한다고 본다.

④ **국가개입주의**: 시장에 대한 국가의 적극적인 개입을 강조한다.

⑤ **페이비언사회주의**: 점진적인 제도 변화를 통해 사회주의에 도달할 수 있다는 사회 개혁적 전략을 바탕으로 한다.

04	핵심키워드: 지역자율형사회서비스투자사업
	해당장: 12장 사회복지정책의 전달체계와 재원 및 평가

〈지역자율형사회서비스투자사업〉

- **지역사회서비스투자사업**: 지역의 특성, 수요에 맞는 사회서비스를 만들어 영유아 발달 초기부터 노인에 이르기까지 생애주기별 맞춤형 서비스 제공
- **가사·간병 방문사업**: 신체적·정신적 이유로 원활한 일상생활과 사회활동이 어려운 저소득 취약계층에 대하여 재가간병·가사지원 서비스 제공으로 생활안정 및 공익성 높은 일자리 제공

05	핵심키워드: 사회투자국가의 특징
	해당장: 2장 사회복지정책의 이념과 전략

〈사회투자국가가 전통적 복지국가와 구분되는 특징〉

- 전통적인 과세와 지출을 강조하는 것이 아니라 사회투자를 강조함에 따라 수익을 낳는 복지지출을 추구한다.
- 경제에 주목하여 경제정책과 사회정책의 통합을 강조한다.
- 경제활동의 기반을 위해 인적 자본 및 사회적 자본에 대한 투자를 강조한다.
- 사회지출을 소비지출과 투자지출로 구분하여 소비지출은 가능한 줄인다.
- 시민으로서의 권리와 의무의 균형을 추구한다. 복지제공이 국가의 의무라면, 유급노동을 통한 자활은 시민의 의무이다.
- 기회의 평등을 강조한다.

06	핵심키워드: 에스핑-엔더슨의 복지국가 유형
	해당장: 5장 사회복지정책 발달, 근거이론, 정책이슈

조합주의 복지국가는 남성생계부양자 모델에 기초한다. 여성의 노동시장 참여를 촉진하는 것은 사회 민주주의적 복지국가이다.

07

핵심키워드: 사회보장제도의 운영원칙

해당장: 13장 사회보장론

〈사회보장제도의 운영원칙(사회보장기본법 제25조)〉

- 국가와 지방자치단체는 사회보장제도의 급여 수준과 비용 부담 등에서 형평성을 유지하여야 한다. (형평성).
- 국가와 지방자치단체가 사회보장제도를 운영할 때에는 이 제도를 필요로 하는 모든 국민에게 적용하여야 한다. (보편성)
- 국가와 지방자치단체가 사회보장제도를 운영할 때에는 국민의 다양한 복지 욕구를 효율적으로 충족시키기 위하여 연계성과 전문성을 높여야 한다. (효율성, 연계성, 전문성)
- 국가와 지방자치단체는 사회보장제도의 정책 결정 및 시행 과정에 공익의 대표자 및 이해관계인 등을 참여시켜 이를 민주적으로 결정하고 시행하여야 한다. (민주성)
- 사회보험은 국가의 책임으로 시행하고, 공공부조와 사회서비스는 국가 및 지방자치단체의 책임으로 시행하는 것을 원칙으로 한다.

08

핵심키워드: 복지국가 발전이론

해당장: 2장 사회복지정책의 이념과 전략

[오답노트]

② 독점자본 이론은 세 가지 관점으로 구분해볼 수 있는데, 도구주의적 관점에서는 국가는 자본가계급의 이익을 결정하는 도구에 지나지 않기 때문에 주요 복지정책은 자본가계급에 의해 제안되고 결정된다고 본다. 구조주의적 관점에서는 국가는 자본가계급의 단기적인 이익을 희생하더라도 장기적인 경제안정을 위해 국가가 어느 정도의 자율성을 갖고 자본가계급에 반하는 복지정책을 추구하기도 하지만, 결국 국가의 정책은 자본가계급에 이익이 되는 결과를 낳을 수 있다는 것이다. 계급투쟁의 관점에서는 복지국가가 장기적이든 단기적이든 자본가계급의 이익만을 위해 존재하는 것이 아니라, 자본가계급과 노동자계급의 정치적, 계급적 투쟁에 따라 그 성격이 결정된다고 본다. 즉 이 관점에서는 노동자계급의 세력이 강해지면 국가는 노동자계급을 위한 복지국가의 형태를 갖게 될 수 있다는 것이다.

③ 사회민주주의 이론은 노동계급을 대변하는 정치적 세력이 커질수록 복지국가가 발전한다는 점을 강조한다.

④ 이익집단 이론은 복지국가의 발달이 다양한 이익집단의 이익추구 과정에서 나타났다고 보는 입장이다.

⑤ 국가중심 이론은 국가의 자율성을 강조한 관점으로, 국가 자체가 갖고 있는 독특한 내적 논리나 구조에 초점을 둔다.

09	핵심키워드: 사회복지정책 관련 원칙과 가치
	해당장: 2장 사회복지정책의 이념과 전략

최소극대화 원칙은 합의 당사자들이 선택할 수 있는 대안들 중 최악의 것을 선택함으로써 최소한의 기본적인 조건을 확보함을 의미하는 것이다. 이는 평등주의적 분배의 근거가 된다.

10	핵심키워드: 사회복지정책의 다양한 가치
	해당장: 4장 사회복지정책을 둘러싼 가치

[오답노트]

ㄱ. **사회적 적절성**: 인간다운 생활을 할 수 있도록 적절한 급여가 제공되어야 한다는 것이다.

ㄴ. **적극적 자유**: 빈곤, 실업 등의 사회문제에 국가가 개입함으로써 자유를 실현할 수 있는 조건이 만들어질 수 있다.

ㄷ. **파레토 효율**: 사회 전체의 효용을 높일 수 있도록 사회적 자원을 배분하는 것이다.

11	핵심키워드: 정책평가
	해당장: 10장 사회복지정책 과정의 이해(2): 결정, 집행, 평가

정책결정이나 정책평가를 위해서는 다양한 이론적 지식이 요구되긴 하지만, 정책평가는 정책의 목표달성과 관련한 가치를 파악하기 위한 것으로 정책결정이론의 형성이 정책평가의 필요성이라고 볼 수는 없다.

12	핵심키워드: 사회적 경제
	해당장: 2장 사회복지정책의 이념과 전략

ㄱ. 일반협동조합은 영리법인, 사회적 협동조합은 비영리법인이다.

ㄴ. 마을기업은 행정자치부를 통해 지정받는다.

ㄷ. 협동조합 설립을 위한 조건을 갖춘 뒤 주된 소재지 관할 시 · 도지사에게 신고해야 한다. 시 ·

도지사는 협동조합의 설립신고를 받은 때에는 즉시 기획재정부장관에게 그 사실을 통보해야 한다.

13
핵심키워드: 선별주의와 보편주의
해당장: 11장 사회복지정책의 대상과 급여

누리과정은 만 3~5세 유아에게 공통적으로 제공하는 교육·보육 과정으로 보편주의적 제도이다.

14
핵심키워드: 할당원칙(대상선정 기준)
해당장: 11장 사회복지정책의 대상과 급여

길버트와 테렐(Gillbert & Terrell)은 사회복지 대상자 선정의 기준을 보편주의와 선별주의의 이분법보다 더 세분화하여 귀속적 욕구, 보상, 진단적 차등, 자산조사의 4가지로 나누었다.

- **귀속적 욕구**: 시장에 존재하는 기존의 제도에 의해서는 충족되지 않은 욕구를 공통적으로 가진 집단에 속한 경우 급여를 제공하는 것이다.
- **보상**: 사회에 특별한 기여를 한 사람들에 대한 보상으로서 급여자격을 부여하는 것이다.
- **진단적 차등(등급분류)**: 장애연금에서의 등급분류와 같이 전문가의 분류나 판단에 근거하여 그에 따라 차등적으로 급여를 제공하는 것이다.
- **자산조사**: 소득 및 재산을 조사하여 특정 기준에 미달하는 일부를 대상으로 급여를 제공한다.

15
핵심키워드: 급여형태
해당장: 11장 사회복지정책의 대상과 급여

[오답노트]

① 권력에 해당한다.
② 대체로 현물급여가 가장 목표효율성이 높다고 본다.
③ 바우처 제도에 해당한다.
⑤ 경제적 어려움을 해결하기 위해서는 필요한 재화나 서비스를 직접 구매할 수 있는 현금급여가 가장 적절하다.

16 핵심키워드: 사회복지재원

해당장: 12장 사회복지정책의 전달체계와 재원 및 평가

[오답노트]

① 사회보장의 주된 재원은 일반조세이다.

② 국가의 재정지출은 일반회계, 특별회계, 기금으로 구분된다. 국민연금기금은 기금에 해당한다.

③ 공공부조 시행에 필요한 비용은 중앙정부뿐만 아니라 지방정부도 부담한다.

⑤ 기금은 운영의 신축성, 자율성, 안전성을 높이기 위해 도입된 것이다. 일반회계예산은 조세수입 등을 주요 세입으로 하기 때문에 재원의 범위가 넓다.

17 핵심키워드: 복지혼합경제

해당장: 12장 사회복지정책의 전달체계와 재원 및 평가

복지혼합경제는 한 사회에서 복지의 원천은 다양하며, 복지제공 주체로서 국가뿐만 아니라 시장, 비공식부문, 자원부분 등의 역할을 포괄적으로 고려할 것을 강조한다. 국가의 역할이 가족, 지역사회, 민간조직 등에서 이루어질 수 있도록 하고, 국가는 이에 대해 재원을 보조하는 역할과 시장을 규제하는 역할을 수행하는 데에 초점을 두어야 한다는 것이다. 이로 인해 공공부문의 역할과 책임이 축소될 수 있다는 비판도 있다.

18 핵심키워드: 사회복지재원

해당장: 12장 사회복지정책의 전달체계와 재원 및 평가

재정지출은 정부부문의 지출을 말하는 것으로, 국가 및 지방자치단체, 공공단체가 그 직능(職能)을 수행하는 데 필요한 경비를 의미한다. 공공경제(public economy)라고도 한다. 재정지출은 의무지출과 재량지출의 2가지 방식으로 구분할 수 있다.

- 의무지출은 법률에 따라 지출의무가 발생하고, 법령에 따라 지출근거와 요건 및 지출규모가 결정되는 법정지출 및 이자지출을 말한다.
- 재량지출은 정부가 정책적 의지나 재량행위 내용에 따라 대상과 규모를 어느 정도 조정 할 수 있는 예산을 의미한다. 이는 투자사업비, 경상적 경비 등 의무지출을 제외한 나머지 지출로, 매년 이법조치가 필요한 유동적인 지출이 포함된다.

19	핵심키워드: 정책결정 이론모형
	해당장: 10장 사회복지정책의 과정의 이해(2): 결정, 집행, 평가

[오답노트]

ㄴ. 만족모형은 인간 능력의 한계, 시간, 비용 등의 문제로 인해 모든 대안을 탐색할 수 없기 때문에 제한된 합리성에 기초하여 어느 정도 만족할만한 수준으로 대안이 선택된다고 본다.

ㄹ. 경제적 합리성과 함께 직관, 판단력, 창의력 등 초합리적 요소까지 동시에 고려해야 한다는 것은 최적모형이다. 점증모형은 기존 정책의 부분적, 점진적, 순차적 수정이나 약간의 개선으로 정책이 결정된다고 본다.

20	핵심키워드: 사회서비스 전자바우처 제도
	해당장: 11장 사회복지정책의 대상과 급여

전자바우처는 보건복지부 사업이다. 보건복지부에서 대상자 선정기준, 서비스 유형 및 바우처 지급방법, 사회서비스본부의 조직과 운영에 관한 내용, 기준, 방법, 절차 등에 대한 기반을 마련한다. 대상자는 시 · 군 · 구를 통해 신청을 하고 대상여부를 통보받게 된다. 서비스 결제승인, 자금관리 등의 사업은 사회보장정보원에서 관리한다.

21	핵심키워드: 국가의 재정
	해당장: 13장 사회보장론

ㄱ. 고용노동부장관은 보험사업에 필요한 재원을 충당하기 위하여 고용보험기금을 설치한다. 기금은 보험료와 고용보험법에 따른 징수금 · 적립금 · 기금운용수익금과 그 밖의 수입으로 조성한다.

ㄷ. 공무원연금제도의 운영에 관한 사항은 인사혁신 처장이 주관한다. 공무원연금기금은 공무원연금법에 따른 급여를 충당하기 위한 책임준비금을 말하며, 인사혁신처장으로부터의 위탁으로 설립된 공무원연금공단에서 연금기금에 관한 사업을 수행한다.

[오답노트]

ㄴ. 예금보험기금: 우리나라에서는 예금자보호법에 따라 1996년에 설립된 예금보험공사가 평소에 금융기관으로부터 보험료(예금보험료)를 받아 기금(예금보험기금)을 적립하며, 금융기관이 부실화로 인해 고객 예금을 지급할 수 없게 되면 금융기관을 대신하여 예금을 지급하게 된다.

ㄹ. 국민건강보험기금은 없다.

22	핵심키워드: 정책분석의 3P
	해당장: 8장 사회복지정책의 분석

〈정책분석의 3P〉

- **과정 분석**: 사회복지정책 형성 과정 분석, 정책의 계획과 관련된 각종 정보와 다양한 정치조직, 정부기관, 기타 조직들 간의 관계 및 상호작용이 정책형성에 어떻게 영향을 미치는가를 분석
- **산출 분석(산물 분석)**: 사회복지정책 내용 분석(핵심 분석), 프로그램안이나 법률안에 대한 여러 가지 쟁점을 분석, 정책 선택의 형태와 내용 등을 분석
- **성과 분석**: 사회복지정책 평가 분석, 정책프로그램이 실행된 결과나 영향을 평가

23	핵심키워드: 사회보장의 개념 및 주요 특징
	해당장: 13장 사회보장론

사회보험은 국가의 책임으로 시행하고, 공공부조와 사회서비스는 국가 및 지방자치단체의 책임으로 시행하는 것을 원칙으로 한다.

24	핵심키워드: 국민기초생활보장제도
	해당장: 13장 사회보장론

[오답노트]

ㄱ. 교육급여는 교육부가 주관하지만, 자활급여는 보건복지부가 주관한다.

ㄴ. 주거급여의 선정기준은 기준 중위소득의 43%이다.

ㄷ. 소득평가액이 기준 중위소득 미만인 경우 부양능력이 없다고 보고, 부양능력이 미약한 경우에도 지원이 가능하도록 하는 등 부양의무자 기준을 완화하였다.

25	핵심키워드: 자활사업
	해당장: 13장 사회보장론

[오답노트]

① 시 · 도에 설치되는 것은 광역자활센터이다.

② 일반수급자도 본인 희망에 따라 참여가 가능하다.

③ 자활장려금 제도는 폐지되었다.
④ 보장기관은 수급자 및 차상위자의 자활촉진에 필요한 사업을 수행하게 하기 위하여 사회복지법인, 사회적 협동조합 등 비영리법인과 단체를 법인 등의 신청을 받아 시 · 도 단위의 광역자활센터로 지정할 수 있다.

5. 15회

01

핵심키워드: 사회안전망

해당장: 2장 사회복지정책의 이념과 전략 / 13장 사회보장론

사회안전망은 모든 국민을 사회적 위험으로부터 보호하기 위한 제도적 장치를 말한다. 일차적 사회안전망과 이차적 사회안전망으로 구분하고 있기는 하지만, 두 안전망의 궁극적인 목표는 국민들의 인간다운 생활과 안전하고 행복한 생활을 추구하는 것으로 동일하다.

02

핵심키워드: 사회복지정책의 급여

해당장: 11장 사회복지정책의 대상과 급여

현금급여가 현물급여에 비해 오남용의 위험이 크며, 불필요한 부분에 사용하는 것을 막을 수 없어 목표 효율성이 떨어진다.

03

핵심키워드: 베버리지 보고서

해당장: 5장 사회복지정책 발달, 근거이론, 정책 이슈 / 1장 사회복지정책의 개념과 성격

베버리지 보고서는 포괄성의 원리로서 사회보험 대상의 위험을 포괄하고 사회보험의 조직 형태를 일원화하는 것과 함께 이를 모든 국민에게 적용하는 보편주의를 강조한다. 사회보험으로 해결되지 않는 부분은 국가 부조가 담당해야 한다고 본다. 즉 국가가 '요람에서 무덤까지', 국민의 전 생애에 걸쳐 건강과 생활에 대하여 책임을 진다는 내용을 담고 있다.

04

핵심키워드: 산업재해보상보험제도의 특징

해당장: 13장 사회보장론

당연적용 사업장 중 미가입 사업장에서 발생한 산재사고에 대해서도 보상 받을 수 있다.

05 핵심키워드: 국민연금제도의 보험료 부과체계

해당장: 13장 사회보장론

소득상한선은 국민연금 가입자들 간에 연금급여의 편차를 일정수준으로 제한하는 기능이 있으며, 소득상한선 이상의 소득에 대해서는 더 이상 보험료를 부과하지 않는다. 따라서 소득상한선을 낮게 유지할 경우 고소득계층의 부담은 경감될 수 있다.

06 핵심키워드: 국민기초생활보장제도의 특징

해당장: 13장 사회보장론

[오답노트]

① 수급자격을 결정하기 위한 자산조사를 실시하므로 행정관리비용이 사회보험보다 많이 소요된다.

② 재원은 공공재원(조세)에 의존한다.

③ 재원부담을 하는 자와 수급자가 다르다.

④ 대상 선정에 부양의무자 기준이 적용된다.

07 핵심키워드: 에스핑-엔더슨의 복지국가 유형

해당장: 6장 사회복지정책과 복지국가

조합주의 복지국가는 기존의 계층/지위 구조를 유지한다는 의미에서 보수적 복지국가로 명명한다. 주로 사회보험 프로그램을 강조한다. 사회보험의 혜택은 시장에서의 계층과 지위에 따라 크게 차이가 나는 것이지 사회보험 가입자들의 직장 이동성을 활성화하는 것은 아니다. 높은 사회보장세로 인한 높은 노동비용 때문에 일자리 창출이 어려워 실업률이 높은 수준이다.

08 핵심키워드: 존 롤스의 사회정의

해당장: 4장 사회복지정책을 둘러싼 가치

롤스는 평등주의적 분배를 목표 삼았으나 획일적인 평등사회를 주장한 것은 아니다. 또한 롤스는 자유의 원칙을 중요시 하였다. 즉, 자유가 평등에 우선한다는 것을 의미한다. 자유의 원칙이 가장 중요하며 정의로운 사회는 평등이나 효용을 명분으로 자유를 제한해서는 안 된다고 주장하였다.

09	핵심키워드: 후기산업사회의 특징
	해당장: 6장 사회복지정책과 복지국가

후기산업사회에서는 고령화로 인해 노인부양비가 증가하는 특징을 보인다.

10	핵심키워드: 사회복지정책의 변화
	해당장: 6장 사회복지정책과 복지국가

생활수준은 높아졌으나 최근 경제침체 등으로 인해 복지재원의 마련은 여러 가지 현실적인 어려움이 있다.

11	핵심키워드: 소득불평등의 개념과 측정
	해당장: 6장 사회복지정책과 복지국가

로렌츠 곡선에서 수직선은 한 개인이 국민소득 전부를 가지고 있고, 나머지 사람의 소득이 모두 0인 경우를 의미하며, 이것을 완전불평등선이라고 한다.

12	핵심키워드: 공공부조의 특징
	해당장: 13장 사회보장론

[오답노트]

ㄱ. 신청주의를 원칙으로 한다.

ㄷ. 국가와 지방자치단체의 책임으로 시행한다.

ㄹ. 사회보장제도 중 공공부조는 투입 재원 대비 소득재분배 효과가 가장 높다.

13	핵심키워드: 빈곤정책
	해당장: 13장 사회보장론

생계급여, 주거급여, 의료급여, 교육급여는 모두 빈곤층을 대상으로 하는 국민기초생활보장제도의 급여이다.

14	핵심키워드: 공적 연금제도의 재정관리
	해당장: 13장 사회보장론

수지상등의 원칙이란 원칙적으로 개인이 낸 보험료 총액과 개인이 받는 급여 총액은 같아야 한다는 것이다. 적립방식 연금제도는 사전에 보험료를 납부하여 적립한 후 자신이 낸 보험료와 나중에 받는 연금이 수지상등이 되도록 연금을 받는 것이다.

15	핵심키워드: 사회복지정책의 평가
	해당장: 12장 사회복지정책의 전달체계와 재원 및 평가

평가지표를 선택하는 데 있어서 측정의 용이성 보다는 정책의 목표에 우선해야 한다.

16	핵심키워드: 사회복지정책의 대안개발
	해당장: 9장 사회복지정책 과정의 이해(1): 형성, 분석

정책의 대안이란 문제의 해결방법을 말하며, 주어진 목표의 달성을 위한 방법들을 강구하고 비교, 분석 하는 과정이다. 따라서 사회복지정책의 대안을 개발하기 위해서는 과거의 정책과, 해외의 정책사례를 검토하여 이를 분석하고, 사회과학적인 지식과 직관적인 방법을 활용하여 미래에 대한 예측 및 정책 목표를 설정하여야 한다.

17	핵심키워드: 사회복지정책의 변화
	해당장: 13장 사회보장론

[오답노트]

① 우리나라 사회보험제도의 보장성은 여전히 미약한 수준이다.

② 사회복지정책의 총지출은 점차 증가하는 추세에 있다.

③ 근로빈곤층 지원제도는 강화되고 있다.

⑤ 복지정책 대상은 극빈층에서 그 범위가 점점 확대되고 있다.

18	핵심키워드: 사회복지정책과 경제정책
	해당장: 1장 사회복지정책의 개념과 성격

사회복지정책과 경제정책의 관계에 대해서는 상반된 주장들이 있다. 일부 경제학자, 신자유주의자들은 사회복지가 (재)분배를 강조함으로써 전반적으로 경제성장을 저해한다고 주장한다. 하지만 사회복지정책이 항상 경제에 부정적인 영향을 미치는 것은 아니며, 오히려 자동안정화 기능과 자본축적 기능을 통해 경제성장에 긍정적 영향을 미칠 수 있다는 주장도 있다.

19	핵심키워드: 소득재분배
	해당장: 3장 사회복지정책의 목표와 철학적 배경 / 1장 사회복지정책의 개념과 성격

소득재분배란 시장기능에 의한 소득의 분배가 현저하게 불평등하기 때문에 이러한 소득의 불평등을 완화하기 위해 정부가 정책적으로 개입하는 것이다.

20	핵심키워드: 국민연금제도의 특징
	해당장: 13장 사회보장론

[오답노트]

ㄷ. 2008년 이후 소득대체율은 0.5%씩, 비례상수는 0.015씩 감소한다.

21	핵심키워드: 노인장기요양보험제도의 특징
	해당장: 13장 사회보장론

[오답노트]

ㄱ. 노인전문요양병원은 노인의료복지시설에 포함되지 않는다. 노인의료복지시설에는 노인요양시설, 노인요양공동생활가정이 있다.

22	핵심키워드: 국민건강보험제도의 특징
	해당장: 13장 사회보장론

국민건강보험료 경감대상자에는 '섬 · 벽지 · 농어촌 등 대통령령으로 정하는 지역에 거주하는

사람, 65세 이상인 사람, 장애인복지법에 따라 등록한 장애인, 국가유공자 등 예우 및 지원에 관한 법률에 따른 국가유공자, 휴직자, 그 밖에 생활이 어렵거나 천재지변 등의 사유로 보험료를 경감할 필요가 있다고 보건복지부장관이 정하여 고시하는 사람'이 있다.

[오답노트]

ㄴ. 60세가 아닌 65세 이상인자

23	핵심키워드: 산업재해보상보험제도의 특징
	해당장: 13장 사회보장론

[오답노트]

② 업무와 재해 사이의 인과관계를 고려하여 보상한다.
③ 산업재해보상보험 급여수급권은 퇴직하여도 소멸되지 않는다.
④ 산업재해보상보험은 고용노동부장관이 관장한다.
⑤ 각종 민간 사회단체도 산업재해보상보험의 당연 적용사업장이다.

24	핵심키워드: 고용보험제도의 특징
	해당장: 13장 사회보장론

구직급여는 90~180일까지 받을 수 있다.

25	핵심키워드: 사회투자전략
	해당장: 6장 사회복지정책과 복지국가

사회투자모형에서 인적 자원에 대한 투자는 기회의 평등을 지향한다. 불평등의 해소보다는 사회적 포섭에 관심을 두고 기회를 재분배함으로써 결과의 불평등은 받아들일 수 있는 것으로 본다.

6. 16회

01	핵심키워드: 사회복지정책의 가치
	해당장: 4장 사회복지정책을 둘러싼 가치

아동기의 빈곤이 이후 전 생애의 빈곤으로 이어지는 빈곤의 대물림을 방지하고 아동의 공평한 출발기회를 보장하기 위해 실시되고 있는 드림스타트 프로그램은 기회의 평등 가치가 반영된 정책이라고 할 수 있다.

02	핵심키워드: 사회복지정책의 형성과 발달
	해당장: 1장 사회복지정책의 개념과 성격

㉠ 독일의 재해보험(1884)은 사용자만의 보험료 부담으로 운영되었다.

㉢ 미국은 대공황을 경험하면서 적극적인 국가개입을 주장하며 뉴딜정책을 발표하였으며, 뉴딜정책의 일환으로 1935년 사회보장법을 제정 · 공포하였다.

03	핵심키워드: 사회복지정책의 발달이론
	해당장: 1장 사회복지정책의 개념과 성격

경제발전이 상당 수준에 이르면 사회복지발전정도가 유사하게 나타난다고 보는 것은 수렴이론이다.

04	핵심키워드: 복지국가의 유형화
	해당장: 5장 사회복지정책 발달 근거이론, 정책 이슈

[오답노트]

② 가족이나 시장 등 정상적인 통로가 적절히 기능하지 못할 때만 보충적 · 임시적 기능을 수행하는 것은 웰렌스키와 르보의 잔여적 모형에 해당한다.

③ 경제집단의 상호의존성을 인식하여 사회적 협력형태로 제도화를 추구하는 것은 미쉬라의 통합적 복지국가에 해당한다.

④ 시장 밖에서 욕구 원칙에 입각하여 보편적 서비스를 제공하는 것은 티트머스의 제도적 재분배 모형에 해당한다.
⑤ 사회보험과 사회부조 실시를 위해 국가개입을 인정하는 것은 퍼니스와 틸톤의 사회보장국가에 해당한다.

05	핵심키워드: 에스핑-앤더슨의 복지국가 유형화
	해당장: 6장 사회복지정책과 복지국가

개인책임과 자조의 원리를 강조하는 것은 자유주의 복지국가이다.

06	핵심키워드: 빈곤의 개념과 측정
	해당장: 13장 사회보장론

ⓛ 빈곤율은 빈곤선을 기준으로 빈곤가구와 비빈곤가구를 구분하고 빈곤가구에 사는 개인의 수를 구하여 전체 인구에서 차지하는 비율을 통해 측정하는 방법이다. 빈곤율은 빈곤층의 규모를 보여줄 수 있지만 빈곤층 내부에서의 소득의 이전이나 분포상태를 보여주지는 못한다.
ⓒ 국민기초생활보장제도에서 생계급여 선정기준은 기준 중위소득 30% 이하 가구이다.

07	핵심키워드: 소득불평등의 측정
	해당장: 6장 사회복지정책과 복지국가

ⓖ 10분위 분배율은 비율이 높을수록 소득 격차가 작은 것이며, 비율이 낮을수록 소득격차가 큰 것이다. 따라서 그 비율이 높을수록 소득분배가 평등하다.
ⓛ 지니계수는 0과 1사이의 값을 가지며, 그 값이 1에 가까울수록 불평등도가 높다는 것을 의미한다. 따라서 0.3에서 0.4로 상승하였다면 소득불평등이 심화된 것이다.

08	핵심키워드: 복지국가의 위기와 재편
	해당장: 6장 사회복지정책과 복지국가

복지국가의 위기 이후 신자유주의가 대두되면서 시장의 경쟁력이 강화되고, 국가의 개입 축소는 물론 복지지출도 감축되면서 계층 간 소득불평등은 심화되었다.

09

핵심키워드: 사회복지정책의 급여

해당장: 11장 사회복지정책의 대상과 급여

증서는 정해진 용도 내에서 원하는 재화나 서비스를 자유롭게 선택할 수 있는 일종의 이용권으로서 현금급여의 장점인 소비자 선택의 자유를 비록 제한적이지만 살릴 수 있다. 따라서 현물급여에 비해 소비자의 선택권이 높다.

10

핵심키워드: 사회복지정책의 재원

해당장: 12장 사회복지정책의 전달체계와 재원

사회보험료는 역진성을 갖고 있다. 사회보험료는 모든 근로소득에 부과하기 때문에 저소득층의 부담이 크며, 자산소득에는 추가로 보험료가 부과되지 않기 때문에 자산소득이 많은 고소득층의 부담이 적다. 또한 보험료 부과의 기준이 되는 소득의 상한액이 있어서 고소득층이 유리한다.

11

핵심키워드: 사회복지정책의 대상 선정 기준

해당장: 11장 사회복지정책의 대상과 급여

사회적 적절성이란 인간다운 생활을 할 수 있도록 적절한 수준의 급여를 제공하는 것을 의미한다. 국민기초생활보장제도의 급여기준이 사회적 적절성의 가치에 대표적인 예라고 할 수 있다. 사회수당 제도는 보편주의 수당으로서, 자격조건이 단순하고 특정한 인구학적 기준(출생, 사망, 연령 등)만 충족하면 급여가 주어진다는 점에서 사회적 적절성 가치 실현 정도는 높지 않다.

12

핵심키워드: 사회복지정책의 재원

해당장: 12장 사회복지정책의 전달체계와 재원

사회복지 재원 중 이용료라 함은 공공부문이든 민간부문이든 사회복지서비스를 받는 사람이 서비스 이용 비용에 대하여 본인이 일부분 부담하는 것을 말한다. 서비스 남용을 억제하여 도덕적 해이가 방지되고, 비용부담을 하게 되면 제공되는 서비스의 형태와 질에 대한 관심이 높아져 더 높은 질이 서비스를 제공하도록 하는 동기를 강화할 수 있다. 하지만 복지서비스의 이용자가 저소득층을 많이 포함하고 있기 때문에 이용자에게 부담을 주는 것은 바람직하지 않다는 주장이 있고, 역진성이 나타날 수 있으며 저소득층의 서비스 접근성을 떨어뜨릴 수 있다는 문제가 제기되고 있다.

13	핵심키워드: 소득재분배 유형
	해당장: 13장 사회보장론

[오답노트]

① **수직적 재분배:** 소득이 높은 계층으로부터 낮은 계층으로 재분배되는 형태
② **세대 내 재분배:** 동일한 계층 내에서 재분배되는 형태
③ **수평적 재분배:** 동일한 소득 계층 내에서의 특정한 조건을 가진 사람들에게 재분배되는 형태
④ **세대 간 재분배:** 현재 세대와 미래 세대 간의 소득이 재분배되는 형태

14	핵심키워드: 사회복지정책의 전달체계
	해당장: 10장 사회복지정책 과정의 이해(2): 결정, 집행, 평가

일반보조금은 국가가 예산의 일부를 특별한 조건이나 규제 없이 지방정부에 일정한 비율로 배분하는 것으로써 지방정부의 재량권이 가장 큰 특징이 있다. 범주적 보조금은 재원의 사용 목적이 상세히 규정되어 있고 제약조건이 부여되는 특징이 있다. 중앙정부는 이 재원이 사용되는 세부적인 항목(수혜자의 대상, 지급내용, 지급방식 등)을 지정한다.

15	핵심키워드: 사회복지정책의 특성
	해당장: 1장 사회복지정책의 개념과 성격

능력에 비례한 배분을 원칙으로 하는 것은 자본주의의 분배 원리 중에 하나라고 볼 수 있다. 자본주의의 능력, 업적, 성과에 따른 분배는 자유 경쟁을 강조한다.

16	핵심키워드: 정책결정에 관한 이론
	해당장: 10장 사회복지정책 과정의 이해(2): 결정, 집행, 평가

조직화된 무정부 상태 속에서 정책이 우연히 결정된다고 가정하는 것은 쓰레기통 모형이다. 혼합모형은 합리모형과 점증모형의 절충적인 형태로서, 중요한 문제이가 위기적 상황인 경우 합리모형에서와 같이 포괄적 관찰을 통해 대안을 탐색하여 기본적 결정을 하고 이후 점증모형에서

와 같이 이를 수정 · 보완하면서 세부적으로 결정한다는 논리이다.

17	핵심키워드: 공공부조의 특성
	해당장: 13장 사회보장론

공공부조는 다른 제도에 비해 상대적으로 수직적 재분배 효과가 크게 나타나며, 제한된 예산으로 좁은 범위 대상(저소득층)을 위해 집중적으로 활용할 수 있다는 점에서 비용효과성이 높다고 볼 수 있다.

18	핵심키워드: 국민기초생활보장제도의 특징
	해당장: 13장 사회보장론

[오답노트]

① 의료급여는 본인부담금이 있다.

③ 기준 중위소득은 통계청이 공표하는 통계자료의 가구 경상소득(근로소득, 사업소득, 재산소득, 이전소득을 합산한 소득) 중간값에 최근 가구소득 평균 증가율, 가구규모에 따른 소득수준의 차이 등을 반영하여 가구규모별로 산정한다.

④ 노숙인 등의 복지 및 자립지원에 관한 법률에 따른 노숙인 등으로서 보건복지부장관이 의료급여가 필요하다고 인정한 사람은 의료급여 1종 수급권자에 해당한다.

⑤ 생계급여, 의료급여, 주거급여는 부양의무자 제도가 적용되며, 교육급여는 부양의무자 제도가 적용되지 않는다.

19	핵심키워드: 근로장려세제의 특징
	해당장: 13장 사회보장론

[오답노트]

② 근로장려세제의 시행은 국세청에서 담당한다. 급여신청 접수는 국세청 홈페이지나 세무서 방문으로 가능하다.

③ 자격기준은 가구 요건(배우자가 있거나, 만 18세 미만 부양자녀가 있거나, 신청자가 만 40세 이상이어야 함), 총소득 요건(단독 가구 1,300만 원, 홑벌이 가구 2,100만 원, 맞벌이 가구 2,500만 원 미만 이어야 함), 재산 요건(가구원 모두가 소유하고 있는 재산합계액이 1억 4천만 원 미만이어야 함)이 있다.

④ 2008년 1월부터 시행되었고, 최초 지급은 2009년 9월부터 시작되었다.
⑤ 신청방식은 신청주의로만 설계되어 있다.

20	핵심키워드: 국민건강보험제도의 특징
	해당장: 13장 사회보장론

[오답노트]
③ 외래의 본인부담금은 의료기관의 종류나 지역에 따라 달라진다.
⑤ 포괄수가제도는 2012년 7월부터 백내장 · 편도 · 맹장 · 항문 · 탈장 · 자궁 · 제왕절개 등 7개 질병군에 대해서 의무적으로 전면 시행에 들어갔다.

21	핵심키워드: 국민연금제도의 특징
	해당장: 13장 사회보장론

[오답노트]
① 실업기간 중에도 가입기간을 추가로 산입할 수 있다.
② 출산크레딧은 2명 이상의 자녀가 있을 때부터 가능하다.
③ 농 · 어업인에 대해 연금보험료를 국가가 보조할 수 있다.
④ 노령연금 수급권자가 소득활동을 하면 최대 5년 동안 연금액이 감액된다.

22	핵심키워드: 노인장기요양보험제도의 특징
	해당장: 13장 사회보장론

[오답노트]
① 단기보호는 재가급여에 해당한다.
③ 보험료는 건강보험료와 통합하여 징수하되, 각각 구분하여 고지해야 하고 통합징수만 보험료를 각각의 독립회계로 관리한다.
④ 장기요양인정의 유효기간은 최소 1년 이상으로 한다.
⑤ 보험료율은 장기요양위원회의 심의를 거쳐 대통령령으로 정한다.

23 핵심키워드: 산업재해보상보험제도의 특징

해당장: 13장 사회보장론

〈산업재해보상보험제도이 도입에 관한 이론〉

- **배상책임이론**: 피보험자가 우연한 사고로 인하여 타인의 신체에 장해를 입히거나 재물에 손해를 입힘으로써 손해배상책임을 부담하게 될 때 이로 인한 피보험자의 금전적인 손해를 보상한다는 것
- **사회비용최소화이론**: 산재보험 가입과 보상급여 지급으로 민사상 재판비용 · 시간 · 노력 절감이 가능하다면 책임을 묻지 않는다는 것
- **원인주의이론**: 산재로 인정받기 위해서는 업무기인성과 업무수행성이라는 2가지 요건(원인) 모두를 충족시켜야 한다는 것
- **사회적 타협이론**: 확실하고 신속한 산업재해 보상을 보장받는다면 근로자는 민사배상을 포기할 수 있고 사업주는 자신의 과실이 없어도 배상할 수 있다는 것
- **산업위험이론**: 자본주의 체제에서 산업재해는 필연적인 현상이며, 산업재해 비용은 생산비용일부이기 때문에 과실여부에 관계없이 지급되어야 한다는 것

24 핵심키워드: 사회서비스 제공 체계

해당장: 6장 사회복지정책과 복지국가

〈사회서비스체제의 유형별 특징〉

- **공공서비스 모형**: 사회서비스의 공급 · 전달 · 규제 · 재정 모두에서 공공부문의 압도적 우위를 특징으로 함. 비영리조직이나 영리조직의 역할은 매우 미미하고 지방정부가 개인 사회서비스의 생산과 계획에서 중심적 역할을 담당함. 대표적 국가로는 스웨덴, 덴마크, 핀란드, 노르웨이 등이 있음.
- **가족주의 모형**: 사회서비스 시스템은 전반적으로 매우 낙후되었으며, 보호를 받는 사람에 대한 권리도 잘 정립되어 있지 않음. 사회서비스 체계의 지체된 발전과 파편화된 성격은 강한 가족제도에 기인함. 대표적 국가로는 스페인, 그리스, 포르투갈 등이 있음.
- **자산조사 · 시장의존 모형**: 사회적 보호는 일반적으로 개인의 책임으로 보며, 국가는 스스로 돌봄의 문제를 해결하기 어려운 가장 의존적인 집단에게만 표적화된 서비스를 제공함 대표적 국가로는 영국, 아일랜드, 미국 등이 있음.
- **보충주의 모형**: 교회에 뿌리를 둔 비영리 부문이 크고 강하며, 그러면서도 공공서비스 체계에 통합되어 있다는 특징을 가짐. 즉 정부가 재원을 조달하고 비영리 부문이 서비스를 제공하고

있음. 대표적인 국가로는 독일, 오스트리아, 네덜란드 등이 있음.

25	핵심키워드: 제도의 원칙
	해당장: 11장 사회복지정책의 대상과 급여 / 5장 사회복지정책 발달, 근거이론, 정책 이슈

신빈민법의 주요 원칙 중 하나는 월등처우의 원칙이다. 이는 국가의 구제를 받는 빈민의 생활이 스스로의 힘으로 벌어서 생활하는 최하위 노동자의 생활보다 나아서는 안 된다는 원칙이다. 국민기초생활보장제도의 급여 선정 기준에서도 이 열등처우의 원칙이 적용된다.

7. 17회

01

핵심키워드: 사회보장의 운영 주체

해당장: 13장 사회보장론

사회보험은 국가의 책임으로 시행하고, 공공부조와 사회서비스는 국가와 지방자치단체의 책임으로 시행하는 것을 원칙으로 한다. 다만, 국가와 지방자치단체의 재정 형편 등을 고려하여 이를 협의·조정할 수 있다.

[오답노트]

② ③ 공공부조와 사회서비스는 국가와 지방자치단체의 책임으로 시행하는 것을 원칙으로 한다.

④ 국가와 지방자치단체는 사회보장에 대한 민간부분의 참여를 유도할 수 있도록 정책을 개발·시행하고 그 여건을 조성하여야 한다.

⑤ 사회보험에 드는 비용은 사용자, 피용자 및 자영업자가 부담하는 것을 원칙으로 하되, 관계 법령에 정하는 바에 따라 국가가 그 비용의 일부를 부담할 수 있다.

02

핵심키워드: 보편주의와 선별주의

해당장: 13장 사회보장론

국민기초경제생활보장제도(의료급여, 생계급여, 주거급여), 기초연금은 모두 공공부조제도로서 선별주의적인 제도에 해당한다. 반면, 실업급여는 의무적으로 가입하는 사회보험 중 하나인 고용보험의 급여로서 보편주의적인 제도에 속한다.

03

핵심키워드: 민간의 사회복지

해당장: 7장 사회복지정책의 주체

국가나 지방자치단체는 사회복지시설을 설치·운영할 수 있으며, 국가 또는 지방자치단체외의 자가 시설을 설치·운영하려는 경우에는 보건복지부령으로 정하는 바에 따라 시장·군수·구청장에게 신고하여야 한다. 즉, 국가나 지방자치단체는 사회복지법인에 우선하여 사회복지시설을 설치·운영할 수 있다.

04

핵심키워드: 반집합주의의 가치

해당장: 6장 사회복지정책과 복지국가

조지와 윌딩의 이데올로기 모형 중 반집합주의는 개인의 자유를 신봉하는 것이 특징이며, 자유방임주의에 기반한다. 복지국가는 개인의 자유, 독창성, 선택을 제외한다고 보며 복지제공에 있어서 정부의 역할을 최소화시켜야 한다는 입장이다. 곧 개인의 자유, 시장의 자유, 개인의 선택의 확대를 강조하는 입장이다. 반집합주의가 선호하는 가치영역은 자유, 개인주의, 불평등, 가족 등이다.

05

핵심키워드: 산업재해보상보험제도

해당장: 13장 사회보장론

산업재해보상보험법에 따르면 근로자가 업무상 사고, 업무상 질병, 출퇴근 재해에 해당하는 사유로 부상·질병 또는 장해가 발생하거나 사망하면 업무상의 재해로 본다. 다만 업무와 재해 사이에 상당한 인과관계가 없는 경우에는 그러하지 아니한다.

06

핵심키워드: 사회복지정책의 가치

해당장: 4장 사회복지정책을 둘러싼 가치

비례적 평등과 결과의 평등은 다르다. 비례적 평등은 개인의 욕구, 노력, 능력, 기여에 따라 사회적 자원을 상이하게 배분하는 것으로, 공평 또는 형평성이라 한다. 반면, 결과의 평등은 수량적 평등 또는 산술적 평등이라고 하며, 모든 사람을 똑같이 취급하여 사회적 자원을 재분배하는 것이다.

07

핵심키워드: 우리나라의 공공부조제도

해당장: 13장 사회보장론

[오답노트]

① **장애연금**: 국민연금제도의 급여 중 하나이며 사회보험제도에 해당한다.

② **장해연금**: 산업재해보상보험제도의 급여 중 하나이며 사회보험제도에 해당한다.

④ **상병보상연금**: 산업재해보상보험제도의 급여 중 하나이며 사회보험제도에 해당한다.

⑤ 노령연금: 국민연금제도의 급여 중 하나이며 사회보험제도에 해당한다.

08	핵심키워드: 국민연금제도
	해당장: 13장 사회보장론

가입기간의 추가 산입에 따른 비용은 국가가 전액 또는 일부를 부담한다.

〈국민연금의 가입기간 추가 산입〉

- **군복무기간에 대한 가입기간 추가 산입**: 6개월을 가입기간에 추가로 산입하고, 재원은 국가가 전액 부담한다.
- **출산에 대한 가입기간 추가 산입**: 둘째 이상의 자녀가 있는 가입자 또는 가입자였던 자에게 자녀수에 따라 12개월에서 최대 50개월까지 가입기간을 추가로 산입하고, 재원은 국가가 전액 또는 일부를 부담한다.
- **실업에 대한 가입기간 추가 산입**: 구직급여 수급자가 연금보험료의 납부를 희망하고 본인 부담분 연금보험료(25%)를 납부하는 경우, 국가에서 보험료(75%)를 지원하고 그 기간을 최대 12개월까지 가입기간으로 추가 산입한다.

09	핵심키워드: 사회복지서비스의 특징
	해당장: 4장 사회복지정책을 둘러싼 가치

쌍방적 교환관계이며, 급여에 대한 대가를 반드시 지불해야 하는 이전관계를 갖는 것은 사회보험에 해당한다.

10	핵심키워드: 아동복지정책
	해당장: 13장 사회보장론

입양특례법에 의하면 국가 및 지방자치단체는 입양의뢰 된 아동의 양친될 사람을 국내에서 찾기 위한 시책을 최우선적으로 시행하여야 한다고 규정하고 있다. 즉, 국외입양을 활성화하는 것은 옳지 않은 내용이다.

11

핵심키워드: 케인즈의 경제이론

해당장: 2장 사회복지정책의 이념과 전략

케인즈 이론에 따르면 소득이 감소하면 저축이 감소하고, 투자의 감소로 이어진다고 보았다.

〈케인즈 이론〉

케인즈는 국가가 적극적으로 경제에 개입하여 유효수요를 창출함으로써 시장의 불완전성을 보완할 수 있다고 보고, 시장에 대한 국가의 적극적인 개입을 주장하였다. 금리인하, 정부의 인프라 투자를 제시하였으며, 저축이 증가하면 소비를 위축시키고, 투자로 연결되지 않으면 수요가 위축되어 산출과 고용이 감소한다고 보았다.

12

핵심키워드: 정책결정에 관한 이론 모형

해당장: 9장 사회복지정책 과정의 이해(1): 형성, 분석, 결정

킹돈(Kingdon)은 정치의 흐름, 문제의 흐름, 정책 대안의 흐름이라는 세 가지 흐름이 각각 따라 존재하며, 각 흐름의 주요 참여자도 각각 다르다고 본다. 곧 정치의 흐름은 정치인 및 이익집단들에 의해, 문제의 흐름은 언론 및 클라이언트들에 의하여, 정책대안의 흐름은 관료나 전문가의 참여에 의하여 활성화되며 독자적으로 흘러간다고 본다. 정책전문가들은 지속적으로 특정 사회문제에 대한 정책대안들을 연구하고 있으며, 정책대안들이 정치적 흐름과 문제 흐름에 의해 정책 아젠다로 등장할 때까지 기다린다.

13

핵심키워드: 사회적 기업

해당장: 7장 사회복지정책의 주체

사회적 기업은 사회복지사업법에 따른 사회복지시설이 아닌 사회적기업육성법에 따른 기업이다. 사회적기업육성법에 따르면 사회적기업이란 취약계층에게 사회서비스 또는 일자리를 제공하거나 지역사회에 공헌함으로써 지역주민의 삶의 질을 높이는 등의 사회적 목적을 추구하면서 재화 및 서비스의 생산·판매 등 영업활동을 하는 기업으로서 인증받는 자를 말한다.

14	핵심키워드: 사회서비스
	해당장: 13장 사회보장론

[오답노트]

① 사회서비스는 사회복지기관의 운영을 지원하는 서비스가 아닌 사회복지기관에 제공하는 서비스를 말한다.

② 사회서비스는 이윤추구를 일차적 목적으로 하지 않는다.

④ 사회서비스는 서비스 대상의 노동시장 참여를 강조한다.

⑤ 사회서비스는 서비스의 공급자보다 수요자 지원을 증가시켰다.

15	핵심키워드: 사회적 연대
	해당장: 4장 사회복지정책을 둘러싼 가치

개인과 사회 간 이해의 대립현상이 발생할 경우 개인은 전체를 위하여 희생하여야 한다고 보는 것은 벤담(Jeremy Bentham)이 주장한 공리주의에 해당하는 내용이다. 사회적 연대는 사회적 관계의 일종으로, 사회 또는 집단에서 보이는 통합의 정도를 의미하며, 개인의 희생을 원치 않는다.

16	핵심키워드: 사회복지정책 평가의 필요성
	해당장: 10장 사회복지정책 과정의 이해(2): 집행, 평가

정책평가는 정책의 집행결과가 애초에 계획 또는 설정했던 의도와 결과를 얼마나 효과적으로 달성했는가를 측정하는 활동으로, 처음 의도를 실현하였는가, 처음 사회문제가 되었던 문제해결에 기여하였는가, 처음 사회문제가 되었던 문제해결에 기여하였는가, 집행의 결과로 어떤 파급효과와 부차적 효과를 야기했는가 등을 체계적으로 조사 · 분석 · 판단하는 활동이다.

17	핵심키워드: 사회보험과 민영보험
	해당장: 13장 사회보장론

[오답노트]

① 민영보험급여는 철저한 보험수리원칙에 따라 납부한 보험료에 비례한다.

② 사회보험의 보험료는 평균적인 위험에 비례하여 결정된다.

③ 민영보험은 가입자의 개별 위험에 따라 보험료가 책정된다.
⑤ 사회보험(국민연금)의 재정운영방식으로 적립방식과 부과방식이 있다.

18

핵심키워드: 사회보험과 공공부조

해당장: 13장 사회보장론

㉢ 사회보험의 권리성을 구체적이고 강하다. 공공부조의 권리성을 추상적이고 약하다.
㉤ 사회보험은 사전적이고 적극적이며 예방적다. 공공부조는 사후적이고 소극적이며 치료적이다.

19

핵심키워드: 빈곤 및 불평등의 측정

해당장: 6장 사회복지정책과 복지국가

지니계수는 1이면 완전불평등한 분배, 0이면 완전 평등한 분배 상태를 나타낸다. 따라서 지니계수가 1에 가까울수록 불평등한 상태를 의미한다.

20

핵심키워드: 국민기초생활보장제도

해당장: 13장 사회보장론

[오답노트]

① 차상위 계층이란 수급권자에 해당하지 아니하는 계층으로서, 소득인정액이 기준 중위소득의 100분의 50이하인 사람을 말한다.
② 생계급여 수급권자의 선정기준은 기준 중위소득의 100분의 30이상으로 한다.
③ 주거급여는 국토교통부가 주관한다.
④ 교육급여는 수급권자의 선정기준은 기준 중위소득의 100분의 50이상으로 한다.
⑤ 생계급여는 타인의 가정에 위탁하여 실시할 수 있다.
※ 해당 문제는 모두 정답 처리 되었다.

21

핵심키워드: 파레토 효율

해당장: 4장 사회복지정책을 둘러싼 가치

파레토 효율의 정의상 소득재분배는 현실적으로 효율적이지 못하다. 파레토 효율은 최소한의 개념일 뿐 사회적으로 바람직한 자원분배를 뜻하지는 않으며 전반적인 사회의 평등이나 복지를 말하지 않는다.

〈파레토 효율〉

경제학자인 파레토는 어떤 사회가 적어도 한 사람의 복지를 향상시키는 데 있어 그 사람 이외의 다른 어느 누구의 복지도 감소시키지 않는다면 그 사회의 전체의 복지를 향상시키는 것이라 보았다(이런 방식으로 복지를 향상시키는 것을 파레토 개선이라고 한다). 이런 방식으로 사회 전체의 복지를 향상시켜 나간다면 결국에는 누군가의 복지를 향상시키기 위해서는 반드시 다른 누군가의 복지를 감소시켜야 하는 상황에 도달하게 된다. 이때 그 사회는 최적의 효율성(파레토 효율성) 상태에 도달한 것이라고 본다.

22

핵심키워드: 노인장기요양보험제도

해당장: 13장 사회보장론

노인요양병원은 장기요양기관에 해당하지 않는다. 노인장기요양보험법 시행규칙(장기요양기관의 지정기준 등)에 따르면 장기요양기관으로 지정을 받기 위해서는 노인복지법에 따른 재가노인복지시설(방문요양서비스, 주·야간보호서비스, 단기보호서비스, 방문목욕서비스 등을 제공하는 시설), 노인의료복지시설(노인요양시설, 노인요양공동생활가정)로서 시설 및 인력을 갖추어야 한다.

23

핵심키워드: 노동시장정책

해당장: 12장 사회복지정책의 전달체계와 재원

㉡ 정규직과 비정규직 노동자의 사회보험가입률에는 차이가 있다. 비정규직 노동자의 사회보험 가입률은 정규직 노동자의 사회보험 가입률보다 현저히 낮다.

24

핵심키워드: 확정급여식 연금과 확정기여식 연금

해당장: 13장 사회보장론

㉢ 확정기여식 연금제도에서는 투자위험에 대해서 개인이 전적으로 책임진다.

㉣ 확정급여식 연금제도에서는 물가상승, 경기침체 등이 위험을 사회 전체적으로 분산대응하는 장점이 있다.

〈확정급여식 연금(DB)과 확정기여식 연금(DC)〉

- **확정급여식 연금**: 급여는 임금 또는 소득의 일정비율 또는 일정 금액으로 사전에 급여산정공식에 의해 확정되어 있지만 원칙적으로 보험료(기여금)는 확정되어 있지 않다. 연금급여액은 대개 과거 소득 및 소득활동기간에 의해 결정된다.
- **확정기여식 연금**: 보험료(기여금)만이 사전에 확정되어 있을 뿐 급여액은 확정되어 있지 않다. 급여액은 적립한 기여금고 기여금의 투자수익에 의해서만 결정되기 때문에 사전에 급여액이 얼마나 될지 알 수 없다. 사전에 급여액이 얼마나 될지 알 수 없다. 투자에 수반되는 위험에 대해서는 개인이 전적으로 책임을 지는 형태이다.

25	핵심키워드: 사회복지에 대한 국가 개입의 필요성
	해당장: 7장 사회복지정책의 공급주체

국가의 시장개입 필요성에는 '시장실패, 외부효과(긍정적/부정적), 정보의 비대성과 역선택, 도덕적 해이, 규모의 경제' 등이 있다.

8. 18회

01	핵심키워드: 사회복지역사
	해당장: 5장 사회복지정책 발달, 근거이론, 정책 이슈

- 열등처우의 원칙: 본래 1834년 영국이 구빈법 조사위원회 보고서에 수록된 신구빈법의 운영 원칙 중 하나이며 구제를 받는 빈민의 처우는 최하급의 독립노동자의 수준보다 낮아야 한다는 것이다.
- 길버트법(1782년)는 작업장에서 빈민의 비참한 생활과 착취를 개선할 목적으로 제정된 구빈제도로, 원내구제에서 원외구제로 전환하였다.

02	핵심키워드: 사회복지정책의 가치
	해당장: 6장 사회복지정책과 복지국가 / 5장 사회복지정책 발달, 근거이론, 정책 이슈

[오답노트]

① 자유지상주의 관점에서는 소극적 자유를 옹호한다.
② 소극적 자유 보장을 위해서는 국가의 역할이 많을수록 좋다.
④ 적극적 자유의 관점에서는 임차인의 주거 안정을 위해 임대인의 자유를 제약할 수 있다.
⑤ 개인의 행동에 대한 외적 강제가 없는 상태는 소극적 자유의 핵심이다.

03	핵심키워드: 빈곤과 불평등 측정
	해당장: 6장 사회복지정책과 복지국가

[오답노트]

① 완전 평등 사회에서 로렌츠곡선은 45° 각도의 직선과 일치한다.
② 지니계수의 최대값은 1, 최소값은 0이다.
③ 빈곤갭은 빈곤선 이하에 있는 사람들이 소득을 빈곤선 수준까지 끌어올리기 위하여 어느 정도의 소득이 필요한지를 나타내는 지표
④ 빈곤율은 가난하여 살기가 어려운 가구나 사람의 비율

04	핵심키워드: 사회복지정책 발달이론
	해당장: 2장 사회복지정책의 이념과 전략

사회복지정책은 권력 엘리트의 산물이라고 보는 것은 엘리트이론이다. 권력자원론은 복지국가의 발전을 노동자계급의 정치적 권력이 확대된 결과로 본다. 자본과 노동의 계급 갈등에 초점을 맞추며, 복지국가의 발전요인으로는 좌파정당, 노동조합의 성장 등 정치적 변수에 주목한다.

05	핵심키워드: 빈곤과 소득불평등
	해당장: 13장 사회보장론

우리나라의 국민기초생활보장제도는 기준 중위소득을 활용한 상대적 빈곤개념을 적용하고 있다.

06	핵심키워드: 사회복지정책의 가치
	해당장: 2장 사회복지정책의 이념과 전략

생태주의(ecology)는 산업 자본주의의 진전으로 인해 지구 자연이 급속도로 오염되고 파괴되는 상황 속에서 인류가 범해 온 잘못과 미래의 대안을 제시하고자 일어난 일군의 생태 중심적 흐름을 의미하는 것으로, 복지국가의 '성장' 패러다임을 옹호하지 않는다.

07	핵심키워드: 사회복지정책의 재원
	해당장: 12장 사회복지정책의 전달체계와 재원

일반적으로 재산세는 부동산을 소유하고 있는 사람만이 납부하며, 부동산을 소유하지 않은 사람은 납부하지 않기 때문에 계층 간 소득재분배 효과는 크지 않다.

08	핵심키워드: 사회적 배제
	해당장: 13장 사회보장론

- 1950년대 프랑스에서 정책 담론의 장에서 사용되었고, 1980년대 이후 발전했다.
- 유럽을 중심으로 많이 사용되고 있으며, 추상적이고 이론적인 개념의 수준을 넘어서 정책과 프

로그램의 실질적 원리가 되고 있다.

- 사회적 배제는 기존의 빈곤개념과 비교했을 때, 빈곤의 역동성과 동태적인 과정에 초점을 맞추며, 소득의 문제에 국한되지 않는 다차원적인 불리함을 의미하며, 사회적 관계에서의 배제에도 관심을 기울이고 있다.
- 복지권리, 고용에 대한 접근성, 교육, 차별문제, 사회적 관계망, 사회참여능력, 정치생활통합정도에 초점을 맞춘다.

09

핵심키워드: 사회복지정책 급여의 유형

해당장: 12장 사회복지정책의 전달체계와 재원

사회서비스 이용자의 선택권은 계약 < 증서 < 세제혜택 순으로 커진다.

10

핵심키워드: 정액제, 정률제, 연동제

해당장: 13장 사회보장론

- **정액제**: 사회보장 특히 사회보험에 있어서 급여와 갹출 이 양자를 피보험자의 소득에 관계없이 균일액으로 갹출하는 것을 말한다.
- **정률제**: 과세 물건, 과세 표준 따위에 어떤 기준을 미리 정하고 세금을 일정 비율로 부과하는 제도
- **연동제**: 하나의 대상이 변함에 따라 다른 것도 변하게 하는 제도

11

핵심키워드: 영국 사회복지정책의 역사

해당장: 1장 사회복지정책의 개념과 성격 / 5장 사회복지정책 발달, 근거이론, 정책 이슈

베버리지는 사회보험이, 성공을 위한 3대 전제로서 완전고용, 포괄적 보건의료서비스, 아동(가족수당)의 필요성을 강조했다.

12

핵심키워드: 실업보험, 민영화

해당장: 3장 사회복지정책의 목표와 철학적 배경

무임승차자 문제는 공공재의 문제이다.

13 핵심키워드: 사회복지정책의 대상
해당장: 13장 사회보장론 / 11장 사회복지정책의 급여와 대상

[오답노트]

① 소득이나 자산을 조사하여 대상을 선정하는 것은 선별주의 원칙에 부합한다.
③ 장애수당의 지급대상으로 선정되기 위해서는 전문가의 진단이 필요하다.
④ 긴급복지지원제도는 선별주의 원칙에 부합한다.
⑤ 기초연금의 대상 선정 기준에는 부양의무자 유무는 포함되지 않으며, 인구학적 기준과 자산조사를 통해 대상을 선정한다.

14 핵심키워드: 사회보험료와 조세
해당장: 13장 사회보장론 / 12장 사회복지정책의 전달체계와 재원

㉠ 정률의 사회보험료는 소득세에 비해 역진적이다.
㉡ 사회보험료는 조세에 비해 징수에 대한 저항이 적다.
㉢ 소득세와 사회보험료 모두 소득이 높은 사람이 더 많이 부담한다.
㉣ 조세는 지불정책(capacity to pay)과 관련되어 있다.

15 핵심키워드: 사회복지정책의 분석틀
해당장: 8장 사회복지정책의 분석

[오답노트]

① 특정정책이 실행된 이후 그 결과를 분석·평가하는 데 관심을 두는 것은 성과분석이다.
② 정책이 형성되는 사회정치적 맥락을 고찰하는 것은 과정 분석이다.
③ 정책결정이라는 정책활동의 결과물에 대한 내용을 분석하는 것은 산물분석이다.
④ 정책기획과정을 거쳐 이끌어 낸 여러 정책대안을 분석하는 것은 산물분석이다.

16 핵심키워드: 사회복지정책의 전달체계
해당장: 12장 사회복지정책의 전달체계와 재원

민영화는 국가가 공적인 목표로 운영하는 제도를 자본시장에 개방하여 민간영역에서 운영하도

록 그 역할을 맡기는 것이다. 따라서 구매능력이나 지불능력이 부족한 취약계층의 서비스 접근성은 낮아진다.

17	핵심키워드: 산업재해보상보험제도
	해당장: 13장 사회보장론

근로기준법에 따른 직장 내 괴롭힘, 고객의 폭언 등으로 인한 업무상 정신적 스트레스가 원인이 되어 발생한 질병은 업무상 질병으로 본다.

18	핵심키워드: 국민기초생활보장제도
	해당장: 13장 사회보장론

북한이탈주민의 보호 및 정착에 관한 법률의 적용을 받고 있는 사람과 그 가족으로서 보건복지부장관이 의료급여가 필요하다고 인정한 사람은 의료급여 1종 수급권자에 속한다.

19	핵심키워드: 사회보장의 특징
	해당장: 13장 사회보장론

전체 자원 중에서 행정비용이 차지하는 비율로 운영효율성을 측정한다. 행정비용의 비중이 높아질수록 운영효율성이 낮아지며, 행정비용이, 비중이 낮아질수록 운영효율성은 높아진다고 볼 수 있다. 대상을 선정하는 데 있어서 선별적인 요소가 많을수록 행정비용은 증가한다. 따라서 세 제도 중 공공부조가 운영효율성이 가장 낮다.

20	핵심키워드: 국민건강보험제도
	해당장: 13장 사회보장론

국민건강보험법에는 임신·출산 진료비, 장제비와 상병수당 등을 들고 있으나, 현재 제도상으로 장제비는 폐지되었으며, 상병수당은 실시되지 않고 있다.

21	핵심키워드: 고용보험제도
	해당장: 13장 사회보장론

[오답노트]

② 구직급여의 급여일수는 대기기간을 제외하고 산정한다. 구직급여를 지급받을 수 있는 날은 대기기간이 끝난 다음 날부터 계산하기 시작하여 피보험 기간과 연령에 따라 정한 일수가 되는 날까지로 한다.

③ 육아휴직 시작일로부터 3개월까지는 월 통상임금의 100분의 80에 해당하는 금액을 지급한다.

④ 자영업자인 피보험자의 실업급여의 종류는 구직급여와 취업촉진 수당이 있다. 다만 연장급여와 조기재취업 수당은 제외한다.

⑤ 65세 이후에 고용(65세 이전부터 피보험자격을 유지하던 사람이 65세 이후에 계속하여 고용된 경우는 제외)되거나 자영업을 개시한 사람에게는 실업급여가 적용되지 않는다.

22	핵심키워드: 근로장려세제
	해당장: 13장 사회보장론

근로장려금 신청 접수는 국세청에서 담당한다. 급여신청접수는 국세청 홈페이지나 세무서 방문으로 가능하다.

23	핵심키워드: 생계급여액, 국민기초생활보장
	해당장: 13장 사회보장론

생계급여액은 중위소득 30%에 소득인정액(소득평가액+소득환산액)을 차감하여 정한다. 4인 가구 기준 중위소득인 4,600,000원에서 30%는 1,380,000원에서 소득인정액인 1,000,000원을 공제하면 380,000원이 된다.

24	핵심키워드: 노인장기요양보험제도
	해당장: 13장 사회보장론

[오답노트]

① 장기요양보험사업의 보험자는 건강보험공단이다.

② 등급판정에 따른 장기요양인정의 유효기간은 최소 1년 이상으로서 대통령령으로 정한다.
④ 재가급여비용은 수급자가 해당 장기요양급여 비용의 100분의 15를 부담한다.
⑤ 정규직과 비정규직 노동자의 사회보험가입률에는 차이가 있다. 비정규직 노동자의 사회보험 가입률은 정규직 노동자의 사회보험 가입률보다 현저히 낮다.

25	핵심키워드: 기초연금제도
	해당장: 13장 사회보장론

[오답노트]
① 65세인 사람으로서 소득인정액이 선정기준액 이하인 사람에게 지급하는 공공부조이다.
③ 기초연금 수급권자에 대한 기초연금의 금액은 기준연금액과 국민연금 급여액을 고려하여 산정한다.
④ 기초연금액은 가구유형, 소득인정액 수준에 따라 다르다.
⑤ 기초연금의 수급권자가 사망해도 별도의 유족급여는 지급되지 않는다. 다만, 그 기초연금 수급자에게 지급되지 아니한 기초연금액이 있는 경우에는 그 기초연금 수급자의 사망 당시 생계를 같이 한 부양의무자는 미지급 기초연금을 청구할 수 있다.

참고문헌

강영실 (2016). 사회복지정책론(제2판). 서울: 신정출판사

구인회, 손병돈, 안상훈 (2010). 사회복지정책론. 파주: 나남.

권기창 (2011). 사회복지정책론. 서울: 창지사.

김연명 외 (2011). 대한민국복지. 서울: 두리미디어.

김태성 (2003). 사회복지정책 입문. 서울: 청목출판사.

나눔의집 (2012). 사회복지정책론. 서울: 나눔의집.

남기민 (2010). 사회복지정책론(제2판). 서울: 학지사.

노병일 (2011). 사회복지정책론. 파주: 교육과학사.

박경일 (2008). 사회복지정책론. 파주: 공동체.

박경일 (2011). 사회복지정책론. 파주: 공동체.

박병현 (2007). 사회복지정책론: 이론과 분석(개정 2판). 파주: 학현사.

박병현 (2008). 사회복지정책론: 이론과 분석(개정판). 파주: 학현사.

백완기 (2002). 행정학. 서울: 박영사.

손병덕 (2012). 사회복지정책론. 서울: 학지사.

송근원 (2004). 사회복지정책학. 서울: 학지사.

송근원, 김태성 (1995). 사회복지정책론. 파주: 나남.

송근원, 김태성 (2003). 사회복지정책론. 파주: 나남.

신섭중 (1993). 한국사회복지정책론. 서울: 대학출판사.

안홍순 (2006). 사회복지정책. 고양: 서현사.

오정수(2009). 사회복지개론. 파주: 양서원.

원석조 (2006). 사회복지정책론. 파주: 공동체.

원석조 (2010). 사회복지정책론. 파주: 공동체.

원석조 (2010). 사회복지행정론. 파주: 양서원

윤홍식 (2011). 대한민국 복지. 서울: 두리미디어.

이정우 (2002). 사회복지정책. 서울: 학지사.

이진숙 외 (2009). 사회복지정책론. 파주: 양서원.

이현철 (2008). 복지 사회와 정의에 관한 연구. 경북대학교 석사학위논문.

임봉오 외 (2010). 사회복지정책론. 파주: 양서원.

전상경 (1997). 정책분석의 정치경제. 서울: 박영사.

정경배 (2002). 복지국가의 이해. 서울: 고려대학교출판부.

최재성, 남기민 (2007). 사회복지행정론. 파주: 나남.

현외성 (2009). 사회복지정책강론. 파주: 양서원.

현외성 (2011). 사회복지정책강론. 파주: 양서원.

현외성 외 (1993). 사회복지정책론. 파주: 양서원.

홍봉수 외 (2011). 사회복지정책론. 고양: 공동체.

Alcock, P., & May, M., Rowlingson, K. (2008). *The Student's Companion to Social Policy* (3rd ed.). Oxford: Blackwell.

Baldock, J., Manning, N., & Vickerstaff, S. (eds.). (2007). *Social Policy* (3rd ed.). Oxford University Press.

Barusch, A. S. (2008). *Foundations of Social Policy: Social Justice in Human Perspective* (3re ed.). Brooks Cole.

Chambers, D., & Wedel, K. (2008). *Social Policy and Social Programs: A Method for the Practical Public Policy Analyst* (5th ed.). Boston: Allyn and Bacon.

DiNitto, D. M., & Cummins, L. K. (2007). *Social Welfare: Politics and Public Policy* (6th ed.). Allyn & Bacon.

Gilbert, N., & Terrell, P. (2007). 사회복지정책론: 분석틀과 선택의 차원(개정 2판). 남찬섭, 유태균 공역. 서울: 나눔의집.

Gilbert, Neil, & Specht, H. (1974). *Dimensions of Social Welfare Policy*. Englewood Cliffs, NJ: Prentice-Hall.

Gilbert, Neil, & Paul Terrell. (2009). *Dimensions of Social Welfare Policy* (7th ed.). Boston: Allyn and Bacon.

Hudson, J., & Lowe, S. (2004). *Understanding the Policy Process: Analysing Welfare Policy and Practice*. Bristol: The Policy Press.

연합뉴스 (2009. 9. 20). 한국인 봉사·참여활동 하루 평균 4분.

조선일보 (2002. 11. 16). 베푸는 사람이 오래 산다. https://www.chosun.com/site/data/html_dir/2002/11/15/2002111570309.html에서 인출

중도일보 (2020. 3. 18). 위기 극복의 열쇠는 우리 모두의 퀘렌시아에 있다.

중도일보 (2020. 7. 29). 코로나 19와 사회복지제도의 뉴노멀: 긴급재난지원금의 의의.

중도일보 (2020. 12. 9). 대전시 사회서비스원, 돌봄서비스에서 공공성 가능할까.

찾아보기

김학만

2003년 충남대학교 대학원에서 '지방정부 GIS사업집행의 영향요인과 전략'으로 행정학 박사학위를 취득하였으며, 현재 우송대학교 사회복지학과 교수로 재직 중이다. 주요 관심 분야는 정보정책, 사회복지정책, 사회복지행정이며, 저서로는 ≪사회복지정책론≫, ≪정책집행론≫, ≪사회복지행정론≫, ≪저출산 고령사회의 복지정책≫ 등이 있고, "사회복지정책의 과정과 분석틀에 관한 연구", "지역혁신을 위한 LGIS 사업집행의 실증분석", "노인복지시설과 프로그램의 적절성 제고방안", "조선 중기 호서 서인의 맏형 송애 김경여의 선비정신(2020)" 등을 발표하였다.
한국행정학회, 한국정책학회, 한국정책분석평가학회, 한국지방자치학회, 한국지역사회복지학회 평생회원, 운영이사, 전)대전광역시 사회복지공동모금회 배분분과평가위원, 전)대전광역시 복지재단 이사, 전)우송대학교 기획처장, 학생처장, 대외협력처장, 산학협력단장, 현)보건복지대학 학장과 대외협력처장, 대전광역시 도시계획위원, 대전지방법원 조정위원, 교육부 규제완화위원회 위원장 등을 역임하고 있다.
연락처는 042) 630-9847(연구실), hakman@hanmail.net이다.

핵심 사회복지정책(3판)

초판발행 2013년 3월 5일 1판 1쇄 인쇄 | 2013년 3월 10일 1판 1쇄 발행
2판발행 2017년 7월 5일 2판 1쇄 인쇄 | 2017년 7월 10일 2판 1쇄 발행
3판발행 2021년 2월 10일 3판 1쇄 인쇄 | 2021년 2월 14일 3판 1쇄 발행

지은이 김학만
펴낸이 최용구 | **펴낸곳** 도서출판 **신정**
주소 (04316) 서울시 용산구 원효로 89길 19 (원효로1가)
전화 02)3211-4782, 0266(영업부), 3211-4783(편집부), 3211-4784(팩스)
이메일 shinjeong72@naver.com | **홈페이지** www.sjbook.co.kr
등록 2001년 5월 11일 제13-702호
기획마케팅 최용구 장만동 최충구 진소희 | **책임편집** 석기은 황가연

ISBN 978-89-5912-754-2 93330
정가 19,000원